NO-CODE

Éditions Eyrolles
61, bd Saint-Germain
75240 Paris Cedex 05
www.editions-eyrolles.com

Mise en pages : Sandrine Escobar

© Éditions Eyrolles, 2023
ISBN : 978-2-416-00671-5

ALEXIS KOVALENKO - ERWAN KEZZAR - FLORIAN REINS

Préface d'Emmanuel Straschnov, fondateur de Bubble

NO-CODE

Une nouvelle génération d'outils numériques

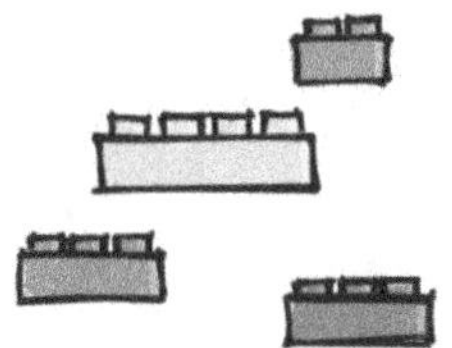

Éditions EYROLLES

Préface

En 1984, Apple dévoile le Macintosh et son système d'exploitation Mac OS System 1. Pour la première fois, l'utilisation d'un ordinateur se fait par une interface graphique, et non par la ligne de commande. Un an plus tard, Microsoft lance Windows 1.0 et proclame sa vision « *A microcomputer on every desk and in every home* ». Désormais, il devient clair que l'utilisation des outils informatiques et bureautiques sera destinée au plus grand nombre. L'impact sur la vie professionnelle et personnelle des individus sera profond.

La programmation, en revanche, a longtemps été un domaine réservé aux experts. De nombreuses tentatives ont été faites depuis les années 1990, mais ce n'est qu'à partir des années 2010 que des nouvelles technologies ont réellement commencé à ouvrir la programmation au plus grand nombre. En 2012, avec Josh Haas, nous lançons Bubble, dans le but de permettre à tous de développer des applications web complexes sans compétences techniques. Dix ans plus tard, d'autres outils nous ont rejoints, et cette tendance, désormais appelée le « no-code », est en passe de devenir un standard à part entière, lequel va changer profondément la façon dont les gens créent et innovent. Les outils no-code permettent au plus grand nombre de créer eux-mêmes des outils digitaux – site, application, automatisation – dont ils ont besoin dans leur vie professionnelle et personnelle. L'avantage est immense : les outils créés répondent par conséquent bien plus souvent aux besoins initiaux, et peuvent évoluer au fur et à mesure de l'évolution de la situation, sans dépenses d'ingénierie.

On voit déjà l'impact du no-code sur la vie quotidienne : en novembre 2020, un utilisateur de Bubble, originaire de Rennes, a souhaité me raconter son histoire. Avec deux médecins, il gère une association pour venir en aide à des femmes enceintes et les aider à se préparer à l'accouchement. Du fait des différents confinements, l'association n'est plus en mesure de continuer à opérer en personne, et doit migrer sur une solution en ligne. Des vidéos sont proposées, mais il leur manque une application pour digitaliser l'expérience qu'ils offraient jusqu'alors en personne. Sans moyens financiers importants, Bubble devient leur seule chance de recréer l'expérience en ligne et de continuer à aider ces futures mamans. Après quelques semaines de développement, ils lancent leur solution en ligne et ont commencé à explorer une expansion dans d'autres régions.

Cette démocratisation est d'autant plus importante que l'exposition au code dépend souvent de l'origine sociale, en particulier chez les jeunes. Et dans la mesure où la création d'entreprise, et pas seulement des start-up, passent de plus en plus par le digital, il est important de casser ce déterminisme. C'est ce qui nous a amené à créer le programme Immerse, aux États-Unis, afin d'offrir un accès encore plus simple à notre technologie par des classes gratuites à des entrepreneurs au sein de la minorité afro-américaine. Après deux ans, près de 50 *fellows* ont lancé leur start-up aux États-Unis et en Afrique. Ce n'est que le début de la démocratisation de la technologie et de l'entreprenariat par le no-code.

Les premières années du mouvement du no-code étaient consacrées au développement des outils ; la barre était haute en termes de fonctionnalité et de puissance pour convaincre que ces outils graphiques pouvaient égaler la programmation traditionnelle. Depuis 2020, ces technologies ont atteint cette maturité, et l'effort doit désormais être porté sur l'éducation, afin d'accélérer la transition vers cette nouvelle étape de la révolution technologique. La France est en avance, car la communauté s'est lancée plus tôt qu'ailleurs, il s'agit maintenant d'accélérer. Erwan Kezzar me contactait dès 2014 pour discuter de la meilleure façon d'enseigner Bubble, et je suis ravi de pouvoir écrire cette préface. Ce livre est à la fois une bonne introduction pour comprendre ce que sont les outils no-code, mais aussi pour dépasser le simple exercice de définition, et ainsi s'imprégner de tous les phénomènes qui les entourent – qu'il s'agisse de la façon dont la programmation visuelle s'inscrit dans l'histoire des nouvelles technologies, ou dont les communautés s'emparent de tout ce qui se passe sur ce terrain depuis quelques années.

Emmanuel Straschnov,
fondateur et CEO de Bubble

Table des matières

Avant-propos

Lorsque les éditions Eyrolles nous ont proposé d'écrire un livre sur le no-code, notre première réaction a été la réflexion suivante : « le » no-code est une expression qu'on entend souvent, mais en soi, ça n'existe pas vraiment en tant que tel. Il existe clairement un « mouvement no-code ». Cependant, celui-ci se fonde sur une multiplicité d'outils, tous étiquetés « no-code », mais en réalité très variés. Déjà, ils ne servent pas à faire les mêmes choses. Ensuite, ce ne sont pas les mêmes profils qui les utilisent, ne serait-ce que parce que certains sont très accessibles techniquement et d'autres moins. Enfin, l'éventail de leurs contextes d'utilisation est immense : créer soi-même, après quelques jours de formation, des outils internes en no-code pour sa petite PME ou dans un grand groupe, cela n'a rien à voir avec la conception d'une app mobile qu'un porteur de projet confie à une agence no-code !

Rapidement, nous nous sommes dit que si on écrivait ce livre, il faudrait vraiment bien cartographier toutes ces configurations afin de ne pas rester sur une définition un peu flottante et sans relief de notre sujet. Il ne faudrait pas non plus véhiculer une vision trop focalisée sur les lancements d'activités : « je veux lancer ma start-up : soit je fais mon app moi-même, soit je la fais faire par une agence, pour plus vite et moins cher ». C'est souvent ce cas d'usage qui est placé sous le feu des projecteurs, mais comme nous aimons le répéter, cela ne représente que la partie émergée de l'iceberg no-code.

Nous nous sommes aussi immédiatement interrogés sur les **destinataires de cet ouvrage**. Le no-code veut ouvrir l'accès à la programmation à toutes et à tous : voilà une « cible » qui a le mérite d'être aussi précise qu'imprécise, et surtout parfaitement « inactionnable »… Quid de notre livre ? Qui pourrait s'intéresser au no-code ? Nous avons listé des hypothèses variées :

- des **curieux** qui ont été confrontés à ce drôle de mot, « no-code », que l'on voit et entend de plus en plus ;

- des **utilisateurs d'outils no-code** qui se font déjà une idée du sujet et souhaitent l'approfondir ;
- les **développeurs**, également, qui, dans leur veille permanente, ont envie de se faire leur propre idée du phénomène et de découvrir les outils, en dépassant les seuls discours publicitaires ;
- tous les autres **métiers du Web** (ex. product managers, UX et UI designers, UX writers, data scientists, experts en référencement, en marketing ou en growth hacking). Chacune de ces spécialités réfléchit déjà constamment à ses outils de travail et méthodes de collaboration. Il est clair que le no-code regorge de promesses pouvant les inspirer ;
- les **solopreneurs**, dont le cœur d'activité n'est pas forcément lié au numérique. Ils manquent souvent de temps pour s'informer sur les nouveaux outils, qui pourraient les seconder efficacement dans leurs tâches quotidiennes ;
- des **entrepreneurs** découvrant des solutions d'une efficacité redoutable et utilisables sans être développeur. Ces-derniers étant si difficiles à recruter…
- les **décideurs de PME et TPE** qui veulent optimiser leurs processus et outillage interne afin d'accroître leur productivité.

Alexandre, notre interlocuteur chez Eyrolles, était déjà convaincu par cette approche nuancée. Il a immédiatement rebondi sur le fait qu'il ne fallait pas que notre ouvrage ait uniquement une vocation pratique, qu'il soit une sorte de « no-code pour les nuls ». Pour nous, c'était déjà clair. Car nous nous efforçons constamment de prendre du recul sur ce qui se passe et se dit, aussi bien dans les écosystèmes du no-code (ce qu'on appelle « le no-code game ») que dans la vulgarisation des concepts techniques cachés dans les profondeurs de ces outils visuels. Car même si le no-code repose sur la « programmation visuelle », cela demeure de la programmation. Sous le capot de ces outils qui dispensent de savoir lire et écrire du code informatique, on retrouve des notions techniques avec leurs bonnes pratiques associées. Nous voulions aussi proposer des analyses d'ordre plus sociologique, et une étude des avancées technologiques qui ont rendu l'émergence des outils no-code possible.

Au fil de nos échanges, est alors rapidement apparu un point déterminant pour attaquer ensemble cet ambitieux projet d'écriture. Alexandre a soulevé qu'il faudrait faire attention à ne pas verser dans une apologie du no-code, malgré notre enthousiasme pour le sujet. Il faudrait savoir nuancer et proposer un peu d'objectivité.

C'était pour nous une évidence. Car s'il y a bien un parti pris que nous avons dans tout ce que nous produisons au sujet du no-code, c'est celle de toujours avoir une posture enthousiaste, mais critique. Incitatrice mais réaliste. D'une part parce que le discernement est une valeur cardinale de Contournement et d'autre part parce que nous venons du code, parce que nous avons fait de la formation, de la production et du conseil dans le domaine du Web depuis des années. Ne vous inquiétez donc pas : à aucun moment ce livre ne portera de techno-angélisme ou d'idées préconçues dogmatiques, affirmant par exemple que le no-code permettrait, avec ses pouvoirs magiques, de tout faire par soi-même, sans même avoir à se former. Et encore moins des prophéties opportunistes et fallacieuses annonçant que nous n'aurions bientôt plus besoin de professionnels du code ! Nous entendons trop souvent ce genre raccourcis à l'emporte-pièce, et ce livre représente aussi pour nous une opportunité de remettre les pendules à l'heure.

Afin d'être transparent dans notre démarche, nous avons aussi tenu à éviter certains lieux communs, à abattre quelques clichés et, finalement, à exposer certains de nos partis pris et convictions. Par exemple, sur la bonne approche pour aborder un projet numérique, nous croyons beaucoup aux bénéfices obtenus en croisant les grandes leçons des méthodes agiles, de la méthodologie *lean start-up*, de la culture *maker*, du mouvement des « artisans logiciels » (*software craftsmanship*) et de l'éthique des *hackers*. Il faut du temps pour s'approprier leurs philosophies et savoir faire bon usage de leurs recommandations concrètes. Nous avons voulu, à notre tour, transmettre de bonnes pratiques de conception et de cadrage, pour vous éviter de vous jeter, tête baissée, dans les outils no-code : cette attitude nous paraît vraiment essentielle, voire incontournable !

Après l'élaboration de la structure de l'ouvrage, s'est posée la question de l'écriture du livre en tant que telle : nous devons en effet gérer Contournement et son développement. La rédaction d'un livre de 300 pages en moins de 10 mois nous paraissait difficile sans la collaboration d'un ou une professionnel(le) à qui nous fournirions tout le fond et le contenu afin de le mettre en mots. Ayant remarqué quelques articles que Florian avait écrits en 2021, nous nous sommes tournés vers lui et il s'est révélé bien plus qu'un simple scribe, mais un véritable co-auteur, qui a également contribué sur le fond du livre et sur sa matière.

Le trio était donc constitué, et c'est à partir de notre plan détaillé que le travail a pu se poursuivre, jusqu'à parvenir à un ouvrage structuré en trois temps. Dans une première partie (chapitres 1 à 4), il nous a paru important de nous attarder sur le contexte général de l'émergence du no-code et d'éclairer ce phénomène à travers plusieurs prismes. Nous commençons ainsi par défricher les nombreuses prises de parole provenant des éditeurs d'outils, communautés et médias, afin d'en démêler le vrai du faux ou d'y apporter des nuances qui leur manqueraient (chapitre 1). Alors seulement exposons-nous le no-code à travers des cas concrets, en racontant « de l'intérieur » les histoires d'une sélection de projets (chapitre 2). À la suite de ce parcours, nous proposons une définition clairement caractérisée de ce que l'expression « outil no-code » délimite, ce qui n'a rien de vraiment *évident* (chapitre 3). Enfin, en s'intéressant à ses origines techniques (chapitre 4), nous inscrivons les outils no-code dans une histoire ancienne, faites de progrès et d'avancées dont il bénéficie à plein. Nous tuons ainsi dans l'œuf l'illusion selon laquelle le no-code aurait surgi *ex nihilo* de manière complètement révolutionnaire.

Dans une seconde partie (chapitres 5 à 6), nous nous sommes concentrés sur les bénéficiaires des technologies no-code, afin de comprendre leurs intérêts et leur engouement pour ces outils. Le phénomène no-code est en effet également porté par de nombreux écosystèmes et communautés d'êtres humains qui échangent avec enthousiasme autour des outils (chapitre 5). No-codeuses et no-codeurs manifestent un esprit d'entraide, un goût pour l'action concrète et un sens du partage. Nous avons voulu présenter ces « valeurs » et réfléchir à une « culture » du no-code en mettant en avant trois personnages (fictifs mais inspirés de personnes réelles) et, à travers eux, certaines dispositions qui nous paraissent souhaitables pour pratiquer le no-code (chapitre 6).

La troisième et dernière partie (chapitres 7 à 9) est justement orientée vers cette pratique du no-code. Le no-code est aussi (et surtout !) une forme d'art ou d'artisanat : pour en prendre le coup de main, il faut passer à l'action et s'y exercer. Nous y formulerons nos recommandations pour vous guider sur différents thèmes : comment bien débuter en no-code et comment lancer son produit ou service (chapitre 7), comment bien mener ses opérations (ses « no-code ops ») en concevant des outils de collaboration efficaces (chapitre 8) et comment implémenter efficacement tout type de projet, tant sur un plan technique que méthodologique (chapitre 9).

Le cadre étant posé, voici quelques points supplémentaires que l'on aimerait spécifier ici.

Le no-code est un sujet gigantesque par ses implications : au cours de l'écriture du livre, nous avons renoncé à en développer certains aspects, afin de garantir une bonne lisibilité.

Ainsi, nous avons choisi de ne pas détailler l'utilisation d'une sélection d'outils et de leurs fonctionnalités. L'écosystème qu'ils constituent évolue très vite et nous avons dû éviter les sujets, références et données susceptibles de rapidement devenir obsolètes. Par exemple, en raison de leurs mises à jour fréquentes. Toutefois, l'objet de ce livre n'est pas de former aux outils no-code. Pour s'initier concrètement, il y a quantité de contenus (dont de nombreux gratuits) disponibles sur le Web. Pour aller plus loin dans leur maîtrise, rien ne vaut une formation.

Bien que cela constitue une partie du champ d'activité de Contournement, nous avons décidé de ne pas beaucoup développer le recours au no-code par les grandes entreprises, pour plusieurs raisons. Difficile, déjà, d'exposer leurs stratégies d'implémentation sans détailler leurs historiques et leurs cadres particuliers (organisation opérationnelle, stack technique, contexte juridique, gouvernance). Raconter quelques cas typiques nous aurait peut-être donné bonne conscience, mais qu'auraient-ils réellement représenté de l'immensité des configurations variées des grandes structures ? Il faudrait consacrer un livre entier à ce sujet ! Cependant, comme souvent en matière de technologies, les start-up et petites structures sont à l'avant-garde des usages, ayant une plus grande marge de manœuvre pour bâtir leurs systèmes et choisir leurs outils. Ainsi, nous ne parlons que peu de certains outils no-code plus orientés « grandes entreprises » (comme Power Apps de Microsoft, ou Unqork, et toute la famille des outils low-code). Mais peut-être une version future de l'ouvrage sera-t-elle l'occasion d'approfondir ces points ?

Notre conviction chez Contournement est que la grande nouveauté induite par le no-code est la chance pour des profils non-techniques de pouvoir construire eux-mêmes leurs propres solutions numériques, notamment en se formant et en étant un minimum accompagné. Nous avons toutefois tâché de ne pas donner une place trop importante à la formation dans cet ouvrage, et de représenter également le champ de la production en no-code, qui constitue une grande partie des professionnels.

Nous souhaitons enfin mentionner la question de l'écriture inclusive, d'autant plus importante que le no-code, comme le code (un peu moins peut-être), est encore occupé par une majorité d'hommes. Chez Contournement, nous avons décidé d'utiliser au maximum l'écriture inclusive, notamment pour désigner les fonctions où les stéréotypes de genre sont les plus excluants (ex. no-codeur·se, développeur·se, expert·e). Nous avons réfléchi avec Eyrolles à la meilleure option pour un ouvrage long de plusieurs centaines de pages, et finalement opté pour des tournures de phrases qui matérialisent cette dimension inclusive.

Le contexte et la posture des auteurs étant ainsi établis, il ne nous reste qu'à vous souhaiter une bonne entrée dans l'univers des outils no-code – qui pourrait bien vous amener à envisager de manière complètement différente votre rapport au numérique, comme cela l'a fait à beaucoup d'autres ces dernières années.

Remerciements

Nous souhaitons remercier toutes celles et ceux qui ont contribué au projet ambitieux qu'a été la rédaction de ce livre sur le no-code.

Merci à Nesrine Sahraoui de nous avoir recommandés auprès de Stéphanie Chabert et des Éditions Eyrolles, alors que nous n'imaginions même pas que nous pourrions un jour écrire un livre sur le no-code auprès d'une maison d'édition aussi réputée dans le domaine de l'informatique.

Merci à Alexandre Habian, notre éditeur chez Eyrolles, et toute son équipe dont Emmanuelle Pasquier pour leur aide et précieux conseils pour concevoir cet ouvrage.

Merci à Emmanuel Straschnov qui nous fait l'honneur de sa première préface, et qui sait toujours répondre à l'appel de ses compatriotes quand il s'agit de faire rayonner le no-code.

Merci à Victor Grandchamp dont le remarquable travail d'illustration sur la fin du projet aura permis d'ajouter une nouvelle dimension à cet ouvrage.

Merci également à Gaëtan Alaphilippe, qui aura su ajouter à sa longue To-Do list chez Contournement, la réalisation de multiples schémas et croquis pour compléter le travail de Victor.

Merci à Kevin Eybert pour sa méticuleuse relecture et son soutien de longue date aux productions de Contournement. Il est rare de pouvoir compter sur des retours décomplexés, francs et justes comme ceux que Kevin nous apporte depuis près de deux ans maintenant.

Merci à Carole David, Stanislas Verjus et Xavier Agapé pour nous avoir fait part de leurs impressions, remarques sur nos épreuves, ainsi que leur soutien et encouragements au fil du projet.

Merci à la communauté No-Code France ainsi qu'aux clients de Contournement qui nous apportent chaque jour de nombreux témoignages de gratitude et de remerciements. Cela nous a donné de la force et de la détermination dans les moments difficiles où nous doutions de ne jamais arriver au bout de ce projet ardu. Sans compter une stimulation intellectuelle permanente grâce aux échanges foisonnants du no-code francophone.

Merci à Mehdi, Louise et Matt (ils se reconnaîtront !) pour nous avoir inspiré nos trois personas – même si nous ne vous avons pas demandé votre avis avant de vous caricaturer.

PARTIE 1

Le no-code, qu'est-ce que c'est ?

« L'avenir du code est l'absence de code. » Cette annonce de Chris Wanstrath, cofondateur du temple du code GitHub, avait, en 2017, de quoi déconcerter ! Le terme no-code, alors quasi-inexistant, s'est désormais popularisé : des projets « réalisés sans code » sont requalifiés « faits en no-code ». Puissamment fédérateur, ce phénomène ouvre les portes de la création logicielle au plus grand nombre. En quoi ce sésame pour les non-initiés aux langages informatiques consiste-t-il vraiment ?

Dans cette partie, nous défrichons les nombreux discours autour du no-code, afin de saisir ses véritables promesses. Nous présenterons une sélection de projets avec leurs no-codeuses et no-codeurs. Nous définirons ce qu'est un outil no-code et expliquerons la programmation visuelle, qui sert à concevoir des sites, applications ou à orchestrer des automatisations. Enfin, nous situerons l'étape no-code dans l'histoire des découvertes informatiques : abstraction, paradigmes de programmation, essor des réseaux et du cloud, émergence de l'UX, etc. Le no-code constitue à la fois une rupture et le rassemblement de tous ces progrès. Il les rend accessibles à chacun et permet ainsi de décupler la productivité de son entreprise ou de se lancer dans le numérique.

Émergence du no-code 1

*Désormais, toute personne
disposant d'une connexion à Internet
peut fabriquer des logiciels.*

Lacey Kesler, *senior community education manager*
chez Webflow

Qu'est-ce que le no-code ? Dans la sphère du numérique, de plus en plus de monde en parle, mais de quoi s'agit-il réellement ?

Quelques recherches rapides sur le Web font apparaître une myriade d'outils en ligne. On pourrait croire que la mer a reflué, les déposant sur le rivage, nombreux. Chacun a ses contours particuliers, avec un nom évoquant la nouveauté : Dorik, Airtable, Glide, Bubble, Adalo, Carrd, Xano, Typeform, Coda, Pory, Zapier, Make… Ils semblent irisés d'une aura spéciale et diffusent, collégialement, une promesse aux allures d'invitation. Pour utiliser ces instruments de développement, il n'est plus nécessaire de connaître un langage informatique et il y en a pour tous les goûts : des petits, simples et modestes, ou d'autres aux ailes de géants. Certains font apparaître un grand sérieux et un vrai professionnalisme ; d'autres, plus relax, arborent de fringantes couleurs chamarrées. On en distingue qui paraissent faciles à manier et d'autres qui affichent des airs savants, avec un vocabulaire de connaisseurs. Ce vaste choix permet à chaque entreprise, quelles que soient sa taille et sa structure, d'y trouver son compte.

Avec toute leur variété, les outils no-code semblent capables de résoudre bien des difficultés. Et en même temps, tous les outils digitaux marqués de cette étiquette nous arrivent subitement, également avec leur part de mystère et peut-être aussi leur lot de confusion.

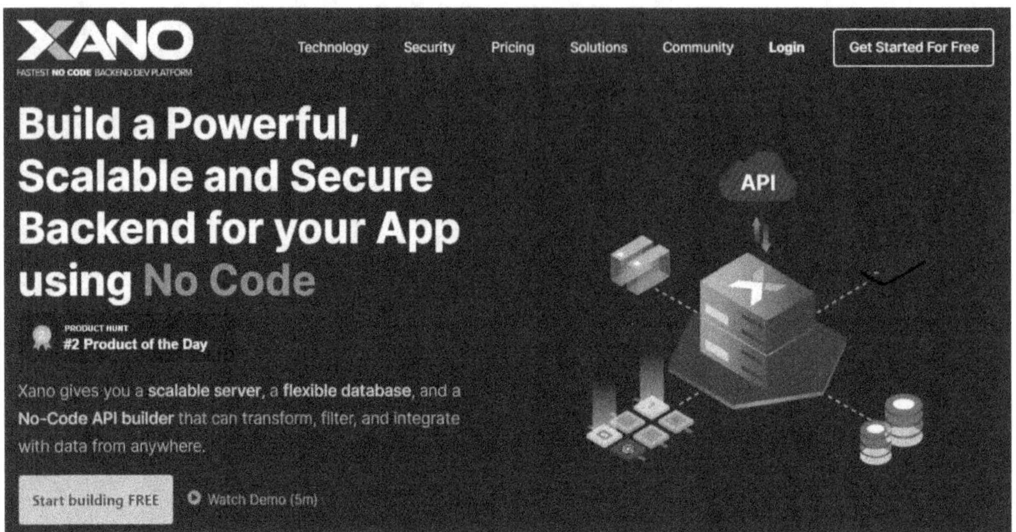

Figure 1–1
« The fastest no-code backend development platform ».
Page d'accueil de Xano

Figure 1–2
« ♥♡ Unicorn Platform 🦄 landing page builder for startups ».
Page d'accueil de Unicorn Platform

Le terme no-code est déjà très répandu dans le vocabulaire des startupers et des solopreneurs. Ne les mélangeons d'ailleurs pas, et rappelons en quoi ils divergent : les startupers ambitionnent de renouveler, grâce à l'innovation, des usages à grande échelle, tandis que les solopreneurs (voir encadré p. 12) ne rêvent pas vraiment de conquête de marché ou d'hypercroissance. Ils désirent surtout travailler de manière autonome en exerçant des activités qui correspondent à leurs personnalités. Cependant, ces deux formes entrepreneuriales se rejoignent dans leur besoin d'une efficacité extrême. Il leur serait impossible de diriger leurs affaires sans le soutien d'outils numériques prodigieusement efficaces et de méthodes ayant fait leurs preuves. Attention, les outils no-code ne sont pas leur unique appui. Mais une chose est sûre : le no-code fait désormais partie du terreau fertile où ces entreprises s'implantent et plongent leurs racines. Elles y puisent un ferment pour leur productivité. Et elles y trouvent aussi un milieu d'entraide, d'échange et d'inspiration.

Une productivité accrue pour toutes les entreprises

Les outils no-code ne sont toutefois pas la chasse gardée des startupers et des solopreneurs. Bien au contraire, si la montée en puissance des solopreneurs en est le symptôme le plus visible, les entreprises plus traditionnelles (TPE-PME notamment), les associations ainsi que les grands groupes, eux aussi, en glanent les bienfaits.

Elles installent au sein de leurs équipements ces logiciels de nouvelle génération. Bien souvent, dans le même temps, elles revoient leurs façons d'organiser le travail en interne afin de gagner en productivité.

D'ailleurs, nous verrons qu'elles n'ont même plus vraiment d'*installations* à effectuer. La plupart de ces outils ne requièrent qu'une connexion à Internet : tout se passe en ligne, il suffit de créer un compte. Souvent, des formules d'essai gratuites sont proposées. En quelques clics, les voilà prêtes à bénéficier de toute la puissance des outils no-code.

Lacey Kesler, qui a travaillé chez Adalo et chez Webflow, deux acteurs-clés du no-code, résume cette simplification drastique en une formule percutante et riche d'implications : « désormais, toute personne disposant d'une connexion à Internet peut fabriquer des logiciels. » Reste toutefois à bien choisir ces outils et à apprendre à les utiliser ! Par cette remarque, Lacey indique que les outils no-code libèrent la créativité et la productivité. Mais n'est-ce pas le rôle de tout outil de donner accès à la technique au plus grande nombre de la manière la plus simple possible ?

Nous souhaitons surtout insister sur le fait qu'elle dit « toute personne » et non pas « toute entreprise ». Et cela change tout ! La libération du no-code va au-delà d'une simple optimisation technique, liée à un outillage performant. Car désormais, « toute personne », quels que soient ses connaissances, ses compétences, son poste ou ses responsabilités, peut participer à la progression de son entreprise. L'innovation n'est plus réservée à des services centraux informatiques, à des équipes de développement ou à des cadres en charge des opérations. Même des entreprises sans équipe technique peuvent bénéficier des bienfaits du no-code.

Le no-code agit donc sur des organisations existantes, de toute taille, en mettant en question leurs fonctionnements habituels. Et il ouvre aussi de nouvelles voies pour accéder à l'entrepreneuriat.

L'essor des solopreneurs

Tout solopreneur est un entrepreneur. Mais toute personne se lançant dans l'entrepreneuriat n'est pas un solopreneur pour autant. Ce qui les distingue, ce sont leurs intentions : tandis que l'entrepreneur a pour objectif l'expansion de son activité, le solopreneur souhaite avant tout être autonome, à travers une marque qu'il incarne personnellement. On pourrait, à tort, les confondre avec les freelances, qui proposent des services de conseil, de développement ou de design par exemple. Les solopreneurs incluent aussi d'autres cas : par exemple, des personnes lançant leurs propres services en ligne, ou d'autres faisant du *dropshipping*[1].

Aujourd'hui, et surtout depuis le tournant des années Covid, de plus en plus de personnes quittent leur entreprise pour bifurquer vers le solopreneuriat. Non parce qu'ils souhaiteraient, tous ensemble, constituer une corporation massive : revoyant leurs priorités entre travail et vie privée, ils ont décidé de trouver un sens à leur carrière en bâtissant eux-mêmes des parcours qui leur appartiennent réellement.

En 2021, aux États-Unis, plus de 51 millions d'individus ont été identifiés comme travailleurs indépendants[2], mais le Bureau du recensement américain estime que moins de 3 % d'entre eux souhaitent embaucher des employés[3].

---

1 Le *dropshipping* consiste à revendre des produits sans avoir à les acheter à l'avance. On gère leur marketing, vente et distribution, au moyen d'une plate-forme e-commerce, mais ce sont des fournisseurs partenaires qui restent en charge de la gestion des stocks.

2 D'après le rapport de MBO Partners « 11th annual state of independance, the great realization », publié en décembre 2021 et disponible à cette adresse : https://www.mbopartners.com/state-of-independence/

3 D'après l'article « Solopreneurs are Changing the Face of the Economy », publié en mars 2022 sur le site entrepeneur.com : https://www.entrepreneur.com/article/420714

Le progrès des outils numériques a beaucoup contribué à l'émergence des solopreneurs. Attention, il ne faut pas tout ramener au no-code. Leur autonomie s'appuie aussi sur une utilisation professionnelle des réseaux sociaux, ou bien sur des services en ligne pour gérer sa comptabilité, ses contacts et rendez-vous, par exemple.

Dans le domaine du e-commerce, c'est dès le milieu des années 2000 que des services pour créer facilement des boutiques en ligne ont vu le jour. Fin 2020, Wix (société israélienne créée en 2004) annonçait 5,5 millions d'abonnés[4], et Squarespace (société américaine créée en 2006) dépassait les 3 millions[5]. Il faudrait encore mentionner l'ancestral WordPress avec son fameux plugin WooCommerce, le très populaire Shopify, et bien d'autres encore…

Un « détail » peut surprendre : aucun de ces outils clés en main, qui ne coûtent que quelques dizaines d'euros par mois et ne requièrent pas de compétences en programmation, n'emploie le terme « no-code » pour présenter leurs solutions sur leurs sites.

Un sujet qui intéresse aussi les géants du Web

Jetons un œil du côté des GAFAM[6]. Ces géants aussi font leur incursion sur le terrain de jeu du no-code. Plusieurs des plus grands acteurs du Web et du numérique ont sorti leurs propres outils no-code (ou en tout cas marketés comme tel) : Amazon Web Services avec son outil Honeycode, Google avec Appsheet, Microsoft avec Power Apps… Facebook concentre surtout ses annonces sur son projet de Metaverse. Sera-t-il possible d'y créer des choses sans avoir à coder ? Il y a fort à parier que oui.

Il semble que seul Apple rechigne à cet emballement collectif. Le nom de son Worldwide Developers Conference 2022 ressemble même à un appel à y résister : « Call to code ». Apple a d'ailleurs créé son propre terrain de jeu pour apprendre à coder, avec Swift Playgrounds. Cette application « révolutionnaire »[7] veut initier les néophytes de la programmation à son langage, Swift. L'invitation leur est ainsi lancée : avec Swift Playgrounds, « apprenez à coder

---

4   Source : https://www.reuters.com/article/us-wix-com-users/wix-com-hits-200-million-users-says-will-continue-to-invest-idUSKBN2AP1W0

5   Source : https://www.cnbc.com/2021/04/16/website-maker-squarespace-files-to-go-public-on-nyse.html

6   GAFAM : Google, Apple, Facebook, Amazon, Microsoft

7   D'après le site d'Apple : « Swift Playgrounds est une app révolutionnaire pour iPad et Mac qui permet d'apprendre et d'expérimenter le code Swift de manière ludique. Créé par Apple, ce puissant langage de programmation est utilisé par les pros pour développer les apps les plus appréciées du moment. Et comme Swift Playgrounds ne requiert aucune connaissance préalable en matière de programmation, c'est la solution idéale pour se lancer. »

sérieusement. D'une manière sérieusement amusante »[8]. Serait-ce un clin d'œil implicite au no-code, qui, lui, ne serait pas sérieux ? Peut-être…

Toujours est-il que le monopole de choix que constituait le code, avec les pré-requis qui lui sont propres, est remis en question : pour qui veut construire des produits digitaux, le code n'est plus un passage obligé, mais un choix parmi d'autres possibilités.

D'ailleurs, si on regarde du côté de Microsoft, on découvre encore une autre piste : celle du low-code. Toutefois, les explications données sur le site officiel ne vont pas de soi : le géant américain fait mention, pour décrire ses Power Apps, d'« outils low-code conviviaux » qui permettent de « créer rapidement des applications en quelques jours, sans avoir à écrire de code »[9]. Low-code et no-code sont-ils synonymes ? Et pourquoi encadrer l'expression de guillemets ? Y a-t-il des bases de code à détenir ? À qui ces outils s'adressent-ils finalement ? Tout ceci n'est pas très clair…

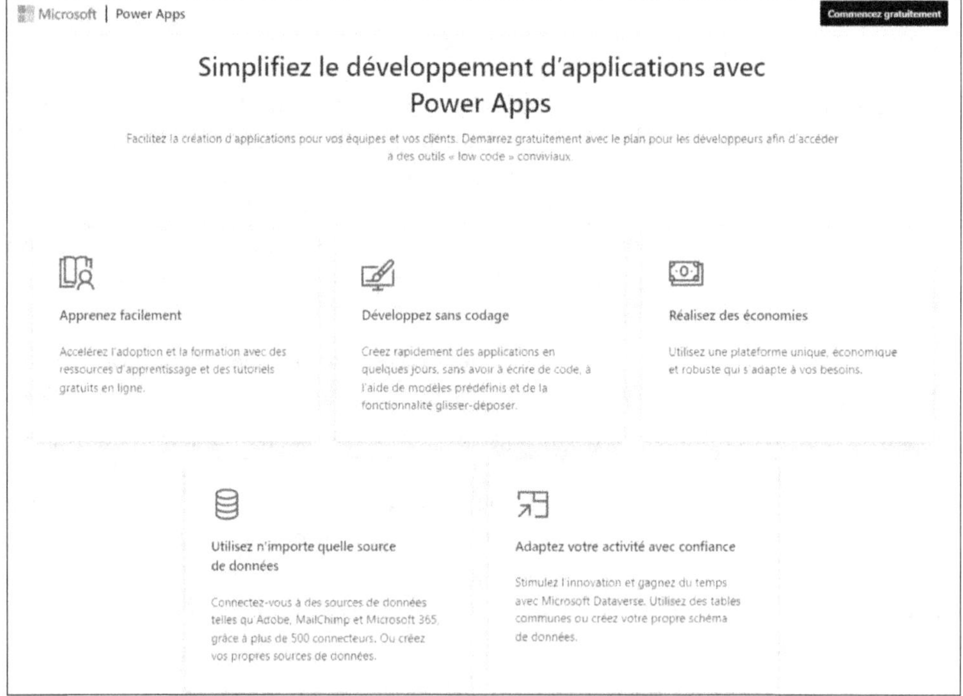

Figure 1–3
Page de présentation des Power Apps, la gamme d'outils low-code de Microsoft.

8 https://www.apple.com/swift/playgrounds/, 19/04/2022 *« Learn serious code. In a seriously fun way. »*
9 https://powerapps.microsoft.com/fr-fr/landing/developer-plan/, 18/04/2022

Le no-code annonce-t-il une nouvelle ère dans la fabrication d'outils numériques ?

Les nombreuses publications mettant en avant l'expansion du no-code (articles de presse, posts LinkedIn, conversations sur des forums communautaires, etc.) évoquent souvent un « mouvement » no-code. Certains commentateurs parlent même d'une « révolution » no-code. Ces expressions très fortes soulèvent des interrogations. Le no-code serait-il une bulle, un épisode passager susceptible de s'évaporer soudainement ? Serait-il une vague, s'apprêtant à déferler sur nos habitudes de travail et à les modifier durablement ? Serait-il un non-événement, c'est-à-dire la poursuite normale de progrès techniques entamés depuis déjà longtemps ?

Certaines voix affirment qu'il s'agit tout bonnement du futur du développement informatique, rien que ça ! Ainsi Katherine Kostereva, qui fait partie du Technology Council du célèbre magazine *Forbes*, intitule un article de mars 2022 « Le no-code est le futur du logiciel : cinq leçons-clés pour réussir en 2022 et au-delà ». Elle appuie sa prémonition sur des prévisions de la société américaine de recherche et de conseil Gartner ainsi que sur des études du prestigieux magazine *Harvard Business Review*. Selon Gartner, d'ici 2024, 80 % des produits et services techniques seront proposés par des personnes qui ne sont pas des professionnels techniques. Il convient d'accorder une confiance mesurée à ces exercices d'anticipation, qui sont toujours en partie subjectifs. En effet, en tant que CEO de Creatio (plate-forme dédiée aux automatisations industrielles et aux CRM no-code), Katherine Kostereva est nécessairement juge et partie.

En tout cas, ce qui est sûr, c'est que le terme no-code attire les regards. Même s'il est porteur de confusion, comme nous l'avons souligné précédemment, il suscite bien des engouements !

Le no-code est présenté comme un formidable moyen de s'adjoindre de nouvelles compétences, parfois présentées comme extraordinaires. Par exemple, les Power Apps de Microsoft éveillent l'idée de pouvoirs spéciaux, voire de superpouvoirs[10].

Voici ce que Danny Crichton, aujourd'hui responsable éditorial de la société d'investissement en capital-risque LuxCapital, décrivait dans l'article « La génération no-code arrive », publié sur le site TechCrunch, en 2020. Lui aussi parle de superpouvoirs et relève un flottement autour du mot no-code :

---

10 Ce genre de métaphores se retrouve aussi dans des rhétoriques autour du code traditionnel.

> Au cours des deux ou trois dernières années, une catégorie entière de logiciels a émergé sous nos yeux, logiciels qui ont été catalogués de manière unanime (et assez imprécise) sous l'étiquette « plates-formes no-code ». Ces outils ont été conçus pour que leurs utilisateurs puissent exploiter facilement la puissance des ordinateurs dans leurs activités professionnelles quotidiennes. (…) Le succès et la notoriété de ces outils provient du sentiment qu'ils dotent leurs utilisateurs de superpouvoirs. Des projets qui jadis demandaient quelques heures de travail à une équipe d'ingénieurs peuvent désormais être bricolés au moyen de quelques clics sur une interface.

À présent, tentons d'élucider ce qui compose les mystérieux traits de caractère de ce nouveau venu, le no-code, et penchons-nous sur son histoire.

Dans les prochains paragraphes, nous relevons des idées très générales sur le no-code. Nous les rassemblons à partir de nombreuses sources de messages : les no-codeurs passionnés que nous sommes baignons dedans au quotidien. Il nous paraît indispensable de les saisir et de bien les analyser, afin de démêler le vrai du faux ou de préciser certaines nuances. Après cette observation globale du phénomène no-code (de l'extérieur, pourrait-on dire), nous pourrons, dans les prochains chapitres, détailler des aspects du no-code.

Un vaste choix d'outils

La première caractéristique des outils no-code que nous relevons, c'est leur grand nombre, associé à la facilité qu'on a à les trouver, par exemple au moyen de moteurs de recherche. Pour les économistes et pour les experts du numérique, cette présence d'offres pléthoriques permettant d'acquérir un certain type de produit est un critère typique d'un phénomène bien connu : celui de la « commoditisation » (voir encadré p. 20).

Des outils en grand nombre

Raconter l'histoire du no-code n'est pas une mince affaire. En premier lieu parce qu'il n'existe pas un seul no-code, il s'agit d'un raccourci derrière lequel se rassemble une famille nombreuse d'outils disparates. Elle réunit des personnages dont les plus connus s'appellent Notion, Airtable, Webflow, Glide, Zapier ou Bubble. Nous aurons l'occasion de les présenter, mais pour le moment, indiquons simplement que chacun d'entre eux a sa spécialité : gestion de bases de données, composition de sites web ou d'applications mobiles, orchestration de mécanismes automatisés, collaboration autour de documents et ressources partagés, ou encore élaboration de plates-formes digitales. À n'en pas douter, l'association qu'ils constituent ressemble vraiment à ce qu'on pourrait appeler une famille recomposée !

À moins qu'il ne s'agisse d'une famille en train de se composer. L'étendue de cette famille et son hétérogénéité soulèvent des questions. Quels points de ressemblance peut-on relever dans cette vaste constellation d'outils, en dépit de leur variété et de leurs spécialisations ?

Les outils no-code dialoguent entre eux et se font écho. Ils partagent des éléments de vocabulaire, ainsi que des notions et des concepts. Nous serions donc presque tentés de dire qu'ils sont reliés par une sorte de code commun. Cependant, au-delà du jeu de mot, rechercher une grille de lecture unificatrice pour expliquer le phénomène no-code serait une démarche périlleuse. On risquerait de réécrire les faits d'une manière artificielle, en leur attribuant des intentions a posteriori et de manière erronée. S'il existait un seul code du no-code, cela simplifierait nos affaires ! La réalité est plus complexe.

Des outils qui invitent à être testés

Le plus important pour comprendre l'essence du no-code, c'est peut-être d'identifier et de caractériser un ressenti. Cette sensation, bien des personnes qui ont fait leurs premiers pas avec un outil no-code l'éprouvent et la partagent. Que le parcours démarre par Carrd ou Dorik, par Notion ou Coda, par Draftbit ou Thunkable, par Adalo ou Glide, dès la phase de découverte de l'un de ces outils[11], on est rapidement familiarisé avec l'ensemble des outils no-code, ou du moins avec *toute une catégorie* d'entre eux. Nous sommes tentés d'en essayer un second, puis un troisième. Déjà, on ne se sent plus en *terra incognita*.

Imaginons être cet individu débarquant aux rives du no-code. On se surprend alors soi-même : ça y est, voici de premiers repères et concepts no-code qui se clarifient ! On a fait l'expérience de fabriquer sa première page web en quelques clics, ou alors sa première automatisation. On a construit, rempli et relié les premières tables de sa base de données. On a intégré une vidéo ou un formulaire ici ou là. Un peu plus tard, on apprendra comment effectuer des appels API ou à

---

11 Nous tirons ces exemples d'une liste de 41 « outils no-code à connaître » proposée par *softr.io* : https://www.softr.io/learn/no-code/no-code-tools. Leur sélection complète (figurant parmi de nombreuses autres, proposées par les acteurs du no-code) se compose de : Carrd, Webflow, Squarespace, Wix, Unstack, Unicorn Platform, Dorik, Linktree, Super, Softr, Bubble, Retool, Stacker, Bildr, Adalo, Glide, Thunkable, Draftbit, AppSheet, AppGyver, Typeform, Tally, JotForm, Cognitoforms, Formstack, Paperform, Heyflow, Zapier, Make (anciennement Integromat), Parabola, Tray, IFTTT, n8n, Airtable, Rows, Spreadsheet, Notion, Coda, Stackby, Infinity et Drapcode.

quoi servent les webhooks, mais pour l'heure, on a envie de tester d'autres choses, de comparer l'outil qu'on a utilisé à ses frères et cousins, de « tenter des trucs »[12].

Une no-codeuse française a même consacré ce drôle de concept en lui érigeant un petit site : www.tentagedetrucs.fr. Elle s'y présente ainsi :

> Hello 👋 . Moi c'est Carole et je tente des trucs… Par exemple, construire ce site avec mes petites mains sans savoir coder.

Carole David ne vient pas du monde du développement : elle est psychologue et a notamment travaillé dans les ressources humaines. Sur ces quelques pages web, construites avec l'outil no-code super.so (une extension de Notion), elle fait l'éloge cocasse de cette démarche d'exploration décomplexée mais sérieuse : *« Faire des trucs. Pour faire plus de trucs mieux. »* Voilà exactement le ressenti que nous pointions : après avoir fait un premier pas, puis un deuxième, nous sommes contents de constater que ça y est, nous commençons à marcher. Nous pourrons donc aller examiner d'autres outils, les tester, évaluer leur potentiel, même sans objectif réel, juste pour s'amuser (tout comme on le ferait en s'accaparant une nouvelle boîte de Lego).

Les grandes catégories d'outils no-code

Dans leurs descriptions, ils promettent de nous faire gagner en liberté, de stimuler notre créativité, en étant plus simples d'utilisation que la génération de logiciels qui les a précédés.

En tapant la requête « outils no-code » dans un moteur de recherche, on tombe sur une longue liste de… listes : palmarès des indispensables, comparatifs des meilleurs, etc. Les conseils, sous la forme de sélections et d'avis, vont bon train.

On trouve dans la notion de « liste de listes », notion à laquelle Wikipédia consacre une longue page, ce qui fait peut-être l'essence d'Internet et du Web, à savoir sa structure décentralisée, la possibilité de créer des liens hypertextes entre ses éléments. On aurait pu imaginer un autre résultat donné par le moteur de recherche : la mise en avant d'un répertoire officiel d'outils no-code, ou une définition faisant référence. Cependant, le no-code ne se prête pas à une telle organisation pyramidale et hiérarchique. À l'inverse, les outils no-code apparaissent et poussent selon un modèle « rhizomatique », dans un enchevêtrement

---

12 Ce n'est pas par hasard que nous employons cette expression, d'un registre familier : ces mots sont en effet utilisés, à dessein, dans le *Manifeste de la communauté No-Code France*, afin d'exprimer l'esprit d'ouverture de la famille no-code et, en l'occurrence, de sa communauté française.

où tous, coexistant au sein d'un réseau, s'appellent les uns les autres, s'épaulent et s'influencent.

Cette abondance nous rappelle ce que le philosophe et sociologue Jean Baudrillard décrivait en 1970, dans son ouvrage le plus connu, *La société de consommation*, au sujet de produits courants qui étaient devenus accessibles pour le plus grand nombre :

> Et ce discours métonymique, répétitif, de la matière consommable, de la marchandise, redevient, par une grande métaphore collective, grâce à son excès même, l'image du don, de la prodigalité inépuisable et spectaculaire qui est celle de la fête.

Les outils no-code, eux aussi, d'une certaine façon, nous font l'effet d'une réjouissante fête de famille. Baudrillard poursuit ainsi :

> Au-delà de l'entassement, qui est la forme la plus rudimentaire, mais la plus prégnante, de l'abondance, les objets s'organisent en *panoplie*, ou en *collection*.

Il en est de même pour les outils no-code, nombreux : ils s'organisent, non pas en panoplies, gammes et collections, mais d'une part en *catégories* et d'autre part en *stacks* (piles).

Les catégories peuvent les regrouper par grands livrables, les différentes briques d'un projet : sites web (*website builders,* comme Webflow), applications mobiles (*app builders,* comme Glide), bases de données (comme Airtable), ou registres de documents et de ressources partagés (comme Notion). Elles peuvent aussi être spécifiques à des périmètres plus précis : création de formulaires (comme Tally) ou de *chatbots* (comme Joonbot), extraction automatique de données (*scrapers* comme Webscraper), etc. On trouve encore la catégorie des automatisations (avec Zapier et Make) et Bubble, qu'on peut qualifier d'outil tout-en-un, puisqu'il gère à lui tout seul bases de données, automatisations et création de sites.

La *stack* (terme que les anglophones utilisent à l'origine pour désigner une pile de livres), dans le vocabulaire classique du code et à présent également dans celui du no-code, c'est un assemblage cohérent de plusieurs outils, reliés entre eux et fonctionnant ensemble[13].

---

13 Il existe aussi, cependant, l'équivalent de gammes d'outils no-code, avec Microsoft Power Apps. Toutefois, ce cas de figure n'a pas valeur de règle générale, il est plutôt une exception.

Qu'est-ce que la « commoditisation » ?

Il n'existe pas de bonne traduction au terme anglais « *commodity* ». Il désigne un produit de base, de consommation courante et aux caractéristiques standardisées. Parmi une offre pléthorique, les consommateurs auront tendance à choisir le plus « commode » : le moins cher, le plus facile à se procurer et à utiliser.

La « commoditisation » évoque, du point de vue des économistes, la mutation en « commodities » de produits ou services qui auparavant étaient chers, rares, peu ou mal distribués, ou encore complexes d'utilisation.

La commoditisation ne concerne pas que les usages du numérique. Une fois équipé d'une machine à laver, l'idée d'aller à la laverie ne vous semblera-t-elle pas irrationnelle ? Iriez-vous aujourd'hui dans un hôtel dépourvu de Wi-Fi ? Comme le dit Evan Williams, cofondateur de Twitter : « *Convenience*[14] *decides everything.* » (soit : « la facilité d'accès et d'utilisation décide de tout »)

Dans le domaine du développement informatique, on observe ce phénomène avec les outils no-code. Autrefois réservé à une « élite » (celles et ceux qui maîtrisent l'art de la programmation en code), le développement de produits numériques devient désormais accessible au plus grand nombre. Les outils no-code sont peu chers, simples d'accès et nombreux. Grâce à leur fonctionnement modulaire, il est facile de procéder à des remplacements de l'un d'entre eux, en tant que brique participant au projet global.

Nous trouvons intéressant de relier ces réflexions à ce que Jean Baudrillard écrit à ce sujet, dès 1968, dans le *Système des objets*, soit deux années avant la publication de la *Société de consommation*. Le sociologue et philosophe français n'emploie pas le mot « commodité », mais il analyse l'effet psychologique de cette nouvelle abondance d'offres sur les consommateurs. Par leur grand nombre, les messages publicitaires, qui se soucient de plus en plus des utilisateurs finaux, leur apportent, inconsciemment, un soutien réconfortant :

« Ainsi, nous ne sommes pas, dans la publicité, "aliénés", "mystifiés" par des thèmes, des mots, des images, mais bien conquis par la sollicitude qu'on a de nous parler, de nous faire voir, de s'occuper de nous. »

Appliqué au no-code, on peut l'interpréter ainsi : désormais, nous n'avons au fond plus à être inquiets, car nous savons bien que nous trouverons toujours, en cherchant un peu, un outil no-code pour créer une *landing page*, une boutique en ligne ou pour gérer ses calendriers, par exemple.

---

14 Voilà encore un terme difficile à traduire ! Il désigne l'aspect pratique, adapté et « commode » d'un objet.

Des fonctionnalités à assembler soi-même

Une deuxième caractéristique des outils no-code est la possibilité de personnaliser ses productions numériques. On peut véritablement concevoir des sites, apps et systèmes « sur mesure ». Pour cela, on définit les fonctionnalités qui nous intéressent, choisit des outils no-code pour chacune d'entre elles, et il ne reste plus qu'à les configurer et à les assembler. Le tout, sans une ligne de code, bien évidemment !

Des fonctionnalités aussi faciles à assembler que des briques de Lego

Proposer une histoire du no-code relève également d'une gageure car les *fonctionnalités* de ces outils sont innombrables, ainsi que les *cas d'usage* qu'ils rendent possibles et les projets auxquels ils peuvent donner vie, extrêmement variés, hétérogènes et originaux. Même les novices du digital et les réfractaires au développement traditionnel peuvent désormais envisager de s'y aventurer : ils n'ont plus d'excuse ! Et cette puissance créative, conférée à un public qui s'est considérablement élargi, est d'autant plus vivace qu'il est possible de combiner facilement ces outils les uns aux autres.

On pourrait citer l'image des pièces de puzzle que l'on imbrique. Au-delà de la simple métaphore, les interfaces de certains outils utilisent réellement de telles pièces, comme Backendless (outil no-code avancé qui, contrairement à ce que son nom suggère, ne se restreint pas au *backend*. Il permet de créer des applications de bout en bout), Thunkable *(app builder* no-code*)* ou encore Scratch (langage et logiciel destinés à initier les enfants à la programmation).

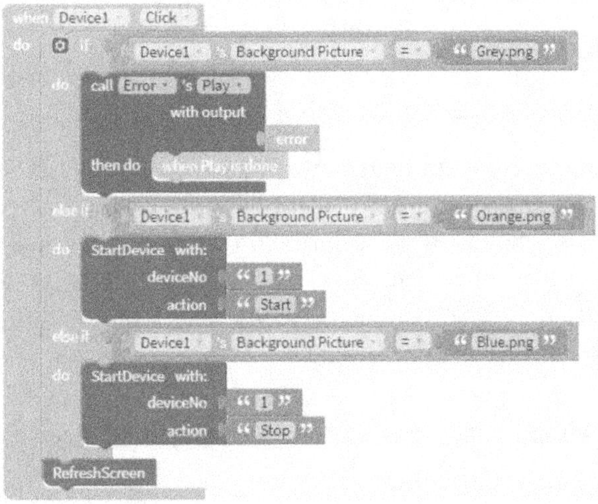

Figure 1–4
Sur Thunkable, des pièces de puzzle servent à construire des scripts d'actions déclenchées par exemple à la suite d'un clic.

Toutefois, une métaphore reprise avec insistance par tous les outils no-code est celle de la brique de Lego. Ce n'est certainement pas par hasard si Weweb, Ksaar et Draftbit ont opté pour une mythique pièce de ce jeu dans leurs choix de logos.

Arrêtons-nous un instant sur eux, car leur comparaison est intéressante. En effet, ces trois plates-formes au logo similaire partagent autant de ressemblances que de divergences.

Chacune propose de faire une combinaison sur mesure de briques élémentaires. En manipulant visuellement ces blocs, on fabrique des produits numériques. Cet esprit de libre composition est primordial pour les trois logiciels. Et en même temps, chacun d'entre eux détient un caractère propre. D'ailleurs, les outils no-code s'adressent toujours à des cibles d'utilisateurs spécifiques. Ainsi :

- Ksaar cible principalement les experts d'un métier donné (verticales allant du BTP à la banque), soucieux de rendre les processus de leur entreprise les plus efficaces possible. L'outil permet de créer des interfaces ergonomiques, intuitives et rapides à appréhender par les équipes opérationnelles, afin que les missions globales soient menées à bien.

- Weweb est parfait pour les bricoleurs aimant, tournevis à la main, imbriquer et articuler à leur guise tout un tas de composants. Son utilisation est un peu avancée, mais elle permet des réglages visuels très précis pour personnaliser des sites web.

- Draftbit s'approche un peu de l'esprit de Weweb. Cependant, il est spécialisé dans les applications mobiles natives. Il paraîtra certainement plus familier aux adeptes du développement traditionnel.

Trois outils, trois atmosphères ! N'oublions pas que toutes les pièces de Lego ne sont pas similaires. En l'occurrence, chacune des trois, ici, a son caractère !

Inventaire des principales briques fonctionnelles

Que signifie concrètement cette image de briques de Lego ? En pratique, no-codeurs et no-codeuses puisent les composants à associer soit dans le catalogue du logiciel principal utilisé (comme Weweb, Ksaar ou Draftbit), soit sur d'autres plates-formes qu'ils peuvent lui relier. Nous reviendrons en détail sur ces sujets, en développant la notion de programmation visuelle et différents types de connexions possibles.

Voici quelques exemples de blocs fonctionnels. Ils peuvent être petits ou grands, simples ou sophistiqués et présentent une grande diversité :

- formulaires d'inscription ;

- modules d'authentification (éventuellement en passant par les modules de Google, LinkedIn ou Facebook) ;
- blocs descriptifs pour présenter, par exemple, des produits ;
- sections d'achat ou d'abonnement ;
- fonctions de signature électronique ;
- sondages ;
- visualisations cartographiques ;
- modules de visioconférence ;
- tableaux dynamiques – qui peuvent inclure des calculs élaborés ;
- affichage d'enregistrements issus de bases de données – pouvant être édités par des personnes autorisées ;
- génération de documents PDF à partir de modèles ;
- envoi programmé d'e-mails, de SMS ou de notifications push ;
- transfert automatisé de fichiers divers ;
- interfaces dédiées aux aspects de suivi d'un projet ;
- calendriers ;
- schémas et tableaux blancs collaboratifs ;
- intégration de vidéos ;
- affichage de tweets ;
- mise en forme d'équations ;
- carrousels d'images ;
- chatbots ;
- etc.[15]

Si les outils no-code sont nombreux, les services no-code-friendly[16] le sont tout autant. Make et Zapier, deux services no-code d'automatisation de référence, listent des modules-connecteurs qui se chiffrent par milliers. Nous reviendrons en détail sur la description de ce vaste ensemble qui constitue un système ouvert.

---

15 Cette liste est vouée à rester perpétuellement incomplète : les outils no-code l'enrichissent réguliè-rement de nouveaux items.

16 Ce terme, improvisé par nous, n'a rien d'officiel. Il désigne tout service en ligne propice à intégrer une pile d'outils no-code.

Figure 1–5
Page de présentation
de Make

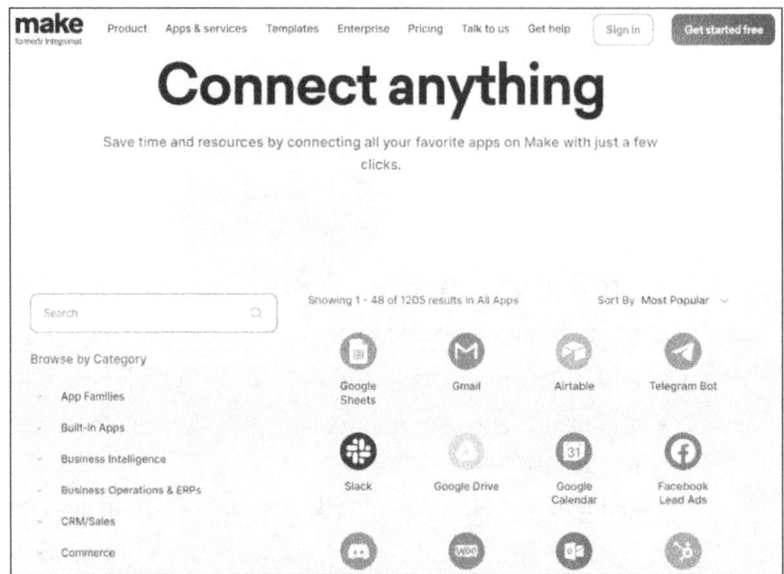

Voilà donc la jungle[17] du no-code qui s'épaissit davantage et s'enrichit par cette multitude d'interconnexions possibles. La surface du puzzle no-code semble s'étendre à l'infini…

Un état d'esprit libérant la créativité

Qu'est-ce que le vendor lock-in ?

On peut traduire, tant bien que mal, *vendor lock-in* par « enfermement propriétaire » ou « dépendance à un fournisseur ». Cette expression reflète d'abord la dépendance dans laquelle une entreprise peut se retrouver vis-à-vis de prestataires et la difficulté qu'elle pourrait rencontrer pour en changer. Par extension, on peut la généraliser à tout choix technologique qui pourrait à terme entraver l'évolution de l'entreprise.

On peut analyser ce frein selon trois dimensions. En premier lieu, équiper son entreprise d'outils représente un investissement réel : le temps passé et l'argent dépensé pour mettre en place un logiciel de gestion de clientèle, des reportings

---

17 Le saviez-vous ? Le premier nom de Bubble (avec lequel on peut créer des plates-formes complexes comme des intranets ou des marketplaces) était Appforest. Ce nom était bien trouvé !

commerciaux et financiers, l'hébergement d'une plate-forme, etc. Il faut prendre en compte tous les coûts : installation, frais récurrents (abonnements), maintenance. C'est quelquefois un prestataire qui s'en charge pour nous, et qu'il faut payer chaque mois.

En second lieu, on peut être lié à une technologie à travers les compétences expertes qu'elle appelle. Le plus souvent, les développeurs ont des spécialisations : profils orientés *front-end* ou *back-end*, développement de sites classiques ou d'apps mobiles (pour Android, Apple ou pour SmartTV), ils parlent PHP ou JavaScript couramment, etc. Si un entrepreneur voulait revoir de fond en comble ses bases technologiques, il ne pourrait pas le décider d'un claquement de doigts : « Comment former mes employés aux nouvelles compétences ? Devrais-je embaucher des experts ? Revoir mes effectifs ? Comme ces questions, qui ont une importance stratégique, sont plus faciles à régler sur le papier qu'à gérer dans la réalité ! »

Ainsi, le vendor lock-in peut être pensé d'une manière plus globale, au-delà d'un prestataire ou revendeur en particulier, à travers les compétences spécialisées qu'une technologie appelle. Il faut donc encore y inclure les efforts consacrés aux recrutements, l'intégration des nouvelles recrues, les formations, sans oublier les salaires associés.

À titre d'exemple, Dropbox a terminé en 2016 la migration de ses serveurs de stockage depuis son prestataire Amazon Web Services (AWS) vers ses propres serveurs : l'opération lui a pris deux ans et demi ! Elle a été parfaitement menée, sans interruption de service ni perte de fichiers. Cette transition a permis de dégager des économies substantielles pour le long terme. Pour autant, pouvons-nous en imaginer le coût faramineux ? Tout entrepreneur est constamment confronté à ce genre de choix.

Enfin, ces choix de technologies comportent un troisième aspect auquel on pense moins souvent : les outils choisis par une entreprise lui servent également à implémenter son état d'esprit et ses valeurs. Certaines sociétés seront rassurées par des outils clés en main, comme Hubspot[18] avec ses nombreux volets qu'elles pourront déployer progressivement. D'autres préféreront éviter ces systèmes immenses et tentaculaires. Elles opteront pour des outils séparés (en les achetant, en les codant ou alors en les no-codant !) et pourront les assembler au moyen d'automatisations. D'autres encore privilégieront des solutions open source, des éditeurs français, etc.

---

18 Hubspot, qui n'est habituellement pas catalogué no-code, propose d'innombrables possibilités. On peut y configurer des e-mails automatiques, des campagnes publicitaires ou des messages programmés. Ou encore y gérer sa base de clients, créer des reportings, générer des devis, centraliser les réclamations de clients. Et bien d'autres choses encore…

En quoi le no-code atténue-t-il le vendor lock-in ?

Les outils no-code atténuent ce sentiment d'être ferré à des choix technologiques. Certes, on devra toujours choisir entre Airtable, Bubble ou Ksaar par exemple, mais ces solutions sont plus légères que des installations en PHP, Java, Python ou Ruby.

Nous verrons concrètement en quoi dans les prochains chapitres. Disons déjà, pour résumer, qu'Airtable, Bubble et Ksaar sont plus accessibles : on s'y forme plus facilement, plus rapidement, et leurs prix se chiffrent, pour de jeunes entreprises, à quelques dizaines d'euros mensuels seulement (si ce n'est zéro, quelquefois !). Le no-code aide à lever certaines barrières à l'entrée et la crainte du vendor lock-in semble s'être en partie éloignée.

Mais attention, cette promesse d'accessibilité ne signifie pas que les outils no-code sont simples et immédiats à prendre en main. Néanmoins, assurément, avec le no-code, on gagne en autonomie et en liberté. On devient, grâce à eux, le commanditaire de ses besoins et son propre prestataire. On répond soi-même à ses besoins.

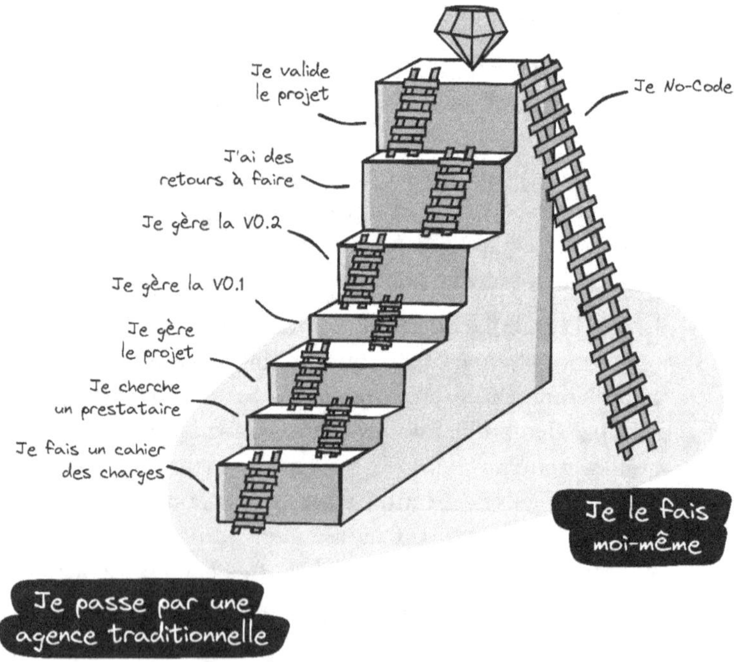

Figure 1–6
La désintermédiation consiste à résoudre ses problèmes directement.

Prenons l'argument de vente du logiciel no-code Airtable, placé haut sur sa page d'accueil (figure 1–7). Airtable s'adresse à nous ainsi : « Créez des solutions qui reflètent votre entreprise. Faites avancer rapidement vos façons de travailler, grâce à des apps no-code qui correspondent parfaitement à l'agilité et à la taille de votre équipe ». Cette formulation fait la synthèse de tous les ingrédients que nous avons présentés jusqu'ici : créativité, personnalisation (à travers l'image du miroir et l'utilisation de la seconde personne « votre »), ainsi que la sensation d'un mouvement libre, rapide et léger. Toute impression de lourdeur s'est complètement dissipée. Finalement ce n'est plus à moi de m'adapter aux logiciels, mais à eux de s'adapter à moi[19] !

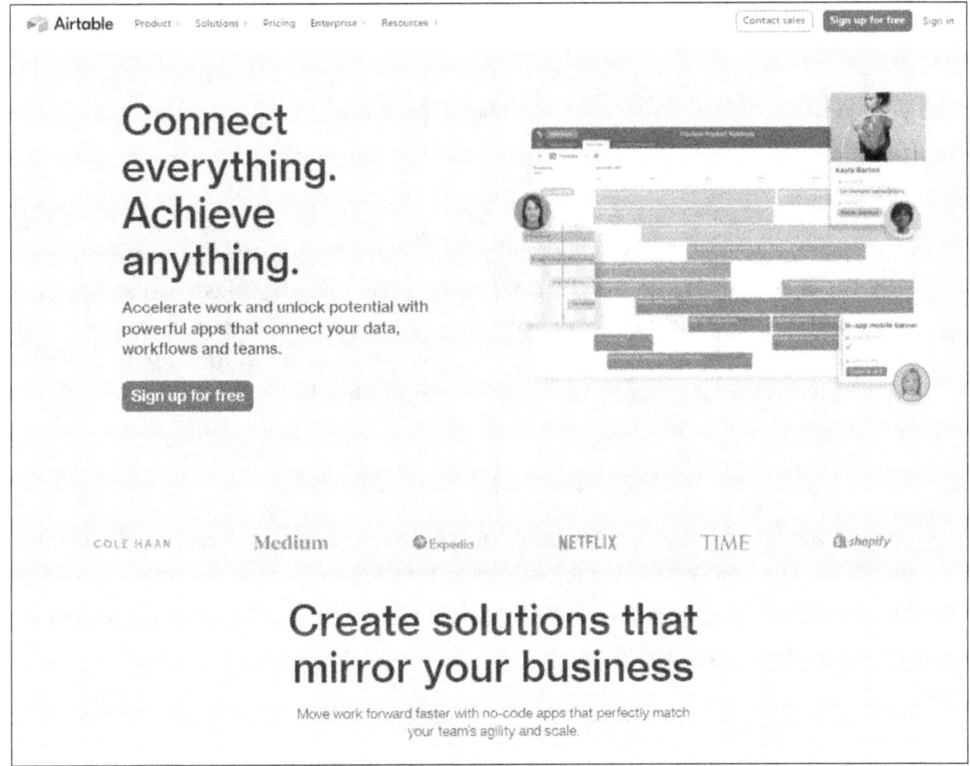

Figure 1–7
Page d'accueil de l'outil no-code Airtable, dédié aux bases de données.

Un autre point important est l'absence de référence au langage et aux technologies sous-jacentes utilisées par Airtable. Cette omission est tout sauf anodine.

19 Ce n'est sans doute pas par hasard que beaucoup de noms d'outils no-code ont une connotation aérienne, évoquant une sensation de liberté : Bubble (bulle), Airtable (table des airs), Glide (planer), Webflow et même, pourquoi pas, Parabola (une parabole pointant vers le ciel).

Elle devrait même nous surprendre. Si Airtable ne mentionne rien sur les infrastructures, systèmes, langages et logiciels internes qu'il utilise, c'est parce que cela ne nous concerne plus ! Pas davantage que leurs mises à jour, réparations et entretiens. Ce vaste thème dit de la « dette technique » est pris en charge par les équipes de développement d'Airtable et non plus par ses utilisateurs. Et s'il était nécessaire de remplacer les serveurs d'Airtable qui hébergent nos données ou de changer leurs systèmes d'exploitation (par exemple, pour des raisons de sécurité ou de performances), cette part de vendor lock-in concernera Airtable et plus nous-mêmes. Quelle libération !

Un argument marketing propageant quelques malentendus

L'engouement pour le no-code avec toutes ses promesses est aussi à la source de certaines confusions. Le mot est quelquefois agité comme un *buzzword* à travers certains messages marketing, ou dans des excès d'enthousiasme d'utilisateurs passionnés ! Le terme « no-code » est-il victime de son succès ? Peut-être est-il, au fond, mal choisi ? Nous revenons ici sur quelques simplifications exagérées ou erronées, que nous avons pu fréquemment entendre.

Code vs no-code : un affrontement vain et stérile

Un premier problème, c'est que l'étiquette no-code suggère, à tort, l'affrontement de deux camps rivaux : le code et le no-code.

Michael Skelly, cofondateur de l'outil Stacker, dénonce ce qu'il considère comme une ineptie, dans un article publié sur medium.com en 2020 :

> Je voudrais me débarrasser du mot no-code. J'aime le mouvement, mais je déteste le mot. Je le déteste surtout parce qu'il passe à côté de l'essentiel. J'ai récemment utilisé un produit qui prétend fièrement être no-code, mais qui nous invite à créer des scénarios logiques avec des flowcharts comportant tant de boucles et d'imbrications que le tout commençait à ressembler à un circuit imprimé. J'ai beau être développeur, je n'y comprenais plus rien. Ce n'est pas que ce n'était pas mieux que du code… c'était carrément pire.

Et, si on lui parle de low-code, il devient carrément furieux ! Ce mot reviendrait presque, pour lui, à une excuse pour quiconque insérerait quelques lignes de code ici ou là, honteusement.

Pourquoi s'en excuser ? L'ambition de Stacker ne se résume pas à un désir d'éradiquer le code :

C'est de préparer des outils et plates-formes pour le futur, qui permettront à des personnes qui ne se définissent pas comme développeurs de réaliser des choses que les développeurs peuvent faire aujourd'hui[20].

Nous reviendrons au chapitre 3 sur les différences entre les notions de développement et de programmation, afin de mieux comprendre ces questions. Contentons-nous pour l'instant d'approuver la remarque de Michael. Le code et le no-code font bon ménage. Et on pourrait en terminer avec cette fausse bataille en rappelant que tous les outils no-code sont fabriqués… en code.

Figure 1–8

Le no-code ne dispense pas de connaissances en code

Le terme no-code est aussi, d'une certaine façon, devenu victime de son succès. Expliquons-nous : il résonne comme l'annonce d'une nouvelle ère, d'un après-le-code. Un tel récit, en partie vrai, nous invite à entrer dans une nouvelle époque technique. Voilà qui est franchement enthousiasmant, en particulier pour les nouveaux arrivants.

L'équivalent moderne de l'antique sentence « que nul n'entre ici s'il n'est géomètre » pourrait être « que nul n'entre ici s'il n'est développeur », refusant l'accès au numérique à toutes les personnes qui n'ont pas de notions de langage informatique. Le no-code proposerait – enfin ! – une autre voie d'accueil.

---

20 Son agacement est tel qu'il propose, à la fin de sa publication, une nouvelle appellation pour bazarder ces insensées querelles de clochers : « Je pense que ce que nous sommes en train de construire n'est ni du no-code, ni du low-code. C'est du au-delà-du-code *(beyond code)*… mais toute autre suggestion sera la bienvenue. »

Une autre difficulté liée au terme no-code, c'est qu'il fait penser à l'apparition d'une nouvelle époque, une sorte d'« après-le-code ». À l'ère du code aurait été associé un avertissement du type « que nul n'entre ici s'il n'est développeur »[21]. Et le voilà, grâce au no-code, rendu obsolète et détruit. Un tel miracle est-il réellement crédible ?

Les phrases d'accroche, slogans et commentaires qui opposent le code au no-code vont bon train, quitte à dire, quelquefois, un peu n'importe quoi…

Citons par exemple les premières et dernières phrases du clip publicitaire de Webflow « *A new era of no-code* », datant de fin 2021 :

> À tous ceux qui nous ont dit qu'il était impossible de créer un site web personnalisé sans savoir coder, nous avons répondu : défi accepté. (…) À vous de lancer les prochaines étapes de ce qui est à venir ! Tout cela au moyen d'une plate-forme entièrement visuelle à la puissance incroyable, qui donnera naissance à vos idées en respectant exactement vos intentions. Ce qui ne pouvait être produit sans faire appel à une équipe de développeurs peut désormais être réalisé par vous. Bienvenue dans la nouvelle ère du no-code.

L'excitation est palpable. Elle est d'ailleurs justifiée : Webflow est un outil-phare du no-code, qui permet de concevoir des sites web absolument spectaculaires.

Cependant, certaines nuances du message marketing manquent à l'appel :

- En moins de deux minutes, dans ce clip, l'absence de code et la libération par rapport aux développeurs sont répétées à six reprises. Pourtant, dans le premier cours proposé gratuitement par la Webflow Academy, de très nombreuses notions propres au code HTML sont abordées : « Section, Container, Columns, Div, Forms, Navbar, Class, Flexbox », etc.[22]

- Rappelons que Wix et Squarespace, éditeurs de sites accessibles même aux non-codeurs, directement à partir d'un navigateur, existent depuis les années 2000.

Difficile, donc, d'interpréter cette rhétorique publicitaire ! (Sauf à rappeler, justement, qu'il s'agit d'une rhétorique publicitaire, visant d'abord à marquer les esprits.) D'autant plus que Webflow[23] est l'un des website builders no-code les plus puissants et les plus complexes à utiliser. Le métier de développeur Webflow est d'ores-et-déjà bien ancré dans le paysage. Or, ces développeurs no-code

---

21 Nous modernisons ici librement l'inscription « Que nul n'entre ici s'il n'est géomètre » qui était gravée à l'entrée de l'Académie, l'école fondée à Athènes par Platon.

22 Nous ne citons que quelques uns des 41 chapitres du cours.

23 Nous prenons ici cet outil no-code comme exemple. Bien d'autres utilisent des messages simples à comprendre, suggérant que le no-code succède au code. La réalité est un peu plus subtile…

maîtrisent le code HTML/CSS (langages organisant la composition des pages web) et ils ont fréquemment recours à des snippets JavaScript (des séquences de code facilement intégrables), qu'ils peuvent ajouter à Webflow pour l'enrichir d'effets visuels et d'animations avancées).

Le no-code dépasse le domaine de la programmation

Une troisième difficulté liée au terme no-code est moins évidente à épingler. Ce terme, par son intitulé, nous place, sans qu'on ait le temps d'y réfléchir, sur le terrain de la programmation informatique. Cela est justifié : le no-code permet d'effectuer des tâches auparavant impossibles à réaliser sans coder. Cependant, l'usage courant de ce terme s'est étendu. Il englobe aujourd'hui aussi des domaines où ce critère ne fonctionne pas. Citons quelques exemples pour l'illustrer :

- **Notion** est très souvent associé au no-code. Pourtant, où la part de programmation figurait-elle, auparavant, dans l'édition et le partage de documents ?

- **Tally** est un excellent outil no-code pour créer des formulaires et sondages. Pourtant, d'autres solutions plus anciennes comme Typeform ou Google Forms (qui ne se définissent pas comme no-code) avaient déjà, depuis longtemps, fait disparaître le code de leurs interfaces.

- De même en est-il pour **Wix** ou **Squarespace**, que nous mentionnions plus haut : ils ne se revendiquent pas no-code alors qu'ils ont annulé le besoin de code depuis longtemps.

Invité au podcast Contournement, dédié au no-code et que nous animons, Emmanuel Straschnov, cofondateur de Bubble, exprime un certain agacement quand il entend des débats pour déterminer si Notion est ou non no-code. Selon lui, la question est absurde car, il n'y a pas de programmation en jeu. D'ailleurs, il préfère parler de « programmation visuelle » plutôt que de no-code ; cet autre concept, que nous explorerons au chapitre 3, est en effet plus clair. Il ajoute qu'il espère que ces méthodes de développement deviendront si naturelles que le qualificatif no-code, un jour, disparaîtra !

Ainsi le no-code ne se restreint pas à cet ancien pré carré du développement. Les récits de réalisations que nous allons détailler démontreront qu'il s'agit d'une évolution à l'envergure bien plus vaste. En 2011, Marc Andreessen, écrivait un article fameux intitulé « *Why software is eating the world* » dans le *Wall Street Journal*, analysant les raisons pour lesquelles les logiciels étaient en train de dévorer le monde. Ce titre a été mille fois repris et pastiché. Oserions-nous une variante de plus : « *No-code is eating the software* » ?

Des développements qui s'accélèrent

La prolifération d'outils no-code apporte au domaine du numérique mille nouveaux portails d'entrée. Une simple connexion à Internet suffit comme passeport pour le visiter, observer ce qui s'y passe, s'inspirer de l'air du lieu et peut-être se lancer en « tentant des trucs ».

Ces transformations se caractérisent par leur grande vitesse. D'ailleurs, à l'heure où nous écrivons ces lignes, des appellations variées sont employées pour désigner les nouveaux métiers liés au no-code : makers, no-coders, no-code ops, no-code engineers, développeurs no-code, citizen developers, product builders, etc. Ce caractère hésitant révèle la rapidité de ces changements, qui nous prennent de court.

De nombreuses innovations disruptives ont bouleversé l'économie numérique depuis que le Web existe, entraînant des mutations qui ont affecté en profondeur nos modes de communication, de collaboration, la diffusion des services numériques et les manières de les consommer ; et finalement nos modes de vie. Nombreux sont les exemples de ces pionniers, comme Uber, Netflix ou Amazon, devenant en quelques années de nouveaux standards. Innovant aussi sur les modèles économiques en place qui structuraient le marché du travail ou bien la distribution de services et produits, ces transformations rapides ont quelquefois devancé les pouvoirs publics, les poussant à s'y accommoder et à légiférer *a posteriori*.

Combien de fois est-ce arrivé, au cours des formations que nous donnons, d'entendre la surprise et la joie d'élèves qui expérimentent la facilité d'exécution de certaines tâches techniques, ou qui découvrent l'existence d'options qu'ils n'avaient jamais imaginées ! Le no-code galope et peut avoir un côté sidérant. C'est ce rythme d'évolutions très rapides que nous relevons comme une autre caractéristique générale du no-code, et ce à tous les niveaux :

- au niveau des projets : certains sont échafaudés et mis en fonctionnement en quelques jours (voire en quelques heures !) grâce au no-code ;
- au niveau des outils eux-mêmes : certains gagnent en puissance et s'étoffent de nouvelles fonctionnalités à la vitesse grand V !

Des projets no-codés en quelques jours

Pour marquer les esprits et mettre en défaut les sceptiques de l'époque, certains ont fait la démonstration de la puissance des outils no-code.

Dès 2015, Vladimir Leytus (qui co-fonda plus tard Airdev, la plus grande agence spécialisée sur Bubble) a développé NotRealTwitter, un clone de Twitter, reproduisant les principales fonctionnalités et le graphisme de la célèbre plate-forme.

Il ne lui aura fallu que 4 jours pour le construire sur Bubble, alors que l'outil n'étais pas encore aussi mature qu'il ne l'est aujourd'hui. Il explique dans un article publié sur BBC Worklife que cette réalisation « était plus convaincante que de se contenter de dire qu'en effet, oui, on peut vraiment faire des choses très puissantes. » Le procédé en a inspiré d'autres, comme l'agence Huggy-Studio, qui a fabriqué plus tard nocodelinkedin.com en moins d'une semaine également.

Voici le message que l'on peut lire sur le premier site NotRealTwitter[24] (figure 1–9) :

> Bienvenue sur l'ancien NotRealTwitter. Tout comme Twitter, mais en pire. bien pire. L'objectif de ce site n'est pas de voler le business de Twitter ou de donner leur chance à des personnes sur un réseau social tout neuf. Il s'agit de montrer le futur du développement logiciel. Parce qu'en 2025, la plupart des logiciels ne seront pas faits par des codeurs, mais par des personnes d'origines variées, dotées de bon sens. La personne qui a créé ce site n'est pas un développeur logiciel. Elle n'a utilisé ni HTML, ni CSS, ni JavaScript, Perl, PHP, Python, etc. En fait, elle n'a pas écrit la moindre ligne de code. Et elle l'a fait en quatre jours (en 2015). Profitez de NotRealTwitter. Fabriqué par Airdev sur Bubble. Une petite note pour Twitter : MERCI DE NE PAS NOUS POURSUIVRE EN JUSTICE.

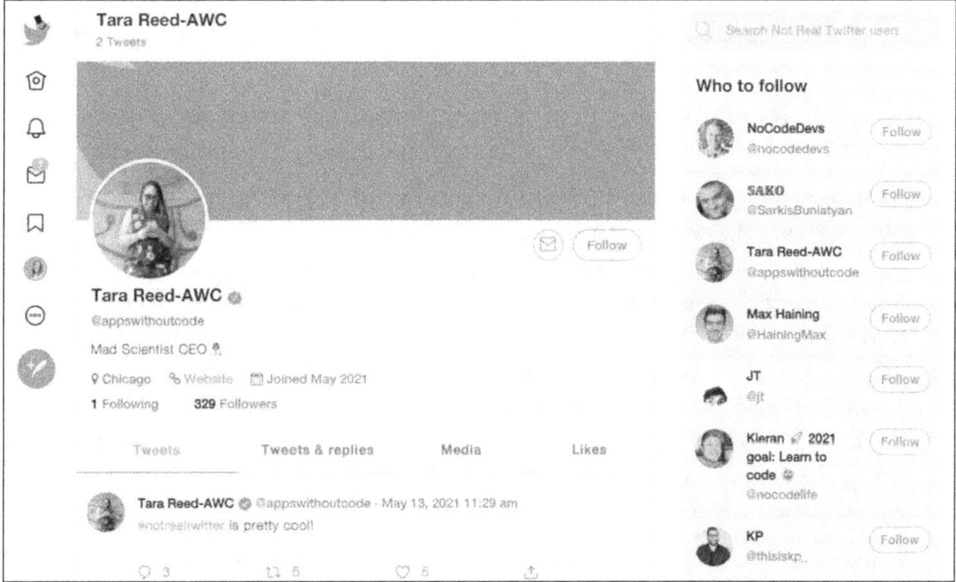

Figure 1–9
Ancien NotRealTwitter

24 Ce site est accessible à l'adresse https://oldnotrealtwitter.com. Une nouvelle version NotRealTwitter 2 a vu le jour plus récemment, afin de s'accorder aux mises à jour du site-modèle.

Des outils no-code évoluant à vive allure

Enfin, soulignons la célérité avec laquelle les outils no-code eux-mêmes évoluent. De nouveaux voient le jour fréquemment. Pour cette raison, il nous est impossible d'en dresser un inventaire fiable dans ce livre : aussitôt esquissée, une telle cartographie serait déjà périmée. De plus, quels que soient leurs tailles ou leurs âges, la plupart des outils no-code s'enrichissent rapidement de nouvelles fonctionnalités. À travers des évolutions de leurs plates-formes principales, ou bien grâce à la création de templates, modules et plugins.

Prenons d'abord l'exemple de Webflow, dont nous mentionnions une publicité datant de 2021. L'éditeur y rappelle les annonces principales faites à l'occasion de l'édition 2021 de la No-Code Conf[25]. Les développeurs Webflow allaient bientôt pouvoir configurer des automatisations et gérer des communautés d'abonnés (gratuites ou payantes) au sein de leur outil préféré. Ce ne sont pas de petits ajouts au périmètre fonctionnel de l'outil, mais des évolutions gigantesques.

Nous pouvons citer d'autres exemples d'évolutions rapides :

- **Glide** (outil de création d'applications mobiles et de sites) publie ses mises à jour sur son site : on en décompte en moyenne six par mois ;

- **Weweb** (outil de création de sites) diffuse également ses *changelogs* en moyenne deux fois par mois. Chacune peut comporter deux ou trois nouvelles fonctionnalités ou améliorations ;

- **Draftbit** (app builder), tient un rythme quasi-hebdomadaire d'annonces de mises à jour. Chaque annonce peut comporter une ou plusieurs nouveautés.

Nous pourrions multiplier ces exemples à l'infini. Néanmoins, il sera peut-être plus parlant encore de mentionner la multiplication de démarches pour initier de nouveaux adeptes du no-code : newsletters, émissions, podcasts, vidéos en ligne, conversations sur diverses plates-formes communautaires. Toutes ces initiatives apportent des synthèses, des conseils et des éclaircissements, pour ne pas perdre le fil des actualités du no-code. Un membre de la communauté no-code France, Julien Boidrou, est même devenu une sorte de mascotte ! Chaque vendredi, le no-codeur passionné diffuse bénévolement un bulletin d'informations dédié aux actualités qu'il a rassemblées. Il les publie également sur un site qu'il a développé en no-code : https://gazette.nocode-france.fr

L'appropriation des fonctionnalités no-code par les utilisateurs des outils est un véritable sujet et nous y reviendrons longuement dans le chapitre 5. D'ailleurs, remarquons que les développeurs traditionnels doivent, eux aussi, se tenir

---

25 La No-Code Conf est un événement mondial dédié au no-code que Webflow organise depuis 2019.

informés des actualités rapides concernant leurs langages de programmation, les frameworks ou librairies associés[26]. Et eux aussi doivent dorénavant se tenir informés d'un marché de services tiers disponibles en pleine inflation : celui des API.

Mais ne changeons pas de sujet ! Avec ses nombreux outils, accessibles, que l'on peut combiner et personnaliser, le no-code semble presque transformer la création numérique en un vaste espace de jeu. Certains voient dans l'entrepreneuriat ou dans la gestion de projets numériques une véritable course d'obstacles. Des obstacles paraissant même parfois insurmontables. Le no-code aplanit ce terrain difficile pour faire place à un parcours d'orientation, ou alors à une course de vitesse. Néanmoins, la dimension ludique du no-code, souvent comparé aux Lego, ne doit pas faire oublier le sérieux des sujets qu'il permet d'aborder. Dans le prochain chapitre, nous en exposerons une sélection. Nous détaillerons des profils de no-codeuses et no-codeurs ainsi que les problématiques qu'ils ont relevées.

Le philosophe français Vladimir Jankélévitch définissait la notion d'« aventure » comme un savant mélange de jeu et de sérieux. Une aventure, explique-t-il, se vit à la première personne. Avec elle, on rompt des habitudes et on brise l'ennui : « Ce qui est vécu, et passionnément espéré dans l'aventure, c'est le surgissement de l'avenir[27]. »

Embarquons à présent dans quelques aventures no-code !

---

26 Une librairie est un regroupement cohérent d'un ensemble de fonctionnalités, déjà développées et diffusées ensemble, afin de faciliter leur appropriation et leur réemploi par des développeurs dans leurs projets.

27 Extrait de *L'aventure, l'ennui et le sérieux* de Vladimir Jankélévitch

Panorama de projets réalisés sans coder 2

Il fut un temps où quelques ingénieurs logiciel – certains s'autodésignant webmasters – fabriquaient des choses sur Internet. Souvent ambitieux, ils apprenaient à coder des mois durant avant de publier ne serait-ce que le site le plus rudimentaire qui soit.

Extrait de l'article *The Rise of "No Code"*, publié en janvier 2019 par Ryan Hoover, fondateur de Product Hunt

Avec NotRealTwitter, clone de Twitter réalisé en moins d'une semaine sur l'outil no-code Bubble, l'agence Airdev a réalisé ce qu'on a coutume d'appeler, dans le développement logiciel, un PoC (*Proof of Concept*, voir encadré, p. 38). En 2015, cette performance a marqué les esprits. Quelques années plus tard, ce genre d'exercice n'est déjà plus vraiment nécessaire pour démontrer la maturité des outils no-code. De plus en plus de projets portés par ces technologies ont vu le jour depuis, cet essor s'est accéléré au tournant de 2020 et se poursuit aujourd'hui. Toutes ces réalisations sont certainement les meilleurs porte-parole du no-code.

Après avoir évoqué l'émergence du no-code dans sa globalité, nous nous penchons, dans ce chapitre, sur des cas pratiques de sites et d'applications qui n'auraient sans doute pas éclos sans Glide, Bubble, Webflow ou encore Zapier. À travers notre sélection, nous tentons de rendre compte de la variété des problématiques qu'ils résolvent, mais aussi de la diversité des profils de leurs adeptes. En entrant dans le concret de ces projets et en mettant en lumière certains points techniques également, nous vous laissons vous faire votre propre idée du no-code. Vous serez sans doute attentifs à certains détails plus qu'à d'autres, selon les questions qui occupent votre esprit en ce moment. Et peut-être ces récits vous apporteront-ils du courage, si des projets vous trottent dans la tête depuis quelque temps ?

En premier lieu, nous nous attarderons sur des projets nés en 2020, l'année où l'épidémie de Covid a tout changé pour le no-code : de nombreuses personnes confinées ont découvert les possibilités du no-code et se sont lancées dans des projets. Certains ont été fabriqués et diffusés en des temps records. Ces réalisations ont pour la plupart vécu pendant un temps limité, mais certaines sont encore disponibles en ligne. Souvent, la technicité de ces développements se loge à l'intérieur des outils no-code utilisés : on n'a même pas à s'en soucier et c'est précisément cette libération qui a donné des ailes à beaucoup de gens. Pour cette raison, nous mettrons en valeur certains points techniques internes aux outils qui, sans cela, pourraient demeurer injustement invisibles.

Dans un second temps, nous nous intéresserons à des projets entrepreneuriaux de plus longue haleine. Il s'agira soit des transformations internes d'activités déjà existantes, soit des lancements de nouvelles affaires. Cette fois, le no-code est utilisé à plein, avec ses combinaisons astucieuses, ses raccourcis possibles et ses automatisations. Tout en étant au service de constructions pérennes et de collaborations de travail efficaces.

Démontrer la fiabilité du no-code : des PoCs aux tutoriels pour cloner des services connus

Un PoC (*Proof of Concept*, ou « démonstration de faisabilité » en français), c'est un prototype que l'on construit dans le but d'éprouver la fiabilité et la robustesse d'une solution innovante. Lorsqu'on mène un projet numérique, il arrive fréquemment qu'une problématique technique nouvelle apporte son lot de doutes et d'incertitudes. Les développeurs adeptes du code ne manquent jamais d'idées pour mettre en œuvre une solution, mais comment être tout à fait certain que cela va fonctionner ? On peut alors fabriquer un système temporaire destiné à tester, à rassurer et à convaincre. Il faut vérifier que celui-ci tient bon, montrer qu'il résout l'enjeu, faire voir que, techniquement, il ne s'effondre pas. Il doit même résister à des sollicitations imprévues, susceptibles de le malmener. Une fois l'épreuve passée, on pourra sereinement passer aux étapes suivantes.

En no-code, on peut facilement réaliser de petits PoCs, en reliant quelques briques fonctionnelles afin de simuler une certaine fonctionnalité. Or, un exercice voisin s'est popularisé, notamment de la part des éditeurs d'outils : cloner des services existants connus. Partant du principe que la plupart des fonctionnalités dont on pourrait avoir besoin ont certainement déjà été développées pour l'un d'entre eux au moins, no-coder des « clones de… » vise, comme les PoCs, à rassurer et à convaincre de la fiabilité technique du no-code. Mais la mise en scène de ces clonages a une finalité supplémentaire : montrer que ces développements *vous* sont accessibles ! Ils sont présentés à la manière de recettes, dans des formats didactiques illustrés de captures d'écran ou de vidéos : chacune et chacun constatera ainsi qu'implémenter ces clones n'est pas bien sorcier ! On retrouve dans ces procédés des échos à la culture du DIY (*Do it yourself*), qui invite à réaliser des choses par ses propres moyens : cela n'est-il pas plus satisfaisant que de les acheter ou de les faire produire par d'autres ?

En voici quelques exemples :

- sur le site de Bubble, l'un des outils no-code les plus polyvalents et les plus puissants, la section « How to build » (« comment construire ») liste plus de 60 modes d'emploi pour reproduire des services comme Amazon, Instagram, airbnb, Netflix ou Wikipédia.

- L'organisme de formation français Ottho, spécialisé sur Bubble, inclut la création d'une marketplace clonant airbnb dans le programme de son bootcamp de 4 semaines.

- Le constructeur de site Weweb base certains de ses tutoriels YouTube sur la création d'un clone d'un jobboard s'inspirant d'AngelList.

- L'app builder Draftbit présente sur son blog les étapes à suivre pour reproduire Instagram en partant d'une page blanche.

Des apps no-codées en un week-end aux retombées impressionnantes

Commençons par reprendre quelques *success stories*[1] du no-code. Certaines de ces histoires spectaculaires ont été reprises par des médias locaux ou nationaux. La diffusion de leurs récits contribue à l'évangélisation du no-code. Elles allient tous les éléments narratifs brigués par les médias : ce sont des applications ou

---

1 Nous reviendrons, au chapitre 5, sur cette notion de *success story* (« témoignage de réussites »). Ces récits peuvent devenir des références culturelles partagées par des communautés, avec leur pouvoir fédérateur fort. Elles peuvent aussi servir d'arguments marketing prouvant l'efficacité d'une solution technique. Enfin, elles peuvent encore inspirer tout un chacun par l'exemplarité des entrepreneurs ou des collaborations qui les ont portées.

sites conçus et bâtis en quelques heures et diffusés tout aussi rapidement auprès de leurs cibles d'utilisateurs. Leur utilité est évidente et leur impact vraiment impressionnant.

Enfin et surtout, ce ne sont pas nécessairement des informaticiens aguerris qui les ont signées, loin de là ! Quelquefois, ces no-codeurs du dimanche[2] n'ont pas d'affinité spéciale avec le secteur d'activité du service qu'ils ont mis sur pied. Le plus souvent, ce sont des situations de crise qui les ont incités à passer à l'action.

Au fond, ces projets concrétisés en un éclair apparaissent comme des révélateurs des meilleures part de l'être humain : sa créativité, son empathie, son envie d'aider, un goût pour l'action, la capacité de collaborer autour d'un projet commun. À travers eux, on observe même une forme de communion unissant tous leurs contributeurs et utilisateurs, habitants d'un comté, d'une ville, d'une région, voire d'un pays. Certaines ont parfois été catégorisées avec l'étiquette d'*emergency apps* (applications réalisées dans un contexte d'urgence). Sources d'inspiration, elles tissent des liens entre nos petites histoires individuelles et la grande histoire, celle documentée par les journalistes et dans certains cas, plus tard, par les historiens.

Glide et la vague des emergency apps

Lorsque la première vague de Covid-19 a déferlé sur le monde, début 2020, de nombreux individus se sont demandés comment ils pourraient intervenir, à leur niveau, pour limiter les effets désastreux de l'épidémie. Il fallait notamment aider toutes celles et ceux qui œuvraient en première ligne.

Un outil no-code en particulier a déclenché un engouement populaire, tant sa prise en main est aisée : Glide. On pourrait d'ailleurs sourire du nom de l'outil, car en anglais *to glide* signifie planer, glisser, surfer. Ses deux cofondateurs, Jason Smith et David Siegel, n'imaginaient certainement pas, quand ils ont choisi ce nom en 2018, que leur outil surferait sur la déferlante d'une pandémie à venir. Ils voulaient, avec ce nom, exprimer l'absence de friction et la sensation de fluidité qu'ils offraient aux développeurs no-code. Utiliser Glide est si simple et intuitif que, dans un entretien[3], David Siegel évoque un drôle de concept : celui du *shower programming* (développer sous la douche). C'est en prenant sa

---

2   Ces réalisations sont souvent des *side projects* mis en œuvre sur le temps libre de leurs auteurs. Dans le numérique, on appelle souvent *side projects* des projets secondaires, non rémunérateurs, menés en plus d'occupations professionnelles principales.

3   Entretien mis en ligne le 10 mai 2020 sur la chaîne YouTube de Contournement.

douche que l'on réfléchit aux fonctionnalités que l'on veut modifier ou ajouter à son projet. De retour à son poste de travail, quelques minutes suffisent à les mettre en place !

L'application d'un shérif californien

Personne n'avait jamais vu ça. Si vous m'aviez parlé d'un projet d'application mobile traditionnelle, développée en code, à soumettre aux app stores afin de la diffuser, j'aurais parié que cela aurait été impossible en moins d'un mois. Qu'un individu sans connaissance technique y parvienne en une seule journée, c'est indéniablement une révolution.

David Siegel,
cofondateur de Glide

L'une des toutes premières *emergency apps* réalisées avec Glide date de quelques années avant l'épidémie de Covid. Le personnage principal de cette histoire est un officier de police californien. Alors qu'une tornade s'approchait dangereusement, le shérif a décidé de créer une application mobile pour alerter les habitants du comté des changements de situation. Des routes allaient être fermées en urgence. Les résidents locaux allaient devoir se confiner. Il lui fallait tenir ses concitoyens informés, d'une manière simple, efficace et surtout en temps réel. Les moyens de communication traditionnels n'offraient pas de solution satisfaisante. Partant du principe que, de nos jours, tout le monde a un smartphone toujours à portée de main, l'application mobile semblait le support le plus adapté. Sans aucune connaissance technique, le policier a conçu une application qu'il a pu diffuser, en une journée seulement, auprès de 14 000 personnes.

La prise en main de Glide est-elle vraiment aussi aisée ? C'est ce que l'histoire du shérif semble démontrer. Dans le prochain chapitre, nous aborderons en détail la programmation visuelle, au cœur du fonctionnement de Glide et de la plupart des outils no-code. Celle-ci se base sur la manipulation d'éléments visuels, remplaçant l'écriture de lignes de code.

« En mode confiné »

Le fait que cela soit une application mobile lui a permis de circuler énormément et d'être relayée par les médias.

Erwan Kezzar,
cofondateur de Contournement

Figure 2–1
En mode confiné
a été rebaptisé
#FranceDuCoeur.

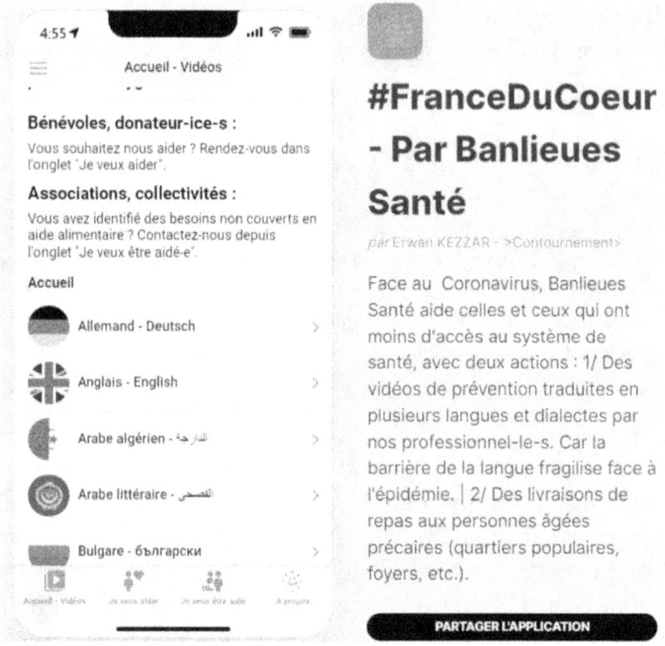

Voici une application que Contournement a créée pour aider l'association Banlieues Santé à accroître l'impact de ses actions, lors de la première vague de Covid. Les quartiers populaires des grandes agglomérations étaient alors durement touchés par l'épidémie. À certains endroits comme en Seine-Saint-Denis, le taux de surmortalité dépassait de beaucoup celui d'autres départements. La situation précaire de familles nombreuses, vivant à l'étroit dans des logements exigus, ayant souvent des métiers exposés au virus, rendait leur quotidien extrêmement difficile. L'accès au soin et à l'information médicale était critiques.

Depuis 2018, l'association Banlieues Santé combat les inégalités sociales liées à la santé. On pouvait lire dans un article du *Monde*, daté du 3 novembre 2020 :

> Le problème de la barrière de la langue a conduit Abdelaali El Badaoui, fondateur de Banlieues Santé – un réseau de 5 000 bénévoles professionnels de santé (médecins, infirmiers, sages-femmes, médiateurs en santé…) à travers la France –, à imaginer de courtes vidéos d'information sur la santé et les gestes barrières dans plus de trente dialectes, diffusées sur l'application En mode confiné, conçue par la startup parisienne Contournement.

En cette période de début d'épidémie où les bonnes pratiques sanitaires n'étaient pas encore bien connues de tout le monde, l'application mettait en scène un parcours utilisateur épuré, restreint au strict nécessaire : sur l'écran d'accueil, on n'avait qu'à cliquer sur un drapeau représentant une des 30 langues disponibles – pour en faciliter l'accès aux personnes non francophones, ou qui ne lisaient pas le français. On pouvait alors y visionner des vidéos pratiques, renseignant sur les comportements à adopter.

Les applications Glide, de type Progressive Web App (PWA), ne nécessitent aucune installation : l'application a donc pu être diffusée par e-mail, SMS et même via des messages WhatsApp ou Messenger. L'association l'a distribuée aux habitants des quartiers sensibles, qui l'ont à leur tour relayée. Elle est passée, pourrait-on dire, de main en main. Cette caractéristique technique a pour beaucoup contribué à la réussite du projet de solidarité.

Une autre fonctionnalité de l'application était de recueillir des candidatures de bénévoles et des dons financiers, matériels et alimentaires, afin de livrer des colis-repas à des personnes âgées isolées.

Un élément intéressant du projet est qu'Erwan a formé l'équipe de Banlieues Santé, qui n'était pas technique, afin qu'elle reprenne la main sur l'évolution de l'application : l'une des raisons du choix de Glide était en effet son accessibilité pour des profils non techniques, condition pour que l'équipe de Banlieues Santé puisse en autonomie adapter l'application à ses besoins.

Les différents types d'applications mobiles : natives, Progressive Web App (PWA) et hybrides

Une application mobile peut être fabriquée selon trois stratégies : par un développement natif, par une *Progressive Web App*, ou par un mélange des deux.

Lorsque les smartphones apparurent en 2007, leurs premières applications nécessitaient le recours à des langages : Objective-C puis Swift pour iOS, Java ou Kotlin pour Android. Ces développements, dits natifs, optimisent l'expérience utilisateur, par exemple en termes d'animations graphiques ou de rapidité. Toutes les fonctionnalités système des téléphones peuvent être utilisées : géolocalisation, notifications, stockage, accès à l'appareil photo, fonctionnement hors ligne, etc. Néanmoins, ce choix est coûteux. Il requiert des développeurs spécialisés, pour le développement initial, ainsi que pour la maintenance et les mises à jour. De plus, si on veut que l'application fonctionne sur Android et sur iOS, il faut multiplier tous ces coûts par deux.

À partir des années 2010, l'amélioration continue des technologies web (HTML5, CSS3, JavaScript), ainsi que les performances croissantes des navigateurs, plus rapides et plus respectueux des standards, ont ouvert une alternative. En 2015, l'ingénieur de Google, Alex Russell, a proposé le terme « Progressive Web App » pour désigner des applications, développées en langage web, que l'on peut lancer depuis le navigateur de son smartphone (comme Safari ou Chrome). Leur apparence s'approche beaucoup des applications natives. Au-delà de l'aspect, les PWA permettent aussi d'accéder aux fonctionnalités natives du téléphone (grâce aux API JavaScript standardisés publiés par le W3C), en particulier les notifications push, l'appareil-photo, la géolocalisation ou des systèmes de paiement. Leur fonctionnement est assuré par un élément-clé : les *service workers*. Désormais reconnus par les principaux navigateurs web et mobiles, ceux-ci peuvent, entre autres choses, simuler des réponses provenant d'un serveur distant et ainsi donner lieu à des utilisations hors ligne.

Plus légères que les applications natives, les PWA ne nécessitent ni installation, ni mises à jour. Tout est transparent pour l'utilisateur. Celui-ci peut les ajouter sur son écran principal, parmi ses autres apps, en créant des raccourcis. On les partage en relayant leurs adresses web, via un message, un e-mail ou un SMS.

Quant à l'alternative hybride, c'est un compromis reposant sur des outils comme React Native (développé par Facebook en 2015), Xamarin (sorti en 2011, détenu par Microsoft depuis 2016), Flutter (développé par Google en 2017) ou Cordova (open source, développé depuis 2011 par la fondation Apache). Un développement dans un langage unique permet un déploiement sur plusieurs plates-formes. On les appelle « hybrides », car ces apps s'appuient sur des bases de code constituant une couche intermédiaire que les développeurs peuvent solliciter, au moyen de ce langage unique, pour accéder aux fonctionnalités natives du système.

Ces trois alternatives ont leurs avantages et leurs inconvénients. Le sens de l'histoire veut que les PWA poursuivent leur montée en puissance. Néanmoins, Apple leur oppose une certaine résistance. Le géant californien voit en effet d'un mauvais œil que, échappant aux règles de son *store*, les applications payantes contournent la commission à lui reverser (celle-ci s'élève à 30 % des recettes totalisées). Par ailleurs, les PWA facilitent la gestion de campagnes publicitaires pour un éditeur souhaitant une diffusion sur l'ensemble de ses sites et applications : la *web app* les centralise toutes sur un canal unique.

Les outils no-code n'ont pas tranché cette question. Certains d'entre eux, comme Glide ou Adalo, permettent de produire des PWA. D'autres, comme Thunkable, FlutterFlow, Bravo Studio ou Draftbit donnent la possibilité de générer des applications natives. Enfin, il existe des méthodes pour encapsuler des sites, que l'on peut créer en no-code et transformer en applications mobiles (l'équivalent des applications hybrides) : il s'agit du *mobile wrapping*. Soulignons que cette opération n'est pas simple, pas plus que ne l'est le processus de soumission d'applications aux différents stores.

Enfin, tous les outils no-code de création de sites, comme Dorik, Webflow ou Bubble, intègrent la gestion d'affichages *responsive* de leurs pages, avec différents degrés de complexité pour le no-codeur. Les sites s'afficheront de manière maîtrisée, y compris sur des écrans de petites tailles, mais il ne s'agira pas pour autant de PWA.

« Suivi-covid19 »

On a fait cette application, non pas pour l'intérêt de notre entreprise, mais par volonté d'agir. (...) Le vendredi, j'ai décidé de faire Suivi-covid19. Le lundi, elle était déjà entre les mains de SOS Médecins à Mulhouse.

Aurélien Michot, manager senior chez TokTokDoc,
créateur de l'application Suivi-covid19

Figure 2–2
Suivi-covid19

Entreprise strasbourgeoise spécialisée dans la télémédecine, TokTokDoc comptait, début 2020, une trentaine d'employés. Son domaine d'action est l'innovation technique et organisationnelle, notamment en Ehpad. Lorsque l'épidémie de Covid a fait irruption en France, il n'était pas évident pour les professionnels de santé du premier recours de prendre les bonnes décisions. Ces médecins venant au chevet des patients devaient décider de les laisser à la maison, de les envoyer à l'hôpital, voire d'appeler le SAMU. En France, le Grand Est était particulièrement touché par l'épidémie.

Face à cette situation, Aurélien Michot, ingénieur-conseil en informatique médicale travaillant depuis deux ans chez TokTokDoc, a décidé d'agir en concevant Suivi-covid19. Réalisée en un week-end sur Glide, l'application fournissait aux acteurs de santé les dernières informations scientifiques en date, pour discriminer les cas bénins des cas graves. Un formulaire d'aide à la décision leur fournissait, d'après les symptômes qu'ils y renseignaient, des préconisations thérapeutiques. Avant même la parution d'un protocole de prise en charge des patients, l'application a relayé des informations publiées dans la revue scientifique médicale *The Lancet*. Le 15 mars, le premier protocole officiel a été émis par le ministère de la Santé ; dès le lendemain, il était diffusé sur Suivi-covid19. L'application permettait également d'enregistrer des informations médicales sur les patients suspectés de Covid, afin de faciliter leur prise en charge par plusieurs soignants. Au bout de quelques semaines, plus de 17 000 professionnels de la santé avaient eu recours à l'app.

Il est intéressant de souligner que l'application a bénéficié d'une licence d'utilisation permettant son libre partage. Suivi-covid19 a donné lieu à la création d'un *template* (modèle réutilisable) international. Plus de 4 000 internautes l'ont consulté sur le site de Glide[4].

Du point de vue technique, l'application se basait sur un arbre de décision, modélisé sur Google Sheets : il s'agit d'un algorithme bien connu des spécialistes du traitement de données, qui ordonne des questions successives, dans le but de classer des informations ou de poser un diagnostic.

Hébergement de données de santé

En raison de l'urgence liée à la crise sanitaire, l'application Suivi-covid19 a obtenu une dérogation auprès des agences régionales de santé (ARS) et de leurs maîtrises d'ouvrage régionales (GRADeS – Groupements régionaux d'appui au développement de la e-santé). Celles-ci ont signé une convention avec TokTokDoc et ont fait office de tiers de confiance : de manière exceptionnelle, l'entreprise a pu créer un espace de stockage Google Drive, avec des accès restreints au strict minimum. Le code de la santé publique exige, en temps normal, que les « hébergeurs de données de santé » (HDS) disposent d'un agrément spécial.

Pour la plupart, les outils no-code ne sont pas français et c'est un autre standard de sécurité, équivalent américain du HDS, qui est quelquefois cité dans leurs documentations : l'HIPAA *(Health Insurance Portability and Accountability Act)*. Par ailleurs, une autre norme internationale, non spécifique au médical, est aussi

---

4 L'ensemble des templates disponibles sont rassemblés dans une section consacrée : https://www.Glideapps.com/templates

souvent mentionnée : l'ISO/IEC 27 001 décrit des exigences pour les systèmes devant garantir la sécurité des informations (ex. données financières, documents de propriété intellectuelle, informations sur le personnel d'une entreprise).

À l'heure où nous écrivons ces lignes, ces différentes certifications sont rares parmi les outils no-code. Xano (création de bases de données et de *back-end*) est conforme à l'ISO 27 001 et à l'HIPAA, mais ce n'est pas le cas de Bubble ou d'Airtable, qui emploient pourtant intensivement des bases de données. En revanche, l'outil français Ksaar indique sur son site : « Toutes vos données et configurations sont hébergées en France chez un hébergeur 100 % français – Scaleway – certifié RGPD, ISO 27 001 HDS – hébergement de données de santé –, ISO 27 001 sécurité, ISO 50 001 Energie, Tier 3 et SWIPO. » La spécificité de cet outil no-code, et c'est suffisamment rare pour être signalé : dans la manière même dont il a été conçu, Ksaar veut intégrer les contraintes propres à ces standards de sécurité, afin que les no-codeurs l'utilisant n'aient plus à s'en soucier.

« Commerces Ouverts Saint-Malo »

Figure 2–3
Commerces Ouverts
Saint-Malo

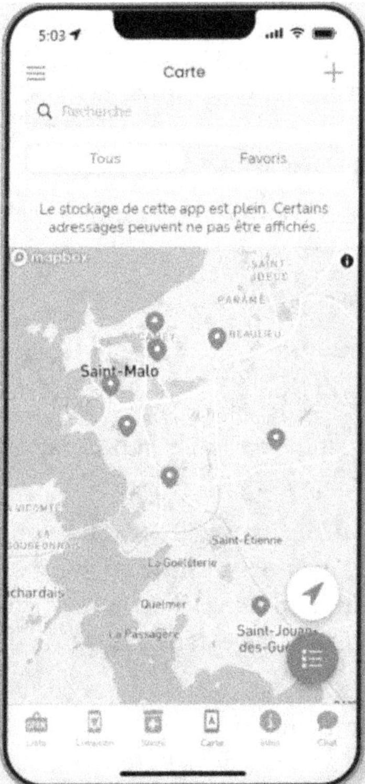

> Si cette application est utile dans d'autres localités, je partage les sources avec plaisir !
>
> Bertier Luyt, créateur de l'application
Commerces Ouverts Saint-Malo

Lors du premier confinement dû à l'épidémie de Covid, l'activité de consultant en stratégie digitale de Bertier Luyt s'est progressivement amenuisée. Disposant de temps libre, l'entrepreneur a décidé de créer une application collaborative relayant les horaires des commerces ouverts dans sa ville, Saint-Malo. Même s'il est familier avec l'univers du numérique, ce sont habituellement ses clients qui créent des applications numériques, pas lui ! Inventif et débrouillard, il a appris à utiliser Glide par lui-même.

Il a résumé son intention dans un tweet :

> Le but est de rendre service à tous ceux qui ont besoin de quelque chose pendant la crise, de leur permettre de le trouver efficacement pour ne pas se promener en ville. La consigne est bien évidemment de rester chez soi.

Pour commencer, Bertier a lancé un appel sur les réseaux sociaux afin de récolter des informations sur les commerces locaux : leurs noms et adresses, les types de produits vendus, un éventuel contact téléphonique ou une adresse e-mail ainsi que leurs horaires d'ouverture. Il a centralisé le tout sur un tableur Google Sheets. En utilisant Google Street View, il a récupéré de manière automatique les photos des devantures des magasins.

Côté applicatif, il s'est servi des composants graphiques disponibles sur Glide et a créé plusieurs onglets :

- les enseignes ouvertes physiquement ;
- celles effectuant des livraisons ;
- les centres de soin et pharmacies ;
- une visualisation cartographique (au rendu analogue à celui de Google Maps).

Les utilisateurs pouvaient même sauvegarder en favoris leurs lieux habituels. Quant aux commerçants, ils pouvaient s'inscrire grâce à un formulaire (fait sur Google Forms). Bertier pouvait alors vérifier les informations de chaque boutique candidate et, en cochant une case dans sa base de données Google Sheets, la publier sur l'application.

En quelques semaines, Commerces Ouverts Saint-Malo a rassemblé plus de 170 commerçants et enregistré plus de 70 000 connexions. Bertier a mis son modèle d'application à disposition de tous. Son template a été adapté à des villes voisines, que Bertier a aidées pour de légères adaptations.

Les templates d'applications no-code

Les développeurs no-code peuvent facilement s'échanger leurs sites et applications. Attention, nous ne parlons pas de les distribuer, dans leurs versions finalisées, à une foule d'utilisateurs. Le but est réellement de dupliquer entièrement le projet.

Dupliquer une application, qu'est-ce que cela signifie ? Pour faire une métaphore culinaire : il ne s'agit pas d'intensifier la préparation de gâteaux concoctés dans une cuisine centrale. C'est une autre cuisine que l'on bâtit, en tout point analogue à la première. Celle-ci dispose alors des mêmes équipements, livres de recettes et stocks d'ingrédients. Tout est cloné, jusqu'aux pâtissiers qui y travaillent. Seuls son nom et son enseigne sont changés. C'est ce que Bertier a fait en partageant ses sources avec d'autres localités voisines. Le terme « sources » n'a pas la même signification que pour des codeurs : il ne désigne pas des lignes de code, mais l'ensemble du projet, avec tous ses blocs visuels configurés et reliés les uns aux autres.

Ce que nous décrivons ici est le fonctionnement d'un « template » (ou modèle). Nous voulons surtout mettre l'accent sur le fait qu'en no-code, la duplication va bien au-delà d'un copier-coller d'un fichier référent (comme un modèle de CV que l'on pourrait télécharger d'un site en vue de l'adapter). C'est tout un système fonctionnel qui est reproduit, incluant son hébergement.

Cela est rendu possible car les outils no-code profitent des technologies *cloud*[5]. Plus généralement, Glide et tous les outils no-code prennent en charge les questions d'installation, de déploiement et d'hébergement. Un simple clic sur le bouton *Créer un nouveau projet* engendre de nombreuses actions ordonnées, invisibles et silencieuses sur des serveurs distants. Tout cela se déroule à l'arrière-boutique de Glide sans que le développeur no code n'ait à s'en soucier. De manière analogue, en cliquant sur *Dupliquer l'application*, la structure entière est répliquée.

Certains outils no-code consacrent des sections de leur site aux templates produits par leurs no-codeurs afin de les diffuser. Cela peut prendre la forme d'une sorte de marché, où on peut observer et récupérer des templates gratuits, ou alors vendre les siens ou en acheter auprès d'autres no-codeurs. Techniquement, ces échanges d'applications s'appuient en grande partie sur les mêmes mécanismes en jeu avec les boutons *Créer un nouveau projet* et *Dupliquer un projet*.

---

5   et plus globalement des progrès apportés par le *DevOps* : nous y reviendrons au chapitre 8.

Ces deux fonctionnalités utilisent des technologies très avancées, s'appuyant sur des serveurs virtualisés (le fameux *cloud*), des configurations système prêtes à l'emploi (correspondant à la notion de « conteneurs ») et des technologies puissantes comme Docker ou Kubernetes.

D'autres applications d'urgence

Nous allons, avec quatre autres exemples de réalisations, mettre l'accent sur la variété des outils no-code, en termes de complexité et d'état d'esprit. Les trois premiers répondaient à la même problématique que Commerces Ouverts Saint-Malo : faciliter la distribution de biens de consommation pendant les périodes de confinement. Pourtant, les sites réalisés ne se ressemblent absolument pas, ni par leur concept, ni par leur envergure, ni par leur destination.

Ils ont été *no-codés* sur les outils Pory, Bubble et Unqork. Le premier propose une version gratuite et ses abonnements débutent à quelques dizaines de dollars par mois. Il en va de même pour le deuxième, mais les prix sont de l'ordre de quelques centaines de dollars mensuels. Le troisième n'offre pas d'accès gratuit et ses tickets d'entrée sont bien plus élevés. Pory se veut simple d'usage, joyeux et sympathique. Bubble requiert un vrai apprentissage et convient mieux à celles et ceux connaissant les concepts théoriques du développement. Unqork présente un niveau de technicité supérieur et s'adresse davantage à des grandes entreprises, dans des secteurs d'activité comme le service public, la finance ou la santé.

Le quatrième exemple que nous présenterons, WeUkraine, nous permettra de mettre en lumière un autre aspect primordial et commun à tous ces succès : la sortie d'une application fonctionnelle ne fait pas tout. Il faut aussi que celle-ci soit en adéquation avec des attentes réelles : alors, révélant son utilité, elle peut susciter un engouement et une large adoption.

« Not Amazon »

Bonjouuur ! Je m'appelle Ali et c'est moi qui ai construit ce site, du sol au plafond, bébé ! […] Je ne vous remercierai jamais assez pour avoir fait, au cours de l'année passée, le succès de Not Amazon, ainsi que celui (Ô COMBIEN PLUS IMPORTANT) des commerces qui y figurent.

Ali Haberstroh,
fondatrice de Not Amazon

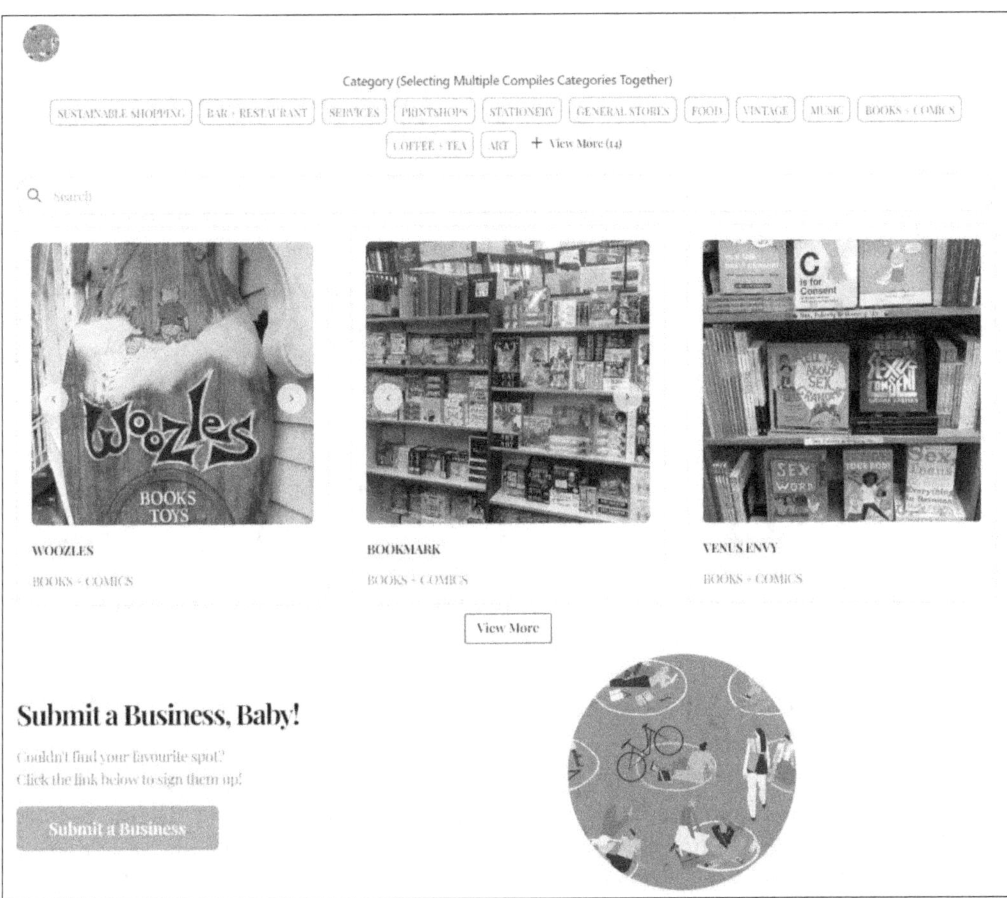

Figure 2–4
Not Amazon

Il ne faut pas se fier aux apparences. Si Ali Haberstroh inspire spontanément la joie et la sympathie, si son site not-amazon.co rayonne de couleurs vives, il a aussi contribué à sauver de nombreux commerçants canadiens de la faillite. Les deux fondateurs de Pory, le *website builder* no-code qu'elle a retenu, vivent à l'autre bout du monde, en Australie. Comme Ali, ils parlent d'eux et de leur projet avec un ton franc, un humour décontracté et un ton badin et léger[6].

Comment se fait-il qu'Ali Haberstroh, à tout juste 27 ans, figure dans le top 25 des *Women of Influence*, édition 2021, réalisé par le média canadien du même

---

6   Ainsi, sur la page About us de Pory, ses inventeurs exposent la photographie d'une boîte inutile qu'ils ont fabriquée en Lego : un petit bras mécanisé remet imperturbablement dans sa position initiale un interrupteur que l'on souhaiterait enclencher. Contrariant, n'est-ce pas ?

nom ? Cette sélection consacre la réussite de femmes canadiennes ayant contribué à l'intérêt général à travers leurs initiatives et démarches. On y trouve des athlètes, des activistes, des dirigeantes de grands groupes et d'audacieuses entrepreneuses.

Le succès fulgurant de Not Amazon ne pouvait effectivement pas passer inaperçu. Deux semaines après son lancement, le 26 novembre 2020, plus de 4 000 commerçants de Toronto, Calgary, Halifax et Vancouver étaient déjà répertoriés sur le site enregistrant plus de 350 000 connexions. Avec le relais du magazine local *Toronto Life*, d'autres journaux consacrèrent des pages à Ali et à son site et même au-delà des frontières de son pays. Elle confie au journal britannique avoir été littéralement dépassée par les événements :

> La réaction des commerçants a été complètement dingue. Chaque jour, j'ai reçu des messages qui m'ont mis les larmes aux yeux (…) Je pense que j'ai encore au moins 1 000 géniales demandes d'inscription à consulter.

Alors que le Canada organisait un nouveau confinement en réaction à la seconde vague de Covid, la jeune gestionnaire de réseaux sociaux a pris une initiative simple. Elle a consacré un dimanche après-midi à rassembler sur un tableur Google Sheets une cinquantaine de commerçants locaux qu'elle avait en mémoire. Ces magasins vendaient de tout : alimentation générale, boissons, vêtements, accessoires. Ali a partagé son fichier sur son compte Instagram. En deux jours, sa publication a cumulé plus de 10 000 likes. Parmi tous ces enthousiastes, un développeur web, Baker Baha, a pris contact avec elle pour lui apprendre qu'il était facilement possible de transformer une feuille de calcul en un vrai site web. Il lui a indiqué comment faire. Ali a alors réalisé son site avec Pory ; toute seule et en une journée.

En achetant le nom de domaine not-amazon.co pour trois dollars canadiens, loin d'anticiper un tel emballement, elle pensait faire une blague. Sa motivation principale, c'était d'aider les petites boutiques contre la menace d'Amazon, amplifiée par le confinement. Elle ne cache pas, d'ailleurs, sa démarche militante : elle ne supporte pas, explique-t-elle, la manière dont Jeff Bezos et Amazon se font des milliards sur le dos d'une classe de personnes travaillant durement[7]. Elle voulait également donner un coup de pouce aux personnes issues de minorités, à la

---

7 Il faut remarquer qu'un tel combat est par ailleurs vraiment compliqué : même si Not Amazon a permis de court-circuiter des achats sur les paquebots Amazon.com ou Amazon.ca, Ali a ensuite utilisé Airtable pour gérer sa base de données. Airtable qui… utilise les serveurs d'Amazon Web Services (AWS), la branche de *cloud computing* d'Amazon !

communauté LGBT et aux femmes continuant à faire fonctionner leurs affaires pendant cette période difficile.

Concrètement, certains commerçants ont vu leurs ventes en ligne exploser, comme The Green Jar, boutique vendant des marchandises en gros comme du savon ou du miel (+ 500 % de commandes en ligne), Stainsby Studios, qui fait commerce de poteries (+ 200 %), la librairie Glad Day Bookshop (+ 30 % de ventes) ou la chocolaterie Mary's Brigadeiro (dont un quart des acheteurs Internet provenaient de Not Amazon).

La puissance des iframes au service du no-code

Sur la plate-forme Not Amazon, on peut détecter une petite fonctionnalité qu'Ali Haberstroh a employée plusieurs fois. Cette fonctionnalité est si simple et discrète qu'elle pourrait passer inaperçue. Pourtant, sa portée est phénoménale. Peut-être même, Ali l'a-t-elle utilisée sans trop y réfléchir, tant le fonctionnement des *iframes* est maintenant courant. Cette balise est ancienne : Microsoft Internet Explorer l'a ajoutée au HTML, le langage du Web, en 1987. Nous attirons l'attention sur elle, car c'est la voie royale pour déployer certaines fonctionnalités en no-code. Les *iframes*, qui signifient *inline frames* (que l'on peut traduire par fenêtres intégrées), constituent une façon très simple d'interconnecter des services en ligne. Elles permettent d'insérer au sein d'une page web un emplacement de taille déterminée, qui va à son tour charger le contenu d'un autre site, provenant d'un autre hébergement. C'est un site dans un site, en somme ! Avec les *iframes*, on peut facilement composer ses propres pages par des jeux de combinaisons, à partir d'éléments provenant des services spécialisés adéquats.

On les appelle également des blocs de code *embed*, de code à intégrer. Attention, ce « code » ne requiert pas de connaissances spéciales en développement. Tout à l'inverse, il est prêt à l'emploi : il suffit de le copier-coller.

Sur Not Amazon, le formulaire pour proposer une nouvelle boutique a été réalisé sur un autre logiciel no-code, gérant les bases de données : Airtable. Afin de l'intégrer, Ali a configuré une base de données sur Airtable. Elle a associé un formulaire (*form* en anglais) au tableau *(table)* consacré aux demandes d'inscriptions. Puis elle a cliqué sur le bouton *Share form / Embed this form on your site*. Airtable a alors généré une portion de code HTML ressemblant à `<iframe class="Airtable-embed"...>...</iframe>`. Ali l'a copiée-collée dans l'éditeur Pory ; son formulaire était alors fonctionnel.

Bien d'autres fonctionnalités peuvent être intégrées en no-code via des *iframes* provenant de services no-code ou de services classiques :

• des sondages (avec Google Forms, Typeform, Tally ou Jotform) ;

> • des formulaires pour ajouter des utilisateurs à des listes d'e-mailing (avec Mailchimp, Sendinblue ou SendGrid) ;
>
> • mais aussi des présentations Google Slides, des vidéos YouTube, des tweets, des cartes Google Maps, etc.
>
> Ne nous trompons donc pas : la balise HTML *iframe* peut paraître un peu vieillotte par rapport au jeune no-code, mais elle constitue pourtant un de ses appuis essentiels pour relier facilement tous ces outils entre eux.

« GiveLocal »

Ce qui rend Bubble si puissant, c'est que sa vitesse de développement permet de faire un lancement et des itérations rapidement. L'erreur numéro un, pour les nouveaux entrepreneurs, c'est de ne pas faire de la vitesse leur alliée. Ils passent des mois à affiner les détails de leur app afin de ne la lancer qu'une fois qu'elle est parfaite. Le truc terrible qui peut alors se passer, c'est quand on lance une application dont les gens ne veulent pas ou qu'ils ne comprennent pas... J'ai tiré parti de la rapidité de Bubble pour sortir la mienne au plus tôt.

Brent Summers,
créateur de l'application GiveLocal

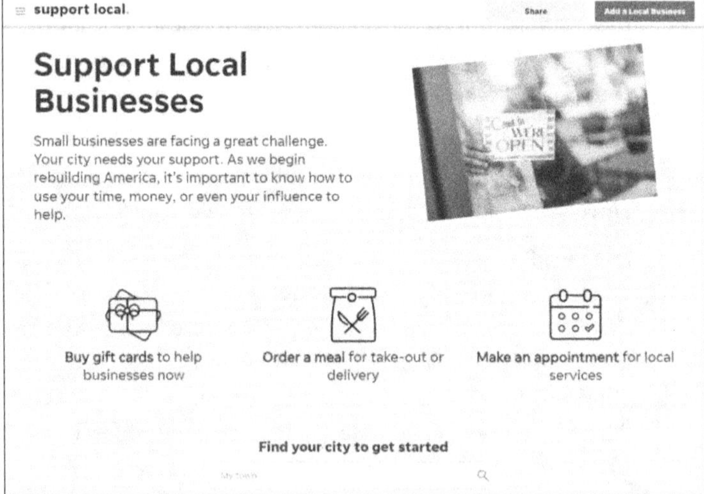

Figure 2–5
GiveLocal, rachetée par le journal USA Today, une semaine après sa sortie, est devenue Support Local.

Brent Summers est consultant dans le numérique. En comparaison avec Ali, il a davantage un profil ingénieur et son goût pour l'outil no-code Bubble, bien plus complexe et puissant que Pory, s'explique naturellement. Quand il était adolescent, Brent bricolait déjà ses premiers sites sur Geocities ; souvenons-nous que c'était la première fois qu'un hébergeur proposait gratuitement de petits espaces (devenant payants si on dépassait la capacité initiale de 2 Mo). On pouvait y uploader ses fichiers HTML édités à la main, ou utiliser un des premiers éditeurs en ligne, WYSIWYG, encore très rudimentaire lorsqu'il parut en 1998. Plus tard, Brent a découvert WordPress, mais Bubble lui a fait l'effet d'une révélation. Il a passé un week-end entier à cloner le site airbnb afin de tester les limites de l'outil no-code. Suite à cette découverte en autodidacte, il a voulu faire fructifier son apprentissage en créant des vidéos pédagogiques avant de fonder Code-Free Startup en 2016. Zeroqode, plate-forme de référence rassemblant des ressources pour Bubble (leçons, templates, etc.) en a rapidement fait l'acquisition : Code-Free Startup est devenue l'école en ligne de Zeroqode, le Zeroqode Lab.

Lors de la première vague de Covid, Brent a réalisé en trois jours la plate-forme GiveLocal sur Bubble. Ce site, communautaire et gratuit, recensait les commerçants vendant des cartes-cadeaux. Avec des outils traditionnels, il estime que cela lui aurait pris une quinzaine de jours. Techniquement, son travail a été facilité par l'utilisation d'une fonction interne de Google Maps, l'API Google Places. Ce service met à disposition les informations sur les lieux accueillant du public : leurs noms, adresses et horaires, des photographies, des e-mails ou numéros de téléphone de contact, mais aussi ce que Google nomme sobrement dans l'API l' « atmosphère » du lieu. Il s'agit en réalité des notes et des avis que le lieu a reçus.

Le succès a été au rendez-vous : en deux jours, près de 1 000 commerçants s'étaient inscrits. Cette réussite a été si rapide qu'au bout d'une semaine, le quotidien *USA Today* a proposé d'acquérir la plate-forme. Brent Summers a accepté, afin de pouvoir collaborer avec les équipes techniques du journal et de faire bénéficier son projet de cette aura médiatique.

À l'heure où nous écrivons ces lignes, le service est toujours en ligne. Il s'appelle désormais Support Local[8] et a subi une refonte ; il n'est plus basé sur Bubble. Une longue liste de villes américaines y figure, 75 d'entre elles dépassent les 100 boutiques listées.

Le contraste avec l'histoire de « Not Amazon » est frappant. Les cas d'usage des sites sont similaires, leurs succès comparables et Brent incarne un esprit tout aussi enthousiaste et volontaire qu'Ali. Mais son approche est plus méthodique et rigoureuse. Dans une interview relayée sur le site de Bubble[9], il explique que selon lui, la grande force des outils no-code réside dans la vitesse qu'ils octroient

---

8   Disponible à l'adresse https://supportlocal.usatoday.com/.
9   Disponible à l'adresse https://Bubble/landing-page-givelocal2

à leurs développeurs. C'est en confrontant rapidement ses projets numériques avec la réalité qu'on peut maximiser leurs chances de réussite.

« Covid-19 Management Hub »

I think we can.

Telle a été la réponse de Cas Holloway, à la tête du service des entreprises publiques d'Unqork, lorsque Jessica Tisch, déléguée au service des technologies de l'information de la mairie de New York, lui a demandé s'il était possible de mettre en place en un week-end une plate-forme organisant la distribution, par les taxis de la ville, de repas gratuits pour les plus démunis.

S'il s'agit là encore de centraliser des informations et de faciliter la livraison de repas et de matériels, le périmètre d'intervention du Covid-19 Management Hub est rapidement devenu bien plus vaste que les deux initiatives personnelles Not Amazon et GiveLocal.

Impliquant les services publics, le Hub, qui a coûté 600 000 $ à la ville, s'est chargé de collecter des informations en temps réel sur les habitants, les commerces et les agences publiques, puis d'organiser une vaste logistique pour distribuer des repas, des médicaments et des biens de première nécessité. Le service permettait d'informer en retour les habitants de la ville, de cibler des messages à certains groupes de personnes ou encore de coordonner des itinéraires pour les taxis pouvant comporter jusqu'à six points de livraison. Plus de 23 millions de repas gratuits ont été distribués auprès de 443 000 ménages. 21 000 chauffeurs de taxi ont été employés. Des matériels de protection estimés au total à plus de 125 millions de dollars ont été collectés.

Low-code et no-code, quelles différences ?

Unqork s'écarte un peu de la famille des outils no-code. En effet, il existe une famille voisine, mais distincte : celle du *low-code*. Leur frontière est poreuse et ces termes sont couramment à l'origine d'approximations et de confusions. Ils peuvent être sujets à débat.

Selon certains, il suffirait d'insérer quelques lignes de code à un projet no-code pour le faire basculer du côté du low-code. Cette conception très rigide du no-code (qui porterait en lui le commandement « Tu n'écriras point de lignes de code. ») nous paraît excessive, dans la mesure où cette pratique est non seulement courante, mais de surcroît fort utile dans certains cas !

L'appellation low-code désigne surtout une catégorie d'outils puissants destinés à des développeurs traditionnels. Ces logiciels, s'appelant par exemple Mendix,

Outsystems ou Appian, font la part belle à des écrans visuels pour mener des développements parfois très complexes. Leur usage implique une familiarité avec l'univers du code. Ils sont destinés à être intégrés à des systèmes informatiques vastes, aux architectures souvent composites, c'est-à-dire incluant entre autres des pans entiers hérités de solutions historiques. C'est ce qu'on appelle, dans le vocabulaire des développeurs, le « legacy ». Utiliser des outils low-code requiert d'ailleurs souvent des interventions pour modifier des implémentations techniques, des configurations de logiciels et back-ends divers, employés par différents départements de l'entreprise.

Pour utiliser du low-code, il faut aussi être familier avec les diverses façons de déployer des mises à jour de son code et de le partager avec les autres contributeurs. Ces procédures pour déployer son code sans générer ni de régression ni de conflits de versions, sont bien connues des développeurs utilisant des solutions de dépôt de code comme GitHub ou GitLab. Les solutions low-code constituent donc une évolution naturelle des outils de développement historiques. Ils accélèrent certaines tâches, mais leur expansion ne participe pas à l'élargissement ou à la démocratisation envers de nouveaux publics. En ce sens, c'est tout l'inverse de l'ambition du no-code.

Not Amazon, GiveLocal et le Covid-19 Management Hub sont tous trois issus de collaborations : Ali Haberstroh a reçu l'aide spontanée d'un développeur, Brent Summers a été contacté par le journal *USA Today* et le Covid-19 Management Hub a été déclenché par un appel téléphonique venant de la mairie de New York. Le no-code a été un accélérateur inouï pour ces projets. Mais il est certain que, parallèlement à ces cas de succès, de nombreux autres projets sont certainement restés au stade d'embryons. L'exemple qui suit illustre que la célérité et la puissance octroyées par les outils no-code ne font pas tout : le souci des utilisateurs finaux, ainsi qu'un esprit collaboratif, sont indispensables à leurs réussites.

« WeUkraine »

L'objectif n'est PAS de créer la meilleure plate-forme, mais de mettre en route une solution viable et opérable pour la mettre au service du plus grand nombre. En six heures, la solution est en ligne. Reste à savoir COMMENT la rendre accessible le plus rapidement possible au plus grand nombre.

Extrait d'un tweet de Camille Cocaud,
créatrice de WeUkraine

Figure 2–6
WeUkraine

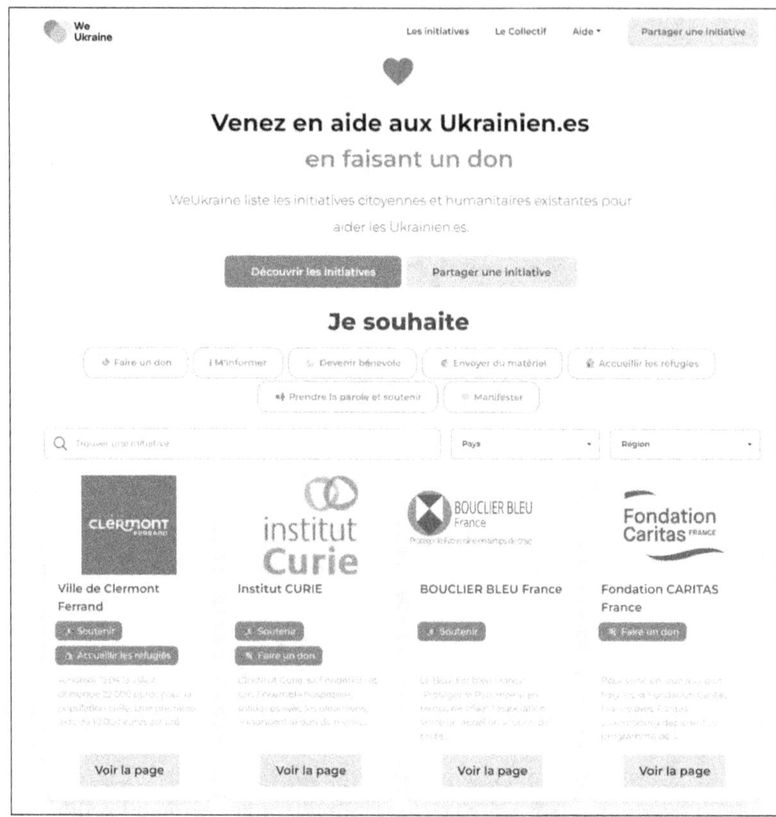

Ce n'est sans doute pas par hasard si Camille Cocaud a su déclencher le succès de WeUkraine. En effet, Camille est consultante auprès de start-up et spécialiste de *growth hacking*. Ce domaine rassemble des techniques et savoir-faire pour promouvoir des produits auprès de leurs cibles en contournant les voies traditionnelles du marketing. Il requiert tout à la fois de l'inventivité, un goût pour l'analyse chiffrée et une forme d'empathie : il faut savoir comprendre les destinataires de son produit et s'identifier à eux.

Or, ces qualités, Camille les rassemble toutes. Elle utilise quotidiennement des outils numériques, mais elle ne sait pas coder. Cet écueil n'a jamais représenté un frein pour les projets qui lui tenaient à cœur. En 2021, elle a fondé la première communauté féminine française de *growth hacking*, Les Meufs du Growth. Parti de zéro, le groupe LinkedIn compte aujourd'hui plus de 2 000 adhérentes. Il vise à « donner aux femmes la place qu'elles méritent », en facilitant leurs échanges, en encourageant les initiatives d'entraide et en renforçant leur présence en ligne.

Camille raconte son parcours dans un long entretien disponible sur YouTube[10], développant notamment le choc que sa première expérience en entreprise a représenté pour elle. Elle se serait crue, explique-t-elle, transportée dans un roman de Kafka ou au pays des Shadoks, ces petits personnages qui s'évertuent à pomper, de manière insensée, sans répit et sans se questionner. Pareillement, on demandait à Camille de répéter des processus inefficaces jusqu'à l'absurde. Rien d'étonnant à ce qu'avec un caractère de sa trempe, alliant la curiosité et la débrouillardise, le goût pour une action efficace et le sens du partage, elle ait croisé sur son chemin le no-code. WeUkraine a vu le jour en février 2022, juste après le début de l'invasion de l'Ukraine par les troupes russes. Il était impossible pour Camille de rester passive, impuissante spectatrice du désastre humain qui se déroulait à quelques centaines de kilomètres de chez elle. Ses recherches sur Internet l'ont dirigée vers des articles de presse, relayés sur les sites des ONG les plus connues. Elle raconte elle-même son déclic, dans une publication LinkedIn :

> Quand j'imagine cette plate-forme, il est 4 heures du matin, je suis dans mon lit et je cherche ce que je peux faire pour aider. Le concept me vient rapidement. 1) Je ne sais pas quoi faire. 2) Je cherche en ligne et les résultats d'initiatives à aider ne sont pas nombreux. 3) Et si je leur donnais une meilleure visibilité via une plate-forme, où les résultats seraient crowd-sourcés ?

La plate-forme WeUkraine a pour objectif de regrouper les initiatives solidaires venant en aide aux Ukrainiens : aider à s'informer et à informer ses proches, pouvoir envoyer des dons de nourriture, vêtements et matériel médical, préparer l'accueil de réfugiés. Lorsqu'elle a annoncé la parution de la nouvelle plate-forme sur son compte LinkedIn, elle a reçu une avalanche de réactions. 250 000 vues et 40 000 visites en tout juste cinq jours. Pour un site qui, fraîchement publié, ne bénéficiait ni de référencement naturel, ni du renfort de campagne marketing, c'est un exploit ! Camille a notamment été aidée pour configurer les DNS *(Domain Name System)* de son site : ce registre technique permet d'associer une adresse web (www.weukraine.fr) aux adresses IP des serveurs hébergeant le service. Camille a utilisé Airtable pour construire la base de données rassemblant les informations sur ces initiatives, Softr pour créer le site web, ainsi que Canva pour créer quelques éléments graphiques.

Au-delà de la prouesse no-code, c'est l'esprit de collaboration que nous tenons à souligner. Au total, plus de 100 professionnels du digital français se sont inclus dans le projet : développeurs, designers UX, spécialistes en communication,

---

10 Disponible sur le compte YouTube de Format Brut, à l'adresse https://www.Youtube.com/watch?v=Dj6Nk-kecBA

attachés de presse, etc. En 24 heures, un collectif s'est mis en place. Camille a même été contactée par le gouvernement, écrit-elle dans un tweet daté du 21 avril. Grâce à ce formidable effort collectif, WeUkraine recense plus de 350 initiatives citoyennes et humanitaires existantes pour aider les Ukrainiens.

Des transformations internes

En passant en revue ces succès spectaculaires favorisés par le no-code, nous avons pu illustrer la diversité des profils d'adeptes du no-code. Nous avons également insisté sur l'importance de la collaboration, tant dans l'élaboration des projets que pour leur diffusion. Cependant, nous n'avons encore fait qu'effleurer les aspects concernant le *product management*. Pour aller à l'essentiel, ce vaste domaine se concentre sur deux horizons guidant le bon développement d'un produit numérique : d'une part sa bonne adéquation avec les attentes d'utilisateurs-cibles, d'autre part l'efficacité du travail collaboratif des équipes qui le construisent au quotidien. Ces deux objectifs sont fréquemment décrits par le double vocabulaire de *discovery* (découvrir les prospects, leurs habitudes et leurs besoins) et de *delivery* (assurer une production soutenue et rythmée).

Derrière la notion de *delivery*, c'est un nouveau défi qui apparaît pour les outils no-code : celui de la productivité. En comparaison avec les projets d'urgence précédemment exposés, le thème des processus de travail, de leur mise en place ou de leur optimisation pourra sembler moins parlant, voire moins séduisant. En s'y intéressant, on découvre qu'organiser la fabrication de produits digitaux, avec ses astuces et secrets, est absolument passionnant. Simplement, ces aspects sont moins visibles de l'extérieur. En dehors d'une rapidité de développement, qu'est-ce qui différencie un site construit sur Webflow d'un autre codé en PHP ? Comment distinguer une application conçue sur Draftbit d'une autre écrite en Swift ? À quoi bon utiliser Airtable plutôt que des fichiers Excel ou des documents Google Sheets ?

La productivité est une autre modalité pour justifier le recours au no-code. Or, c'est certainement celle-ci qui est la plus importante, à deux égards. En premier lieu, en termes de marché : l'enjeu de la productivité concerne absolument toutes les entreprises, de l'auto-entrepreneur qui organise ses journées jusqu'à la multinationale qui coordonne ses filiales. C'est la partie immergée de l'iceberg no-code ! Et en second lieu, en termes de légitimité : le thème de la productivité fournit aux outils no-code l'occasion de prouver leur maturité et leur force. Ceux-ci peuvent concourir avec des solutions traditionnelles pour équiper des projets entrepreneuriaux en profondeur, les structurer et bénéficier à l'ensemble d'une activité. Comment ? En supprimant de nombreuses tâches répétitives et de peu de valeur ajoutée. Nous reviendrons en détail dans le chapitre 9 sur la notion de « no-code ops » que nous ne faisons pour l'instant que mentionner (figure 2–7).

Avec la puissance du no-code, les équipes opérationnelles gagnent sur tous les plans : d'une part, le temps libéré leur permet de mettre véritablement à profit leurs compétences et leurs talents, leur imagination et leur créativité et, d'autre part, elles peuvent directement, en autonomie, perfectionner et enrichir les blocs fonctionnels et processus automatisés qu'elles utilisent. Il leur devient de moins en moins nécessaire de charger les *backlogs* destinés aux développeurs traditionnels qui, le plus souvent, débordent déjà de nombreuses *feature requests* en attente. Inversement, ce gain d'autonomie pour chaque équipe sur son périmètre de responsabilité occasionne aussi des bienfaits pour les développeurs traditionnels. Ne leur incombent plus que des tâches pleinement techniques, riches de défis et de complexité. Ils peuvent, pour les traiter, exprimer *ad libitum* leur inspiration et leur savoir-faire.

Figure 2–7
Les « no-code ops »,
en coulisse, peuvent
considérablement
améliorer la capacité
d'exécution d'une
structure.

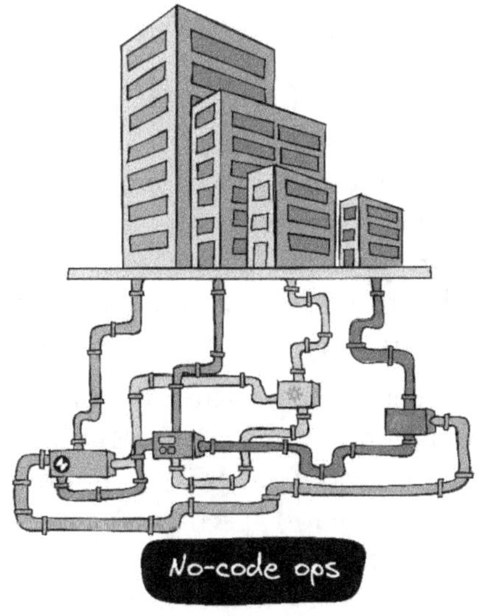

« Loom »

La syntaxe, ce n'est pas le plus important. Ce qui compte, c'est la capacité à énoncer un problème clairement, à le résoudre et à itérer sur les solutions.

Guillaume Declair, cofondateur de Loom

Figure 2–8
Loom.fr

La productivité ? C'est un thème que Guillaume Declair connaît bien ! Il a co-écrit *La 25ᵉ heure*, best-seller qui a convaincu plus de 100 000 lecteurs[11] en leur confiant les conseils de 300 entrepreneurs pour devenir plus productif. Au sein du groupe My Little Paris, Guillaume a cofondé le média *Merci Alfred*, qui lui a permis de lancer, avec Julia Faure, la marque de vêtements engagée Loom. À eux deux, ils ont voulu casser les codes de la *fast fashion*, en prônant l'absence de collection et en éradiquant les soldes. Surtout, ils ont misé sur des basiques durables et à la fabrication respectueuse de l'environnement et des droits sociaux des personnes. En 2021, Loom a réalisé 1,4 million d'euros de chiffre d'affaires, représentant une hausse de 60 % sur l'exercice précédent.

Lorsque la marque est devenue indépendante, il lui a fallu reprendre les rênes des commandes et des livraisons. C'est à ce moment que le no-code a fait son entrée en scène. Les protagonistes en ont été les suivants : Make en personnage principal pour faire tourner le cœur de l'activité, Shopify (outil de création de sites e-commerces) pour en organiser la vitrine et les rayonnages en ligne, Type-form pour adresser des sondages aux clients, Google Sheets pour organiser le *back-office*. Quelques acteurs secondaires interviennent également, afin d'étoffer cette *stack*[12] : l'API de Colissimo pour suivre l'état des livraisons, un traditionnel FTP pour transmettre les commandes aux systèmes informatiques des entrepôts, Mailjet pour scénariser ses e-mailings et même un peu d'Airtable.

---

11 Nous avons nous-mêmes participé à ce succès en le distribuant lors de certaines formations Contournement.
12 Ce terme désigne une association d'outils complémentaires.

Guillaume explique tous ces choix avec la plus grande simplicité : « c'est une question d'état d'esprit : il faut avoir la curiosité d'aller toi-même chercher l'outil qui correspond à ton besoin. Dans la plupart des cas, il existe. » En raccordant intelligemment tous ces services no-code entre eux, Loom s'est finalement dispensé d'une équipe technique. Il n'a fallu que deux semaines pour mettre l'ensemble sur les rails. Guillaume reconnaît avoir bénéficié d'un entraînement spécial, ayant énormément utilisé Excel dans son passé professionnel : c'est sur ce logiciel qu'il a fait ses premières armes en entrecroisant les formules de calcul selon des logiques correctes.

Illustrons quelques processus qu'il a no-codés :

- Une automatisation Make se lance à intervalles de temps réguliers afin de consulter les nouvelles commandes enregistrées sur Shopify. Elle les compile alors et les convertit dans un format ad hoc. Le fichier obtenu est alors posté par FTP sur le serveur des entrepôts en charge des commandes.

- Une autre automatisation[13] surveille en retour ce même document distant, afin d'y repérer des liens de suivi Colissimo : en cas de mise à jour, elle se charge d'envoyer des messages personnalisés aux acheteurs concernés.

Lors du lancement de la société, les effectifs de Loom se comptaient sur les doigts d'une main. Cela ne les a pas arrêtés dans la conception de nouvelles fonctionnalités. Il fallait apporter un soin particulier à la qualité de ces vêtements éthiques, de leur fabrication jusqu'à la satisfaction des clients sur la durée. Produire « Moins mais mieux », en se souciant de l'expérience client. Grâce à l'efficacité de leurs outils, ils purent rester en petit nombre, ce qui les a aidés à gagner en rapidité et en agilité. Le no-code a véritablement constitué pour Loom un allié décisif.

Voici l'exemple d'une extension fonctionnelle qu'ils ont facilement réalisée : lorsque l'API de Colissimo informe Make du succès d'une livraison, des conseils d'entretien des produits sont alors transmis par e-mail à l'acheteur. Puis à J+30 et à J+365, des sondages Typeform sont programmés pour récolter des retours plus tardifs, sur l'usure du vêtement notamment. Afin d'orchestrer ses routines, Loom a optimisé l'emploi de Make en exploitant un de ses volets qui n'est peut-être pas le plus connu : l'usage avancé de son système de bases de données interne.

Résumé en une formule, le no-code a permis à Loom de faire table rase des problématiques de syntaxe, c'est-à-dire de la maîtrise d'un langage informatique. L'entreprise profite à plein régime de la puissance du no-code. En choisissant les meilleurs outils pour chacun de ses besoins fonctionnels, elle se concentre sur

---

13 Dans le vocabulaire de l'outil Make, on parle de « scénario ».

l'essentiel de son activité, sur ce qui lui tient à cœur. En un rien de temps, elle a pu prendre son envol.

« L'Équipe Explore »

Qu'on se le dise, le no-code est un moyen de faire gagner du temps aux développeurs et non un moyen de se passer d'eux. En tant que codeur, il ne faut pas le voir comme une menace : le temps économisé sur l'exécution de tâches d'intégration répétitives permet de consacrer plus de temps là où les développeurs ont une plus forte valeur ajoutée. C'est vertueux.

Raphaël Dardeau,
CTO de *L'Équipe*

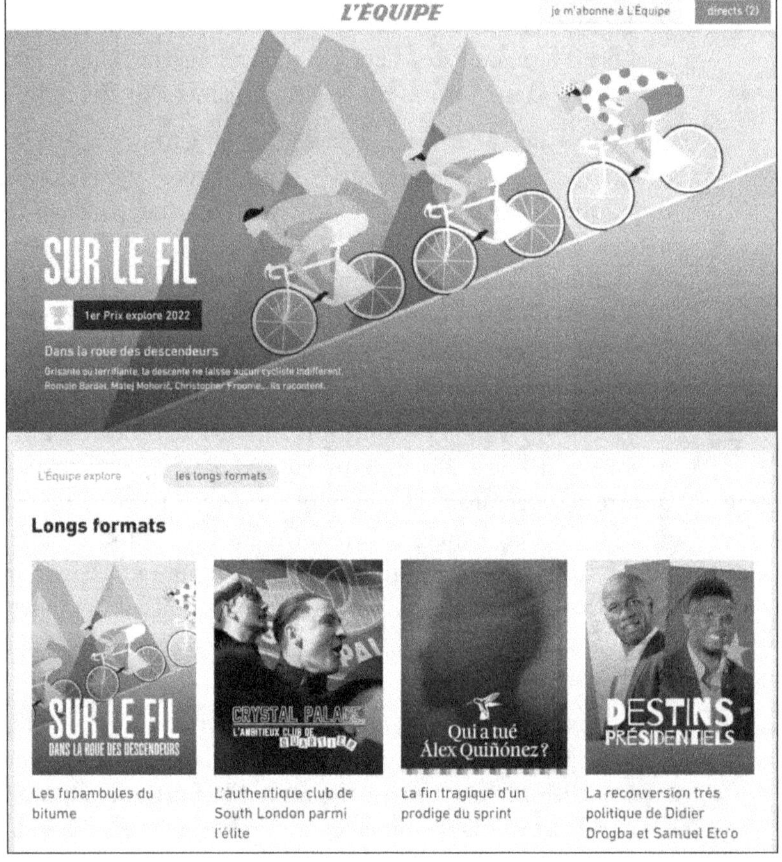

Figure 2–9
Page d'accueil de L'Équipe Explore, présentant les « longs formats ».

Pour Raphaël Dardeau, *chief technical officer* du quotidien sportif *L'Équipe*, le no-code semble ne revêtir que des avantages. Dans un article publié sur le site medium.com, il expose l'avant/après Webflow.

Plus précisément, il expose les coulisses de la confection des formats longs créés par *L'Équipe Explore*. Il en parle comme s'il décrivait des collections haute-couture. Et c'est justifié : ces mini-sites sont des concentrés absolument fabuleux de technicité et d'expérimentations artistiques. Les journalistes y conçoivent des univers immersifs aux atmosphères singulières, afin de mettre en valeur un travail éditorial poussé. Ainsi, les lecteurs en ligne découvrent les parcours des médaillés d'or olympique en patinage artistique Gabriella Papadakis et Guillaume Cizeron, se fondent dans le rôle des arbitres modernes équipés de l'assistance vidéo à l'arbitrage *(Video Assistant Referees – VAR)*, ou alors ressentent avec eux les frissons de Tess Ledeux et Kevin Rollant, les deux meilleurs Français de l'histoire du ski *freestyle*.

Ces compositions originales existent depuis 2013. Or, des outils pour créer des *webdocs* et des *longforms* existaient dès 2015, précise Raphaël[14]. Ce n'est qu'en 2020 qu'il a découvert des outils no-code comme Bubble ou Webflow. La montée en puissance et l'apprentissage de ces nouveaux instruments de travail ont été très rapides pour toutes les professions concernées : développeurs, designers web, product owners et journalistes.

Dans cette transformation des procédés internes de fabrication, deux aspects nous paraissent clés. Premièrement, Webflow a donné lieu à une augmentation de la productivité tout en préservant l'exigence d'une qualité haut de gamme. Les concepteurs des formats longs ne s'interdisent d'ailleurs pas d'y injecter, le cas échéant, un peu de *custom code*, pourvu que cela soit avec parcimonie, afin de réaliser des effets d'animation avancés.

En second lieu, Raphaël ajoute qu'« il n'y a aucune magie : on garde le contrôle sur l'imbrication des balises HTML, la sémantique, le type de layout (grid, flex, etc.), toutes les propriétés CSS essentielles et les principaux types d'événements JavaScript ». Parfaitement adapté aux plus techniciens de ses équipiers, Webflow met à leur disposition, sur son interface web, toutes les recettes d'intégration auxquelles ils étaient déjà habitués. Le no-code offre à ces profils experts un renouveau dans leurs environnements techniques de travail, alliant un confort renforcé à une efficacité accrue.

---

14 Il cite la start-up française Racontr, ainsi que Shorthand, Storyform ou Creatavist. Qui connaît encore ces plates-formes de création ? Sans doute ces outils étaient-ils en avance sur leur temps. Ils n'ont pas rencontré le succès auprès d'un public de masse, comme Bubble ou Webflow.

« TED Fellows Program »

> Avant Stacker, nous devions nous tourner vers notre équipe de développement pour la moindre modification dans nos processus. À présent, nous sommes en mesure de créer le logiciel dont nous avons besoin, et comme nous en avons le contrôle, nous pouvons le modifier instantanément.
>
> Joseph Dobson,
> anciennement Technical Program Manager chez TED Conferences,
> avant de rejoindre Stacker, où il est Strategic Partnerships

Avec le TED Fellows Program, les conférences TED soutiennent depuis 2007 des individus porteurs d'idées visionnaires dans des domaines variés. Il y a des milliers de candidatures pour seulement vingt heureux élus chaque année. En 2022, on y trouve une avocate argentine spécialisée dans les jeux vidéo et le droit dans les espaces virtuels émergents, un chorégraphe spécialisé dans les danses et musiques traditionnelles éthiopiennes, une astrophysicienne australienne en quête d'exoplanètes, ou encore un avocat vietnamien militant pour offrir des accompagnements juridiques à des communautés marginalisées. Ces personnes bénéficient d'accompagnements personnalisés, incluant par exemple des mises en relation avec des partenaires financiers. Le réseau des TED Fellows les aide à concrétiser leurs aspirations.

On imagine la charge de travail que peut représenter l'examen minutieux d'une telle masse de candidatures disparates, avec leurs lots de références à vérifier. Là encore, c'est grâce au no-code que les étapes ont pu être rationalisées. Comparé à des CRM classiques, logiciels étiquetés quelquefois *off the shelf* (disponibles sur l'étagère), Stacker est très personnalisable. Le plus souvent, il est combiné à Airtable afin de le compléter d'interfaces de travail spécifiques. Chaque équipe ne voit à l'écran que les parties de la base de données dont elle est responsable. Ce duo d'outils permet une organisation fine et contrôlée des processus de sélection, afin que chaque collaborateur puisse concentrer toute son attention sur ses dossiers et veiller à un traitement global équitable. Plus de distraction causée par des bugs ou par les réglages nébuleux d'un système compliqué !

Des lancements d'activités

« Dwellito »

> Le no-code m'a donné la possibilité de rattraper mes cofondateurs techniques et de mener des expérimentations sur un temps plus long et avec un besoin moindre de ressources.
>
> Caleb Barclay,
> fondateur de Dwellito

Figure 2–10
Dwellito

Caleb Barclay a longtemps été frustré de ne pas être autonome sur la technique. Après deux années d'études d'architecture, il s'est formé à la conception de produits. Au début de sa carrière, il a lancé de nombreux projets de start-up en s'associant à des profils techniques, mais son insatisfaction se renforçait au fil du temps. Il voyait bien que, pour faire fructifier ces jeunes produits, il aurait fallu davantage d'implication de la part de ses associés techniques. Mais ils étaient toujours affairés ailleurs. Et à chaque fois, la rencontre du produit avec sa cible était manquée.

Grâce à Webflow et au no-code, il a enfin pu dépasser ces frustrations. Il a créé, en solo, la marketplace Dwellito, qui accompagne les personnes désireuses d'acheter des maisons modulaires. Ces constructions, rapidement assemblées en combinant des éléments préfabriqués à commander, peuvent fournir des pièces supplémentaires, dans son jardin par exemple : une chambre d'amis, un petit bureau, ou même un petit studio complet. La hausse du télétravail pendant l'épidémie de Covid a beaucoup poussé ce marché.

Caleb a d'abord préparé un tableau Google Sheets pour centraliser les offres dispersées sur Internet. Il y a tout consigné : référence, producteur, dimensions, prix, présence ou non d'une kitchenette, lieu d'expédition, zones de livraison, etc. Ces recherches ont constitué l'étape la plus longue pour lancer la plate-forme. Caleb a aussi effectué beaucoup de *cold calling* auprès des fabricants et revendeurs ; ces « appels à froid » consistent à prendre contact avec des clients ou partenaires potentiels que l'on ne connaît pas. Pour cette tâche, il faut s'armer de patience ; plusieurs relances, ainsi qu'un bon argumentaire, sont indispensables pour convaincre les interlocuteurs et donner naissance à des relations de confiance. Ce lien commercial fort est aussi utile à une stratégie de SEO[15] : demander aux fabricants d'ajouter sur leurs sites un lien[16] vers dwellito.com est crucial pour améliorer le référencement de la plate-forme, autrement dit sa réputation aux yeux de Google.

Quant au site Webflow, Caleb estime qu'il a réalisé 90 % du travail de conception et d'implémentation technique en une seule journée. Il a par la suite amélioré son site no-code en créant des automatisations sur Zapier et une base de données Airtable où il enregistrait les étapes de conversion commerciale de chaque client.

Voici un exemple parmi les scénarios qu'il a mis en place avec ces outils : un formulaire de demande de devis est conçu sur Webflow. Lorsqu'un visiteur le remplit, une automatisation Zapier crée un brouillon d'e-mail et avertit Caleb. Il n'a plus qu'à le relire puis l'envoyer. Le message est alors aussi archivé sur Airtable.

---

15 Le « Search Engine Optimization » consiste en un ensemble de méthodes servant à optimiser le référencement naturel par les moteurs de recherche.

16 Ces liens entrants sont appelés des « *backlinks* » dans le vocabulaire des experts du référencement naturel. Pour une recherche donnée, la position d'un site sur les pages de résultats s'appelle son rang, ou en anglais « *ranking* ».

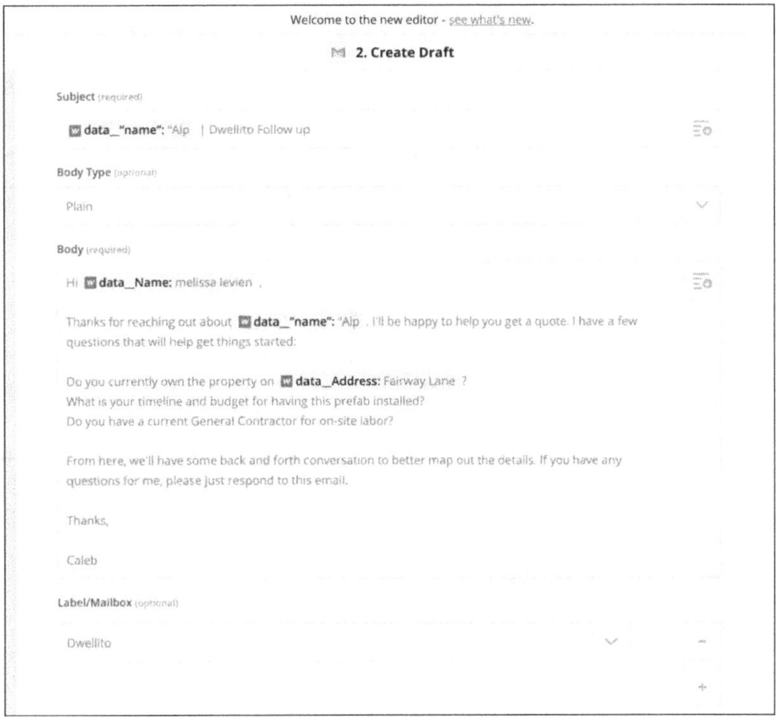

Figure 2–11
Exemple d'une automatisation sur Zapier, servant à créer un modèle d'e-mail, prêt à être envoyé. On y voit l'insertion de données dynamiques (précédées de l'icône carrée de Webflow, d'où ils proviennent).

« New Story Charity »

> Tant de vies ont été impactées, car des gens ont été en mesure de mettre en œuvre des technologies pour résoudre des problèmes qu'ils observaient dans le monde, sans passer par les longues années d'un apprentissage classique. (…) Pour moi, ce n'est pas ce que l'on peut faire qui est le plus enthousiasmant, mais qui peut le faire. Cela peut vraiment bouleverser tout ce concept d'*empowerment* : qui détient les accès… etc. C'est ce qui me motive : je suis vraiment enthousiaste à l'idée que le no-code ouvre la voie à beaucoup de gens pour apporter au monde leurs idées.
>
> Vlad Magdalin, CEO et cofondateur de Webflow, évoquant New Story Charity lors de la conférence SXSW Online 2021, dont Webflow était sponsor.

Avec un développement aussi rapide, Caleb a très vite pu vérifier la teneur réelle de son marché, ainsi que la viabilité de son modèle économique. Afin d'illustrer la variété des contextes d'utilisation du no-code, évoquons l'histoire de New Story Charity. Cet organisme a aussi été fondé par des designers, sans profils d'ingénieurs. Eux aussi ont utilisé Webflow pour aider à fabriquer des maisons, mais dans un contexte caritatif et de crise. Leur but était de récolter des dons afin de bâtir des habitations imprimées en 3D pour les populations sans domicile, suite au tremblement de terre qui dévasta Haïti en 2010. Leur modèle économique est tout autre que celui de Dwellito. Leur site Webflow a permis de tester leur proposition de valeur et d'engager une première construction avec 6 000 $ de dons. Dix ans ont passé et plus de 2 000 maisons sont sorties de terre, grâce à New Story Charity, dans plusieurs pays d'Amérique latine.

« Prello »

Les mentalités changent (…) : les investisseurs perçoivent la valeur du no-code et constatent que les barrières sont progressivement repoussées. (…) Notre objectif est de rester sur une solution low-code pérenne.

Nicolas Szczepaniak,
Head of product chez Prello

Figure 2–12
Page d'accueil de Prello

Retournons en France, pour évoquer une autre bande d'amis qui ont, eux aussi, utilisé le no-code pour faire leur entrée sur un marché.

L'histoire de Prello commence par la rencontre de Ludovic de Jouvancourt et Nicolas Szczepaniak, dans leur salle de sport habituelle. Ils discutent technologies et business, évoquent l'émergence des outils no-code. Ludovic vient de l'immobilier et il a entendu parler du succès de Pacaso, une licorne américaine qui se définissait alors comme « *A better way to buy and own a second home* »[17]. Quant à Nicolas, il travaille chez Ideable[18] depuis quelque temps, agence digitale spécialisée dans le *design thinking*, les méthodes agiles et les outils no-code.

Ludovic et Nicolas évoquent les difficultés typiques d'individus hésitant à acquérir une maison secondaire. À peu près un tiers des Français ont ce projet, mais avant de pouvoir profiter de cette résidence lors des week-ends prolongés du mois de mai, il faut d'abord passer par un certain nombre de préoccupations. Ainsi peut-on être découragé par l'éventualité d'un prêt bancaire au long cours. Puis viennent les soucis de l'assurance habitation, des factures d'eau et d'électricité, du chauffage, du ménage et des menus travaux, rénovations et réparations diverses : toitures, charpente, fissures, etc. On se rend rapidement compte qu'une maison secondaire peut revenir cher et apporter son lot de désagréments. En outre, les Français n'y passent que 40 jours par an en moyenne. Alors, l'enjeu en vaut-il vraiment la peine ?

Créée en août 2021, il n'a fallu que trois semaines à Prello, lancé grâce à Bubble, pour tester in situ une nouvelle offre. La start-up boucle une première levée de fonds de 1,75 million d'euros auprès d'Axeleo Capital (fonds français spécialisé dans la transformation numérique du secteur immobilier) et de quelques *business angels*. Quelques mois plus tard, en février 2022, Otium Capital se joint à Axeleo pour finaliser un second tour de table, à hauteur cette fois de 13 millions d'euros (dont 3 millions de dette). Le lancement de cette plate-forme disruptive dont l'objectif est de faciliter l'achat à plusieurs de maisons secondaires, innove véritablement sur tous les plans. Basée sur des technologies no-code et sur un business model novateur, elle est parvenue à séduire des investisseurs à vitesse grand V.

Ainsi que Nicolas Szczepaniak l'explique dans un entretien donné au média *Le Ticket* spécialisé dans la gestion de produit, Prello a choisi le no-code pour la vélocité. Il fallait aller vite et rester concentré sur le métier, « *uniquement sur le métier, et non sur la complexité technique* ». Leur stack est composée de Webflow pour le site grand public et de Bubble pour plusieurs micro-apps concernant leur gestion. À cela viennent se greffer quelques autres outils, comme Pipedrive pour le CRM ou Calendly pour la gestion de calendriers, ainsi que des modules

---

17 À l'heure où nous écrivons ces lignes, leur accroche s'est épurée : « *Pacaso : the modern way to own a second home.* » (en français : « la solution moderne pour acquérir une résidence secondaire. »
18 L'agence s'est désormais rebaptisée Tinkso.

réalisés en code. C'est Bubble qui orchestre l'ensemble. Dans un tweet, Quentin Cissé, product et no-code builder exprime sa puissance :

> L'outil permet de faire le front-end, le back-end, les workflows, les connexions API, bref tout ce qu'il nous faut pour réaliser le projet. Tout ça sans une ligne de code (mais avec un peu d'huile de coude). Pour 25 $ par mois.

L'approche en microservices n'est pas propre au no-code : il s'agit de découper l'ensemble de l'offre en logiciels autonomes, chacun avec son hébergement, sa base de données, ses logiques internes, de manière notamment à mitiger les risques en cas de défaillance. Ainsi, un des microservices de Prello est en charge de gérer le calendrier partagé par les copropriétaires, avec des règles métier implémentant la juridiction associée. C'est cette approche qui permet également aux équipes de mieux se répartir le travail : tout le monde chez Prello est polyvalent et tous ont adopté l'état d'esprit no-code !

« L'Intendance »

> J'ai toujours eu l'envie d'entreprendre et de bouleverser les modes de consommation par l'innovation d'usage. Avec L'Intendance, j'ai voulu construire une expérience digitale à la hauteur de l'enjeu.
>
> Meryem Benmouaz,
> cofondatrice de L'Intendance

Figure 2–13
Page d'accueil de L'Intendance

Longtemps, Meryem Benmouaz n'a pas osé se lancer dans l'entrepreneuriat. Après ses études en école de commerce et un début de carrière dans les domaines de l'audit, du capital-risque et de l'intelligence économique, deux rencontres l'ont aidée à se lancer. La première, c'est celle de Noélie Demaegdt, avec qui elle a fondé L'Intendance. La deuxième, c'est la découverte de l'écosystème d'outils no-code, qui leur a ouvert la voie.

Toutes deux partagent une vision de notre société où l'empreinte carbone due à nos modes de consommation doit être combattue. En créant la boutique en ligne Lintendance.co, elles ont pu concilier leur engagement personnel avec leurs aspirations professionnelles. La cohérence de l'offre s'étend sur trois aspects : l'absence de plastique dans les emballages, une consigne récupérant les contenants des usagers, des circuits courts pour l'approvisionnement des produits alimentaires, cosmétiques et d'entretien commercialisés. Les livraisons sont assurées en région parisienne par Olvo, une coopérative de cyclo-logistique, engagée tant sur le plan social qu'environnemental, et par La Poste pour le reste de la métropole. En 2020, Meryem a reçu le Prix Entrepreneure Responsable, organisé par PWN Paris (*Professional Women's Network*).

Avant l'ouverture de la boutique en ligne, Meryem a utilisé le website builder Wix afin de rapidement tester le marché. En plus de ce mini-site, elle s'est rendue en personne sur des marchés afin de vendre des kits de découverte à 25 € (comportant des produits comme une brosse à dents et des cotons-tiges en bambou, des emballages en cirophane). Elle a ainsi vérifié l'existence d'une appétence pour son concept. Alors, elle a conçu le site principal sur Webflow, complété d'une base de données Airtable et d'automatisations Zapier. Elle a également intégré quelques portions de code, notamment des scripts Python pour préparer des bons de commande illustrés. Les entrepôts en charge de la préparation des commandes sont des ESAT (établissements ou services d'aide par le travail) dont les employés, personnes en situation de handicap, ont besoin de tels supports-papiers.

D'autres outils ont complété la stack no-code : le système de paiement avec Stripe, l'e-mailing avec Mailjet, la gestion centralisée des membres avec Memberstack, la gestion de popups avec Wisepops. La croissance de l'activité a nécessité quelques changements au niveau du back-end. Ainsi, Airtable et Zapier ont été remplacés par Retool et n8n, outils no-code plus puissants et plus techniques, associés à MySQL.

Avec ce socle, tout le système de consigne a été automatisé : les clients peuvent ainsi retourner leurs pots et emballages nettoyés et être crédités de 1 € par unité. Ce sont des *zaps* (automatisations sur Zapier) ou des workflows (sur n8n) qui orchestrent cette gestion, de la déclaration des récipients à renvoyer via un formulaire, jusqu'à leur réception par les entrepôts. Ils sont scannés avec un lecteur de code-barre directement branché à un logiciel no-code.

Enfin, Meryem a fait appel à une agence spécialisée sur Webflow. Pepperclip a signé le design et la conception, et a même formé les deux cofondatrices à l'utilisation basique du logiciel, afin qu'elles puissent directement faire de petites mises à jour. Construire un site beau et accueillant était essentiel pour L'Intendance : la marque ne voulait pas jouer sur un sentiment de culpabilité chez les consommateurs, mais au contraire leur donner envie. C'est une leçon à retenir !

« Comet »

C'était des actions simples, qu'un singe aurait pu faire ! On s'est rendu compte que 80 % de nos tâches étaient vraiment un peu idiotes et automatisables. L'humain n'avait aucune valeur ajoutée.

Charles Thomas,
cofondateur de Comet

Comet.co a été fondée en septembre 2016 par Valentin Cordier, Charles Thomas et Joseph Wiel. L'ambition de l'entreprise est de créer une nouvelle expérience de travail en fluidifiant la collaboration entre des freelances techniques et des grandes entreprises françaises. Ces dernières peuvent indiquer leurs souhaits à la plate-forme via des formulaires. Grâce à des algorithmes de *matching* avancés, des candidats leur sont proposés sous 48 heures. En 2017, un an après sa création, la société a levé 2 millions d'euros, puis, en 2018, 14 millions. Après cinq années d'activité, la société compte plus de 50 collaborateurs, son réseau compte 8 500 freelances, et des bureaux sont ouverts à Lyon et à Lille.

Le recrutement dans le domaine du numérique est un marché très concurrentiel. Pour s'y faire une place, on pourrait penser que les cofondateurs ont révolutionné les algorithmes mettant en correspondance les bons candidats avec les bonnes missions. Pourtant non, ce n'est pas ainsi que l'histoire a commencé ! Pendant 18 mois, ils ont *bootstrapé*, explique Charles Thomas. Ce jargon de startup signifie qu'ils ont amorcé leur projet sans investissements initiaux, faisant avec les moyens du bord. Charles reconnaît qu'aucun d'entre eux n'est un génie de la technique. En revanche, ils sont débrouillards.

Ils ont ainsi débuté en utilisant divers outils comme WordPress, l'outil de création de pages d'accueil strikingly.com, Zapier, Google Sheets et des extensions du navigateur Chrome, mais c'est surtout Bubble qui changea la donne pour eux. Ils ont bâti grâce à lui une marketplace centralisant les offres et les demandes, en veillant à minimiser les frictions pour les freelances comme pour les entreprises.

Leur mérite est d'avoir su renouveler des processus qui étaient depuis toujours réalisés à la main par d'innombrables SSII[19]. Par exemple, la consultation quotidienne de sites comme GitHub, LinkedIn ou Stack Overflow, véritables repaires de profils techniques, a pu donné lieu à des automatisations. Autre exemple, lorsqu'un candidat freelance s'inscrit sur leur plate-forme en soumettant sa page LinkedIn, la demande de prise de références auprès de ses anciens responsables, mentionnés sur son profil, a également été l'objet de traitements automatiques.

Les outils no-code ne sont pas une menace pour les développeurs, ainsi que Charles Thomas le précise dans sa tribune écrite sur le site Maddyness en 2020[20]. Au contraire, il a permis à des personnes comme lui d'accéder à l'entrepreneuriat et de recruter, plus tard, des codeurs. En effet, comet.co a migré vers des solutions en code, après les premières étapes réussies sur Bubble, pour passer à l'échelle supérieure, notamment en créant ses propres algorithmes de *machine learning* et ainsi optimiser les associations entre les clients freelances et les entreprises.

Nous pourrions poursuivre notre visite guidée en passant par encore bien d'autres projets réalisés sans coder. Dans les seize exemples rapportés dans ce chapitre, nous avons privilégié des cas simples à exposer. C'est pour cette raison que nous n'avons abordé ni d'exemples de transformations numériques d'entreprises, ni des cas présentant intrinsèquement beaucoup de complexité (du point de vue de leurs processus-métiers, d'un cadre juridique ou simplement du fait d'un grand nombre de collaborateurs). Néanmoins, l'optimisation du travail au sein d'une organisation et l'enjeu de la productivité donnera lieu à tout un chapitre du guide pratique, consacré aux no-code ops (chapitre 7). Il nous a en effet semblé plus pertinent de l'aborder sous un angle pragmatique et actionnable. De nouveaux cas seront présentés.

Ces déambulations sur les terres du no-code nous ont permis de mieux nous représenter l'effet de démocratisation du no-code. La plupart des profils de no-codeuses et no-codeurs présentés dans ce chapitre ne sont pas des férus de programmation informatique. Dans le prochain chapitre, nous entrons dans le vif du sujet, en nous intéressant aux outils. Comment définir un outil no-code ? Et de quelles manières ces outils permettent-ils d'aborder les problématiques que le code était le seul à pouvoir résoudre auparavant ? Nous avons plusieurs fois parlé de la programmation visuelle. Il nous faut à présent approfondir ces thématiques.

---

19 La dénomination SSII (« sociétés de services en ingénierie informatique ») désigne des entreprises spécialisées dans le domaine des nouvelles technologies et de l'informatique.

20 Son article « Demain toutes et tous entrepreneurs grâce aux outils sans code ? » est disponible à l'adresse https://www.maddyness.com/2020/08/19/entrepreneurs-grace-outils-sans-code/.

Qu'est-ce qu'un outil no-code ? 3

Et si on commençait par concevoir un IDE[1], plutôt que le langage de programmation qui lui est sous-jacent ?

Josh Haas, cofondateur de Bubble, au sujet des premiers développements de la plate-forme no-code

Le no-code selon Adalo et Formstack

Deux études d'importance ont été menées en 2020 et 2021 par des acteurs notables du no-code : Adalo, qui édite un outil référent pour créer des applications mobiles et Formstack, qui commercialise des outils no-code pour fluidifier la gestion interne des documents et faciliter les transformations numériques d'entreprises.

Ces travaux sont intéressants sur bien des aspects. Ils figurent parmi bien d'autres articles, débats et publications diverses qui émaillent la Toile de réflexions multiples sur le sujet. Ces deux études-ci ont une approche

1 Un IDE, ou environnement intégré de développement, est un logiciel dédié à la programmation et notamment à la manipulation de code.

particulière : d'une part, elles proviennent de concepteurs d'outils no-code importants (qui connaissent particulièrement bien le sujet) et, d'autre part, elles ont eu recours à des sondages. Elles méritent donc une attention spéciale.

En 2020, Adalo a collecté 1 400 réponses provenant des membres de sa communauté. Dix experts reconnus du no-code les ont complétées de leurs avis. En 2021, Formstack a sondé « *plus de 1 000 employés provenant de domaines d'activité variés, disposant de différents niveaux de responsabilité et travaillant dans des entreprises de diverses tailles* ». Toutes les réponses récoltées ont la force du terrain. Elles ont assurément des choses à nous signifier.

Qu'est-ce qui caractérise cette famille d'outils novateurs ? Comment revoient-ils les pratiques de développement et de programmation ? Quelles sont les fonctionnalités révolutionnaires qui leur sont propres et expliquent leur adoption massive et leur succès populaire ?

Dans ces travaux, l'accent est surtout mis sur les aspects avant-gardistes d'un mouvement no-code annonciateur d'une nouvelle ère, d'un « futur » en train d'arriver, à construire. Le sous-titre du rapport de Formstack encense « *une révolution dans la fabrication numérique* » (« *A digital revolution in the making* ») et, d'entrée de jeu, il parle d'un changement « historique ». Quant au sondage d'Adalo, son titre en annonce la couleur : « *The future is no-code* ».

En réponse à nos questions pragmatiques sur le renouvellement des outils et pratiques, c'est la programmation visuelle, facilitant la connexion de différents blocs fonctionnels, qui est principalement citée.

Néanmoins, cette nouvelle façon de programmer n'est que la partie émergée de l'iceberg. De nombreuses autres tâches des développeurs traditionnels sont désormais prises en charge par les outils no-code. Or, ces tâches sont à peine évoquées dans ces études : l'hébergement, la sécurité, la maintenance, principalement. C'est un peu étonnant, car ces progrès sont, eux aussi, révolutionnaires ! On peut interpréter cet « oubli » de plusieurs façons.

La première interprétation consiste à rappeler que l'un des objectifs des acteurs no-code (comme Adalo et Formstack) est d'attirer de nouveaux publics à la programmation. À cette fin, il ne faut pas les rebuter avec des concepts techniques compliqués, d'autant plus que ces tâches ont en grande partie « disparu ». En ce sens, on pourrait reprocher aux études d'Adalo et de Formstack de comporter des biais méthodologiques : ils sont juges et parties et les répondants se ressemblent beaucoup (leur seul point commun est qu'ils utilisent les mêmes outils). Toutefois, ces biais sont connus et assumés. Les deux entreprises américaines ont voulu fédérer des paroles éparses sur le sujet, créer un discours rassembleur, faire la promotion du no-code et, probablement aussi, celle de leurs propres outils…

Deuxième interprétation possible : la « disparition » de ces tâches techniques est peut-être le signe véritable du succès des outils no-code. Elles seraient si bien prises en charge par ces outils qu'il ne serait même plus nécessaire de les évoquer !

Troisième interprétation à envisager : peut-être que ces progrès, concernant l'hébergement, la sécurité, la maintenance des systèmes informatiques ne sont pas spécifiques au no-code et concernent tout le numérique.

Il n'est pas indispensable de trancher entre ces différentes explications. En revanche, ce détour pour entamer notre chapitre sur les outils no-code nous permet de débusquer un biais cognitif : l'effet réverbère. C'est l'histoire de cet individu éméché qui, dans l'obscurité de la nuit, recherche ses clés sous la lumière d'un réverbère. Lorsqu'on lui demande s'il est certain que c'est bien là qu'il les a perdues, il répond que non, mais que c'est le seul endroit éclairé…

C'est à nous à présent de décentrer l'éclairage braqué sur la « programmation visuelle », si souvent associée au no-code. Elle en est un élément central, mais il y a d'autres aspects à mettre en lumière.

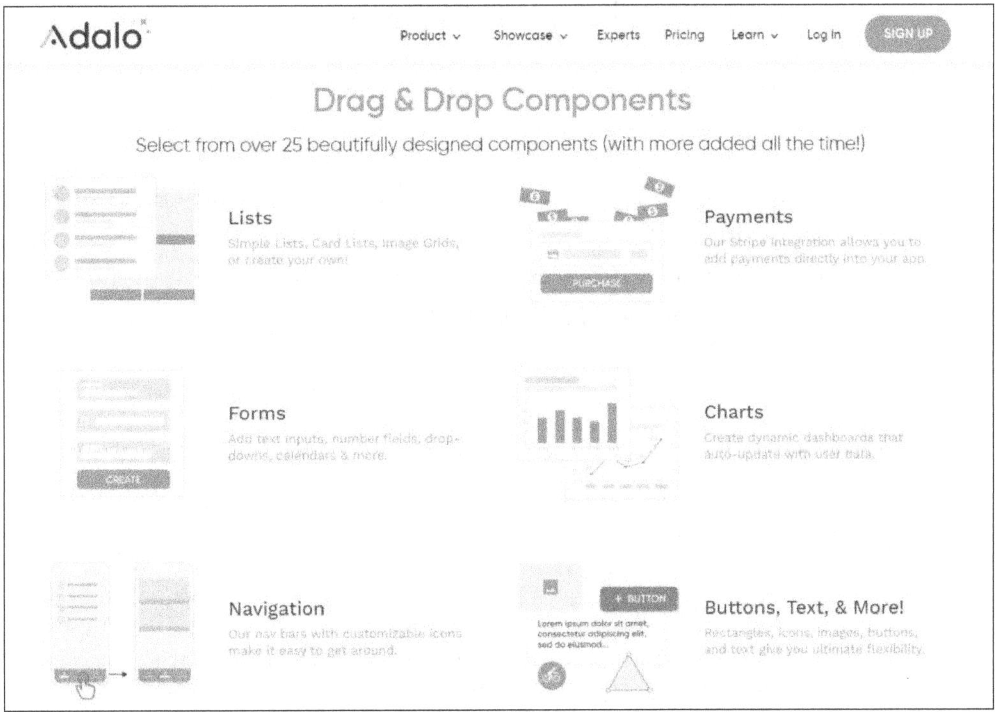

Figure 3–1
Page d'accueil de l'app builder Adalo avec ses composants de programmation visuelle, prêts à l'emploi.

Quelques extraits des études d'Adalo et Formstack

Voici les premiers éléments qu'Adalo met en avant dans les résultats de son étude :

- Une définition pseudo-officielle du no-code est donnée, pastichant un article de dictionnaire :

  « No-code /no-kōd/

  Le no-code est l'art de créer des solutions uniques à des problèmes, qui auraient pu être écrites avec du code, mais qui ont été réalisées au moyen de méthodes visuelles sans coder.

  Nom – « Le no-code est la meilleure invention depuis le pain en tranches. »

  Adjectif – « En utilisant un outil no-code pour résoudre un problème, vous aurez des points de bonus au travail. »

  Verbe – « Vous n'avez pas besoin de savoir coder pour no-coder. »

- Trois critères de définition : le no-code doit résoudre un problème, la solution doit avoir été créée sans code, cette solution doit être unique.

- La première question concerne l'orthographe du mot : 55,7 % préfèrent l'usage du trait d'union (No-Code), contre 44,3 % pour l'espace (No Code). Cette interrogation révèle surtout un état d'esprit enthousiaste et libre : le no-code siérait mal à une définition dictée par une autorité extérieure. On reconnaît aussi dans cette délibération (ou libération) un stratagème typique des publicités comparatives : en simulant une rivalité entre deux options ou deux marques concurrentes, on exclut du débat toutes les autres. Qu'importent les réponses, le No-Code/No Code en ressort énergisé.[2]

Quant à Formstack, voici la définition proposée en synthèse :

« Le no-code désigne un type de développement de logiciels[3] qui permet à n'importe qui de créer des solutions numériques sans écrire la moindre ligne de code. Cela passe par des outils avec des interfaces glisser-déposer intuitives permettant de créer une solution unique à un problème. La solution résultante peut prendre plusieurs formes – de la fabrication d'apps et de sites mobiles, vocaux ou e-commerces jusqu'à l'automatisation d'un grand nombre de tâches et processus. »

---

2   Nous pouvons d'ailleurs témoigner que ce point a aussi provoqué des débats au sein de la communauté No-Code France. Celle-ci préfère le recours au trait d'union, mais l'emploi des majuscules ou de minuscules, quant à lui, flotte toujours. Un membre de la communauté a même proposé de le résoudre au moyen d'une expression régulière, incluant toutes ces variantes : `[Nn]o-?[Cc]ode`.

3   Le terme utilisé est *software*.

Il faut reconnaître que ces définitions nous laissent sur notre faim. Elles restent générales et difficiles à appliquer. Elles s'appuient avant tout sur le rejet du code. L'enseigne no-code offrirait-elle ainsi l'hospitalité à n'importe quel outil numérique, pourvu qu'aucune portion de code ne soit visible ?

Nous pensons qu'une telle mise à l'écart du code est excessive, voire hors propos. Il est courant pour une no-codeuse ou un no-codeur d'utiliser, souvent avec parcimonie, quelques lignes de JavaScript notamment. Il n'y a aucun problème à cela : ces raccourcis sont souvent des plus efficaces. Et c'est bien pour cette raison que beaucoup d'outils no-code autorisent l'injection de portions de code traditionnel (souvent du JavaScript).

Caractérisation des outils no-code

Sur la base de ces analyses et remarques, nous pouvons proposer une définition reposant sur quatre critères principaux que nous détaillons ici.

Critère n° 1 – Livrables

Un outil no-code sert à créer des sites web, applications mobiles et automatisations

Nous reviendrons sur ces notions dont les périmètres se recoupent, en particulier sur la notion générique d'« application » (voir encadré ci-dessous) : il est indispensable de préciser leurs significations par des définitions claires. La plupart du temps, les applications produites en no-code sont des applications web dont le chargement est consécutif à la venue de visiteurs. Cependant, dans le cas de certaines automatisations notamment, une application réalisée en no-code peut fonctionner indépendamment de tout trafic.

Contre-exemples

- Microsoft Word, Adobe Photoshop servent à éditer des documents textuels et des images, pas à créer des applications, sites ou logiciels.
- Canva et Figma sont des services en ligne servant respectivement à créer des graphismes et présentations, ou des maquettes de designs. Ces livrables peuvent cependant être intégrés à des projets no-code.

Critère n° 2 – Accès

Un outil no-code s'utilise dans un navigateur web

Pour travailler, il suffit aux no-codeuses et no-codeurs de se connecter aux sites de leurs outils. Ils n'ont ni besoin d'utiliser un type d'ordinateur spécifique, ni d'installation de logiciels particuliers à prévoir. Ils n'ont pas davantage besoin de se connecter, via des mécanismes sécurisés avancés, à des serveurs d'hébergement, afin d'y déployer leurs mises à jour[4] ou d'en revoir la configuration. En un mot, ils n'ont besoin que d'une chose : leur navigateur web préféré. C'est celui-ci qui constitue leur poste de travail no-code.

Le corollaire de cette configuration simplifiée au maximum, c'est que tout ce qui se passe « à l'autre bout du navigateur web » (c'est-à-dire côté serveur) est pris en charge par les outils no-code. Toutes les questions d'hébergement des services, de leurs mises à jour, de leur maintenance et de sécurité, sont déléguées à l'outil no-code. Ces tâches n'ont pas disparu ; c'est simplement aux développeurs d'Airtable, de Bubble, d'Adalo ou de Formstack qu'elles incombent.

Contre-exemple

Adobe Dreamweaver est un logiciel de création visuelle de site web, qui nécessite une installation et une utilisation sur ordinateur. De plus, ce logiciel n'offre pas de solution pour héberger le site créé.

Critère n° 3 – Interface de programmation

L'interface d'un outil no-code se base principalement sur de la programmation visuelle

Pour créer un projet, on connecte et configure des blocs visuels, préparés à l'avance, sans avoir besoin de lire ou d'écrire du code informatique. Ces briques interconnectées peuvent provenir d'un ou de plusieurs outils distincts (code ou no-code).

Contre-exemple

Tout IDE (environnement de développement intégré) traditionnel, comme Visual Studio Code de Microsoft ou IntelliJ IDEA de JetBrains) se base essentiellement sur de la programmation textuelle, en code.

---

4 Dans la programmation traditionnelle, ces opérations sont souvent effectuées au moyen de commandes écrites en code.

Critère n° 4 – Généricité

Un outil no-code ne doit pas être spécifique à un domaine d'activité

Dans son usage, l'adjectif no-code a exclu les outils associés à des métiers spécifiques ou des domaines d'activité particuliers. Derrière ce critère, il y a l'idée que les outils no-code sont des outils pour fabriquer d'autres outils.

Contre-exemple

Il existe de nombreux outils CRM *(Customer Relationship Management)*, pour la gestion de la relation avec les clients, plus ou moins modulables. Ce ne sont pas des outils no-code, car ils sont trop spécifiques. En revanche, Airtable est un outil no-code de bases de données, dont la flexibilité permet de réaliser des CRM et des outils de gestion de projet.

Un cinquième critère de définition pourrait être ajouté, bien qu'étant beaucoup plus subjectif : l'ancienneté de l'outil. En effet, des outils un peu « datés », même s'ils reposent sur la manipulation visuelle d'éléments à travers des interfaces web, restent à la marge du no-code. En ce sens, il y a un vrai phénomène générationnel à l'œuvre.

Ainsi, l'extension de WordPress, Elementor, qui totalise plus de 9 000 000 de sites actifs et dont le nom suggère la programmation visuelle, ne se définit nulle part comme une solution no-code. À l'inverse, une extension plus récente, Brizy, très similaire dans son interface, surfe pleinement sur la vague no-code. Le constat est le même pour les website builders Wix et Squarespace : ils ignorent le terme no-code. À l'inverse, Shopify, qui les concurrence sur le domaine spécifique des sites d'e-commerce, emploie plus volontiers le terme[5]. Dans le domaine des sondages en ligne, des outils historiques comme Google Forms ou SurveyMonkey ne se positionnent pas par rapport au no-code, tandis que les plus récents Typeform ou Tally insistent, respectivement, sur des mentions « zero coding » et « without knowing how to code ».

Qu'appelle-t-on une « application » ?

L'expansion des usages liés aux smartphones a beaucoup érodé le terme « application » (ou « app »). Notre imaginaire l'associe désormais spontanément à une seule de ses significations, restrictive : celle des « applications mobiles », que l'on trouve principalement dans les *stores* d'Apple ou de Google. Pareillement, le mot

---

5 Shopify n'emploie le terme qu'avec parcimonie sur son site. Néanmoins, l'outil est recensé dans la plupart des listes d'outils *no-code*, dans la catégorie e-commerce.

« logiciel » fait penser à des outils complexes, éventuellement lourds, qui s'installent sur des ordinateurs… Il nous semble donc utile de repréciser quelques définitions.

- Un **programme** désigne tout simplement un ensemble d'instructions qu'une machine (ordinateur, tablette ou smartphone, dans notre cas) doit exécuter[6].

- Un **logiciel** résulte d'une association de programmes. Ceux-ci sont réglés ensemble afin de traiter des informations entrantes (des fichiers, des flux externes ou des saisies de l'utilisateur, par exemple via le clavier et la souris) et disposent le plus souvent d'une interface graphique.

On peut alors distinguer deux grandes familles de logiciels :

- Les **logiciels systèmes**, destinés à faire fonctionner la machine en exploitant ses ressources matérielles (chargement en mémoire, affichage à l'écran, lecture des médias, impression, etc.) ;

- Des **logiciels applicatifs**, ou **applications**, ou *apps*, conçus pour répondre à des besoins d'utilisateurs.

Parmi les logiciels systèmes, il en existe un bien connu, au rôle prépondérant : le **système d'exploitation** (comme Windows, macOS, Linux ou Android). C'est lui qui rend possible le lancement des logiciels applicatifs (ou applications), comme Chrome, Word ou Photoshop.

De nos jours, une sous-catégorie des applications est devenue commune : les **applications web**. Les plus populaires servent à consulter ses e-mails, regarder des vidéos ou écouter de la musique, toujours au sein d'un navigateur web. Elles reposent sur la technologie client-serveur, qui régit le fonctionnement du *World Wide Web*. Comme son nom le suggère, leur fonctionnement implique un duo. Deux applications dialoguent : une application cliente demande par exemple d'afficher le site correspondant à www.google.fr. L'application serveur recevant cette requête y répond en l'interprétant et en renvoyant, dans notre exemple, la page de *Google* au client qui peut alors l'afficher.

Grâce à ces notions, nous pouvons donner cette nouvelle définition des outils no-code :

Un **outil no-code** est une application web destinée à créer d'autres applications.

Ces logiciels pour construire des logiciels ne requièrent pas d'installation sur son ordinateur, car tout se passe dans un navigateur web.

---

6   L'étymologie de « programme » signifie d'ailleurs « écrit à l'avance ». On peut aussi penser à un programme électoral, un programme scolaire ou le programme d'un concert : les opérations y sont (normalement) définies à l'avance.

Leurs livrables sont des sites web, des applications mobiles (natives ou de type PWA) ou des automatisations. Dans les trois cas, elles s'appuient principalement sur des échanges clients-serveurs passant par Internet.

La programmation visuelle

Les langages de programmation peuvent avoir quelque chose de décourageant. Ils nous imposent leurs syntaxes, leurs règles et bonnes pratiques. Il est difficile de négocier avec un ordinateur en cas de bug. Lorsqu'un développeur en rencontre un, il sait à l'avance que, dans 99,9 % des cas, c'est la machine qui aura le dernier mot. Il inspectera son code de plus près et se rendra compte, après quelques secondes ou quelques heures, qu'il y avait bien quelque chose qui n'allait pas.

Une application peut-elle se passer de code informatique ? La réponse est « non ». Il y a toujours un code qui la représente. Ce code n'est jamais orphelin. Il est associé à des applications plus grandes que lui, capables de l'interpréter et de l'exécuter (un compilateur, un navigateur web, un système d'exploitation). Elles-mêmes s'appuient sur des dispositifs matériels (un ordinateur avec son type de processeur et tous ses composants, une tablette, un smartphone). Ces machines, enfin, peuvent être interconnectées et faire partie de réseaux. Le logiciel en question, en raison de la variété de ces environnements, peut présenter plusieurs versions de son code, plusieurs implémentations. Lorsque l'association du code et de son environnement complet fonctionne correctement, sans rencontrer de bug, le logiciel « tourne » et il peut continuer jusqu'à ce qu'on l'interrompe. Par une fascinante et harmonieuse symbiose de l'ensemble, il paraît prendre vie.

Pas d'application sans code, disons-nous… Mais alors, le no-code serait-il un mythe, une supercherie, un écran de fumée ? Modifions légèrement la question : peut-on se passer de coder pour programmer un logiciel ? La réponse, cette fois, est « oui ». Ce n'est pas un tour de passe-passe, mais le principe fondamental de toute opération technique. Lorsqu'on ne dispose pas des compétences ou du matériel pour exécuter une tâche technique, trois voies s'offrent à nous : on peut la confier à un artisan ou expert, l'adresser à une machine spécialisée, ou bien se former soi-même et se faire seconder. Employons une comparaison triviale : il n'est pas nécessaire d'être soi-même pizzaïolo si on désire une pizza. On peut soit se rendre dans une pizzeria, où elle sera confectionnée dans les règles de l'art, soit opter pour une pizza surgelée, préparée par des processus industriels. La troisième voie, intermédiaire, serait la suivante : acheter une pâte déjà préparée, une sauce tomate déjà cuisinée, du fromage déjà râpé (ainsi que les autres ingrédients de son choix) et suivre les étapes d'une recette simplifiée.

D'une façon similaire, pour créer une application sans avoir à se confronter à des langages de programmation, on peut soit déléguer l'écriture de son code à des développeurs, soit acheter un logiciel existant ou s'abonner à un service en ligne s'en approchant au mieux. La troisième voie consiste à assembler des composants déjà codés, grâce à des outils facilitateurs comme ceux du no-code.

La programmation visuelle est une alternative majeure pour permettre de programmer sans obliger à coder. Elle est au cœur du fonctionnement des outils no-code. Elle consiste à manipuler des composants mis à disposition via des interfaces de développement. Ces composants sont déjà consolidés et presque fonctionnels ; il reste à les arrimer entre eux d'une manière cohérente et qui nous convienne. Ils sont comme les ingrédients de notre pizza : ils ont été préparés à l'avance. Redisons qu'il n'y a là pas de magie qui opère : le code n'a pas disparu, il est juste caché. Chacun de ces composants graphiques peut être vu comme un raccourci, un signe, la couverture d'un petit ouvrage replié sur lui-même et agglomérant quelques dizaines ou centaines de lignes de code.

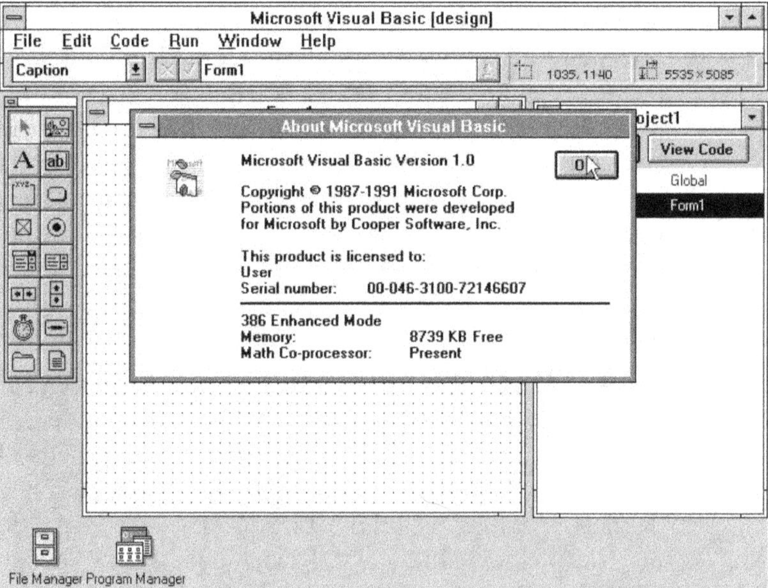

Figure 3–2
Visual Basic 1.0.

Visual Basic, précurseur du no-code ?

Sorti en 1991, Visual Basic (figure 3–2) était un IDE dans lequel on pouvait créer son application en constituant d'abord l'interface utilisateur grâce à des composants graphiques préexistants, puis en ajoutant du code. Ce n'est donc pas par hasard s'il comporte dans son nom cet adjectif qui change tout : « Visual ». Mettant en scène de la programmation visuelle, on peut y voir un précurseur des outils no-code.

On pouvait par exemple placer des cases à cocher, zones de saisie et boutons, puis insérer une section de code qui s'exécute lorsque le formulaire est redimensionné pour que ses éléments restent en permanence centrés. Contrairement au no-code, ce code que l'on injectait pouvait être très volumineux, même pour des programmes de petite envergure. Autre différence majeure, ces applications ne fonctionnaient que sous Windows. Visual Basic 1.0 a notamment beaucoup été utilisé pour des applications commerciales. Il était une des figures de proue du RAD *(Rapid-Application Development)*, méthode de développement d'applications en vogue dans les années 1990. Grâce à des outils de nouvelle génération, les projets pouvaient être menés de manière incrémentale, itérative et adaptative, rompant avec les méthodes plus classiques, dites en cascade (passages successifs de relais d'ordonnateurs à des exécutants) ; par la suite, cela a inspiré les méthodes agiles. Son langage était un dialecte BASIC interprété et il a rapidement été adapté pour toutes les applications de la suite Microsoft Office (Word, Excel, Powerpoint…) dans un langage encore fréquemment utilisé : Visual Basic for Applications ou VBA.

Mettre en forme des textes

Le WYSIWYG

La programmation visuelle permet en premier lieu d'enrichir des contenus textuels en associant des styles à certains caractères, mots, phrases ou paragraphes. Pour cela, des options de mise en forme sont activées via des boutons ou apparaissent au clic droit de la souris.

C'est le principe des interfaces de saisie WYSIWYG *(What You See Is What You Get)*. Il a vu le jour dans les années 1970, dans l'univers de l'édition et de l'impression. Il est désormais devenu un standard parmi les outils servant à positionner des zones de texte plus ou moins personnalisables. Celles-ci sont également souvent enrichies d'autres médias, comme des images.

L'exemple de la figure 3–3 montre la fenêtre WYSIWYG grâce à laquelle les utilisateurs de Bubble personnalisent le rendu de textes, eux-mêmes positionnés sur une page. Les options représentées par les icônes sur le bandeau du haut varient, mais on retrouve ici les plus communes et utiles : graisse, italique, souligner, barrer, indice, exposant, justification, police de caractères, colorations, listes, indentation, séparation, insertion (image, e-mail ou lien hypertexte).

Figure 3–3
Interface WYSIWYG
de Bubble

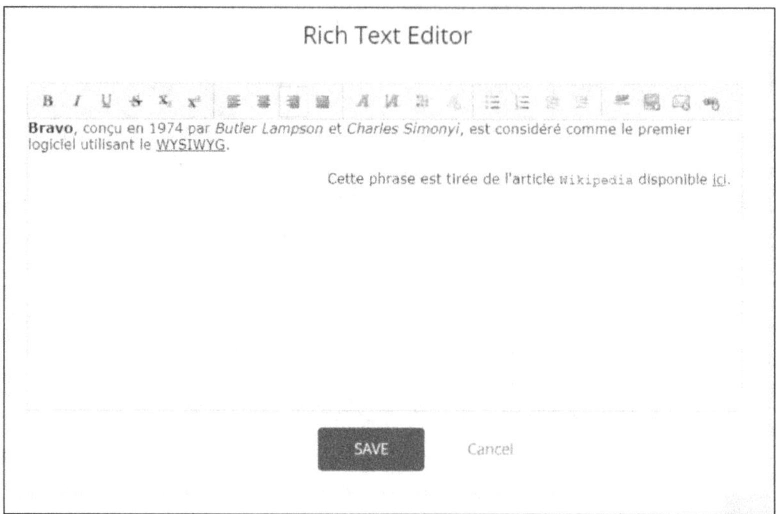

L'éditeur WYSIWYG génère un texte enrichi de balises (exemple ci-après). Selon l'outil no-code utilisé, on peut avoir accès à cet encodage ou non. Quelquefois, on peut même l'éditer, mais il faut alors veiller à ne pas y insérer d'erreur ! Cependant, le no-code dispense désormais de maîtriser les langages d'encodage utilisés : l'interface WYSIWYG interprète nos clics et se charge de cette transformation technique pour nous. L'outil peut utiliser le HTML/CSS ou d'autres langages. Dans notre exemple sur Bubble, c'est le BBCode[7] qui encode le texte mis en forme.

Balisage en BBCode du texte de la figure 3-3

```
[b]Bravo[/b], conçu en 1974 par [i]Butler Lampson[/i] et [i]Charles
Simonyi[/i], est considéré comme le premier logiciel utilisant le [u]
WYSIWYG[/u].

[right]Cette phrase est tirée de l'article [font=Courier New]
Wikipedia[/font] disponible [url=https://fr.wikipedia.org/wiki/What_
you_see_is_what_you_get]ici[/url].[/right]
```

---

7   Le *Bulletin Board Code* tire son nom des forums de discussion sur Internet (surnommés en anglais « *bulletin boards* ») d'où il provient. Ce langage de balisage léger, plus simple que le HTML/CSS, est aussi bien plus limité. Cette contrainte va de pair avec une lisibilité simplifiée et des risques d'erreurs syntaxiques mieux maîtrisés.

Focus sur le WYSIWYG, premier maillon de la programmation visuelle

L'acronyme WYSIWYG (prononcer « oui-zi-ouigue ») signifie *What You See Is What You Get* (ce que vous voyez est ce que vous obtenez).

Il qualifie les logiciels informatiques permettant de visualiser en temps réel ce à quoi ressembleront des pages que l'on modifie en direct, via le même affichage. Cela correspond à une fusion de deux modes de consultation : d'une part un éditeur technique (pouvant comporter du code), d'autre part un aperçu du rendu final.

En dehors du champ du no-code, on peut penser à Microsoft Word et Powerpoint, ou même aux *stories* et autres montages dans Instagram, ou encore à Unity, outil connu de création de jeux vidéo.

Pour le Web, le WYSIWYG dispense d'habiller à la main ses textes de balises techniques HTML : on délimite et configure les propriétés de certains passages en les manipulant avec la souris.

Le WYSIWYG n'est donc pas spécifique au no-code mais, sans lui, ce domaine n'aurait jamais vu le jour. Les outils no-code s'appuient très fortement sur des fonctionnements visuels de ce type.

À l'origine, le principe du WYSIWYG a été conçu au sein du centre de recherche de Xerox (le Palo Alto Research Center, PARC) dans les années 1970, notamment par Charles Simonyi. Ce dernier est également connu pour avoir été le maître d'œuvre de Word et Excel chez Microsoft, quelques années plus tard.

Dans les métiers de l'édition, le WYSIWYG a été une vraie révolution : un écran de travail s'apparentait à une feuille de papier. Toutes les fioritures en plus du texte principal, bouts de code destinés à instruire le système des mises en forme à appliquer, avaient disparu. Le logiciel les avait absorbées : c'était à lui de gérer intelligemment ces options et les éditeurs pourraient se dispenser de connaître tous les codes correspondant à une mise en italique, à des espaces insécables, au choix d'une police de caractères ou à un soulignement.

Chuck Thacker, autre figure importante de Xerox, a révélé l'origine du terme lors d'une conférence donnée au Computer History Museum[8] : sa femme Karen, qu'il décrit avec amusement comme une véritable technophobe, a été stupéfaite en tombant par hasard sur *Bravo*, le tout premier logiciel WYSIWYG, en cours de fonctionnement sur un poste de travail. Elle a alors marqué sa surprise en questionnant : « *You mean, what I see is what I get ?* »

---

8 Conférence du Computer History Museum :
https://bits.blogs.nytimes.com/2007/10/18/the-real-history-of-wysiwyg/

Données dynamiques

L'exemple de la figure 3–4 présente une étape d'une automatisation configurée sur Airtable. Dès qu'un nouvel utilisateur est inscrit à une base de données, un e-mail comportant une partie personnalisée et une pièce jointe lui est envoyé. La liste des utilisateurs[9] comporte des champs utilisables au sein du message. Non seulement il est possible de mettre en forme le contenu de l'e-mail[10], mais on peut également en rendre des parties dynamiques. Les rectangles de la figure 3–4 représentent ces parties variables, se nourrissant des valeurs stockées dans la base de données.

Figure 3–4
Balisage d'un e-mail avec des champs personnalisés

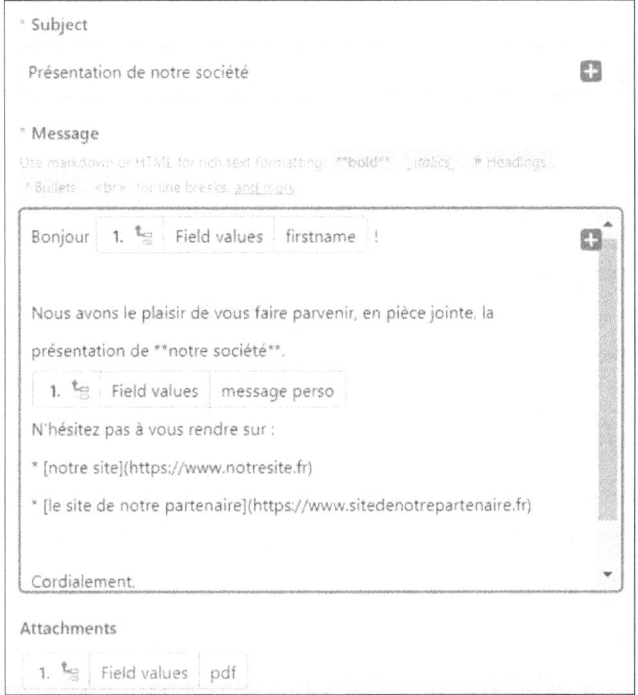

Ces quelques exemples, restreints à des contenus textuels, illustrent bien le cœur de la programmation visuelle. Celle-ci ne fait pas disparaître le code. À certains endroits, on peut même en utiliser un peu. La programmation visuelle est un moyen de le générer sans avoir à le maîtriser.

---

9   On parle de « table » dans la nomenclature des bases de données.
10 Dans cet exemple, l'encodage de texte utilise le langage de balisage léger Markdown. Le nom « Markdown » est un jeu de mots. Il se réfère au terme anglais « Markup Languages » désignant les langages de balisage, tout en indiquant qu'il est bien plus simple à utiliser.

Nous avons évoqué Visual Basic et VBA. Il est aussi possible, par exemple sur Microsoft Excel, d'utiliser un enregistreur de macros : on clique sur un bouton Enregistrer et Excel prend littéralement note d'une succession d'actions que l'on effectue au clavier et à la souris, les traduisant en un script VBA. Ce code est ensuite éditable à la main, pour celles et ceux que le contact avec un langage de programmation ne rebute pas. Voilà un autre exemple de code ayant été écrit à notre place.

Des requêtes dans un langage inconnu

Le plus intéressant dans ces exemples, c'est que le code sous-jacent peut rester inconnu de l'utilisateur. Peut-être certains ont-ils déjà mis en forme des textes sur Bubble sans savoir que du BBCode est utilisé, écrit des e-mails automatiques sur Airtable sans connaître l'existence du Markdown, enregistré des macros sur Excel sans avoir jamais entendu parler de VBA. L'interface WYSIWYG prend le dessus sur le langage et les portions de code dont elle est responsable.

Ainsi, dans l'exemple d'Airtable, il est inutile de savoir comment coder une requête pour récupérer le champ `firstname` d'un enregistrement dans une base de données : un élément visuel le fait à notre place. Un fonctionnement équivalent, et plus puissant encore, existe sur Bubble, pour insérer des parties dynamiques résultant de requêtes à des bases de données. Avec les outils no-code, on ne connaît pas le langage qu'Airtable ou Bubble utilisent sous le capot afin d'exécuter ces opérations techniques. On sait simplement qu'en plaçant graphiquement le bon rectangle au bon endroit, cela va fonctionner (tous les outils no-code permettent de faire des simulations afin de tester ces fonctionnalités).

Cette dernière remarque est capitale. Elle nous amène à une réflexion essentielle, formulée par Josh Haas. Le cofondateur (avec Emmanuel Straschnov) de Bubble y résume parfaitement l'intention des outils no-code, ou, afin d'être tout à fait précis, son intention lorsqu'il a voulu créer Bubble alors que le terme no-code n'existait pas encore. C'est celle d'une prévalence du design de l'outil sur sa mécanique interne. Josh décrit les débuts de Bubble comme le résultat de « ce qui se passerait si on commençait par un IDE avant de construire le langage de programmation qui lui est sous-jacent ».

Programmer spatialement des écrans

Les deux principaux rôles d'un navigateur web sont d'être un client HTTP (capable par exemple d'émettre sur Internet des demandes de chargement de sites) et de disposer d'un moteur de rendu (pour interpréter et afficher à l'écran des contenus codés en HTML, CSS et JavaScript).

Ce n'est pas le propos de cet ouvrage d'expliquer les langages HTML, CSS et JavaScript, qui sont les standards du Web ! Il est néanmoins utile de rappeler leurs fonctions respectives. Code ou no-code, celles-ci restent d'actualité, et nous observerons comment les outils no-code y répondent visuellement.

Structurer une page : la part du HTML

Le langage HTML sert à organiser la structure d'une page web, agençant des éléments textuels, graphiques et des médias ensemble.

Tout comme le BBCode ou la syntaxe markdown, le HTML utilise des balises pour délimiter les commencements et fins de zones. Néanmoins, la matière qu'il traite ne se restreint pas à des textes aux tailles et couleurs variées, augmentés de médias et de liens hypertextes. Il s'agit de remplir un espace bidimensionnel, une page blanche, aux dimensions libres. Et pour cela, la première chose à faire, c'est de le structurer.

Exemple de structuration no-code : Dorik

Avec un website builder no-code comme Dorik, on positionne sur son écran des sections et des colonnes, sur lesquels on pourra par la suite placer des contenus (figure 3–5).

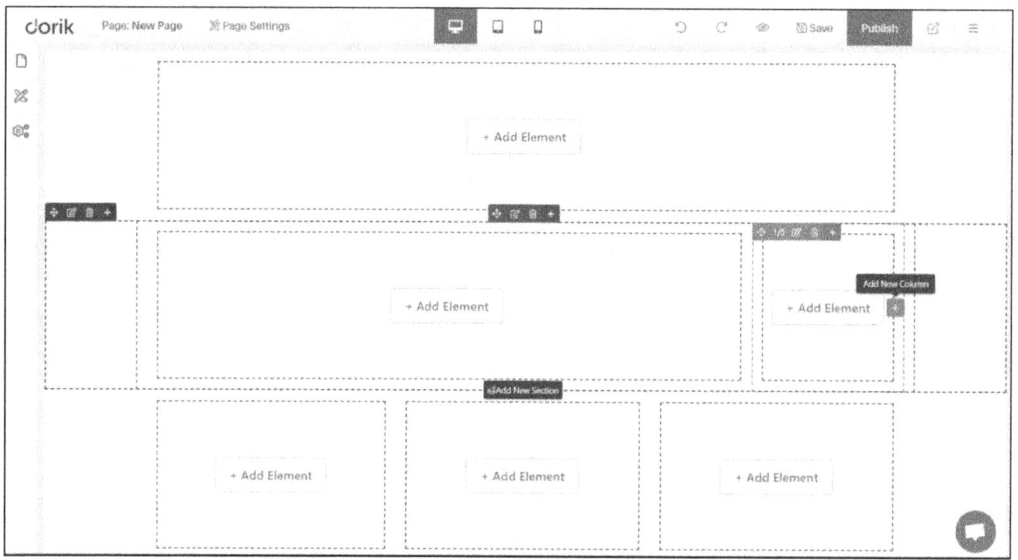

Figure 3–5
Une structure de page web réalisée avec Dorik, en glissant-déposant des sections et des colonnes.

Ce qui est intéressant pour comprendre le fonctionnement de la programmation visuelle, c'est que Dorik permet d'exporter dans un format « lisible » cette composition visuelle. Le format JSON est un peu technique (voir l'exemple ci-après), mais il fait apparaître des modules, propres à Dorik, ne correspondant pas à des langages standards. Ces modules sont identifiés par des clés s'écrivant `"_elType":"SECTION"`, `"_elType":"ROW"` ou `"_elType":"COLUMN"`. Ceci valide entièrement la proposition de Josh Haas : l'interface de Dorik, comme un IDE pour un développeur, est un moyen pour faciliter la production du code.

La grande nouveauté avec le no-code, c'est que ce n'est plus le code qui occupe le premier plan : il devient invisible. Pas complètement, en réalité, puisque c'est possible de l'afficher ici. La plupart du temps, les adeptes du no-code n'ont pas besoin de le consulter, et tous les outils no-code ne permettent pas de tels exports. Il ne s'agit pas du véritable code source du projet, mais d'un code intermédiaire dont le contenu est propre à l'outil Dorik, seul capable de l'interpréter.

Code généré par Dorik correspondant à la figure 3-5[11]

```json
[
  {
    "name": "...",
    "_elType": "SECTION",
    "id": "1dph0lit",
    "content": [
      {
        "name": "...",
        "_elType": "ROW",
        "id": "1dsme181",
        "content": "..."
      }
    ]
  },
  {
    "name": "...",
    "_elType": "SECTION",
    "id": "1y0ktg87",
    "content": [
      {
        "name": "...",
        "_elType": "ROW",
        "id": "hkvky96u",
```

11 Ce code a été élagué, simplifié et tronqué aux deux premières sections, afin de gagner en lisibilité.

```
"content": [
  {
    "name": "...",
    "_elType": "COLUMN",
    "id": "omezvi5r",
    "content": "..."
  },
  {
    "name": "...",
    "_elType": "COLUMN",
    "id": "l1mki137",
    "content": "..."
  }
]
}
]
}
```

Imbrication en cascade et gestion responsive

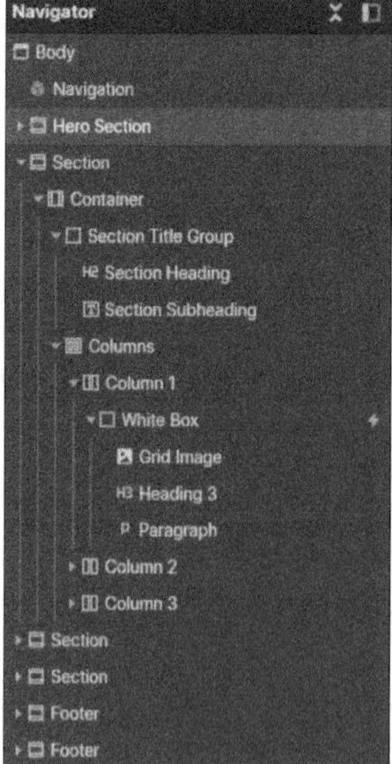

Figure 3–6
Navigateur intégré à
Webflow, utile pour se
repérer dans la structure
arborescente de la page

Les textes, images, graphiques ou vidéos constituant une page web sont ensuite positionnés sur ces zones qui découpent l'espace et l'organisent. Ces soubassements, imbriqués en cascade, sont constitués de sections, de conteneurs, de colonnes, d'« emballages » quelquefois *(wrappers)* ou de `div`, pour ne citer que les possibilités principales. Bien que reposant sur des standards puissants fondés sur une rationalité d'ordre mathématique, leur structure arborescente a vite fait de donner le tournis si on ne les a pas pratiquées longuement. Les codes HTML de sites complexes, comme Facebook ou Twitter, sont, à première vue, absolument incompréhensibles.

Un des intérêts majeurs de cette structuration préalable de la page (plus ou moins modulable selon les outils no-code) est d'intégrer, nativement, le comportement adaptatif *(responsive)*. L'exemple réalisé sur le Dorik permet de l'illustrer (figure 3–5). Nous avons positionné (avec la souris uniquement) trois sections : une comportant une colonne, suivie d'une autre en comportant deux de largeurs inégales et d'une dernière divisée en trois colonnes de même taille. Trois boutons, en haut de l'écran, permettent de modifier la largeur d'écran (ordinateur, tablette, smartphone) et de simuler l'adaptation de la page et de ses éléments. Les zones délimitées peuvent, au choix, s'élargir, se rétrécir, passer à la ligne, ou disparaître. Ces règles sont quelquefois très élaborées.

La figure 3–6 est un détail de l'interface du website builder Webflow : ce panneau de navigation, située sur la partie gauche de l'outil, transcrit visuellement la structure HTML et on y voit ses imbrications en cascade. On trouve fréquemment ce type de panneau sur les outils no-code.

Habiller les éléments de styles : la part du CSS

Le CSS étoffe la page HTML en configurant des styles, que l'on peut ensuite associer aux zones HTML et aux éléments qui y sont placés. On devine l'intérêt de séparer le fond (HTML) de la forme (CSS) : cela évite de répéter ces lignes de code plusieurs fois lorsqu'il y a plusieurs objets de même type sur la page, ou sur l'ensemble d'un site. Les risques d'erreur, en cas de mise à jour du style sont ainsi diminués. Le poids du code est également amoindri et les temps de chargement réduits.

Les figures 3–7 et 3–8 montrent comment ces effets de styles sont proposés dans un outil no-code : Webflow. Une image du site que l'on construit (l'icône de la montre) est sélectionnée. Dans un panneau de navigation, on peut observer ses propriétés : il dispose de la classe CSS `Grid Image`, a des espacements et marges verticales de `20 px`, un arrondi de `50 %`, un pourtour blanc de `10 px` et une ombre projetée bleue débordant de `1px`. Ce même style est réemployé pour les deux autres icônes adjacentes (les flèches et l'enveloppe).

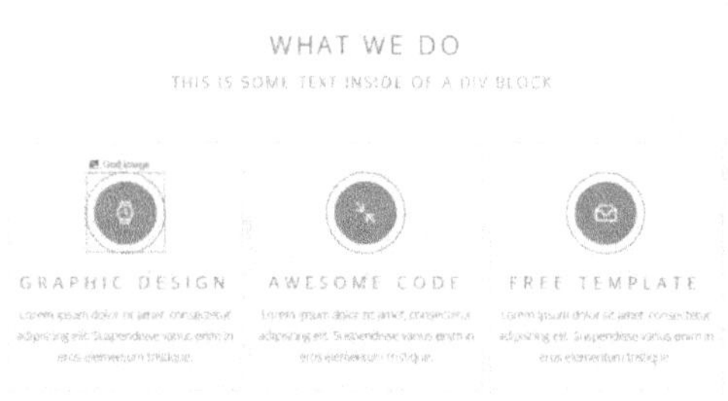

Figure 3–7

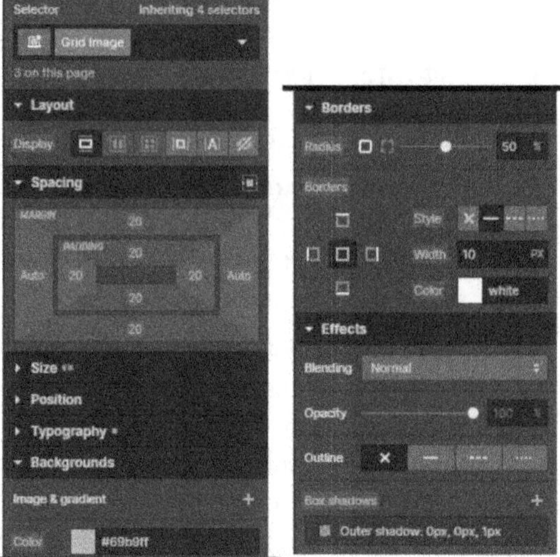

Figure 3-8
Voici comment les fonctions assurées par les CSS
sont reprises au sein de Webflow.

Le code CSS complet généré par Webflow à partir de ce panneau de réglages est le suivant :

```
.grid-image {
    display: block;
    width: 35;
    margin: 20px auto;
    padding: 20px;
    border: 10px solid #fff;
    border-radius: 50%;
    background-color: #69b9ff;
    box-shadow: 0 0 0 1px #2e9dff;
}
```

D'autres outils no-code mettent différemment en scène les styles CSS. Par exemple, sur la figure 3–9, Bubble définit le style `Secondary Button` avec un aperçu visuel. Là encore, le véritable code CSS est produit par ces interfaces. Sur Bubble, nous n'y avons pas accès.

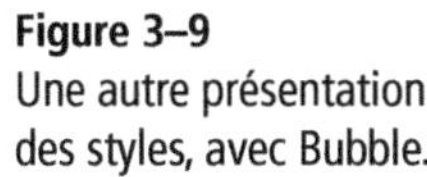

Figure 3–9
Une autre présentation
des styles, avec Bubble.

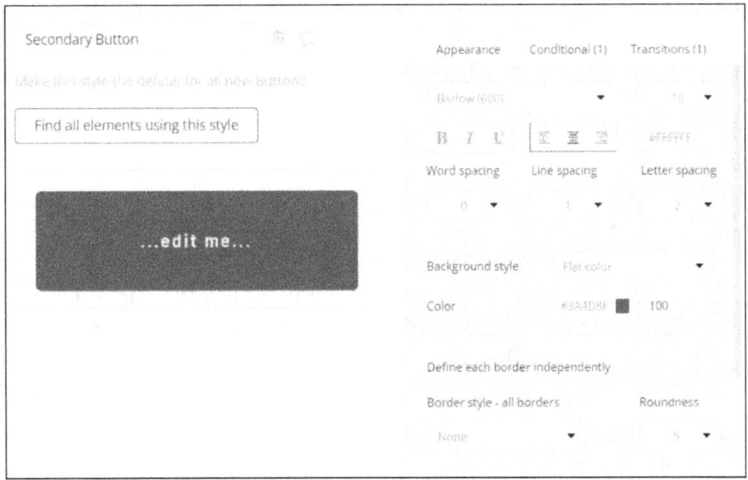

Gérer les interactions : la part du JavaScript

Le JavaScript décrit des instructions s'exécutant selon une séquence ordonnée. Comme le HTML et le CSS, il est interprété par les navigateurs web : c'est pour animer et rendre plus interactives les pages de sites qu'il a été inventé, mais la variété des possibilités qu'il offre est gigantesque.

Les scripts sont déclenchés par un comportement identifié de l'utilisateur (ex. clic sur un bouton) ou se lancent automatiquement (ex. au chargement d'une page) ou bien sont appelés par d'autres scripts. Ils peuvent affecter l'affichage courant (ex. animation d'un bloc de texte repliable) ou ne pas se voir (ex. transmission de statistiques à un outil tiers). Leur écriture compte de quelques lignes à des milliers.

Voici un exemple simple en JavaScript qui modifie la visibilité d'un paragraphe précis lorsqu'on clique sur des boutons (figure 3–10). Il fait interagir plusieurs éléments : des boutons et un texte porté par un paragraphe avec l'identifiant `p1`.

```
<p id="p1">
Voici un texte à afficher
</p>


<input type="button" value="Masquer le texte"
onclick="document.getElementById('p1').style.visibility='hidden'">


<input type="button" value="Afficher le texte"
onclick="document.getElementById('p1').style.visibility='visible'">
```

Figure 3–10
Exemple d'utilisation
de JavaScript

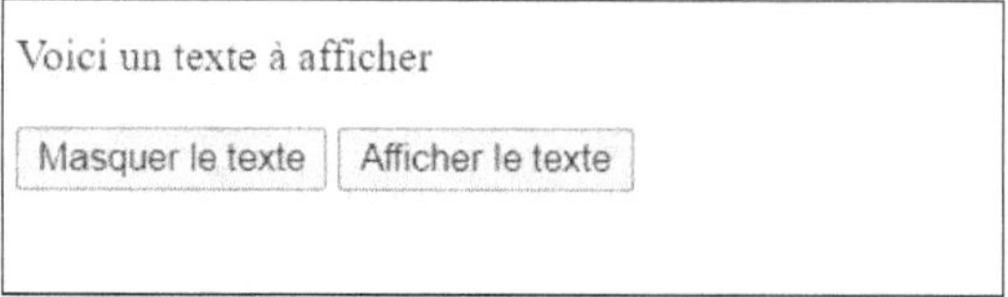

Dans les outils *no-code*, les *scripts* sont opérés soit depuis l'outil utilisé, soit via des outils tiers orchestrateurs (d'automatisation). Dans l'exemple qui suit (figure 3–11), réduit au strict minimum, on voit que l'interface Bubble sépare un volet *Design* (composition) d'un volet *Workflow* (comportement). Deux workflows font s'afficher ou disparaître le texte lors d'un clic sur l'un des deux boutons. Celui qui est présenté ne comporte qu'une seule action, mais on voit, grâce à la flèche, qu'une seconde peut suivre : la temporalité est ici représentée horizontalement.

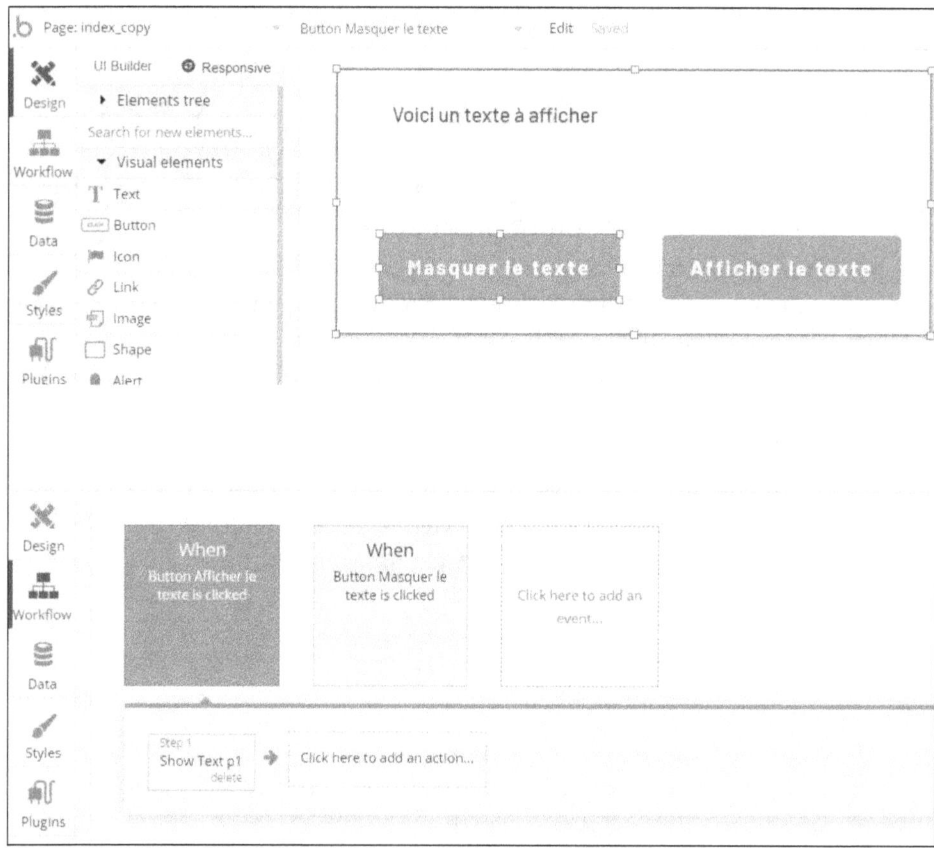

Figure 3–11
La configuration d'interactions sur Bubble fait intervenir deux volets de l'interface, intitulés Design et Workflow.

Il nous est impossible d'exposer de manière satisfaisante la variété des interfaces visuelles pour implémenter, en no-code, les interactions. Leurs graphismes et leurs règles de comportement ne sont pas standardisés. Mais ces interfaces ont en commun d'avoir fait disparaître le code JavaScript.

Et les applications mobiles ?

Dans les exemples précédents, on avait affaire à du HTML, du CSS et du JavaScript, interprétables par les navigateurs web. Lorsqu'il s'agit d'une application mobile native, le code peut aussi être écrit en Java (pour Android) ou en Swift (pour iOS).

Cependant, les besoins et façons de développer sont similaires : les contenus sont agencés par la définition d'une structure, de styles et d'interactions. On retrouve sur l'interface de Draftbit (figure 3–12), des éléments très proches de celles de Bubble ou Webflow avec, à gauche, un panneau pour gérer la structure (la part du HTML) et, à droite, un autre pour gérer l'apparence (la part du CSS).

Une différence notable avec les website builders est que l'enchaînement des éléments que l'on place visuellement se fait majoritairement verticalement, chaque nouveau bloc se plaçant en dessous de celui qui le précédait.

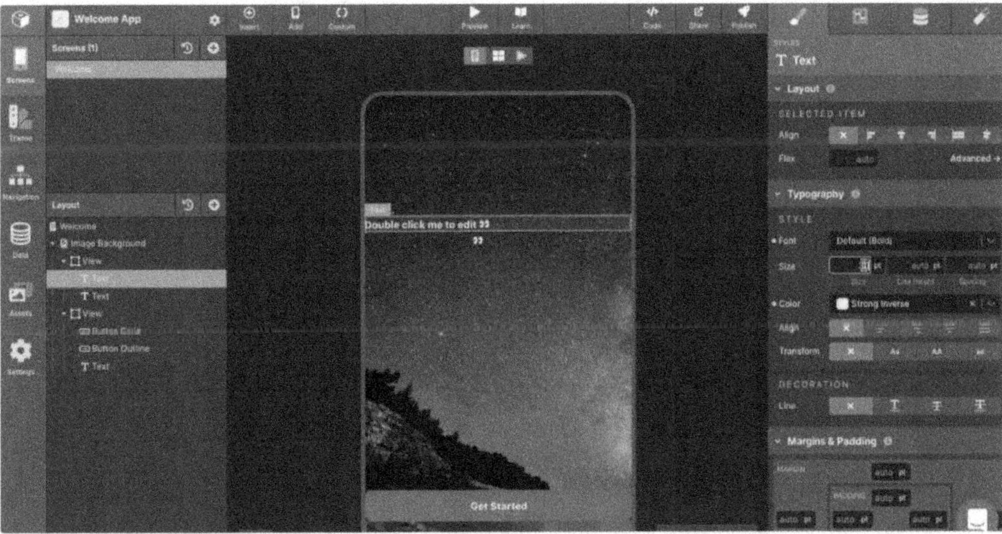

Figure 3–12
Interface de Draftbit

À titre de comparaison, voici la manière dont on crée un écran en langage Swift, pour une application mobile native iOS (figure 3–13). C'est un exemple de programmation classique, non visuelle. Relevons le mot-clé `VStack`, décrit dans la documentation officielle du langage comme « *une vue qui arrange ses enfants selon une ligne verticale* ».

```swift
import SwiftUI

struct ContentView: View {
  var body: some View {
    VStack {
      Text("Turtle Rock")
        .font(.title)
      Text("Joshua Tree National Park")
        .font(.subheadline)
    }
  }
}

struct ContentView_Previews: PreviewProvider {
  static var previews: some View {
    ContentView()
  }
}
```

Figure 3–13
Écran d'une application mobile très basique écrite en Swift

Petits blocs, gros blocs et flexibilité

La programmation visuelle, ainsi que nous l'avons exposée, permet d'arranger des éléments sur une surface bidimensionnelle, au moyen de glisser-déposer et de panneaux pour accéder à leurs propriétés. Nous sommes cependant, jusque-là, restés vagues sur la nature de ces « éléments ».

Il est utile de se figurer trois niveaux de granularité, en faisant une analogie par exemple avec une usine. Celle-ci peut être perçue selon les échelles suivantes :

- **Niveau macroscopique :** un système complet pour produire quelque chose. C'est l'équivalent du service entier qu'on veut proposer (boutique en ligne, site, intranet).

- **Niveau médian ou fonctionnel :** un assemblage de machines-outils coordonnées. Chacune a ses entrées/sorties et est capable de fonctionner de manière autonome. Ses livrables sont partiels ; ce ne sont pas des produits finis. C'est l'équivalent des blocs fonctionnels que l'on peut configurer chacun sur un seul outil no-code (ou code) mais pas nécessairement le même pour tous (brique de paiement, section affichant des produits à filtrer et trier, formulaire).

- **Niveau élémentaire :** les composants basiques de ces machines : vis, écrous, poignées, boulons… Ils sont inutilisables et sans intérêt hors d'un contexte environnant. C'est l'équivalent d'unités graphiques, ou d'actions simples dans un script (bouton, titre avec son style, image, petit script isolé).

Cette représentation simpliste atteint vite ses limites, mais elle permet de distinguer deux philosophies parmi les *app builders* et *website builders no-code* : ceux se basant sur le niveau élémentaire, le plus libre et le plus complexe, et ceux se basant sur le niveau médian, plus immédiat et plus simple.

Bubble et Webflow appartiennent à la première catégorie et s'adressent peut-être davantage à ceux qui ont le goût du bricolage. À l'inverse, Dorik, Glide, Unicorn Platform ou Brizy proposent des kits de blocs clé en main pour celles et ceux qui visent avant tout l'efficacité. On pourrait faire le même parallèle, pour les outils d'automatisation, entre Make (technicité) et Zapier (simplicité).

Dans Glide, on observe sur le panneau de droite des blocs complets d'affichage préconfigurés, appelés « styles »[12] (figure 3–14). Ceci correspond au niveau médian ou fonctionnel.

---

12 Cet intitulé est trompeur, car il s'agit de structurer un écran (fonction du HTML) et non pas de l'habiller de styles (fonction du CSS).

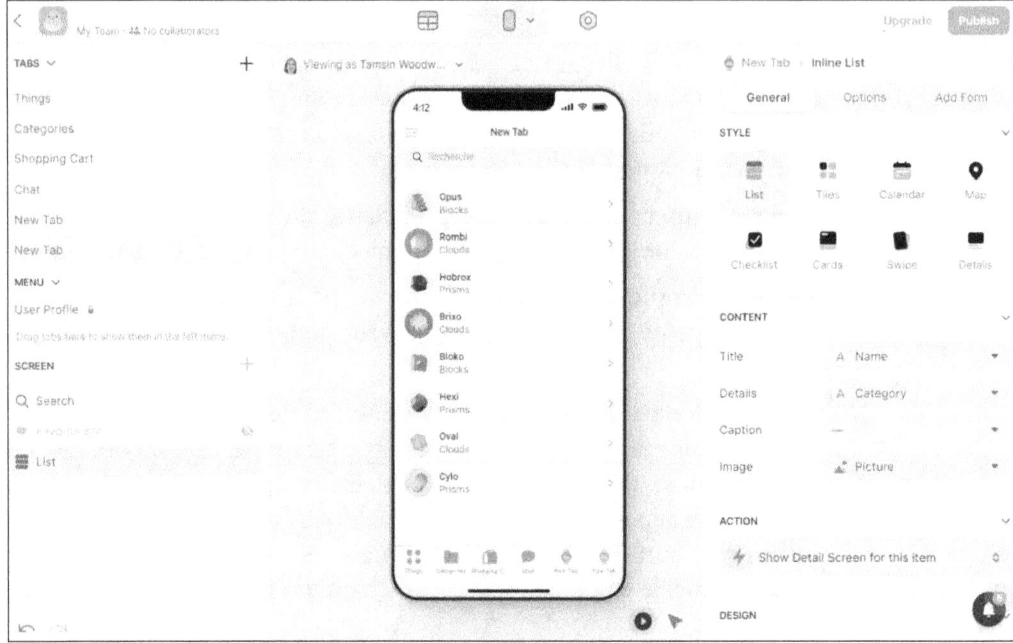

Figure 3–14
Détail de l'interface de développement de Glide.

Le website builder Brizy propose lui aussi trois niveaux de granularité (figures 3–15 à 3–17) :

- des **layouts,** correspondant à des pages complètes ;

- des **blocks,** correspondant à des blocs fonctionnels ayant un rôle précis ; une fois l'un d'entre eux sélectionné, on peut cliquer sur les parties (image, titre, texte) afin de modifier leurs propriétés (tailles, couleurs, contenus) ;

- des **elements,** correspondant à des composants atomiques. En voici les principaux, chacun pouvant être positionné (côté structure) et paramétré (côté style) : texte, bouton, icône, image, son, vidéo, séparateur, carte géographique, formulaire, compteur représenté graphiquement, compte à rebours, système d'onglets, barre de progression, texte repliable en accordéon, menu, galerie, carrousel, score représenté en étoile, tableau, interrupteur, etc.

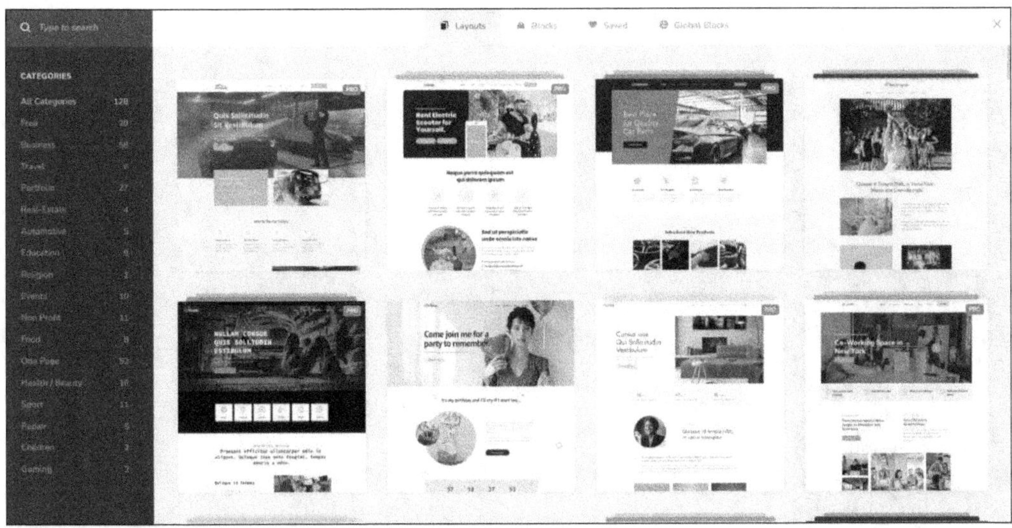

Figure 3–15
Quelques Layouts Brizy (éléments visuels de grande taille correspondant à des pages complètes).

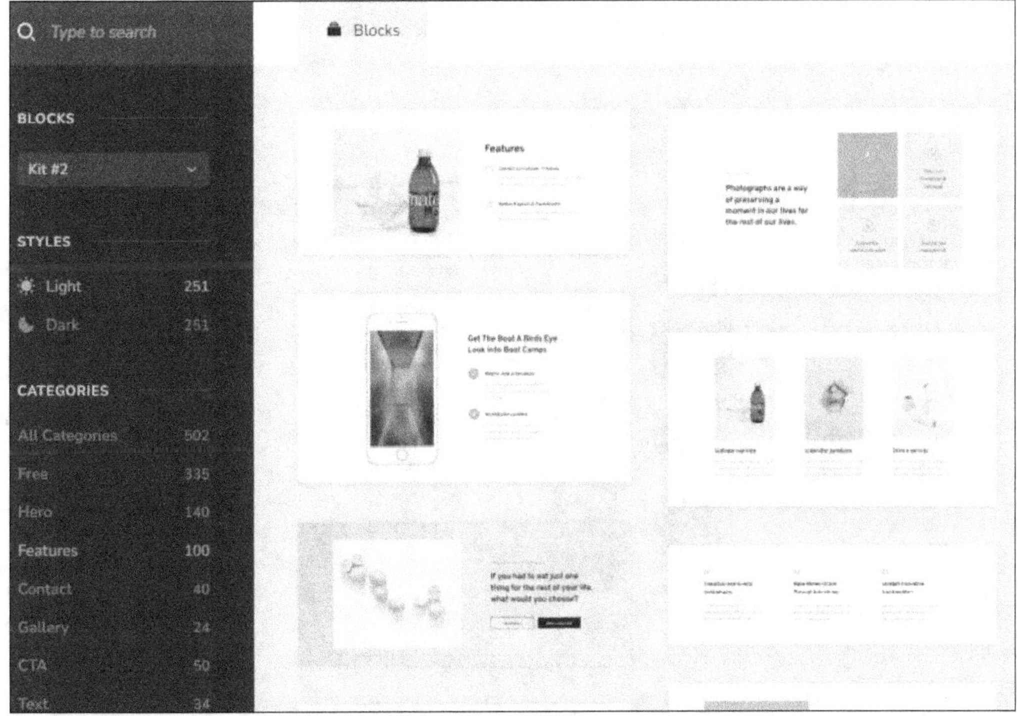

Figure 3–16
Quelques Blocks Brizy (éléments visuels de taille médiane correspondant à des blocs fonctionnels).

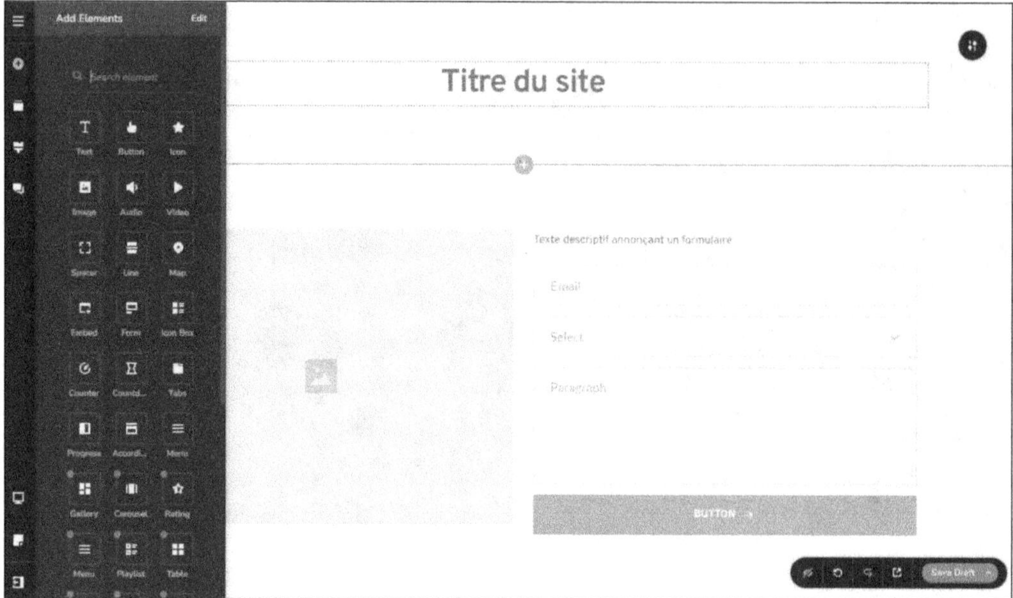

Figure 3-17
Composition d'une page utilisant les Elements Brizy (éléments visuels les plus petits)

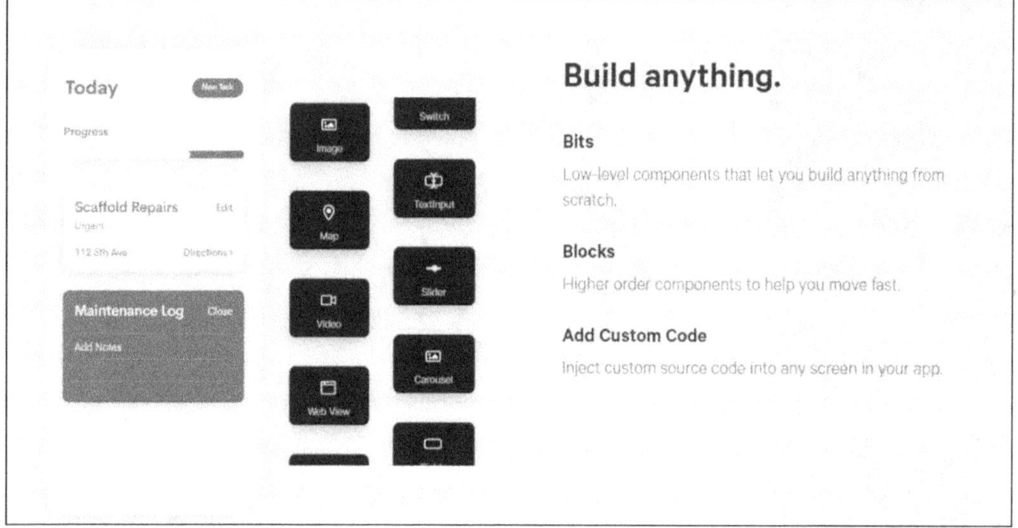

Figure 3–18
Présentation des différents niveaux de développement sur Draftbit

Cette accroche[13] (figure 3–18) sur le site de Draftbit illustre elle aussi ces approches multiniveaux. Ainsi que le mentionne l'app builder, il devient possible de fabriquer tout ce que l'on veut. Et on peut le faire de la manière que l'on veut : au moyen de petits éléments (« Bits »), de grands éléments (« Blocks ») et même avec un peu de code (« Add Custom Code ») !

Programmer temporellement des scénarios

La programmation visuelle permet également d'orchestrer des scénarios temporels. C'est le vaste champ des automatisations. Là encore, la programmation de scripts en code est remplacée par des interfaces visuelles, manipulables à la souris par glisser-déposer (figures 3–19 à 3–21).

Figure 3–19
Visualisation d'un
« Zap », automatisation
sur Zapier

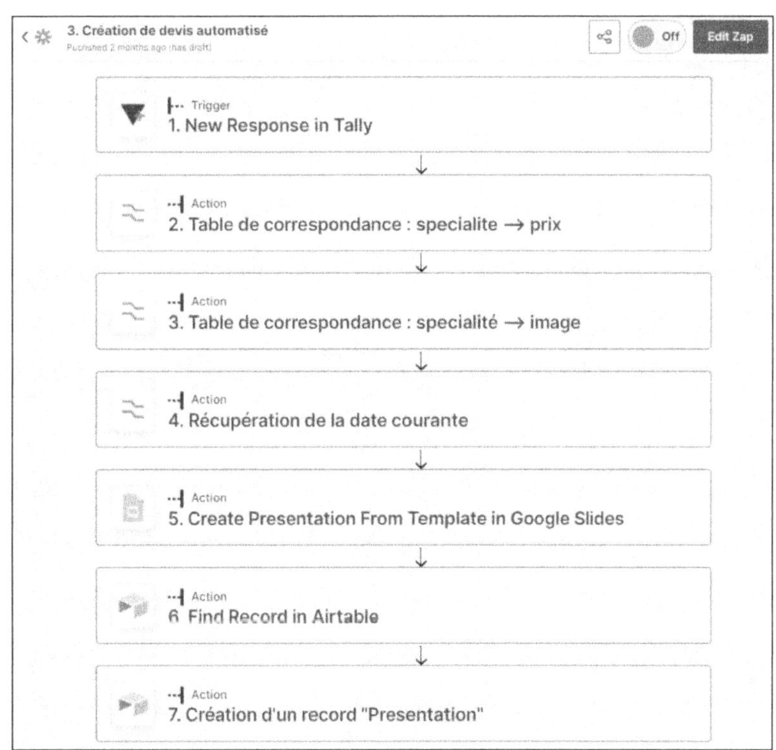

13 « Construisez ce que vous voulez

Bits – Des composants bas-niveau qui vous permettent de construire tout ce que vous voulez à partir de zéro

Blocks – Des composants de plus haut niveau pour vous aider à avancer vite

Ajout de code personnalisé – Injectez des codes sources personnalisés dans n'importe quel écran de votre app. »

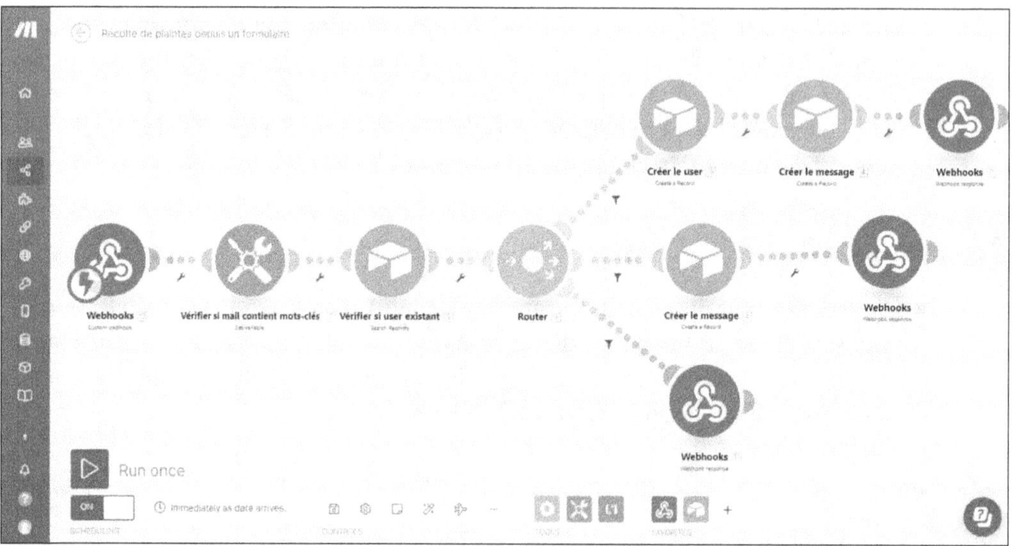

Figure 3–20
Visualisation d'un « Scénario », automatisation sur Make.

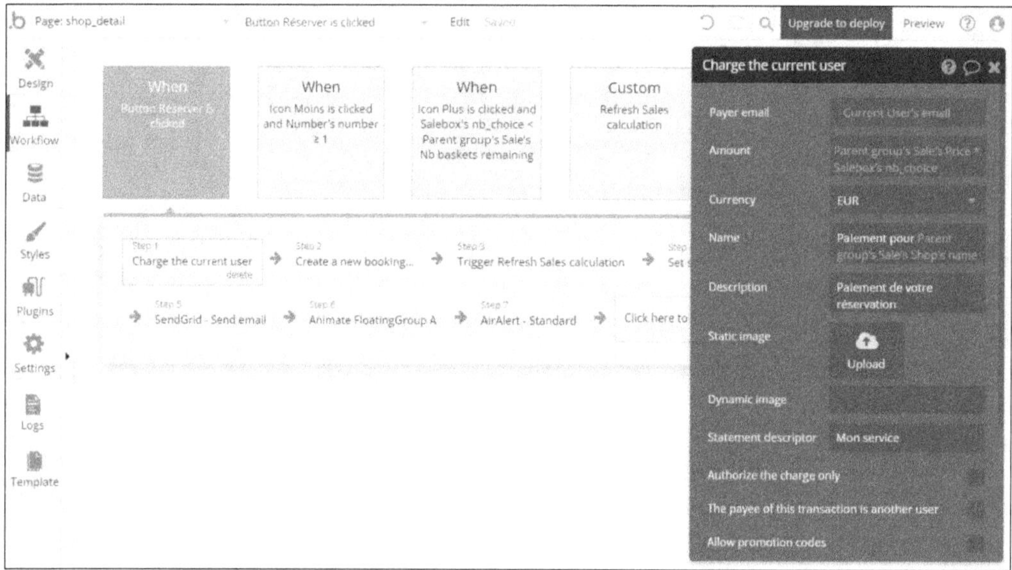

Figure 3-21
Visualisation d'un « Workflow », automatisation sur Bubble.

La notion d'automatisation est bien plus vaste que celle des interactions que nous décrivions précédemment. En effet, les interactions sur un site ou une application sont toujours consécutives à des comportements de visiteurs (par exemple, lorsqu'un internaute arrive sur une page ou clique sur un bouton). Une automatisation peut être déclenchée indépendamment du trafic de tel site ou de telle application (par exemple, une recherche de nouveaux tweets peut être lancée chaque matin et occasionner l'envoi d'un e-mail).

Entrer dans le détail de ces fonctionnements reviendrait à entamer des cours spécifiques à chaque outil, c'est pourquoi nous n'abordons ici que les points fondamentaux.

La matrice du scénario et ses exécutions

Il est important de distinguer deux notions.

- Le scénario ou workflow, ou encore zap ou automatisation. C'est le modèle et la matrice décrivant la succession des actions qui s'enchaînent. C'est lui que l'on édite grâce aux outils d'automatisation.
- Les déroulements ou les exécutions de ce scénario.

Un seul scénario, une fois configuré et enclenché, peut engendrer des centaines ou milliers de déroulements, passés et à venir, tout comme une partition de musique unique peut donner lieu à de nombreuses interprétations.

Outils autonomes ou sections dédiées d'outils no-code

On peut créer des automatisations dans deux types d'environnements :

- au sein d'un outil autonome no-code qui les prend en charge et les centralise (Zapier, Make, Parabola et n8n sont les plus connus) et fonctionne essentiellement en se connectant à d'autres outils. La puissance de ces outils d'automatisation, véritables « couteaux suisses », résulte notamment du nombre de connecteurs qu'ils mettent à disposition des no-codeuses et no-codeurs ;
- au sein d'une section dédiée d'un outil no-code, comme Airtable (gestion de base de données), Coda (gestion de documents partagés) ou Bubble (outil tout-en-un). À l'heure où nous écrivons ces lignes, un volet *Logic* a été annoncé par Webflow, mais il n'a pas encore vu le jour. Et la plate-forme indienne Automate.io a été rachetée en septembre 2021 par Notion, mais, là aussi, rien de substantiel n'est paru sur le site un an plus tard…

Mise en scène de la temporalité et logique conditionnelle

Les figures 3–19 à 3–21 montrent trois façons d'ordonnancer les étapes successives, au moyen de la programmation visuelle :

- de haut en bas (Zapier) ;

- de gauche à droite (Bubble) ;
- de gauche à droite et de haut en bas (Make).

D'autres familles d'outils no-code utilisent de telles représentations : les *chatbots builders* (comme l'éditeur français Joonbot) et les outils de formulaire (comme Typeform ou Tally). En effet, tous intègrent au cœur de leur fonctionnement des successions d'étapes, pouvant inclure des règles de logique conditionnelle.

La notion de logique conditionnelle est importante. Elle représente l'intelligence d'un mécanisme, capable de choisir son comportement selon la situation qu'il rencontre à un moment donné. Par exemple, la proposition « si vous connaissez déjà Zapier, vous pouvez sauter ce paragraphe » est une telle règle conditionnelle. Dès que la formulation d'un comportement nécessite l'emploi d'un « si » ou d'un « seulement si », c'est que nous avons affaire à de la logique conditionnelle.

Des règles conditionnelles peuvent aussi concerner l'affichage de pages, indépendamment de la temporalité : certains éléments peuvent s'afficher « seulement si » l'utilisateur est connecté, ou encore « seulement si » il a un statut d'administrateur. Il est possible d'établir des règles très complexes.

Déclencheur et actions

Les automatisations sont toujours composées de deux types d'étapes :

- un déclencheur *(trigger)*, qui constitue son point de démarrage ;
- une succession d'actions de diverses natures.

C'est la variété des déclencheurs disponibles qui rend les automatisations si puissantes et utiles dans bien des cas. Ainsi, le déroulement d'un scénario peut être exécuté :

- selon une programmation calendaire préétablie (ex. : tous les dimanches à 8 h 00) ;
- selon des cycles réguliers (ex. : toutes les 30 minutes) ;
- lors de la survenue d'un événement spécifique à un service tiers (ex. : lorsqu'un enregistrement *Airtable* est modifié, lorsqu'une tentative de paiement sur *Stripe* est en échec ou lorsqu'un tweet comportant un certain mot-clé donné est émis) ;
- à la demande et de manière configurable (ex. : lorsqu'un signal est envoyé à une adresse web dédiée – *webhook* – ou lorsqu'un message est reçu à une adresse e-mail dédiée – *mailhook*) ;

- dans le cas de scénarios internes à un site ou à une app, selon des comportements de l'utilisateur (ex. : lorsqu'on clique sur tel bouton ou 20 secondes après le chargement de la page) ;
- selon l'un des déclencheurs précédents, complété par un délai, ce qui revient à programmer des actions éloignées dans le temps.

Quant aux actions, il paraît impossible d'en faire un résumé efficace tant elles sont nombreuses et variées… Elles peuvent concerner la lecture, la mise à jour ou l'enregistrement de données, des calculs de distance, de stocks ou financiers, des envois d'e-mails, de messages, de SMS ou de notifications, etc. Lorsqu'elles sont créées depuis un app builder ou un website builder, elles peuvent engager des ordres de paiement, faire apparaître/disparaître des éléments de l'affichage comme des pop-up, en modifier, etc.

L'interconnexion de services

La « stack » ou les différentes couches d'un projet

Une « *stack* », ou pile d'outils, désigne un assemblage de plusieurs outils complémentaires. Souvent, pour les adeptes du no-code, la stack d'un projet ou celle habituellement utilisée par une entreprise/un individu permet de s'en faire une première impression (tout comme on peut avoir une idée du caractère de quelqu'un en regardant les ouvrages rangés dans sa bibliothèque ou empilés sur son bureau).

Par exemple, une application Draftbit est plus complexe qu'une application Glide. Un projet s'appuyant sur Xano pour ses bases de données rappellera la complexité typique du code : il s'agira sans doute d'un projet assez complexe, avec des enjeux de performance, de volume ou de sécurité peut-être. Un site construit avec Webflow appelle plus de compétences techniques qu'un autre créé avec Dorik : des connaissances techniques en HTML et CSS et une certaine culture en design UX et UI pour la créativité graphique. Et ainsi de suite.

Les adeptes du no-code peuvent aussi opter pour des stacks intégrées (peu d'outils assemblés, voire un seul outil tout-en-un comme Bubble) ou des stacks modulaires (associations d'éléments provenant de plusieurs outils) (figure 3-22). Dans ce second cas de figure, voici les types de services et briques fonctionnelles que l'on peut y trouver :

- une brique d'interface en charge du front-end, la partie visible du logiciel : app builder ou website builder ;

- une brique de stockage et gestion des données, en charge du back-end, les coulisses du logiciel ;

- une brique d'automatisation pour orchestrer les traitements et des échanges d'informations, d'instructions et de données ;

- des services tiers dédiés à des fonctionnalités précises : paiement, gestion d'agenda, prise de rendez-vous ; envoi d'e-mails ou de notifications push, de SMS ; traduction, affichage de cartes géographiques, génération de documents (ex. : images, PDF), formulaire, signature électronique, etc.

Ces services tiers sont innombrables et évoluent rapidement ; ce serait une mission impossible pour nous de vouloir en saisir un instantané. Souvent, ils ne sont pas en tant que tels des outils no-code, mais on pourrait plutôt les qualifier de « no-code friendly ». Il devient de plus en plus fréquent de trouver sur certaines de leurs pages des mentions faites au no-code. Concrètement, ces outils disposent souvent de connecteurs facilitant leur utilisation au sein d'une stack no-code. On pense par exemple à des services en ligne (*Software as a Service – SaaS*) comme Stripe (gestion de paiements), Weglot (traduction) ou Figma (interfaces collaboratives), qui existent depuis longtemps et se découvrent, sur le tard, des affinités avec l'état d'esprit no-code.

Figure 3-22
Plusieurs choix possibles pour sa stack d'outils no-code

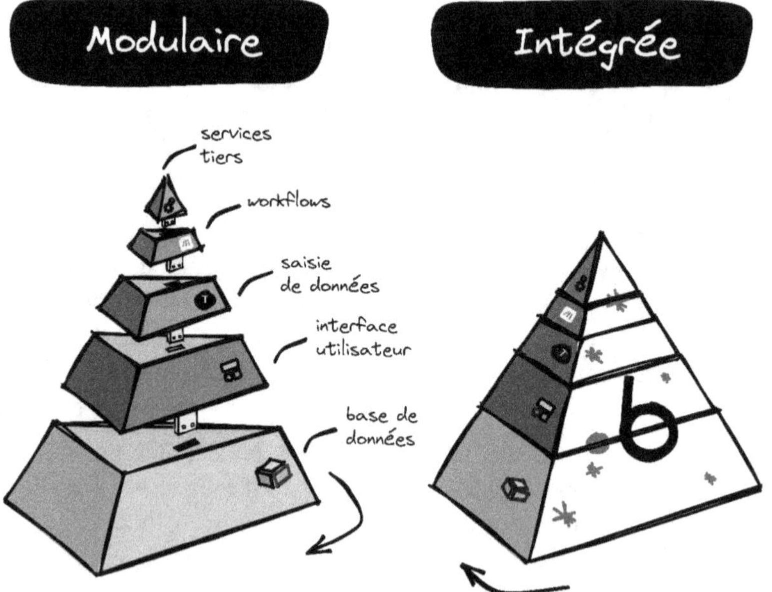

La gestion des données

Les histoires[14] de Dwellito, Not Amazon ou WeUkraine ont chacune commencé par un travail documentaire : trouver des informations et les rassembler au sein d'une base de données. Il s'agissait de maisons modulaires, de boutiques ou de démarches caritatives. Pareillement, Comet a signé ses premiers contrats faisant collaborer des grandes entreprises avec des freelances, alors même que le produit n'existait pas encore ; pas de site, pas d'app, mais quelques scripts et automatisations pour scruter LinkedIn et les sites d'annonces. La brique « données » a une importance particulière.

Bien gérer ses données n'est pas une mince affaire. Or, le no-code n'en a pas vraiment révolutionné les fondamentaux, et en particulier l'étape primordiale que représente leur modélisation. Elle revient à définir, de manière abstraite, les entités que notre service gère, les propriétés de ces entités et les relations les reliant. Par exemple, des « personnes » (entité) disposant d'un « nom », d'un « prénom » et d'une « adresse e-mail » (propriétés) peuvent consulter des « produits » (entité) avec des « noms », « descriptifs » et « prix » (propriétés). En cas d'achats réussis, des « factures » (entité) comportant des dates (propriété) pointeront vers les acheteurs (lien vers l'entité « personne ») et leurs achats (liens vers l'entité « produit »).

En réalité, une feuille de papier et un crayon sont des « outils » suffisants pour effectuer des modélisations de données. Pour cette raison, que l'on utilise ensuite un outil daté ou moderne, simple ou puissant, de la famille des outils no-code ou non, n'y changera rien : en cas de mauvaise conception, le service restera buggé !

On pourrait même aller jusqu'à dire qu'avec le no-code, la gestion des données gagne en complexité, du fait de la multiplication des services en jeu. Les informations circulent entre les différentes briques de la stack : l'e-mail d'un utilisateur final peut par exemple être saisi sur un formulaire Tally, enregistré sur une base Airtable, transmis grâce à Make à une brique d'envoi d'e-mail comme Sendinblue.

En revanche, de bons outils permettent d'optimiser et de sécuriser les interfaces pour accéder aux données ou pour les administrer. C'est certainement là que se situe l'un des grands apports de l'outil no-code Airtable. Son expérience utilisateur est fluide : il y est facile de créer des « vues » dédiées au travail de chaque équipe. Par exemple, grâce à un système de vues et de droits d'accès, seuls les commerciaux pourront modifier les informations sur les clients et seuls les responsables éditoriaux pourront mettre à jour des descriptifs de produits ou des articles divers.

---

14 Voir chapitre 2.

L'ambition des outils modernes de gestion de données est de nous libérer au maximum de toutes les opérations techniques et complexes, afin que chacun se concentre pleinement sur son métier. Dans une interview[15] donnée à la *Harvard Business Review* en 2020, Howie Liu, le fondateur d'Airtable, fait très fréquemment allusion à Amazon Web Services[16] et évoque son outil en ces termes :

« Nous pensons qu'Airtable reproduit cette idée d'abstraction, qui vise à reléguer au loin toute la complexité logicielle et à permettre ainsi à tous de créer des applications sans le code traditionnellement utilisé. C'est une nouvelle couche d'abstraction qui intervient au-dessus des possibilités que le *cloud computing* nous offre aujourd'hui. Le *cloud computing* était intervenu pour abstraire[17] la complexité liée aux composants matériels. D'une certaine façon, ce que nous faisons consiste à abstraire jusqu'à la complexité liée à la logique et au code. »

Afin d'illustrer notre propos, voici deux options très différentes pour gérer ses données :

- La figure 3-23 montre l'interface typique d'Airtable.
- La figure 3-24 donne un aperçu de l'outil no-code Xano, beaucoup plus technique. Il simplifie beaucoup d'opérations que les développeurs traditionnels réalisaient au moyen de commandes écrites en code. C'est un outil puissant mais complexe, que des no-codeurs expérimentés pourront intégrer à leur stacks.

15 L'épisode du podcast, intitulé « *Can Airtable democratize software development?* » (Airtable peut-il démocratiser le développement de logiciels ?) est disponible à cette adresse : https://hbr.org/podcast/2020/02/can-airtable-democratize-software-development

16 Ce service d'hébergement cloud a radicalement simplifié les questions de l'hébergement de services numériques. Nous y reviendrons dans le chapitre suivant.

17 Nous reviendrons sur la notion d'abstraction dans le chapitre suivant. Ici, on peut comprendre ce mot par le fait de « confier cette opération à des prestataires techniques experts ».

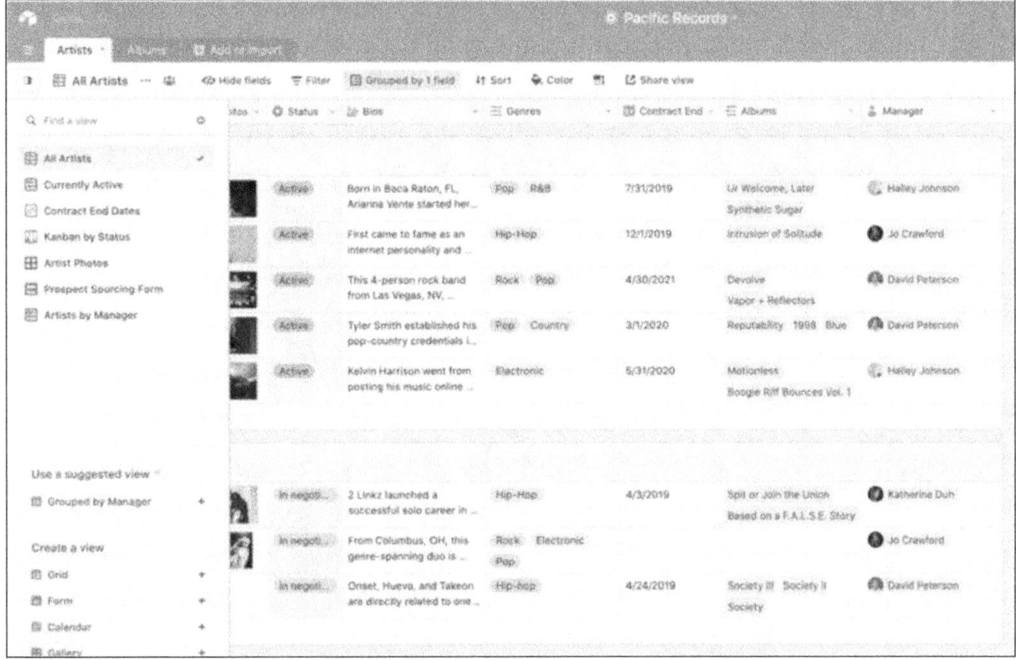

Figure 3-23
Exemple d'une table Airtable et plusieurs « vues » disponibles via le menu à gauche.

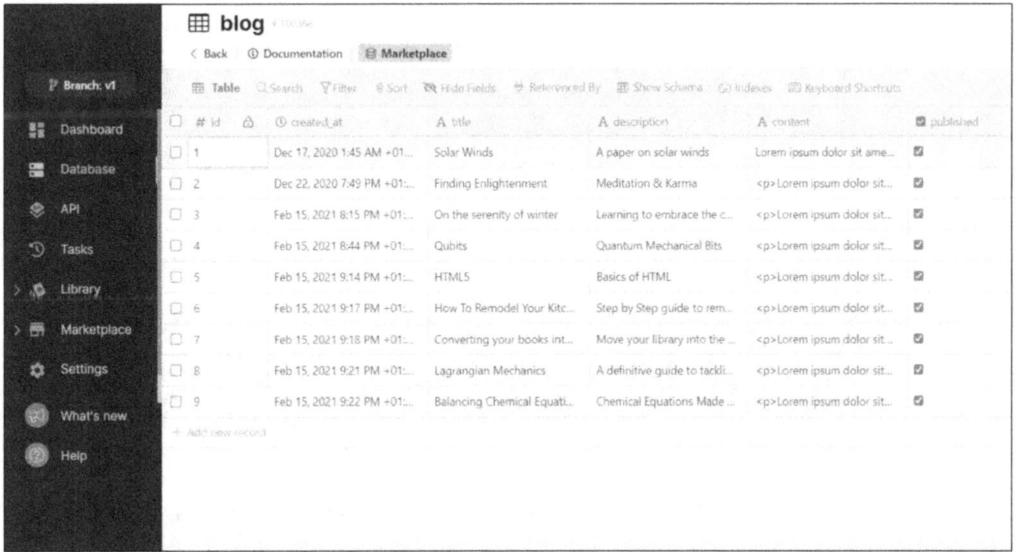

Figure 3-24
Exemple d'une table Xano, avec un affichage bien plus proche de l'univers du développement traditionnel.

À titre de comparaison, voici ce à quoi peuvent ressembler des façons d'interroger une base de données traditionnelle par des commandes écrites dans le langage SQL.

```
Exemple d'une requête (écrite en SQL) interrogeant
une base de données d'animaux
mysql> SELECT * FROM pet WHERE birth >= '1998-1-1';
+----------+-------+---------+------+------------+-------+
| name     | owner | species | sex  | birth      | death |
+----------+-------+---------+------+------------+-------+
| Chirpy   | Gwen  | bird    | f    | 1998-09-11 | NULL  |
| Puffball | Diane | hamster | f    | 1999-03-30 | NULL  |
+----------+-------+---------+------+------------+-------+


mysql> SELECT pet.name,
       TIMESTAMPDIFF(YEAR,birth,date) AS age,
       remark
       FROM pet INNER JOIN event
         ON pet.name = event.name
       WHERE event.type = 'litter';
+--------+------+-----------------------------+
| name   | age  | remark                      |
+--------+------+-----------------------------+
| Fluffy |    2 | 4 kittens, 3 female, 1 male |
| Buffy  |    4 | 5 puppies, 2 female, 3 male |
| Buffy  |    5 | 3 puppies, 3 female         |
+--------+------+-----------------------------+
```

Les processus business : une « maison des horreurs » ?

David Peterson a travaillé pendant quatre ans parmi les premiers employés d'Airtable. Il a notamment été en charge de sujets concernant le *growth marketing* et les partenariats. Dans l'article « *Why "no code operations" will be the next big job in tech* », publié en 2020, il dresse un constat sans appel[18] :

« Du fait de mes responsabilités chez Airtable, j'ai eu le plaisir de collaborer avec des centaines de start-up. (…) L'un de mes sujets de prédilection était les

---

18 L'article est disponible à l'adresse suivante : https://medium.com/@edavidpeterson/why-no-code-operations-is-the-next-big-job-in-tech-b8bb886378ac

processus liés à l'activité. (…) Les conversations prenaient inévitablement la même tournure. Les processus business, c'est la maison des horreurs. Nous abordions la manière dont ils venaient d'implémenter un CRM, par exemple, sauf qu'ils devaient faire un rapprochement des factures chaque mois à la main, ou que les données des clients devaient être transformées avant d'être uploadées sur une autre plate-forme, etc., en conséquence de quoi ils avaient patché un processus super simple consistant à télécharger un CSV, traiter les données sur Excel, reverser dans le CSV et enlever les doublons, à la main, parmi quelques centaines de comptes et ainsi de suite. "Ce n'est pas si long !" me disaient-ils. "Juste deux heures, trois fois par semaine, plus quatre heures le dimanche." Soyons honnêtes. Des solutions de contournement de ce type, manuelles et désordonnées, on en trouve partout. »

Qui n'a pas vécu cet enfer, décrit ici avec une certaine part d'ironie ? Ces fameux fichiers Excel que l'on se transmet par e-mail, que l'on modifie à son gré et que l'on complète parfois de quelques notes explicatives… Quelquefois, un effort est fait pour créer une documentation sur un intranet ou sur un drive partagé.

Les tableurs ont certainement été les victimes de leur immense succès, un succès ancien et intimement lié à la démocratisation des ordinateurs personnels. Avant Microsoft Excel, VisiCalc a été un tableur historique, commercialisé en 1979 dans son implémentation pour l'Apple II. Le logiciel a participé pour beaucoup aux bonnes ventes de la machine, un des premiers ordinateurs personnels fabriqué à grande échelle. Des années durant, VisiCalc est resté, et de loin, en tête des ventes de logiciels, toutes catégories confondues.

La popularité des tableurs est telle qu'on les emploie partout et pour à peu près tout, souvent sans se poser de questions. La liberté qu'ils donnent est idéale lorsqu'on est seul aux commandes pour les éditer. Cependant, dès qu'on est deux collaborateurs ou davantage, cela se complique… On entend fréquemment Airtable décrit comme le « futur Excel ». Cette comparaison révèle une vraie confusion, peut-être à la source de tous ces problèmes. En effet, s'il est possible d'employer un tableur pour modéliser et stocker des données, cela ne fait pas d'eux des systèmes de gestion de bases de données (SGBD).

Peut-être la montée en puissance d'Airtable, d'outils d'automatisation comme Zapier ou Make va-t-elle changer la donne ? Les outils no-code permettent de créer ses propres outils internes, pour bien gérer ses opérations. La « maison des horreurs » décrite par Peterson deviendra-t-elle bientôt un souvenir des anciens temps de l'informatique ?

Typologie des briques interconnectées

On retrouve dans les présentations des outils no-code un vocabulaire varié pour désigner la connexion d'éléments : blocs, composants, éléments, plugins, apps, actions, modules, templates, connecteurs, intégrations, API, code embed, etc. N'oublions pas l'image, tant reprise, des briques de Lego à assembler ! En abordant la programmation visuelle et les automatisations, nous avons déjà fait un pas de côté par rapport à cette métaphore. Récapitulons en quelques points-clés la typologie de ces fameuses briques :

- de nature spatiale (composition d'une page ou d'un écran) ou temporelle (étape d'un script ou scénario) ; par exemple, un carrousel d'images ou un processus d'authentification ;

- de différentes tailles ou niveaux de granularité (brique élémentaire, bloc fonctionnel ou système complet) ; par exemple, un caractère, un mot, un paragraphe, un bloc graphique, un modèle de page, de site web ou d'application mobile ;

- configurées soit directement depuis l'outil no-code qui les met à disposition, soit par des appels externes à d'autres outils ; par exemple, il est fréquent de retrouver des sites affichant sur leurs pages un formulaire créé sur Typeform, Tally ou Google Forms, Airtable ;

- issues d'outils no-code ou non ; par exemple, un site construit sur Bubble peut utiliser Algolia pour son moteur de recherche, Stripe pour traiter les paiements, Google Connect et Facebook Connect pour compléter ses possibilités d'authentification, Google Analytics pour ses statistiques, Sendinblue pour ses envois d'e-mails et également des outils no-code comme Airtable pour centraliser certaines données ou Typeform pour créer ses formulaires ;

- réagissant à la demande (selon les comportements de l'utilisateur, côté client), ou disposant d'une planification préétablie (côté serveur) ; par exemple, une requête de l'utilisateur pour charger une page, une automatisation qui envoie automatiquement des messages chaque matin à tous les clients en retard de paiement.

À tout cela, il faut ajouter une autre dimension : l'auteur ou les auteurs de la brique en question. Elle peut être distribuée par une entreprise la commercialisant, développée et partagée par des développeurs à l'autre bout de la planète, par des collègues, ou encore… par soi-même ! En effet, fabriquer soi-même les briques que l'on veut réutiliser est une bonne pratique. Cela permet de parfaire le fonctionnement de cette composante (durabilité), d'homogénéiser l'expérience utilisateur aux différents endroits des sites et applications qui l'appellent et d'éviter de la programmer de zéro à chaque nouveau projet.

Différents types d'interconnexion

Listons les principales modalités qui permettent aux différentes briques d'une stack no-code de communiquer entre elles.

Bibliothèques et scripts JavaScript

Les bibliothèques constituent le moyen le plus ancien et le plus traditionnel de réutiliser des portions de code.

C'est principalement par ce système que le website builder Webflow peut s'enrichir de fonctionnalités additionnelles. Il suffit de copier-coller quelques lignes de code, qui chargeront les scripts distants.

Code intégré (embed)

Un code *embed*, ou *iframe*, désigne un code prêt à l'emploi, permettant d'insérer dans notre application une fonctionnalité provenant d'un autre service ; par exemple, un formulaire généré via Mailchimp (e-mailing), Tally (formulaires) ou Airtable (bases de données) peut être inséré au sein de n'importe quelle page web par ce moyen.

Modules, plugins et apps

Les outils d'automatisation mettent à disposition des centaines de modules ou apps, associées à des services particuliers. Les cinquante plus populaires sur Make donneront une idée de leur variété : Google Sheets, Gmail, Google Drive, Airtable, Slack, Telegram Bot, Google Calendar, Facebook Lead Ads, Google Docs, WooCommerce, Facebook Pages, Dropbox, Mailchimp, HubSpot CRM, Trello, Microsoft 365 Email, Discord, Google Forms, Shopify, ClickUp, Twitter, Pipedrive CRM, Monday, ActiveCampaign, Stripe, WordPress, Notion, Google Contacts, Twilio, Microsoft 365 Excel, Calendly, Typeform, Webflow, Jotform, MySQL, CloudConvert, SendGrid, Sendinblue, Asana, Instagram for Business, Salesforce, Zoom, Bitly, LinkedIn, Xero, QuickBooks, Facebook Groups, OneDrive, ManyChat, Survey123.

Cela ne concerne pas que cette famille d'outils no-code. De nombreuses places de marché facilitent la diffusion de plugins et d'extensions. On pense notamment aux plugins de Bubble ou aux extensions[19] d'Airtable, mais on pourrait également citer Ksaar, Weweb et bien d'autres encore.

---

19 Celles-ci ont changé d'intitulé à plusieurs reprises. Avant d'être des extensions, on parlait d'apps, et avant d'être des apps, c'était des blocks.

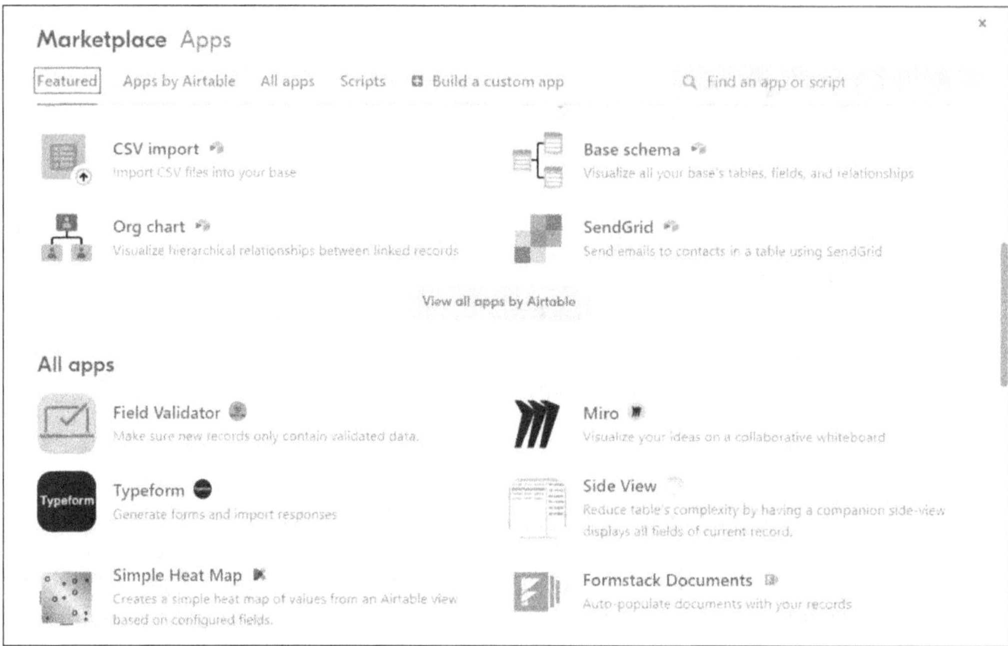

Figure 3–25
La marketplace d'extensions disponibles sur Airtable

Une fois ajoutées à l'outil, ces extensions (pouvant s'appeler modules, apps, plugins, intégrations, etc.) peuvent en modifier l'apparence, avec l'adjonction de nouveaux boutons, de nouvelles cases ou de nouveaux items dans les menus déroulants. Leur « installation » est gérée automatiquement par l'outil et ne nécessite que quelques clics.

API

Parmi tous ces connecteurs, il en existe un particulier, permettant d'exécuter des requêtes API. Il porte différents noms : API Connector sur Bubble, module HTTP et sa fonction *Make a request* sur Make, par exemple.

Ces requêtes servent à utiliser des services qui ne sont pas forcément disponibles via des modules no-code. Les APIs constituent un vaste sujet, que nous n'allons pas développer. Exposons-en un cas pratique, qui sera plus parlant qu'une description.

Considérons un site e-commerce créé avec Bubble. Les visiteurs achètent des produits ; les employés consultent les ventes via des interfaces de travail. Le plugin Stripe (plate-forme de gestion de paiement), après son installation en un clic, fait apparaître de nouvelles actions dans l'onglet des *workflows* notamment pour tenter un paiement. Le no-codeur peut ainsi construire un parcours d'achat complet. En revanche, ce plugin ne propose pas de solution pour effectuer un remboursement. Pour intégrer cette fonctionnalité, il est possible de la configurer manuellement avec le plugin API Connector. Stripe donne le mode d'emploi au sein de ses pages de documentation. On y trouve la syntaxe suivante, à reproduire dans l'API Connector de Bubble :

```
Type d'appel : POST
Endpoint : https://api.stripe.com/v1/refunds
Paramètre normal : charge=ch_xxx
Paramètre d'authentification (header) : Bearer sk_test_yyy
```

POST signifie qu'une demande est envoyée de Bubble vers Stripe. Le Endpoint désigne la porte d'entrée de Stripe utilisée : ici, c'est celle des demandes de remboursement. Le paramètre charge contient l'identifiant unique correspondant à la transaction à rembourser. Le paramètre d'authentification contient une clé unique relative au compte Stripe et permettant de sécuriser la requête.

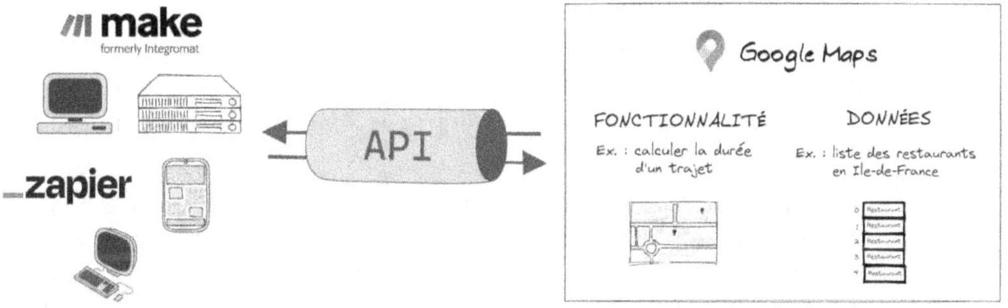

Figure 3-26
Les API permettent de faire communiquer différents services. Des applications clientes (à gauche) configurées par le no-codeur consultent des fonctionnalités et récupèrent des données depuis des applications serveurs (à droite), en dehors de son périmètre de développement.

L'accessibilité des outils no-code

Le terme « accessibilité » dispose de plusieurs significations. Concernant un site web, il peut désigner la préoccupation que celui-ci soit mis à disposition du plus grand nombre. Cela concerne notamment les personnes en situations de handicap, mais on peut aussi penser aux cas de groupes disposant d'appareils mobiles ou ceux dont la connexion à Internet n'a qu'un faible débit.

Dans un sens plus commun, l'accessibilité se réfère simplement à la facilité de compréhension et d'utilisation d'un outil ou d'un service.

Il faut distinguer l'accessibilité des sites et applications développées (en code ou en no-code) de l'accessibilité des outils servant à les créer. Prenons l'exemple d'Airtable. L'outil en lui-même n'est pas accessible depuis un navigateur web mobile : les no-codeurs doivent soit renoncer à leurs smartphones/tablettes et passer sur leurs ordinateurs, soit installer l'application mobile Airtable. En revanche, un formulaire associé à une table Airtable, créé et publié depuis l'outil, s'affichera convenablement pour tous les visiteurs, y compris via un navigateur web mobile.

Des outils nombreux et variés

Des outils no-code, il y en a pour tous les goûts : basiques ou experts, très spécialisés ou recouvrant plusieurs domaines, d'un abord plutôt technique ou design, etc. Chacun trouvera sa porte d'entrée au no-code !

Prenons l'exemple de quatre outils d'automatisation :

- **Zapier** nécessite très peu de prérequis techniques et son interface abonde d'explications et de notes afin de guider au maximum les utilisateurs les plus novices.

- **Make** a un abord plus technique et les développeurs qui ont une expérience du code ressentiront intuitivement l'état d'esprit propre à la programmation JavaScript. Il est beaucoup plus commode sur Make d'effectuer des traitements par lots en manipulant des listes d'objets. On peut séquencer leurs traitements comme avec des boucles `for` de code et appliquer des conditions comme avec des instructions `if`.

- **n8n** offre une alternative pour celles et ceux qui se préoccupent d'avoir la maîtrise complète des données traitées et n'ont pas peur de mettre la main à la pâte. L'outil open source peut être installé sur ses propres infrastructures. Ainsi, ces personnes pourront garantir que les informations traitées ne circulent pas sur des clouds aux localisations inconnues et aux risques de failles de sécurité.

- **Workato**, à première vue, rappelle l'interface de Zapier. Néanmoins, cet outil peut aussi se rapprocher de la famille du low-code. Il dispose par exemple nativement d'environnements de développement, de test et de production, auxquels les développeurs-codeurs sont habitués. Surtout, il met l'accent sur les questions de gouvernance des données et de sécurité. Il s'adresse naturellement plus volontiers à des grandes entreprises.

Des outils aux tarifs abordables

Le prix constitue lui aussi une modalité de l'accessibilité. Nous relevons deux tendances, qui dépassent largement le mouvement no-code.

Premièrement, les tarifs ont largement chuté en quelques décennies. L'évolution du marché des outils numériques a démocratisé nombre de fonctionnalités : optionnelles, onéreuses voire luxueuses il y a quelques années, il est devenu normal qu'elles soient mises en place gratuitement aujourd'hui. Par exemple, Google Drive intègre pour tous ses utilisateurs un antivirus scannant tous les fichiers importés. Ce service est gratuit.

En second lieu, les outils no-code ont bénéficié, avec l'essor des SaaS, de l'émergence d'un modèle de tarification par paliers. On retrouve fréquemment des offres comportant trois ou quatre paliers typiques :

- Un premier palier *Gratuit* est destiné à un très large public, comportant des étudiants, des amateurs et curieux de la technique, mais aussi des professionnels. L'objectif est de créer la prise de conscience d'un besoin, de donner naissance à une communauté ou encore de toucher le marché de l'éducation.

- Un palier *Pro* lève ensuite quelques restrictions, comme des limites sur le stockage, le nombre d'enregistrements ou d'applications. Il permet souvent d'habiller le service de son propre logo d'entreprise.

- Un troisième palier *Équipe/petite entreprise* ouvre la voie à des fonctionnalités collaboratives, à l'accès à des historiques de versions, ou à une gestion fine des rôles, permissions et contrôles d'accès.

- Enfin, un quatrième palier *Entreprise* peut donner lieu à des sécurités renforcées, au respect de certains standards, à des clauses quant à la disponibilité du service. Typiquement, ce prix n'est pas indiqué publiquement et il faut passer par les équipes commerciales de la solution.

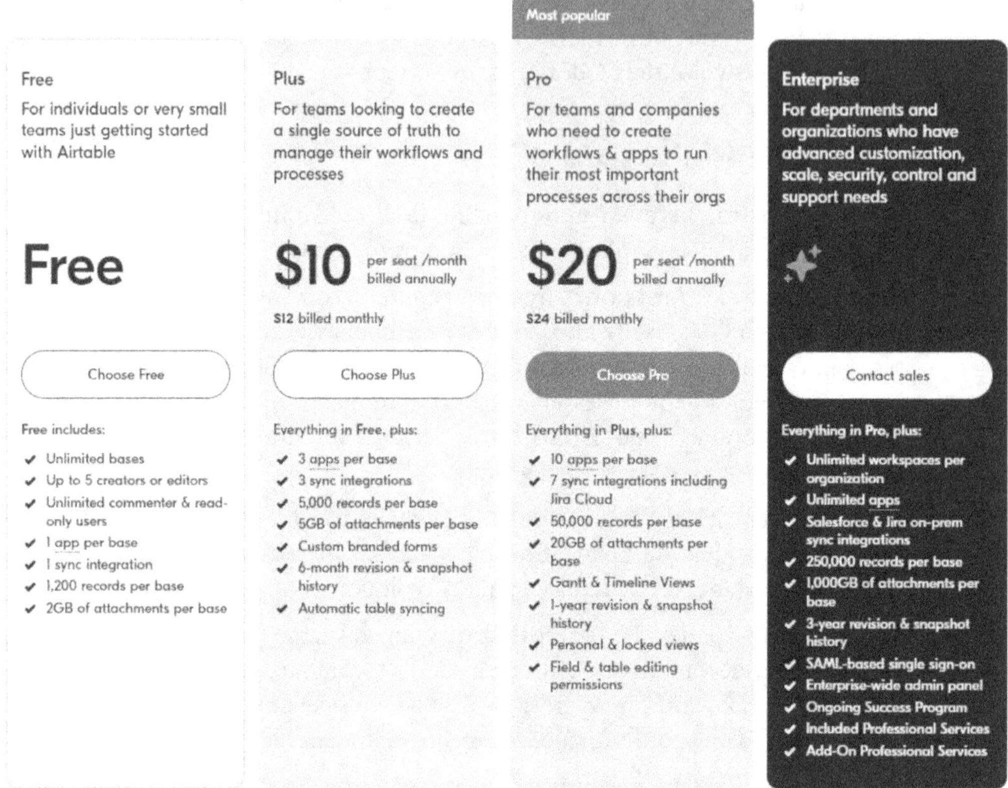

Figure 3–27
Quatre paliers de tarification pour Airtable

En conclusion, on peut retenir que la difficulté pour bâtir des services numériques s'est déplacée. Avec le no-code, il ne s'agit plus tant de maîtriser une syntaxe compliquée que d'orchestrer un ensemble avec ses différents niveaux de lecture possibles (du solo isolé d'un clarinettiste à la partition complète d'une symphonie). Qui intervient, où, pour quoi faire et de quelle manière ? Voilà le nouveau mot d'ordre pour la no-codeuse ou le no-codeur en chef. Désormais, une grande partie du travail est déléguée aux outils : il reste, non seulement à les choisir, mais aussi à concevoir leur fonctionnement coordonné.

On peut par exemple citer une phrase d'accroche lisible sur la page d'accueil de Retool (création d'outils internes, notamment de tableaux de bord avancés)[20] : « Arrêtez de vous battre avec des bibliothèques d'UI, à hacker des sources de données pour les assembler et mettre en place les contrôles d'accès. Commencez à distribuer des apps qui font avancer votre activité. »

Retool nous encourage et s'adresse à nous comme s'il était un collègue bienveillant. Pour autant, peut-on raisonnablement croire à cette promesse miraculeuse de simplicité ? La progression des outils les rend de plus en plus puissants, de plus en plus simples d'usage, mais aussi de plus en plus nombreux… À nous de faire leur connaissance et de les adopter. Nous allons voir dans le chapitre suivant que l'évolution que nous décrivons ici est en réalité ancienne. Culminant avec la génération no-code, l'histoire de l'informatique a toujours poussé les instruments à s'humaniser.

---

20 Son nom évoque l'envie de repenser ce qu'est un outil numérique, en suggérant aussi l'idée de réutilisation *(re-tool)*. Il s'approche peut-être davantage de l'univers du low-code, mais les constats que nous établissons concernent aussi les codeurs traditionnels, eux aussi appelés à devenir des orchestrateurs.

Histoire et origines techniques du no-code 4

La ligne de code la plus rapide à écrire, la plus économique à tenir à jour, restant toujours fonctionnelle pour l'utilisateur, c'est celle que le développeur n'a jamais eu besoin d'écrire.

Steve Jobs, lors d'une conférence donnée au MacWorld Expo de 1997, à San Francisco

Dans les chapitres précédents, nous avons présenté des projets variés construits sur des stacks d'outils no-code, ainsi que les innovations propres à ces outils. Ces derniers, cependant, ne sont pas apparus du jour au lendemain. Ils semblent faire une irruption soudaine du fait de cette étiquette avant-gardiste qu'ils arborent : no-code. En réalité pourtant, cette génération d'outils est le fruit d'une longue histoire. Elle bénéficie des apports de nombreuses inventions du passé, qui ont façonné et amélioré les technologies de fond, les infrastructures, les équipements techniques et les systèmes logiciels que nous connaissons aujourd'hui. Certains de ces progrès sont devenus des standards, renouvelant des usages tant du côté du grand public, qui utilise logiciels et services, que du côté des développeurs, qui les conçoivent, fabriquent et distribuent.

Des fonctionnalités autrefois inenvisageables, ou alors très complexes et coûteuses, sont progressivement devenues si communes qu'on en a oublié leur technicité (voir encadré p. 20). Leur progression technique est allée de pair avec de meilleures intégrations et une ergonomie simplifiée, qu'il s'agisse d'interfaces matérielles ou logicielles.

Ainsi, l'Altair 8800, un des premiers micro-ordinateurs vendus aux particuliers vers la fin des années 1970, ne disposait ni de clavier, ni d'écran, ni de souris, ni même d'un système d'exploitation se chargeant lorsqu'on l'allumait. Parmi ses courageux premiers acquéreurs, qui le réceptionnaient en kit et devaient le monter, Bill Gates et Paul Allen, âgés respectivement de 20 et 22 ans, ont programmé le langage Basic pour cette machine. Grâce à lui, les développeurs disposaient de commandes simples comme PRINT pour afficher quelque chose à l'écran ou INPUT pour inviter l'utilisateur à saisir des données. On commandait l'ordinateur à l'aide de seize interrupteurs et de voyants. Et, pour charger Altair Basic (à partir d'une bande perforée ou d'une cassette), il suffisait… de suivre, selon le manuel, une série de 24 instructions (figure 4–1) !

Figure 4–1
Un ordinateur Altair 8800 avec son interface de programmation constituée d'une série de voyants et d'interrupteurs.
Source : Ed Uthman, Wikimedia Commons

Extrait du manuel de référence d'Altair Basic présentant en anglais les premières instructions de chargement du programme (24 au total)

```
1) Put switches 0 through 15 in the down position.
2) Raise EXAMINE.
3) Put 041 (data for address 000) in switches 0 through 7.
4) Raise DEPOSIT.
5) Put the data for the next address in switches 0 through 7.
6) Depress DEPOSIT NEXT.
7) Repeat steps 5 § 6 until the entire loader is toggled in.
8) Put switches 0 through 15 in the down position.
9) Raise EXAMINE.
```

```
10) Check that lights D0 through D7 correspond with the data that
should be in address 000. A light on means the switch was up, a light
off means the switch was down. So for address 000, lights D1 through
D4 and lights D6 § D7 should be off, and lights D0 and D5 should be
on.
If the correct value is there, go to step 13. If the value is wrong,
continue with step 11.
11) Put the correct value in switches 0 through 7.
12) Raise DEPOSIT.
...
```

L'essor du Web et des usages en ligne, on le doit aussi à des réseaux qui se sont développés très rapidement, surtout lors de la bulle Internet (1995-2000), tant au niveau de leurs infrastructures (liaisons, routeurs, centres de données…) qu'au niveau de leurs protocoles de communication. Certains standards, comme le TCP/IP, paraissent aujourd'hui si naturels qu'on oublie qu'ils étaient, en une époque pas si éloignée, en rivalité avec d'autres options. Des années 1970 aux années 1990, un long débat appelé la « guerre des protocoles » a animé les experts de plusieurs pays pour sélectionner le protocole de communication le plus robuste.

À cela, il faut enfin ajouter, du point de vue des utilisateurs, le fourmillement de petites évolutions qui ont intégré la transformation de nos habitudes avec nos ordinateurs et nos smartphones : nos manières de consommer des informations, des vidéos, de la musique, d'acheter et de commander des produits physiques…

On le voit bien : établir un récit unifié de cette histoire de l'informatique, afin d'y repérer les prémices du no-code, est une mission quasi-impossible ! Trop d'avancées sur des plans différents, mais souvent entremêlées, se sont produites en même temps.

Nous présentons dans ce chapitre quelques repères, afin de situer le no-code dans cette immense aventure. Ces repères ne sont pas exhaustifs et leur sélection est nécessairement subjective. Il est probable que les plus savants d'entre vous auront à l'esprit d'autres événements ou découvertes.

Dans la première partie, nous évoquerons la notion d'abstraction pour comprendre l'évolution technique des systèmes informatiques de leurs commencements jusqu'à aujourd'hui. Dans la seconde partie, c'est davantage leur distribution sous la forme de services, en particulier avec l'avènement du Web, qui nous intéressera. Dans un troisième temps, nous aborderons l'importance de l'UX (expérience utilisateur) pour la diffusion massive des technologies modernes. Nous verrons que l'émergence du no-code peut être interprétée à l'aune de ces trois prismes.

Figure 4–2
Les principaux progrès qui ont potentialisé l'existence du no-code tel qu'il existe aujourd'hui

La notion d'abstraction en informatique

Les premiers pas de l'informatique

Il est intéressant de revenir succinctement sur les débuts de l'informatique. En effet, ils constituent un temps inédit où un projet informatique se constituait d'un seul bloc, soit très rudimentaire et peu puissant, soit d'une complexité interne si redoutable que cela limitait drastiquement toute évolution future.

Dans cette première étape historique, ce degré zéro de l'informatique, on aurait eu du mal à séparer les notions de matériel et de logiciel ou encore les notions de front-end et de back-end : ces mots n'avaient alors aucun sens. Il n'y avait pas non plus d'ordinateurs reliés à des réseaux. On avait simplement affaire à une machine avec des inputs et des outputs.

Or, le fonctionnement des outils no-code rend désormais manifeste que toute la puissance de l'informatique moderne repose sur ses possibilités modulaires. Des blocs disposent chacun d'une forte complexité interne, tout en restant d'un usage relativement simple. Nous verrons que la programmation d'aujourd'hui repose sur plusieurs strates, appelées aussi « couches d'abstraction ». Ces différents niveaux qui communiquent les uns avec les autres ont donné des architectures solides aux projets informatiques.

Pour commencer, à quand remontent les débuts de l'informatique ? Cette question n'a pas de réponse unanime. Proposons-en quelques-unes qui nous paraissent intéressantes.

Les premiers algorithmes

Il n'est pas anodin que Donald Knuth, informaticien et mathématicien qui a enseigné à Stanford, auteur de l'ouvrage de référence *The art of Computer Programming*[1], ait publié en 1972 un essai sur les algorithmes babyloniens anciens. Selon lui, « *une façon de rendre la science informatique respectable est de montrer qu'elle est profondément enracinée dans l'histoire, qu'elle n'est pas un simple phénomène éphémère* ». Gravées sur des pierres, des méthodes de calcul, qui ne bénéficiaient encore d'aucun formalisme mathématique, étaient objectivées. Ces premiers algorithmes ou programmes, très simples, devenaient accessibles à la communauté. Mais leur exécution restait faite par des humains, et à une vitesse réglée par celle de leurs cerveaux.

Les premières machines à calculer

Il est fréquent de relier l'invention de l'ordinateur à celle des premières machines à calculer : au milieu du XVIIe siècle, Pascal a conçu (à 19 ans) la pascaline, capable d'effectuer des additions, soustractions, multiplications et divisions.

Cependant, quelques exemplaires seulement de pascalines ont vu le jour. L'invention a surtout joué un rôle symbolique ; elle n'a outillé que peu d'artisans ou de marchands… Parlerions-nous aujourd'hui, de manière anachronique, d'un POC (voir encadré, p. 38) ?

Les calculateurs humains

L'histoire de l'informatique pourrait aussi trouver ses commencements au début du XXe siècle. Saviez-vous que les premiers « *computers* » (calculateurs) étaient des humains ? Ils eurent des rôles importants au cours des deux guerres mondiales, mais aussi dans l'exploration spatiale. Nous devrions d'ailleurs plutôt écrire « elles », car c'étaient majoritairement des calculatrices, notamment employées par la NASA. Ces femmes douées en mathématiques étaient souvent issues des minorités noires, elles ont surpassé la discrimination et la ségrégation raciale en jouant des rôles cruciaux pour préparer les tout premiers programmes de conquête spatiale.

On pourra approfondir ce sujet en s'intéressant aux West Area Computers. De nombreux hommages à ces femmes calculatrices figurent également sur le site web de la NASA.

---

1 Sur la couverture du premier tome de l'ouvrage, dans sa troisième édition, on peut lire cette mention de Bill Gates, révélant son profond respect pour le travail de fond mené par Knuth : « Si vous pensez être un très bon programmeur… Lisez *The Art of Computer Programming*… Et pensez surtout à m'envoyer votre CV si vous arrivez au terme du livre entier. »

Figure 4–3
Une équipe de femmes calculatrices (human computers) travaillant, dans les années 1930, pour JPL (Jet Propulsion Laboratory) qui deviendra plus tard le centre de recherche spatiale de la NASA.
Source : Courtesy NASA/ JPL-Caltech

Les premiers grands calculateurs

C'est en réponse à ce type de besoins que les premières grandes machines appelées elles aussi calculateurs ont vu le jour. Occupant des pièces entières, ces monstres étaient constitués de composants d'abord mécaniques puis électroniques. Des progrès immenses ont été précipités par la seconde guerre mondiale : il fallait gagner la guerre, sauver les vies de civils et de soldats, mais aussi réduire les pertes matérielles qui représentaient un coût immense. Les états ont investi massivement en réaction à l'urgence de ces besoins ; ils concernaient principalement des calculs balistiques, mais aussi des modélisations de la première bombe atomique (projet Manhattan) ou des procédés de décryptage (réalisation de la machine de Turing, à Bletchley Park en Angleterre).

Nous écartons-nous de notre sujet, le no-code, avec ces évocations si éloignées dans le temps ? Rien de moins sûr car ces immenses calculateurs, comme l'ENIAC ou l'EDSAC de Cambridge, ont ouvert la voie, dans les années 1950, à l'invention de LEO (pour *Lyons Electronic Office*), le premier ordinateur géant conçu et distribué à des fins commerciales. Ses publicités l'ont présenté comme un « bureau automatisé ». Ceci ne nous rappelle-t-il pas les aspirations de nos chers outils d'automatisation no-code ? Occupant un étage entier des bureaux de Lyons, l'immense LEO a servi à automatiser bien des tâches pour cette entreprise de traiteur fournissant du thé, des gâteaux et des repas chauds à près de 200 salons de thé londoniens. Auparavant, des armées de jeunes femmes étaient affairées à ces tâches répétitives[2], recevant des informations par

---

2 Aujourd'hui, on parle d'« opérations » pour désigner ces tâches.

téléphone afin de calculer les stocks, de passer les commandes, mais aussi d'évaluer des marges, d'établir les paies et d'organiser toute la logistique. Tout cela, LEO l'a automatisé.

Toutefois, les informations étaient stockées sur des bandes perforées… Il restait encore du chemin à parcourir !

Figure 4–4
LEO, le premier ordinateur destiné aux entreprises, occupait un étage entier. Il était en mesure d'automatiser de nombreuses opérations.
Source : LEO Computer Society

Un besoin d'abstraction

Ces exemples historiques nous laissent songeurs : si nous avions aujourd'hui ces dispositifs devant nous, nous nous demanderions comment on pouvait les commander. Le souci primordial était qu'ils fonctionnent, qu'ils soient suffisamment rapides et que leurs résultats soient corrects.

La question des « interfaces hommes-machines » devait encore attendre quelques années avant d'être formulée puis investie.

Interfaces

Les interfaces servent à permettre des interactions entre des systèmes techniques (matériels ou logiciels) et des utilisateurs. Des instructions et des informations sont échangées via divers périphériques, au moyen de messages ou par l'actualisation de systèmes d'affichage. Une bonne interface doit être simple, facilement compréhensible et efficace dans son fonctionnement.

Elles concernent tous les domaines. Ainsi, on n'a pas besoin d'être expert en aéronautique pour piloter un avion, pas plus qu'on a besoin d'être expert en

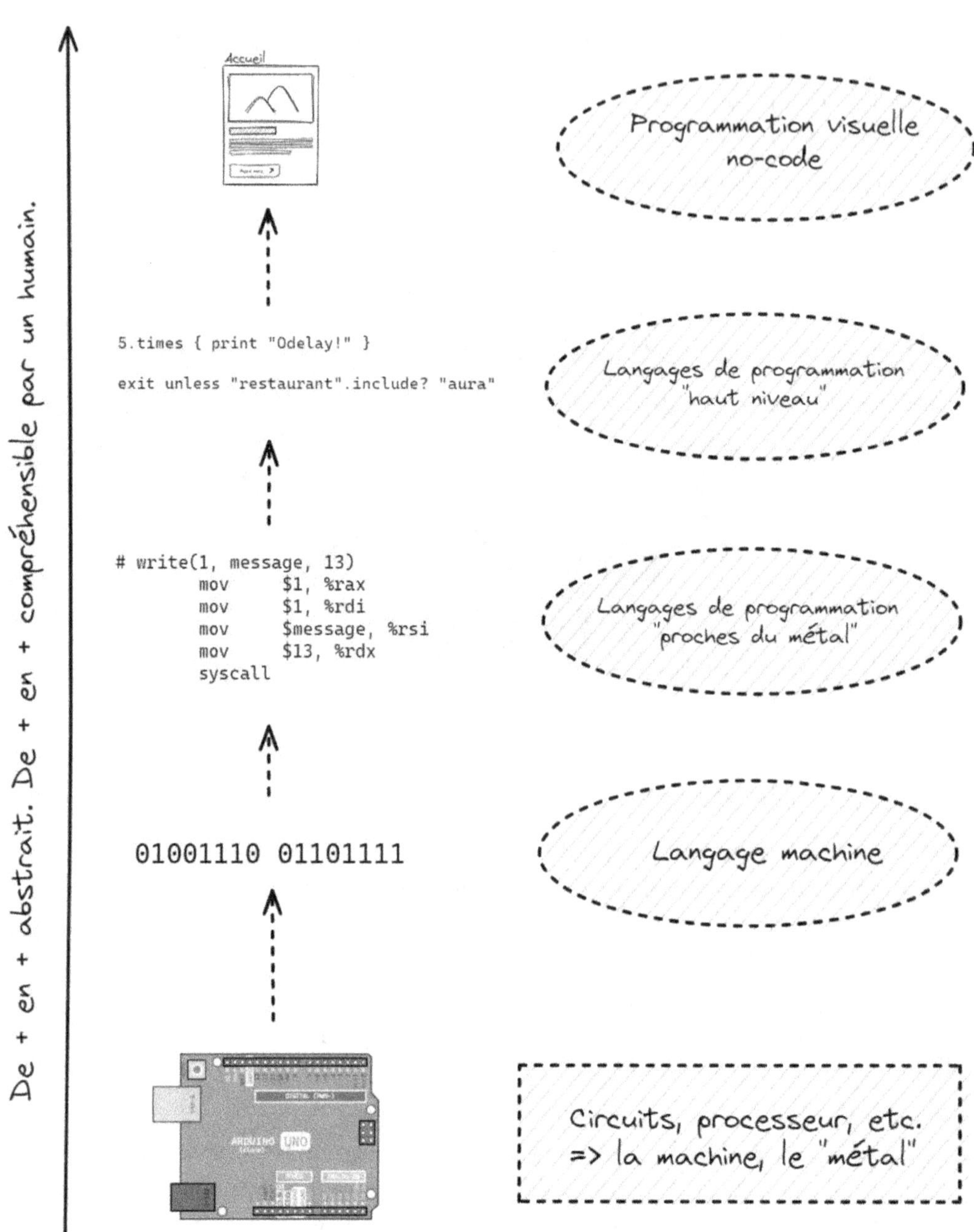

Figure 4–5
Les niveaux d'abstraction en programmation

mécanique pour utiliser un lave-linge : il suffit de savoir manier leurs tableaux de commandes. Ces deux objets, l'avion et le lave-linge, disposent d'un fonctionnement interne complexe mais ils mettent à la disposition de leurs utilisateurs un panneau de contrôle qui est, en comparaison, beaucoup plus simple. De plus, ces utilisateurs n'ont pas besoin de connaître le fonctionnement interne.

Dans le domaine du développement informatique cependant, les choses se compliquent car les utilisateurs de ces interfaces peuvent être soit des humains, soit d'autres programmes. Cela change tout car cela ouvre la voie à des empilements de strates interfacées entre elles : un humain qui contrôle un logiciel qui contrôle un logiciel qui contrôle un logiciel, etc.

Il est clair que, sans l'intervention de ces interfaces et de couches intermédiaires, les systèmes informatiques auraient emmagasiné une telle complexité interne qu'ils seraient devenus de véritables usines à gaz, totalement ingérables et sans évolution possible. Leur utilisation se serait alors retrouvée restreinte à de petits groupes d'experts, seuls capables d'en comprendre le fonctionnement. En ce sens, le mot « code » de no-code pourrait faire penser à un « mot de passe », à un « code secret » interdisant l'accès sauf à une sphère d'initiés. L'évolutivité globale des systèmes d'information aurait été compromise.

Couches d'abstraction

L'abstraction n'est pas un concept simple à définir. Voici la définition qu'on peut en trouver, sur Wikipédia : « En informatique, le *concept d'abstraction* identifie et regroupe des caractéristiques et traitements communs applicables à des entités ou concepts variés ; une représentation abstraite commune de tels objets permet d'en simplifier et d'en unifier la manipulation. »

L'abstraction permet donc de manipuler des objets plus facilement. La notion liée de « couche d'abstraction » est un peu plus simple à appréhender. On peut se la représenter grâce à une analogie. Imaginons donc une société qui serait hiérarchisée de manière stricte. Les directeurs ne pourraient dialoguer qu'avec les chefs, les chefs qu'avec les sous-chefs et les sous-chefs qu'avec les exécutants. Ces couches de commandement s'empilent les unes sur les autres. Chaque niveau peut solliciter les niveaux sous-jacents, et propose ses services aux niveaux qui lui sont supérieurs. Ainsi, les couches bas niveau disposent de fonctions élémentaires et les couches haut niveau de fonctionnalités de plus en plus élaborées.

De même dans un système informatique, lorsqu'on utilise une application, celle-ci relaie les instructions de l'utilisateur au système d'exploitation, qui les transmet aux composants matériels. Voilà l'idée simplifiée à l'extrême. Dans la pratique, des niveaux intermédiaires plus fins décrivent plus précisément cette communication de strates en strates.

Les couches d'abstraction aident à construire des logiciels, en divisant de grosses problématiques en plusieurs problématiques plus petites, associées et hiérarchisées entre elles. Chacune devient plus simple à aborder.

Le concept d'abstraction s'applique tant pour le matériel informatique *(hardware)* que pour les logiciels *(software)*.

Le plus souvent, « abstraire quelque chose » revient à apporter une solution à des tâches fastidieuses et techniques, que l'on confie à un nouveau service autonome et positionné dans une couche inférieure. Ce service les prend alors en charge en instruisant des ordres qu'on lui envoie.

Illustrons ce concept en évoquant l'invention de deux abstractions majeures, fondamentales en informatique : les langages et les systèmes d'exploitation.

Nous savons tous qu'un processeur ne comprend que des 0 et des 1. Cependant, cela fait longtemps que les développeurs ont délégué l'écriture de leurs programmes en langage machine à des outils, appelés compilateurs. Si les 0 et 1 du langage binaire constituent la couche bas niveau, les langages de programmation, mieux adaptés à la compréhension humaine, font partie de la couche supérieure.

Avec l'apparition des premiers langages informatiques, il est possible d'employer des mots-clés intelligibles et de ne plus coder dans un obscur langage assembleur… Le « compilateur » se chargeait de cette traduction pour nous. Ainsi, en 1957, le langage Fortran *(Formula Translating System)* a été créé par IBM pour pousser la puissance des grands calculateurs de l'époque ; il est toujours utilisé dans des domaines comme celui des prédictions météorologiques. C'est dans une démarche opposée que Cobol a vu le jour en 1959. Il a été conçu par un comité de quelques experts (des constructeurs d'ordinateurs et des agences gouvernementales américaines), avec l'intention de s'approcher d'une langue naturelle. Son nom révèle son intention : *Common Business Oriented Language*. Comme le dit Grace Hopper, l'une de ses conceptrices : « il est bien plus facile pour la plupart des gens d'écrire une proposition en anglais plutôt qu'en utilisant des symboles ; ainsi ai-je décidé que les personnes en charge des données devraient pouvoir écrire leurs programmes en anglais et que les ordinateurs les traduiraient en langage machine. » C'est à elle que l'on doit le premier compilateur. Cobol est toujours utilisé de nos jours, notamment dans des systèmes informatiques bancaires.

De la même façon, les premiers systèmes d'exploitation ont relevé le défi d'abstraire la fabrication d'un programme informatique pour les différents types de processeurs et de structures d'ordinateurs. Ce sont eux qui se chargent à notre place d'adapter les programmes à ces multiples environnements matériels. Ainsi qu' une ancienne publicité de Microsoft le fait apparaître (figure 4–6), il était devenu possible pour les développeurs de ne plus préparer qu'un unique programme pour MS-DOS (ou Xenix[3]). Avant l'existence de cette couche d'abstraction (les systèmes d'exploitation), il fallait créer des implémentations, c'est-à-dire des codes spécifiques à chaque constructeur.

Le processus d'abstraction délimite donc les pouvoirs et les responsabilités de chaque couche. Pour illustrer cela avec des exemples contemporains, nous pourrions dire que les développeurs d'Adobe Photoshop (couche des applications) ne peuvent pas modifier le fonctionnement de Windows (couche du système d'exploitation) et réciproquement. De même, pour ce qui est des sites web, un développeur web peut éditer un site, mais pas intervenir sur les navigateurs Chrome ou Safari ; il ne peut que communiquer avec eux.

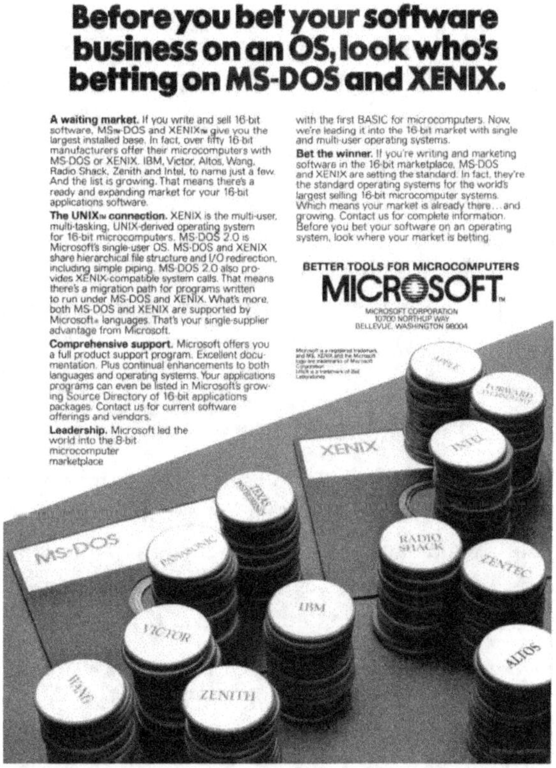

Figure 4–6
Publicité pour le système d'exploitation MS-DOS parue dans le magazine InfoWorld du 7 novembre 1983.

---

3   Xenix était un système d'exploitation Unix développé par Microsoft, progressivement délaissé par la firme américaine.

Le no-code comme couche d'abstraction visuelle haut niveau

Finalement, après ces explications théoriques, on pourrait définir le no-code comme le renouvellement d'interfaces de programmation, passant par une couche d'abstraction supplémentaire de haut niveau. Cette couche, visuelle, interprète des instructions exprimées de manière graphique (programmation visuelle) et produit des portions d'un code dans des langages propres aux outils no-code utilisés. Nous avons déjà expliqué que ce code n'était, le plus souvent, pas visible par les no-codeurs.

Cette nouvelle façon de programmer est, par sa nature même, plus universelle que le recours à des langages de programmation. Expliquons cela.

Si un ami vous demandait de résumer en une phrase ce qu'est le no-code, évoquer la programmation visuelle serait sans doute la première réponse qui vous viendrait à l'esprit. On dispose des blocs, lui diriez-vous, pour composer les pages de son site ou de son app, ou alors pour dessiner l'enchaînement d'automatisations. C'est bien plus commode que de recourir à un langage de programmation, avec sa syntaxe compliquée et tous ses mots-clés. « Tiens, pourriez-vous poursuivre, prends l'exemple d'un enfant qui veut construire un château : il le fera facilement avec des Lego ou en le dessinant sur une feuille de papier. S'il lui fallait le décrire dans une rédaction… ce serait une autre affaire. »

Il faut, en effet, du temps et des efforts pour apprendre une langue, découvrir son vocabulaire, en maîtriser les nuances et déjouer ses pièges… La vision chez l'être humain, tout comme la faculté de préhension, se développe avant le langage ; le visuel a donc une portée plus universelle. Ainsi en va-t-il pour le no-code : il est plus simple de positionner, élargir, déplacer, accoler des blocs directement plutôt que de décrire cet ordonnancement au moyen d'un langage savant.

Qu'appelle-t-on « skeuomorphisme » ?

En design digital, le « skeuomorphisme » est un mot barbare pour évoquer la ressemblance qu'on peut donner volontairement à un objet virtuel par rapport à son pendant réel : une corbeille qui ressemble à une corbeille, un calendrier qui ressemble à un calendrier, etc. Et on appelle « affordance » la capacité d'un objet ou d'un système à évoquer son utilisation ou sa fonction.

Les outils numériques modernes, et en particulier les outils no-code, l'utilisent par de nombreux détails discrets, afin de faciliter leur prise en main par les utilisateurs. Ce sont en réalité des commandes correspondant à des couches d'abstraction de haut niveau, pour ajouter ou modifier les propriétés graphiques de composants, sans avoir à éditer les portions de code leur correspondant.

Si vous y prêtez attention, vous verrez que tous les outils no-code y font énormément appel. Sur la figure 4-7, plusieurs détails de l'interface de l'outil Notion sont présentés. Notion est assurément exemplaire dans son souci de proposer une expérience utilisateur efficace et agréable. On repère ici des icônes et curseurs que l'on comprend intuitivement :

- une zone rugueuse (six points constituant un rectangle) pour agripper un bloc ;

- un curseur de souris en forme de main, pour saisir et déplacer ce bloc ;

- un rouleau de peinture, pour en modifier la couleur ;

- une bulle de bande dessinée, pour ajouter un commentaire ;

- une corbeille pour le supprimer ;

- etc.

L'exemple de Notion est intéressant, car l'interface a aussi réhabilité des commandes, très utiles pour créer à l'aide d'une ligne débutant par le caractère / un bloc de texte (/text), un tableau (/table) ou encore une table des matières (/toc pour *table of contents*).

Code et no-code ne font-ils pas bon ménage ?

Figure 4–7
Skeuomorphisme mis en œuvre sur l'outil Notion

Le no-code et l'idéal d'un langage proche des humains

On pourrait aussi envisager une autre réponse pour expliquer ce qu'est le no-code à notre ami : ce sont des logiciels de développement faciles à utiliser et ne nécessitant que peu d'apprentissage car ils parlent notre langue, de telle sorte que nous n'avons plus à apprendre la leur.

Cet idéal de communication facile entre l'homme et ses machines ne date vraiment pas d'hier ! Et le no-code ne serait que le point culminant de cette longue ascension.

Ainsi, en 1988, à l'occasion de conférences données à Boston et à San Francisco, Steve Jobs a présenté devant une salle comble son système d'exploitation NeXTSTEP, très visuel et marquant un progrès sans précédent par rapport à des interfaces système essentiellement basées sur du texte. Les années 1980 avaient été compliquées pour lui : après une lutte de pouvoir chez Apple qu'il avait cofondée, il l'avait quittée avec quelques autres vétérans pour créer la société NeXT. À la fin de ces deux conférences, un concert très spécial fut offert : un duo entre un violoniste et un ordinateur Cube, station de travail haut de gamme nouvellement conçue par NeXT. Un concerto pour violon de Bach était interprété par les deux musiciens, l'humain et la machine. Le message transmis par cette démonstration était très fort : ce serait désormais aux ordinateurs d'apprendre à s'adapter à nous et de nous accompagner, pas l'inverse.

Une quinzaine d'années plus tôt, en 1972, on trouve déjà ce message dans une des premières publicités audiovisuelles pour les ordinateurs Alto développés dans le centre de recherche de Xerox : on y voit un employé utiliser des innovations extraordinaires développées à Palo Alto comme une imprimante laser, une souris ou encore l'envoi d'e-mails. À la fin du spot publicitaire, l'ordinateur affiche un bouquet de fleurs à l'écran et rappelle à l'employé que c'est son anniversaire. Là encore, on perçoit ce message que, si les humains sont faillibles (capables d'oublier certaines dates), les ordinateurs le seraient beaucoup moins. Leur travail commun revêt donc bien des promesses pour ces nouveaux bureaux en cours d'expérimentation *(office of the future)*. L'ordinateur Alto exprime cette collaboration bienveillante en affichant cette blague à l'écran : « *ça arrive, nous ne sommes que des humains.* »

Figure 4–8
Dernière image du spot publicitaire pour l'ordinateur Xerox Alto, sorti en 1972.

Nous sommes remontés dans le temps pour dire à quel point ce souhait d'une compréhension intuitive des hommes et de leurs outils n'ont rien de neuf. Citons à présent Vlad Magdalin, cofondateur et CEO de l'outil Webflow, qui vise lui aussi à créer cette osmose parfaite, au service de la créativité. Lors de la Conférence d'ouverture de la No Code Conf 2019, il se référait à l'invention du télégraphe et l'opposait au téléphone avec son utilisation bien plus directe et intuitive :

> Il y a environ 100 ans, le télégraphe était le principal moyen de communication. Il nécessitait un opérateur ou bien une connaissance du code Morse.
>
> C'est là où nous en sommes aujourd'hui dans le développement logiciel : nous attendons toujours l'invention de notre téléphone, de manière à faire de cette activité quelque chose d'accessible à tout le monde.
>
> Traduction d'un tweet de @callmevlad, daté du 22 août 2019.

La révolution de la programmation orientée objet

La programmation orientée objet (POO) a révolutionné le développement informatique. Au tournant des années 1980, les problèmes des coûts pour produire des logiciels complexes restaient sans solution. Les progressions des systèmes d'exploitation et des langages ne suffisaient pas à apporter de vrais gains de productivité et trouver de bons développeurs était, déjà à cette époque, extrêmement compliqué.

Des recettes réutilisables

Comme le disait Brillat-Savarin[4], « on devient cuisinier mais on naît rôtisseur ». L'art de cuisiner consiste à composer des recettes, à les nommer, à séparer intelligemment leurs étapes, à identifier celles communes à plusieurs recettes, etc. Un livre de cuisine ne présentera qu'une seule fois les instructions pour créer certaines préparations intermédiaires ou les techniques pour transformer certains ingrédients. Les autres recettes se référeront à ces pages dédiées.

Nous ne détaillons pas ici les préceptes de la POO et indiquons simplement, grâce à cette comparaison, que c'est cette recherche d'efficacité et de clarté qui a motivé son développement. La POO se base ainsi sur des « objets » disposant des « méthodes » et destinés à être réutilisés et associés les uns avec les autres.

Devant être aussi solides et parfaits que possible, leur bonne conception épargne bien des efforts aux développeurs, car ils peuvent les réutiliser tels quels, sans avoir à partir d'une page blanche. Ils peuvent les enrichir ou en créer de nouveaux,

---

4   Homme politique, gastronome et auteur culinaire français qui vécut au tournant du XVIIIe siècle.

mais ils doivent éviter, autant que possible, de toucher à leurs rouages internes. Cela afin de toujours garantir une bonne lisibilité de l'ensemble du programme et de son architecture. Au lieu de suivre un déroulé purement séquentiel, les programmes issus de la POO se fondent donc sur des entités qui interagissent, collaborent, parlent entre elles. L'un des premiers langages utilisant ce paradigme, développé chez Xerox dans les années 1970, s'appelait d'ailleurs Smalltalk.

C'est en pensant à tout cela que Steve Jobs a prononcé en 1997 cette célèbre phrase : « la ligne de code la plus rapide à écrire, la plus économique à tenir à jour, restant toujours fonctionnelle pour l'utilisateur, c'est celle que le développeur n'a jamais eu besoin d'écrire. » Les développeurs construisant des applications sur le système d'exploitation NeXTSTEP disposaient, dès cette époque, d'un Interface Builder, secondé par un AppKit et des bibliothèques orientées objet mettant à disposition des fonctionnalités complexes prêtes à l'emploi.

Dans sa conférence, Jobs a poursuivi en expliquant que son but était d'éliminer 80 % du code qui est commun à toutes les applications, afin que les développeurs puissent se consacrer aux 20 % constituant la partie spécifique et à forte valeur ajoutée de leurs apps. Il a insisté en particulier sur la part du graphisme, long à développer, bien que très semblable d'un logiciel à l'autre. De cette façon, des équipes de deux à dix développeurs pourraient suffire là où il en fallait des centaines auparavant.

Cette argumentation, nous pourrions la reprendre au mot près pour parler du no-code. Une différence notable était que, à la fin des années 1980, Jobs adressait ses discours fédérateurs à des communautés de développeurs. Le no-code, lui, vise une diffusion bien plus large.

Les avantages de la POO

Grâce à cette nouvelle façon de programmer, les développeurs se sont mis à collaborer de plus en plus, non seulement entre eux, mais également avec des livrables intermédiaires (bibliothèques, composants, frameworks et désormais, nombreuses API).

Énumérons quelques-uns des principaux avantages qui en ont découlé. Ceux-ci s'appliquent aussi bien, dans leurs grandes lignes, à Objective-C, l'un des premiers langages orientés objet ayant connu une forte popularité, qu'au no-code :

- Le fonctionnement des applications est plus robuste et sécurisé. Les développeuses et développeurs n'avaient plus à prendre en charge la création de ces composants déjà existants et qu'ils pouvaient réutiliser. De même en est-il en no-code avec des composants graphiques ou des modules d'automatisation prêts à l'emploi.

- Avec ce nouveau paradigme de programmation, il est devenu possible de concevoir des programmes de grande envergure. Auparavant, les applications trop ambitieuses s'effondraient sous le poids des lignes de code. Toujours lors de la conférence de 1988, Jobs exprimait ce phénomène ainsi : « Tandis que votre équipe de développement s'accroissait, tout s'effondrait en quelque sorte sous son propre poids. Comme un bâtiment fait en bois, il était impossible d'élever sa construction très haut. »

- La réduction des tailles d'équipes permet de contrer la loi de Brooks, qui énonce qu'un trop grand nombre de développeurs risque de se révéler contre-productif, voire anti-productif. Frederick Brooks a dirigé le développement du système d'exploitation OS/360, l'un des projets les plus chers et les plus en retard de l'histoire de l'informatique, qui a failli conduire IBM à la faillite. On lui doit aussi la production d'ordinateurs aux performances exceptionnelles. Dans son livre *Le mythe du mois-homme*, il décrit comment la multiplication d'échanges entre collaborateurs nombreux peut annuler leurs capacités de travail cumulées : « ajouter de la main-d'œuvre à un projet informatique en retard le retardera encore davantage ».

  Concrètement, la communication d'une même information auprès de 100 personnes est plus coûteuse que pour 10 personnes, elle-même plus coûteuse qu'auprès de 2 ou 3 personnes, voire une seule (cas fréquent en no-code).

- La structuration des programmes en entités séparées aide à optimiser l'affectation des compétences au sein d'un projet. Les développeurs les plus doués s'occuperont des algorithmes les plus centraux et complexes. Les plus novices pourront intervenir ailleurs et réutiliser leurs travaux. D'ailleurs, ce type de bonne collaboration a déjà lieu avec les outils no-code, si on observe le processus de développement d'un point de vue macroscopique : les développeurs travaillant chez Bubble ou Airtable créent le cœur du système dont les no-codeurs bénéficient lorsqu'ils utilisent ces outils et réemploient leur travail.

  Dans un rapport produit par IBM[5], suite au projet OS/360, le géant américain évalue les performances de ces superdéveloppeurs comme 25 fois supérieures à celles des développeurs ordinaires !

Ainsi, le développement logiciel a connu un rebond inédit dans les années 1980. Les développeurs étaient dispensés de recoder les fondements des logiciels et applications : avec la programmation orientée objet, quasiment toutes les productions et contributions dues à des développeurs deviennent des éléments réutilisables. Comme nous allons le détailler dans la partie qui suit, leur travail

---

5 Cité par l'historien de l'informatique Nathan Ensmenger, professeur à l'université d'Indiana, dans son ouvrage *The computer boys take over : computers, programmers and the politics of technical expertise.*

fut aussi métamorphosé grâce à l'apparition de l'hébergement cloud, qui les a dispensés, cette fois, d'être des spécialistes des serveurs complexes (configuration matérielle, gestion de la mémoire, etc.). L'hébergement « *as a service* » est un autre exemple d'abstraction.

L'ère des réseaux et des services

L'abstraction de l'hébergement et l'avènement du cloud

Nous avons déjà exposé que tous les outils no-code bénéficient à plein des technologies modernes d'hébergement (voir encadré sur les templates p. 49, chapitre 2). En un clic, on crée une nouvelle application sur Glide ou sur Bubble. Quelque part, sur un serveur lointain, des opérations automatiques sont engagées pour déployer un hébergement, y placer l'instance d'un système capable de faire fonctionner la nouvelle application.

C'est en 2006 que Google et Amazon ont repris l'expression *cloud computing*.

Même si on peut faire remonter les origines techniques du cloud aux années 1960, la révolution de l'hébergement s'est réellement déroulée presque 50 années plus tard grâce à Amazon Web Services (AWS). Avec l'essor de son activité marchande, Amazon a dû créer une infrastructure adaptée à ses besoins spécifiques. Il fallait par exemple supporter des trafics importants pendant la période de Noël. Par ailleurs, un gros obstacle au développement de leurs applications était que chaque équipe d'ingénieurs configurait ses propres serveurs, qu'ils devaient également maintenir. Tout cela occasionnait beaucoup de déperdition, sur tous les plans.

Grâce à AWS, l'hébergement lui-même était devenu un service consommable à la demande, au moyen d'API. Son CEO, Andy Jassy, a déclaré que, au tournant des années 2000, ils étaient devenus, très calmement et sans fanfare, une entreprise de services. Ils étaient loin d'imaginer l'immense succès que ces innovations allaient susciter. Fin 2021, la part de marché d'AWS parmi les fournisseurs de cloud était de l'ordre de 33 %, devant Microsoft Azure (21 %) et Google Cloud (10 %).

On distingue trois grands niveaux de virtualisation :

- *Infrastructure as a service* : on remplace un « PC nu » par un service de puissance de calcul. Cela serait l'équivalent d'une cuisine vide que l'on louerait.

- *Platform as a service* : on remplace un « PC avec Windows » par un très gros Windows. Cela serait l'équivalent d'une cuisine équipée.

- *Software as a service :* on remplace par exemple un « PC avec Windows et Word » par un très gros Word (comme Google Docs). Cela serait l'équivalent d'un restaurant prêt à accueillir des clients.

Le cloud, une histoire ancienne ?

Certaines fonctionnalités très complexes à mettre en œuvre il y a quelques décennies fonctionnent si parfaitement aujourd'hui qu'on ne les remarque même plus.

Avez-vous déjà entendu parler du « *time-sharing* » ?

Bien avant l'invention du Web, dès les années 1960, la problématique d'accès simultanés de plusieurs utilisateurs à une même machine a donné du fil à retordre aux architectes de système. C'était l'époque où des ordinateurs centraux *(mainframe computers)* gigantesques équipaient notamment les universités, les centres de recherche militaires, ou les grandes entreprises. Les tout premiers amateurs de développement informatique devaient attendre souvent longtemps pour lancer leurs programmes (alors stockés sur des cartes perforées) et voir s'ils allaient fonctionner. C'était à chacun son tour.

Deux solutions concurrentes ont été inventées pour régler le partage d'accès : les hyperviseurs, créant des machines virtuelles à partir de machines réelles, et les systèmes à temps partagé *(time-sharing)*, permettant à plusieurs utilisateurs de s'identifier sur un même système d'exploitation. Le plus connu d'entre eux était alors Unix.

C'est à l'informaticien américain John McCarthy que l'on doit la première implémentation d'un tel système. Dans un article du *Los Angeles Times* lui rendant hommage, voici ce qu'un collègue enseignant à Stanford dit à son sujet[6] :

« Internet n'aurait jamais vu le jour aussi tôt si John n'avait pas amorcé le développement des systèmes à temps partagé. Nous n'avons de cesse d'inventer de nouveaux noms pour le temps partagé. On a appelé ces systèmes des serveurs. Maintenant, on parle de cloud. Mais cela reste toujours du temps partagé. Et c'est à John qu'on le doit. »

McCarthy est aussi connu pour être le premier à prononcer le terme « Intelligence artificielle ». Il suggéra encore, dès les années 1960, l'idée d'une « informatique utilitaire » : nous disposerions dans le futur d'une puissance de calcul que l'on pourrait consommer à la demande. Ce qu'on appelle aujourd'hui un « service », en somme !

6   L'article complet est disponible à l'adresse https://www.latimes.com/local/obituaries/la-me-john-mccarthy-20111027-story.html.

Il faut aussi noter que rien de tout cela n'aurait été possible sans des dispositifs de plus en plus puissants (ordinateurs personnels, serveurs, routeurs, smartphones, tablettes…) et des réseaux de communication aux capacités de plus en plus grandes.

Reculons d'une décennie avant les progrès des technologies cloud, que nous venons de décrire. Les années 1995-2000 (connues sous le nom de « bulle Internet ») ont été décisives pour changer durablement le paysage. L'entrée en bourse, en 1995, du navigateur Netscape (avec une montée en flèche de l'action de la jeune société, passant de 28 $ à 75 $ en une seule journée) a donné un signe fort aux investisseurs. Le succès populaire du navigateur web a également été fulgurant. Le Web allait devenir *the place to be* : le futur était là et il n'y avait plus qu'à investir.

Lorsque, au tournant de l'année 2000, cette bulle éclata, nombre de sociétés numériques ont fait faillite. Pourtant, le fruit des investissements (réseaux physiques, routeurs, avancées logicielles pour gérer ce flot de communication) ne s'est pas volatilisé. Bien au contraire, pour celles et ceux qui sont entrés sur le marché du numérique par la suite, les technologies étaient matures et leurs prix avaient chuté. C'est dans ce contexte que des sociétés comme Facebook ou Twitter sont apparues.

Le développement d'Internet et des réseaux physiques

Il est important de rappeler qu'Internet et le Web n'ont pas été inventés par des entreprises privées. ARPANET, le précurseur d'Internet, a été lancé en 1972 grâce au financement des services de défense américains. Il a assuré longtemps l'interconnexion des ordinateurs qui le constituaient. On partageait alors des fichiers par FTP ou par e-mails. La révolution suivante, celle du World Wide Web, date de 1989, et a été initiée par un membre du CERN (Conseil européen pour la recherche nucléaire) souhaitant fluidifier les échanges d'informations entre chercheurs. Tim Berners-Lee, concepteur du Web, évoque son invention comme l'assemblage de composants déjà existants : « j'ai simplement eu à prendre l'idée de l'hypertexte et à la connecter aux concepts de TCP et de DNS et – tada ! – le World Wide Web était né ».

L'histoire d'Internet et du Web est passionnante et nous pourrions l'aborder de bien des manières. Mais l'invention du DNS est intéressante à plusieurs égards. Cette technologie *(Domain Name System)* fait correspondre à une adresse web (comme https://www.contournement.io) un serveur précis avec son adresse IP (ressemblant à quelque chose comme 52.49.198.28).

Tout d'abord, cette technologie correspond à l'automatisation d'une tâche qui était initialement… manuelle ! Par ailleurs, son histoire a été décisive pour le développement d'Internet par l'arrivée d'acteurs privés qui ont massivement investi dans les réseaux physiques. En 1972, le nouveau réseau ARPANET était constitué d'une trentaine d'ordinateurs. Ils disposaient de systèmes d'exploitation différents et le défi qu'Internet a représenté a été de les faire communiquer entre eux en dépit de cette disparité. L'un de ses nœuds les plus importants se situait au Stanford Research Institute. Et c'est une femme, Elizabeth Feinler (surnommée Jake Feinler), qui a été la principale instigatrice du Network Information Center (NIC), l'annuaire de ce réseau. Elle et son équipe ont défini le format (un fichier texte plat) pour lister les contacts techniques et administratifs de tous les sites hôtes, les autres nœuds du réseau.

À cette époque, pour consulter quelque chose sur le réseau, il fallait connaître sa localisation exacte et savoir qui pouvait nous autoriser à y accéder. C'est alors que le NIC a été créé. C'était un peu le Google de l'ARPANET et ceux qui le maintenaient étaient les seuls à connaître l'emplacement de chaque ressource. Or, rapidement, les coups de téléphone et les e-mails ont afflué auprès de Jake et de son équipe. L'annuaire *(host table)* qu'ils mettaient à jour deux fois par semaine est plus tard devenu ce service bien connu des développeurs : le WHOIS. Ce travail de fourmis a été transformé en un service automatisé, hébergé sur un serveur dédié du NIC, où chacun pouvait consulter les informations de contact et d'autorisation pour les utilisateurs du réseau.

C'est en 1982 que Paul Mockapetris a inventé le système DNS, apportant une abstraction supplémentaire à ce système recensant des personnes et des services associés à des adresses composées de chiffres. Naviguer sur Internet utiliserait dorénavant des adresses construites avec des mots faciles à retenir. Le plus important est que chacun pourrait gérer ses noms de domaine.

L'histoire ne s'arrête pas là : en 1993, lorsqu'Internet s'apprêtait à prendre un réel essor, le gouvernement américain n'a plus voulu prendre en charge l'attribution des noms de domaine. Une société privée s'en est alors chargée : Network Solutions. C'est ainsi que le secteur privé est devenu un partenaire indispensable pour l'organisation de ce qui allait devenir le Web d'aujourd'hui. Cette ouverture à des entreprises privées (incluant rapidement IBM) allait accélérer des investissements massifs dans les équipements réseaux, pour en donner l'accès au plus grand nombre.

L'essor des navigateurs web et de JavaScript

Progressivement, les ordinateurs, puis les smartphones et tablettes, ont gagné en puissance de calcul. Les expériences proposées aux utilisateurs sont devenues de plus en plus riches. Il était possible de voir des films, d'écouter de la musique ou de faire des achats en ligne ; plus précisément, à travers son navigateur web.

C'est à Tim Berners-Lee que l'on doit, en 1990, le premier navigateur web, appelé WorldWideWeb[7] et développé sur NeXTSTEP. Saviez-vous que ce navigateur était également un éditeur HTML ? Il proposait, par défaut, non seulement de consulter des pages, mais également de les éditer. Chacune et chacun pouvait créer du contenu. Ce parti pris originel est intéressant : pour l'inventeur du Web, il ne fallait pas séparer les producteurs et les consommateurs des informations publiées sur la Toile. Avec l'essor des blogs personnels et leurs éditeurs HTML en ligne, celui des réseaux sociaux et désormais celui du no-code, cet esprit est en train d'être reconquis.

WorldWideWeb, le premier navigateur web

Aaron Swartz a eu une influence décisive sur l'essor d'Internet. Né en 1986, il a notamment pris part au développement du format de flux RSS (technologie pour être alerté des mises à jour de sites, devenue un standard), à la création de Reddit (qui deviendrait un des plus grands forums existants) ou à la conception de Creative Commons (association qui a créé les licences du même nom, visant à simplifier et encourager la circulation licite des œuvres, l'échange et la créativité sur le Web).

Fervent partisan de la liberté numérique, il a milité en faveur de la « culture libre ». Suite à des actions (« hacktivisme ») de sensibisation sur l'importance d'un libre accès aux publications scientifiques notamment, il a été l'objet de longues poursuites judiciaires. Lorsqu'il a mis fin à ses jours, en 2013, de très nombreux hommages lui ont été rendus.

Dans un ouvrage entamé en 2009 et inachevé, *A Programmable Web* (« Un Web programmable »), il évoque le navigateur WorldWideWeb, conçu en 1990 par Tim Berners-Lee, l'inventeur du Web. Plusieurs aspects y sont intéressants :

- De manière inattendue, son fonctionnement, tel que décrit par Swartz, rappelle beaucoup celui d'outils plus modernes et à l'ergonomie bien pensée, comme Google Docs ou Notion ;

« Modifier une page web était aussi simple que d'effectuer un clic – vous pouviez simplement basculer vers un mode édition et directement corriger, depuis la page, les fautes de frappe, comme dans un traitement de texte. (En appuyant sur *Enregistrer*, la page se téléchargeait automatiquement sur le serveur.) Vous pouviez créer de nouvelles pages simplement en ouvrant de nouvelles fenêtres. »

---

7 Attention aux espaces ! Il ne faut pas confondre WorldWideWeb (le navigateur) et World Wide Web (plus communément appelé : le Web).

- Swartz poursuit en évoquant à regret la possibilité d'un Web qui n'aurait pas été pris d'assaut par de puissants acteurs du privé à la fin des années 1990. Nous ne souscrivons pas à la véhémence avec laquelle il s'en prend au mastodonte Netscape et à son fondateur, mais son positionnement engagé est intéressant d'un point de vue historique.

Ainsi Swartz regrette-t-il que l'« idée brillante » de ce mode d'édition ait été codée pour « l'obscur système d'exploitation NeXT » (prédécesseur du système Mac OS X) qui était alors peu répandu auprès du grand public. La majorité des nouveaux internautes ont opté pour Netscape, un « clone », selon lui, de WorldWideWeb mais avec cette différence notable de ne pas proposer de mode d'édition. Pourquoi cela ? « Parce que le programmeur Marc Andreessen était trop bête pour comprendre comment effectuer de l'édition lorsque des images complétaient le texte, ce qui n'a pourtant présenté aucune difficulté à Tim Berners-Lee. » À n'en pas douter, la virulence de Swartz a à voir avec l'immense succès de Netscape qui permit à Andreessen de faire fortune. Pendant ce temps, Berners-Lee est resté auprès des physiciens du CERN en Suisse, assurant le support technique de son navigateur, avant de devenir chercheur au MIT.

Durant les années qui ont suivi s'est déroulé un épisode connu sous le nom de « guerre des navigateurs » *(browser war)*. C'est dans ce contexte de rivalité commerciale que JavaScript est apparu. Ce langage de programmation serait dédié aux navigateurs web et plus simple d'utilisation que les langages de programmation traditionnels. Surtout, JavaScript a équipé tous les internautes, sans qu'ils s'en rendent peut-être compte, d'un environnement de développement prêt à l'emploi.

Il y avait d'un côté Netscape, qui avait formé une alliance avec Sun Microsystems, et de l'autre Microsoft. Les navigateurs allaient devenir la pièce centrale pour accéder au Web, ce nouvel eldorado. Microsoft a subitement compris que sa place hégémonique était remise en question. Tandis que les processus de développement de produits chez Microsoft pouvaient durer des années, avec des sorties de produits quasiment sans bug, Netscape a fait irruption avec des produits aux standards de qualité un peu plus relâchés. Son navigateur fonctionnait suffisamment bien et des mises à jour étaient proposées tous les deux ou trois mois. Ceci a complètement déstabilisé Microsoft. Ce dernier a fait une offre de rachat à Netscape (mais d'un montant assez faible) avant de finalement lancer son propre navigateur : Explorer. Windows équipant l'essentiel des ordinateurs personnels sur la planète, la marque avait une longueur d'avance.

C'est dans ce contexte que JavaScript a vu le jour. Netscape cherchait un langage de programmation directement utilisable par les navigateurs. Java était aussi puissant que C++, mais nécessitait une compilation[8]. Les développeurs avaient besoin de quelque chose de plus léger et direct. Brendan Eich, alors étudiant, a développé JavaScript en dix jours, une prouesse ahurissante.

Pour les plus spécialistes, on peut préciser que JavaScript ressemble au langage C (accolades et points-virgules) et intègre des schémas propres à la programmation orientée objet (fonctions et classes). JavaScript est sorti avec la version 2.0 de Netscape et a connu un succès immédiat. Grâce à lui, on pouvait créer des éléments de pages web interactifs et dynamiques.

En 2004, Gmail est apparu et a révélé toute la puissance de JavaScript. Auparavant, lorsqu'on consultait ses e-mails en passant par un navigateur, il fallait, à chaque clic, recharger une page, avec le temps de chargement que cela impliquait. Cette latence a disparu grâce à JavaScript qui permettait de charger, en tâche de fond, les e-mails.

Plus tard, JavaScript a permis de recréer l'équivalent de Word et Excel, dans une version fonctionnant entièrement dans un navigateur (Google Docs et Google Sheets).

Avec l'arrivée de JavaScript, les navigateurs web étaient devenus de nouveaux environnements pour faire fonctionner des services numériques avancés. Le navigateur Chrome, développé en 2008 par Google, a connu une adoption phénoménale, en partie grâce à son moteur JavaScript refait à neuf et adapté à des usages web qui avaient considérablement mis l'accent sur ce langage. Cette optimisation logicielle a été secondée par le renforcement des composants matériels, en particulier de processeurs aux capacités de calcul toujours accrues. JavaScript est moins optimal que d'autres langages, plus bas niveau, plus « proches » du processeur mais, pour les usages ordinaires, cette problématique a de moins en moins posé problème.

Aujourd'hui, les ordinateurs, les réseaux, les navigateurs et les possibilités de JavaScript sont devenus si puissants qu'ils permettent d'intégrer des outils de développement : le no-code en est une preuve indiscutable.

---

8 Cette opération intermédiaire transforme le code source des programmes en instructions comprises par le système d'exploitation. Cette étape était trop compliquée pour être intégrée dans les premiers navigateurs. C'est seulement à la fin des années 2010 que l'apparition de WebAssembly a permis de dépasser ces frontières.

L'essor de l'UX

Dans les progrès gigantesques qu'elle a connus depuis le milieu du xxᵉ siècle, l'informatique s'est simultanément complexifiée et simplifiée. Complexifiée du point de vue de la technique, avec des logiciels toujours plus puissants, dotés de fonctionnalités toujours plus nombreuses et élaborées. Simplifiée du point de vue de l'ergonomie, avec des interfaces toujours plus intuitives et efficaces.

Au fil du temps, les technologies du numérique se sont progressivement spécialisées pour mieux répondre à chacun de nos besoins comme le paiement en ligne, le stockage de fichiers dans le cloud, le streaming de musique ou de vidéo. Pour les développeurs, ces sujets sont lourds de difficultés. Ils ont pu les surmonter car cette complexité croissante a été compensée par des progrès de leurs outils, systèmes et instruments.

Pour résumer, des services de plus en plus élaborés ont été produits grâce à des outils de plus en plus élaborés. En d'autres termes, la programmation informatique s'est continuellement renouvelée dans sa pratique même. C'est l'expérience utilisateur des individus recourant à des outils de développement (les développeurs) qui s'est transformée.

Or, ce qui n'a longtemps pas varié durant cette évolution, c'est le niveau d'expertise élevée pour aborder le développement. C'est précisément là que le no-code change la donne. Grâce à lui, la barrière à l'entrée pour créer des applications s'est affaissée : ce n'est désormais plus le privilège des experts des langages de programmation. On peut donc voir dans le no-code comme un saut en termes d'UX (*user experience*) pour le développement d'applications.

Ce progrès n'aurait cependant pas pu avoir lieu sans ces deux conditions préalables :

- Côté utilisateurs, beaucoup d'usages se sont stabilisés. Les standards d'aujourd'hui pourraient sembler avoir existé de tout temps, pour acheter en ligne, visionner des films, écouter de la musique, effectuer des recherches, lire les actualités et ainsi de suite. En réalité, ce processus a pris du temps et a été graduel. En utilisant au quotidien les applications modernes, le grand public a été de plus en plus exposé à leurs interfaces. Il s'est continuellement imprégné de leurs conventions, et ces conventions se sont continuellement ancrées plus profondément dans les mœurs. On peut parler d'une « commoditisation » des interfaces web (figure 4-9).

- Côté développeurs, des technologies de fond ont atteint des paliers de maturité. Elles ont subi des processus d'abstraction et peuvent être consommées en tant que services. Quasiment plus aucune entreprise ne gère elle-même des serveurs physiques d'hébergement, ne crée ses propres protocoles d'encodage d'image/son ou n'implémente son réseau de streaming.

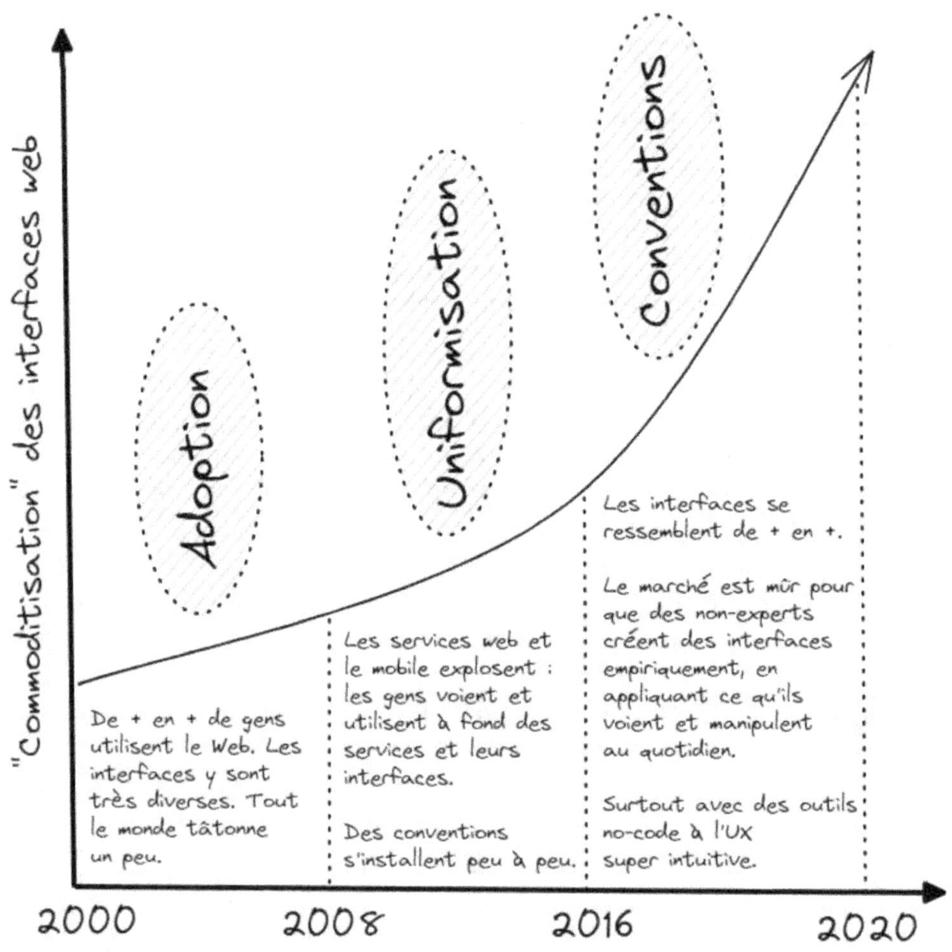

Figure 4–9
Hypothèse : la « commoditisation » des interfaces aurait-elle favorisé l'émergence du no-code ?

L'émergence du design web puis de l'UX a touché à la fois les produits grand public et les outils. Améliorer un parcours fait d'interfaces[9] pour des utilisateurs finaux ou pour des travailleurs, cela n'est fondamentalement pas différent. Si cette modernisation a d'abord concerné les produits grand public, cela

9   Nous évoquons ici l'UX d'une manière très simplifiée en restreignant cette discipline au design d'interfaces. Précisons que cela ne représente qu'une de ces facettes !

s'explique grâce aux deux points cités précédemment (usages stabilisés et technologies matures) : l'UX a constitué la marge de manœuvre principale pour se différencier de ses concurrents.

Avec l'essor des métiers du design et de l'UX, une sensibilité à ces questions s'est répandue et a naturellement filtré vers le monde de la production. Les outils internes allaient suivre le mouvement pour devenir plus agréables, plus personnalisables, plus simples à utiliser, et finalement plus efficaces. Certains ont fait la part belle au visuel et le no-code a ainsi émergé.

Afin d'illustrer l'essor de l'UX, nous allons prendre deux cas qui ont précédé l'apparition du no-code : l'un ne concerne pas exactement la programmation (cas du traitement de texte) et l'autre s'est passé dix ans plus tôt (cas du stockage en ligne avec Dropbox). Notre intention est de montrer que le no-code bénéficie de ces avancées dont il se fait l'héritier.

Un exemple : de Word à Notion

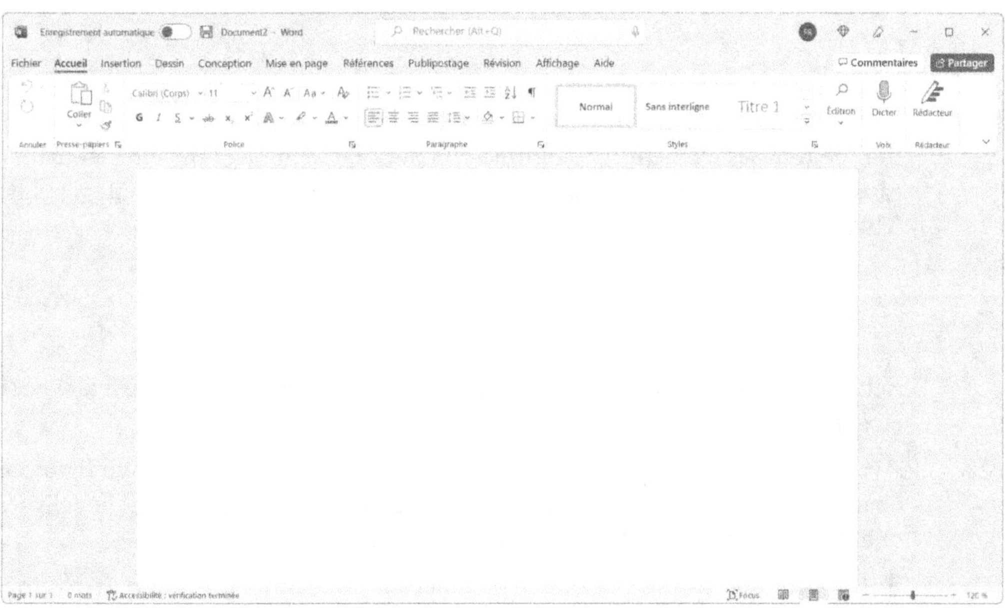

Figure 4–10
Microsoft Word

Figure 4–11
Notion

En comparant Microsoft Word et Notion[10], on constate d'abord la disparition de tous les éléments de contrôle en haut de l'écran. Les menus déroulants, cases et boutons sont regroupés au sein de bandeaux thématiques du logiciel de Microsoft :

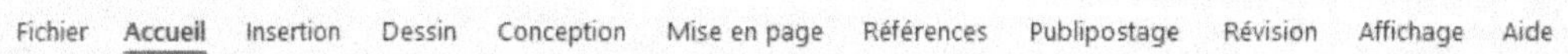

Selon le vocabulaire de Word, il s'agit de *commandes* présentées au sein d'*onglets*, eux-mêmes accrochés à un *ruban*.

Avec Notion, le principal changement est que l'application se lance en ligne, en chargeant une page web. Tous les boutons et menus de contrôle se sont éclipsés et c'est le canevas central qui est valorisé, occupant tout l'espace.

Si l'on interrogeait des personnes habituées à Word en leur montrant Notion, elles remarqueraient la disparition de leurs menus et options habituels. Toutefois,

---

10 Nous aurions pu faire la même démonstration avec un outil de développement classique (Visual Studio par exemple) et un outil no-code, mais l'analyse aurait été plus difficile et sujette à débat. Leurs livrables (des applications) sont trop variables pour qu'on puisse organiser un tel face-à-face. Même si Word et Notion n'ont pas exactement les mêmes usages, ils servent chacun, en premier lieu, à structurer des contenus textuels.

c'est l'expérience inverse qui serait la plus intéressante à mener. Que se passe-rait-il si nous interrogions de jeunes utilisateurs de Notion n'ayant jamais connu Word ? Dans quelle mesure ces individus pourraient-ils remarquer l'inexistence des menus ? Sans la connaissance historique de son prédécesseur, il serait impossible de remarquer ces absences.

D'ailleurs, cette disparition ne concerne pas uniquement ces éléments d'interface : le terme « logiciel » lui-même ne serait sans doute plus employé, tout comme celui de « bureautique », peut-être, ou celui de « fichiers ». Ces mots ne sont-ils pas en train de devenir les symboles d'une ère en train d'être liquidée par les avancées techniques ?

Par ces remarques, nous souhaitons faire quelques pas de recul et passer du design d'interface (UI pour *User Interface*) à l'expérience utilisateur (UX pour *User eXperience*), voire à l'expérience client (CX pour *Client eXperience*). Dans ce dernier cadre, on élargit la question des interactions à tous les points de rencontre avec une marque (magasin, publicité, service client, etc.).

Si l'on remonte dans le temps, on peut se remémorer de nombreuses petites étapes qui se sont progressivement dissipées. Il fallait, il n'y a pas si longtemps, installer un logiciel comme Word, ce qui réclamait beaucoup de patience de la part de l'utilisateur en train de suivre les étapes associées. Il fallait également, quelques années auparavant, manipuler des supports physiques (CD-Rom, DVD, disquettes) pour inscrire durablement ce logiciel dans la mémoire de l'ordinateur que l'on appelle son disque dur. Il fallait, avant cela, le commander ou bien aller le chercher dans un magasin, donc l'avoir acheté et, pour une utilisation au sein d'une entreprise, avoir obtenu des autorisations internes, de la part de sa hiérarchie (comptabilité, service juridique, direction de projet, responsable du système d'information) afin de procéder à cet achat.

Complexité technique + simplicité ergonomique = « Ça marche »

En réalité, ce n'est pas parce que le bouton *Sauvegarder* n'apparaît plus sur Notion que la fonction de sauvegarde a été évacuée. Au contraire, derrière cette simplification salvatrice, le processus technique s'est considérablement compliqué. Notion a automatisé des sauvegardes à intervalles de temps réguliers. Il les fait pour nous, d'une manière discrète ; nous n'avons donc plus à nous en soucier.

On pourrait compléter avec d'autres opérations désormais prises en charge par l'outil. Notion effectue des enregistrements sur des serveurs sécurisés et redondants, bien plus sûrs que le disque dur d'un ordinateur personnel. Notion permet de naviguer dans ces versions passées (points d'enregistrement), au cas où l'on souhaiterait faire marche arrière dans notre travail. Par ailleurs, Notion ne requiert pas d'installation longue et fastidieuse, il suffit d'un navigateur web pour consulter, organiser, modifier et partager ses documents. De ce fait, les problèmes liés à des formats de fichiers, compatibles avec certaines versions de Word seulement, sont résolus. De même, les possibilités de collaboration sont, là encore, drastiquement facilitées : on peut désormais sans difficulté travailler à plusieurs sur les mêmes documents, y déposer des commentaires ou effectuer des copies et des partages en quelques clics. L'étape de paiement, elle-même, est encore une barrière qui s'est affaissée : on peut utiliser Notion sans avoir à sortir sa carte bleue (pour une utilisation limitée).

Tous ces progrès sont de natures technique et ergonomique. Elles concernent l'UX du produit, et plus globalement le rapport que l'on entretient avec la marque. Ainsi que l'exprime Saint-Exupéry dans *Terre des Hommes* : « toute mécanique apparente s'est peu à peu effacée », de telle sorte « qu'il nous est livré un objet aussi naturel qu'un galet poli par la mer ».

Finalement, la seule chose que l'on retient tient en deux mots : « ça marche ». Cela signale une ergonomie réussie. Nous pouvons approfondir ce concept du « ça marche » selon deux axes de lecture :

1. un fonctionnement technique efficace et fiable (dimension technique) ;

2. une juste adéquation entre les attentes d'une cible et la solution proposée (dimension UX).

Robustesse technique

Disposer de technologies de fond éprouvées est évidemment un prérequis indispensable. Peut-on imaginer l'espace d'un instant utiliser un outil informatique quelconque si le processeur de l'ordinateur, de temps à autre, commettait des erreurs ? Ou si l'affichage des informations à l'écran, le comportement du clavier ou de la souris étaient susceptibles, disons 1 % du temps, de désobéir à nos instructions ? Ou encore si la connexion au réseau Internet ne parvenait pas à trouver son chemin vers un site, en raison de critères imprévisibles ?

Dans un article historique, publié dans le *Wall Street Journal* du 20 août 2011, Marc Andreessen tente d'analyser « Pourquoi le logiciel est-il en train de dévorer le monde ». Il y évoque notamment le succès d'Amazon (vente en ligne), Netflix (cinéma), iTunes et Spotify (musique), Pixar (cinéma d'animation) et Skype (téléphonie). Il y prévoit que le logiciel va également investir les domaines de l'éducation, de la santé, de la défense militaire. À la question « pourquoi tout cela se déroule-t-il maintenant ? », il répond :

> Cela fait six décennies que la révolution des ordinateurs est en cours, quatre décennies que le microprocesseur a été inventé, deux décennies que l'Internet

moderne poursuit son essor : toutes les technologies nécessaires pour transformer l'industrie grâce au logiciel marchent finalement et peuvent être déployés à grande échelle.

Lui aussi le dit : toutes ces technologies « marchent finalement ». De là, les concepteurs de services numériques peuvent se concentrer sur l'essentiel : l'expérience qu'ils proposent à leurs utilisateurs.

Pertinence UX

Le succès fulgurant de Dropbox, au début des années 2010, illustre bien l'importance accrue de l'UX dans la stratégie de développement des produits numériques. Compatible avec le format Word et capable de prendre en charge tout type de fichiers, Dropbox voulait avant tout répondre à des problèmes concrets rencontrés par des personnes qui disposent désormais de nombreux équipements (plusieurs ordinateurs et smartphones) : comment les synchroniser d'une manière simple et efficace et simplifier l'accès à ses documents ?

Lorsqu'on lui demande d'expliquer son succès, Drew Houston, le fondateur de la société, ne fait pas mention de la complexité de l'architecture technique ou des capacités des serveurs cloud qu'il a conçus pour triompher de ce défi technologique. Il préfère citer cette anecdote, rapportée dans un article du magazine *Forbes* du 7 novembre 2011 : la scène se passe en Californie, lors d'un repas arrosé organisé par l'investisseur Ron Conway dans la très luxueuse Villa Belvedere. Alors que Houston décrivait patiemment, comme à son accoutumée, ce que Dropbox était capable de faire, son interlocuteur lui a coupé la parole brutalement : « Je connais tout ça, je l'utilise tout le temps. » Ce n'était pas un patron de la technologie qui l'avait interrompu, mais le rappeur Will.i.am, des Blacked Eyed Peas. Ce dernier avait utilisé Dropbox pour collaborer avec le producteur David Guetta sur son titre *I got a feeling*.

Dans les bureaux de Dropbox, un néon lumineux, accroché au mur, reproduit en écriture cette courte phrase aux allures de mantra : « *It just works* » (« ça marche, tout simplement »). Les deux derniers mots clignotent en bleu. L'article de Forbes cite d'autres exemples pour étayer cette démonstration que Dropbox fonctionne : ça marche du point de vue technique et, surtout, ça marche pour simplifier la vie de nombreux individus dans leur quotidien. De multiples témoignages montrent que le virage de l'UX a été pris : il ne s'agit plus de trouver une solution technique pour tout le monde, mais de répondre aux problématiques concrètes de chacun.

Deux autres outils, Mailbox (service e-mail, lancé en 2013) et Carousel (service pour synchroniser ses photographies, lancé en 2014), n'ont pas reproduit le succès du produit phare, malgré un *design* épuré et une extrême simplicité d'utilisation. Le cofondateur Aditya Agarwal reconnaît lui-même sa déception : « *Il n'y a pas eu la croissance que nous attendions et finalement nous avons dû y mettre un terme.* » Les raisons de cet échec ? « *Nous n'avons pas reçu suffisamment de retours pertinents de la part des utilisateurs. Nous étions à l'ouvrage, toujours à l'ouvrage et pas suffisamment à l'écoute* ». Nous pourrions aussi évoquer le succès en demi-teinte de Dropbox Paper, sorte d'intermédiaire entre Word et Notion, sorti en janvier 2017.

L'UX impeccable des outils no-code : le cas de Notion

Certains débattront sans fin pour savoir si Notion est un outil no-code ou non. Peut-être la réponse à cette question est-elle, au fond, sans grande importance ?

Il nous semble bien plus intéressant de saisir, à travers l'exemplarité de cet outil, l'enjeu primordial, pour tout outil no-code qui se respecte, que représente une expérience utilisateur irréprochable. Tous ces outils se caractérisent par leur grande flexibilité et par l'ergonomie de leurs interfaces visuelles pour agencer des blocs élémentaires. Pour leurs utilisateurs, il faut *tout simplement* que « ça marche ».

L'histoire de Notion est riche d'enseignement sur ces défis[11].

L'éditeur de texte, au cœur de l'outil, fonctionne tellement bien qu'il semble avoir ringardisé tous les autres… Jusqu'à devenir un véritable outil de bureautique contemporain, de nouvelle génération et pour certains usages[12].

Jonathan Lefèvre, le traducteur français de l'outil et expert en productivité, le formule dans un tweet :

« Le problème de s'habituer à l'éditeur de @NotionHQ, c'est que tous les autres te paraissent pourris après. 😬 »

En effet, tout contribue, dans Notion, à une expérience sans la moindre friction : réactivité pour la saisie, raccourcis-claviers bien pensés, déplacements de blocs en glisser-déposer fluides, intégration parfaitement huilée d'éléments venant d'autres sites (vidéos, tweets…), etc.

Pourtant le succès n'a pas toujours été au rendez-vous pour la marque. En 2015, Notion a failli mettre la clé sous la porte. Ses deux fondateurs, Ivan Zhao et

11 Pour en savoir plus sur les méthodes d'UX de Notion, on peut se référer à cet article :
https://www.figma.com/blog/design-on-a-deadline-how-notion-pulled-itself-back-from-the-brink-of-failure
12 Les usages de Word et de Notion présentent chacun une grande variété, et les comparer globalement ne serait pas une mince affaire. Il faudrait étudier de près leurs nombreuses utilisations concrètes afin de vraiment comprendre les mutations dans les « *ways of working* », ainsi que certaines start-up désignent les nouvelles façons de collaborer.

Simon Last, avaient bâti l'outil sur une stack technique insuffisamment robuste et l'application crashait en permanence.

Avec la toute première version (Notion beta), Ivan et Simon avait voulu construire une application de programmation simple à utiliser, même pour des individus ne sachant pas coder. Qu'en est-il ressorti ? Que cela n'a pas intéressé grand monde… Il leur a alors fallu pivoter, c'est-à-dire revoir leur stratégie. Ivan analyse ainsi l'impasse dans laquelle ils s'étaient retrouvés : « Nous nous sommes trop concentrés sur ce que nous voulions apporter au monde. Il nous faudrait désormais prêter attention à ce que le monde attendait de nous ».

En mars 2018, Notion 1 a été lancé. L'outil a grimpé en flèche dans le classement de Product Hunt. Un article est même paru dans le *Wall Street Journal*, intitulé « La seule application dont vous avez besoin pour être productif, au travail et dans votre vie privée »

Récemment, Notion a entrepris une réécriture en profondeur de l'éditeur (un « *refactoring* ») afin d'y intégrer une fonctionnalité qui pourrait spontanément sembler accessoire : la sélection à la souris de contenus sur plusieurs blocs (sans saisir l'entièreté des blocs). Le coût que cela représenta ? Plus de 100 déploiements de code (« *pull-requests* ») totalisant 26 247 insertions et 11 078 retraits de lignes de code.

Un petit pas pour les utilisateurs de l'outil, mais un effort de géant pour ses développeurs…

Ainsi que l'analyse Jonathan Lefèvre[13] :

« Qui est prêt à faire cet effort ? À mettre autant d'énergie sur ce seul sujet, en mettant tous les autres de côté ? Pas grand monde, je suppose.

Alors qu'il a des pouvoirs de fidélisation démesurés, l'éditeur de texte est souvent perçu comme une sorte de commodité. Et pourtant, c'est un exercice difficile. Outre le temps et la persévérance, il faut le savoir-faire (parfois ingrat), la patience et la discipline pour exécuter parfaitement les moindres détails qui font qu'un éditeur de texte sera agréable à utiliser sur le long terme. »

Son analyse est parfaitement pertinente. On pourrait la généraliser à tout bon outil no-code, voire à tout bon outil numérique.

Dans ce chapitre, nous avons parcouru rapidement quelques décennies de progrès techniques. Tous les systèmes numériques en bénéficièrent, tant les produits destinés au grand public que les outils de productivité et outils de

---

13 Dans son article « Qu'est-ce qu'un bon éditeur de texte ? », disponible à l'adresse : https://jonathan lefevre.com/outils/bon-editeur-de-texte

développement. À travers quelques exemples, nous avons insisté sur les implications réciproques des aspects techniques et UX : on ne peut finalement pas penser l'un sans l'autre.

Nous devons également indiquer qu'un bon fonctionnement technique et une expérience utilisateur réussie sont des conditions nécessaires au succès d'un produit mais pas toujours suffisantes. D'autres critères, quelquefois plus mystérieux, concernant le marché, sont également à l'œuvre. Par exemple, l'outil no-code Bubble a pendant longtemps connu une expansion commerciale très limitée, avant de connaître son succès actuel. Il est né en 2012 : peut-être le marché n'était-il alors pas encore prêt pour ce genre d'outils. Cette remarque vaut-elle pour l'ensemble du no-code ? L'essor de ces outils date du tournant de 2020. Il faut aussi souligner qu'en l'espace de dix ans, les ordinateurs, smartphones et connexions à Internet ont considérablement accru leurs puissances, ce qui a contribué à fluidifier l'expérience de l'utilisation des outils no-code.

Existe-t-il un mouvement no-code ?

Dans les chapitres précédents, nous avons tenté de cerner le no-code en analysant ses promesses, en décrivant des projets, en auscultant les innovations spécifiques de ces outils et en interrogeant finalement l'héritage technique sur lequel ils se fondent.

Dans cette seconde partie, nous souhaitons comprendre ce qui a propulsé durablement ces embarcations no-code. De plus en plus d'explorateurs d'un nouveau genre montent à leurs bords.

- Comment se repèrent-ils ?
- Comment communiquent-ils entre eux ?
- Quelles sont leurs motivations et sources d'inspiration ?

Les différents courants de ce vaste mouvement, les communautés, peuvent désormais se rassembler autour d'un outil, de pratiques ou d'horizons partagés.

Afin d'exposer les cultures, valeurs et l'état d'esprit de leurs membres, nous dépeindrons les portraits de Lise, Julien et Naye qui pratiquent le no-code avec passion. Vous découvrirez leurs quotidiens, leurs univers et, à travers eux, des approches concrètes du no-code que nous voulons encourager.

Mouvement et communautés

5

Contexte

Rien n'est plus difficile que de changer des habitudes
en place ! Ce n'est déjà pas évident pour soi-même
mais, quand il s'agit de groupes d'individus, les résis-
tances que l'on rencontre sont encore plus redoutables.
Cependant, sur le terrain entrepreneurial et tout particulièrement dans les contrées du numérique, cette
aptitude à la mobilité est capitale. Il faut privilégier,
préconise le Manifeste agile, « *l'adaptation au changement* » au suivi d'un plan préétabli. Pour les entreprises, rien n'est plus important que de savoir changer
ses habitudes. Une forme de vigilance, un sens de
l'observation et des capacités d'écoute constituent des
qualités indispensables pour tout entrepreneur.

Afin de développer ces compétences, les entreprises misent bien sûr sur la première de leurs ressources : les ressources humaines. Elles cherchent d'une part à recruter des talents et des experts ; et d'autre part à diffuser les connaissances et savoir-faire grâce à la formation interne. Divers comités au niveau de la direction (comité de direction, comité exécutif, comité consultatif notamment) ont également pour raison d'être de préparer au mieux les décisions stratégiques.

Cependant, tout ne se réduit pas à ce métabolisme interne, et ces organes de pilotage ne sont pas l'apanage des organisations qui ont déjà atteint une certaine taille. De manière plus commune, les acteurs du numérique s'appuient sur des méthodologies diverses pour piloter leurs activités. Ils sondent leurs processus et leur organisation interne. Ils évaluent les gains de productivité qu'un changement de technologie pourrait occasionner. Ils estiment les courbes d'apprentissage qu'un remplacement de logiciels impliquerait, etc. Or, dans ces réflexions stratégiques, il est toujours question de méthodologies, de modèles d'organisation, de technologies ou de logiciels provenant de l'extérieur, ayant déjà été éprouvés par d'autres.

Pour diriger une entreprise, l'instinct et les ressentis du patron ne suffisent pas. Dans une conférence Ted de 2014[1], Simon Sinek, conférencier américano-britannique à qui l'on doit des ouvrages sur le management et la motivation, indique que « le leadership est un choix, pas un grade. C'est le choix de faire attention à la personne à votre gauche et de faire attention à la personne à votre droite ». Un bon dirigeant ne peut être une personne isolée ou hautaine. C'est quelqu'un qui observe et écoute ce qui se passe dans les murs de sa société, mais aussi ce qui se fait ailleurs. Pour engager des transformations affectant par exemple ses processus internes et le travail des équipes, il doit s'informer des dernières tendances et des outils modernes. L'importance de cette attitude vaut bien sûr aussi pour les petites structures et les solopreneurs.

L'irruption du no-code et l'accélération de son expansion à partir de 2020 nous rappellent à quel point le développement informatique et l'entrepreneuriat numérique évoluent à grandes enjambées. Depuis quelques temps déjà, des termes dénotant cet insatiable besoin de mouvement ou de renouvellement sont devenus des thèmes communs, largement relayés : « agilité », « hypercroissance », « disruption », etc. Le terme no-code suggère fortement, lui aussi, encore un franchissement de barrière (ou du moins de ce qui est considéré comme tel) : celle du code.

Comment se repérer sur des terrains aussi mouvants ? Où trouver les informations les plus à jour et les plus utiles pour nous orienter ? Peut-on se fier aux argumentaires des services numériques spécialisés, désormais si nombreux

---

1   Source : https://blog.ted.com/leadership-is-about-making-others-feel-safe-simon-sinek-at-ted2014/

(paiement, gestion des contenus, CRM, publipostage, etc.) ? Comment se forger ses propres opinions et disposer du recul nécessaire pour faire les meilleurs choix d'outils notamment ? La vitesse à laquelle les outils numériques se développent peut vite placer les décideurs dans de désagréables sensations de FOMO *(Fear Of Missing Out)*, cette peur de rater quelque chose, ou d'une de ses variantes moins connues, le FOBO *(Fear Of Better Option)*. Celle-ci se caractérise par la crainte de ne jamais prendre la meilleure décision possible, et cela nous paralyse…

C'est là que les communautés interviennent. On pourrait se les représenter visuellement comme des centres mobiles, se déplaçant sur une vaste toile de fond qui, elle-même, se remodèle au gré des actualités rapides du numérique. Même si leurs membres changent et même si leurs discours évoluent aussi, la qualité essentielle d'une communauté, c'est d'être fidèle à elle-même. Chacune est une enseigne connue, un lieu pouvant devenir familier, un repère. La force de ses valeurs, l'enthousiasme des discussions qui l'animent et l'engagement de ses membres sont ses piliers et les signes de sa bonne santé.

Les constituants d'une communauté

Les communautés (numériques ou non) ont leurs lieux, leurs histoires et légendes partagées, leurs événements, leurs membres et représentants, leurs institutions et leurs rituels. Pour ce qui est des communautés digitales, il s'agira typiquement de forums en ligne (lieux), de success stories et d'interviews (histoires partagées), de meetups et de salons (événements), d'experts et d'ambassadeurs (représentants), de formations (institutions) ou de bootcamps se terminant par leurs demo days (rituels)…

Il existe différentes origines pour les communautés digitales : elles peuvent être associées à une technologie, à un outil particulier, à une personnalité, ou bien ne pas revendiquer de parenté claire et promouvoir un esprit de collégialité autour d'un thème donné. Elles peuvent être associées à des marques commerciales. Ainsi, Indie Hackers et Makerpad, dont nous parlerons plus loin, ont été acquises respectivement par Stripe et Zapier. Cependant, ces marques n'y apparaissent presque pas et ne pratiquent aucune ingérence dans leur animation. On aurait en effet vite fait de les accuser d'instrumentaliser ces belles communautés ! D'ailleurs, pour citer un exemple historique dans le domaine du code, lorsque Microsoft a racheté la plate-forme de création de logiciels GitHub en 2018, cela a provoqué un tollé sur le Web. GitHub est l'un des sites phares des partisans du logiciel libre, s'opposant aux entreprises qui commercialisent des logiciels propriétaires comme Microsoft… Les grandes marques n'ont qu'à bien se tenir !

On pourrait aussi citer, en guise d'illustration, une communauté française sans lien avec le no-code, CFO Connect (« La communauté des CFO[2] modernes ») : créée par Spendesk, éditeur de logiciels dédiés à la gestion financière et comptable, cette communauté regroupe plus de 6 500 directeurs et responsables financiers. Ils s'y retrouvent et échangent sur leurs sujets de prédilection, mais l'accès n'est absolument pas réservé aux clients de Spendesk !

Ainsi, ce n'est peut-être pas un aspect si décisif de relever qu'une communauté en ligne soit possédée par une entité commerciale. Ce qui compte, c'est de comprendre l'esprit qui l'anime, de connaître son histoire, de savoir repérer et analyser les mécanismes qui y sont à l'œuvre.

Enfin, on peut aussi trouver ce que nous appelons des « mécanismes communautaires » sans qu'une communauté clairement identifiée (notamment par son nom) ne nous vienne nécessairement à l'esprit. Cela sera par exemple le cas de *followers*, d'abonnés à une chaîne YouTube (figure 5–1) ou à un profil LinkedIn.

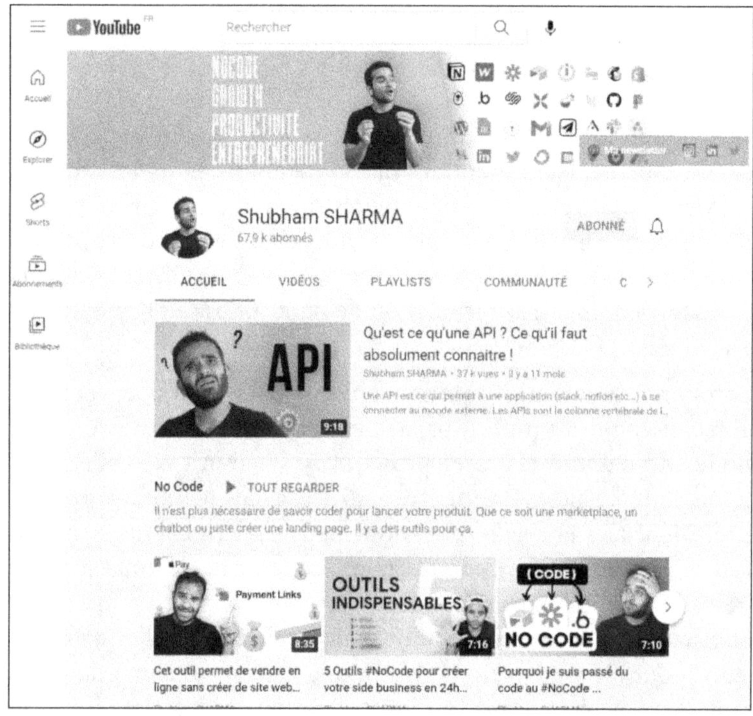

Figure 5–1
La chaîne YouTube de Shubham Sharma est francophone et consacrée au no-code, au growth hacking et à la productivité.

2 *Chief Financial Officer* est l'appellation anglaise pour les directeurs financiers.

Les communautés et les mécanismes communautaires sont cruciaux pour l'expansion du no-code. En effet, ce dernier propose aux entrepreneurs des options stratégiques inédites : ils peuvent désormais se demander s'ils peuvent accorder leur confiance à un outil no-code plutôt qu'à des logiciels éprouvés de longue date. Des actionnaires peuvent remettre en question le fait d'investir des montants considérables auprès d'une agence ou pour recruter des profils techniques…

Le no-code constitue une bifurcation par rapport aux façons traditionnelles de développer, car il implique à la fois de la continuité et un changement :

- **Continuité** car il s'appuie pour l'essentiel sur l'héritage des grandes avancées et les grands systèmes technologiques de l'informatique. Il a en commun ce chemin passé et déjà parcouru.

- **Changement** car il renouvelle la programmation avec ses outils visuels que l'on utilise uniquement à travers son navigateur web et sans requérir d'expertise dans un langage de programmation.

Nous voici au carrefour où se rejoignaient les langages de programmation, chacun avec ses inconvénients et ses avantages. De nouvelles voies y sont apparues, celles des outils no-code. Quelle direction faut-il prendre ? Code ou no-code ? Et quels outils plus précisément ? Pour trouver son chemin, pourquoi ne pas consulter les communautés ?

Le cas des grandes entreprises

Précisons que nous n'aborderons pas, dans ce chapitre, le cas de l'adoption des outils no-code au sein des grandes entreprises. Celles-ci disposent souvent de services dédiés à leurs systèmes d'information (DSI, pour Direction des systèmes d'information). Des règles décrivent les processus internes, les rôles et autorisations de chacun. Souvent le contrôle des serveurs d'hébergement et de la sécurité des données sont des enjeux de première importance.

Il n'est cependant pas rare d'observer des infractions à ces règles ; parmi les mauvaises pratiques les plus courantes, on peut mentionner l'envoi de fichiers Excel par e-mails (faisant circuler plusieurs versions concurrentes, potentiellement contradictoires, d'un même document), les installations discrètes de logiciels (sans aval de la DSI), des échanges de mots de passe à la va-vite, etc. Des systèmes parallèles sont quelquefois mis en place par des employés débrouillards et volontaires, court-circuitant la DSI : on parle alors de *Shadow IT*. Ces écarts de conduite ne doivent pas être condamnés trop vite : ils peuvent avoir une vraie utilité. Les services centraux, le plus souvent, en ont connaissance et les tolèrent. Dans certains cas, ils sont mêmes encouragés et une appellation est apparue pour qualifier les employés, non développeurs de formation, qui conçoivent et maintiennent ces outils internes : les *citizen developers* créent, par exemple, des petites bases de données sur Airtable ou des automatisations sur Zapier ou Make. L'image de « développeurs citoyens » s'explique par le fait qu'ils franchissent les cloisonnements usuels séparant les équipes, comme s'ils disposaient de passeports spéciaux pour voyager librement dans toute leur société.

Un exemple iconique de communauté : Indie Hackers

Évitons d'emblée tout faux-sens : Indie Hackers ne recoupe pas la communauté des no-codeurs. Tout d'abord, elle a été fondée en 2016, bien avant l'émergence du terme no-code. En second lieu, le no-code ne se limite absolument pas à des « indépendants » (des *one person team* pour reprendre le vocabulaire du fondateur de Indie Hackers, Courtland Allen). Enfin, la « communauté des no-codeurs », cela n'existe pas ! Il existe de nombreuses communautés no-code, dispersées à travers le monde et d'envergures variées.

Alors, pourquoi la communauté numérique Indie Hackers représente-t-elle un cas particulièrement intéressant ?

D'une part, nous verrons que nous pouvons malgré tout établir une certaine proximité de cette communauté avec certains no-codeurs. L'évocation des valeurs de Indie Hackers résonnera probablement aux oreilles de certains adeptes du no-code (notamment les solopreneurs).

D'autre part, la façon dont cette communauté a été conçue est très instructive. Revenir dessus éclairera plus globalement les phénomènes communautaires numériques. Courtland Allen l'a bâtie de toutes pièces. Lorsqu'il raconte l'histoire de Indie Hackers, il nous transmet de précieuses leçons, car la méthode qu'il a employée est transposable à d'autres communautés. Bref, cette communauté iconique fait figure d'exemple.

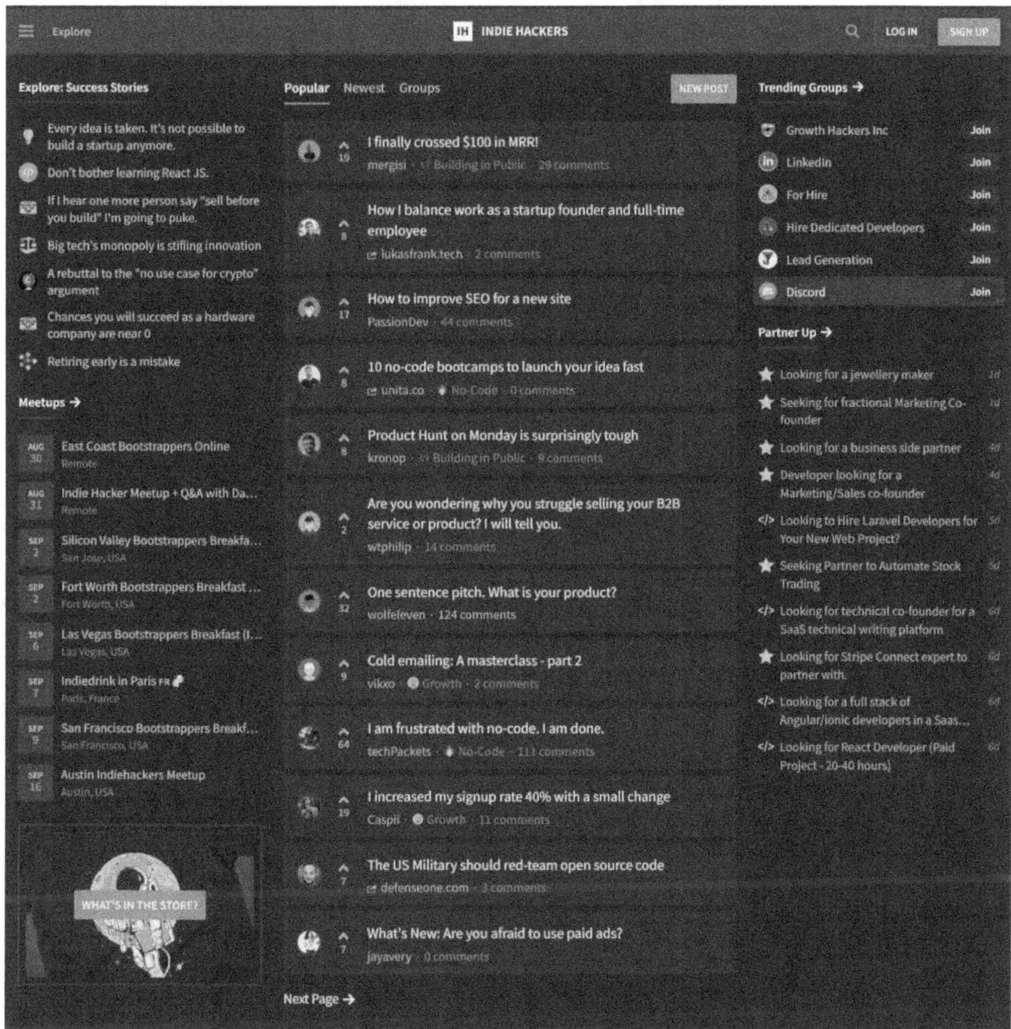

Figure 5–2
La page d'accueil du site Indie Hackers présente une sélection de Success Stories, un calendrier de meetups et des prises de parole variées, départagées par un système de vote.

Qu'est-ce que Indie Hackers ?

Dans un entretien qu'il donne au podcast Creator Lab[3], Courtland Allen définit sa communauté comme suit :

> La plus grande communauté en ligne de fondateurs de start-up. Ce qui fait que ces fondateurs sont un peu différents de cette sorte de stéréotype des fondateurs recherchant des fonds d'investissement pour soutenir une hypercroissance, c'est que Indie Hackers donne à la liberté la priorité sur tout le reste. Ils ne sont pas vraiment en quête de gloire, à essayer de bâtir une immense licorne valant un milliard de dollars. Ils veulent juste améliorer leur vie au quotidien.

Ainsi, ces indépendants veulent choisir librement leurs horaires, lieux de travail, partenaires et collaborateurs. Ils veulent être autonomes financièrement, ne pas avoir à dépendre d'un employeur qui leur reverserait un salaire ou exigerait d'eux certains prérequis. Ils peuvent être des ingénieurs, des développeurs (codeurs ou no-codeurs), des solopreneurs…

En 2021, Indie Hackers comptait plus de 140 000 utilisateurs disposant de comptes. C'est sans compter les nombreux visiteurs anonymes qui consultent le site sans laisser de traces de leurs passages. En effet, Indie Hackers est avant tout un site Internet : www.indiehackers.com (figure 5–2). On y trouve de nombreuses ressources : discussions, questions adressées à la communauté, success stories, leçons, astuces, idées libres, présentations de start-up, exposés de stratégies, énoncés de méthodes, analyses de sujets précis ou réflexions introspectives…

Comment Indie Hackers a-t-elle été créée ?

Ces contenus contributifs partagés au sein de la communauté sont complétés par un système de votes. Appelés *upvotes* et *downvotes*, ces notations permettant à chacun de soutenir certaines publications ont été popularisés par des sites d'échanges d'idées, à dominante technique comme Stack Overflow ou généralistes comme Reddit. On les retrouve aussi sur un autre site extrêmement suivi par les férus de technologie, que le *hacking* et l'actualité des start-up passionnent : Hacker News (figure 5–3). Le logo de Indie Hackers évoque d'ailleurs assez clairement celui de Hacker News (lettres majuscules sur fond uniforme)[4].

---

3   Disponible sur YouTube à l'adresse https://www.youtube.com/watch?v=F9_8B0c_UTY
4   Le Y du logo de Hacker News représente l'entreprise de Paul Graham, Y Combinator, qui est à la fois un fonds d'investissement et l'un des incubateurs de start-up les plus prestigieux au monde.

Figure 5–3
Le site Hacker News et son système d'upvotes pour départager les publications.

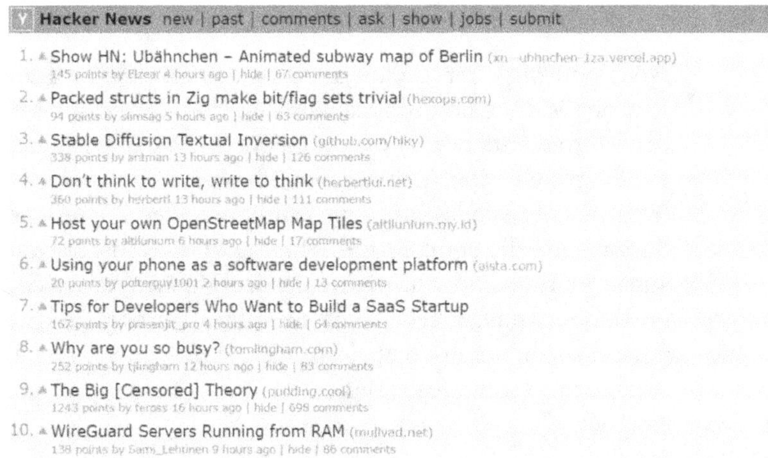

Avant de créer Indie Hackers, Courtland Allen a visité quotidiennement Hacker News pendant dix ans. Il y a observé les publications qui fonctionnaient, entraînant des réactions en chaîne chez les utilisateurs du site. « C'est une culture vraiment particulière, une tribu spéciale où les gens se définissent par ce qu'ils aiment et par ce qu'ils n'aiment pas », commente-t-il. Il a ainsi vu certaines discussions grossir comme des rivières devenant torrents après l'orage, souvent suscitées par des questions simples comme « Qu'est qu'une start-up profitable ? » ou « Citez votre solopreneur préféré ».

Courtland a analysé méthodiquement ces prises de parole capables d'engendrer ces déferlements de réactions. Il y a décelé deux caractéristiques : d'une part, leurs auteurs y racontent leurs projets en lien avec leurs histoires personnelles, d'autre part, ils y communiquent sans tabou leurs revenus.

Fort de ces analyses, Courtland a conçu sa plate-forme sur mesure.

L'importance de l'argent, précise-t-il encore, tient au fait qu'il constitue une sorte de vocabulaire neutre, commun à tous et parlant à chacun. Il permet d'appréhender les projets des autres même lorsque les domaines concernés ne nous sont pas familiers. L'argent sert de dénominateur commun. Les projets affichent typiquement des indicateurs de réussite comme le MRR *(Monthly Recurring Revenue*, revenu récurrent mensuel).

On pourrait ici faire un parallèle avec les discussions techniques que l'on trouve par exemple sur la communauté No-Code France. « Comment régler telle automatisation ? Quelle stack choisir pour mon projet ? » Qu'importe si c'est un fan de drones qui donne ses conseils à une association prenant en charge des animaux abandonnés, les deux membres trouveront dans ces thèmes techniques un langage commun pour partager leurs idées et se réjouir de pouvoir s'entraider.

Quelques leçons de Indie Hackers

Nous pouvons tirer quelques leçons de l'histoire de Indie Hackers. Même si, redisons-le, il ne faut pas plaquer les communautés no-code sur Indie Hackers, ces mouvements ont en commun, en plus du numérique, de valoriser une certaine émancipation (par rapport à l'entreprise classique ou au développement traditionnel en code), ainsi que l'autonomie technique (même si le code n'est pas du tout interdit pour les Indie Hackers). Des inspirations communes peuvent aussi être trouvées pour nourrir les imaginaires de ces communautés : ces courants, pour Indie Hackers, seront le lean start-up, le design thinking, l'UX, le nomadisme numérique et, désormais, le no-code. Pour ce dernier, les domaines d'inspiration sont plus variés, selon les communautés, mais ils n'en sont pas bien éloignés.

Chaque communauté a ses spécificités

Dans son analyse, Courtland Allen insiste sur cette vérité qui semble évidente mais qu'il faut bien comprendre : chaque communauté a ses spécificités. Nous pourrions parier que, en reproduisant la structure du site Indie Hackers pour l'appliquer à une communauté de pâtissiers ou de gamers, cela ne fonctionnera pas du tout. Chaque communauté a son ADN et l'implémentation de sa plate-forme doit en être le miroir.

La loi de Conway

Habituellement, la « loi de Conway » est citée lorsque des systèmes techniques complexes sont étudiés. Melvin Conway, programmeur et hacker américain, l'a développée en 1967 dans un essai intitulé *Comment les comités inventent*[5] *(How does committees invent)* mais c'est Fred Brooks qui l'a baptisée « loi de Conway » en s'y référant dans son ouvrage connu « *Le Mythe du mois-homme* ». À cette époque, elle n'a pas été perçue comme essentielle, mais aujourd'hui, elle est centrale dans la conception de processus architecturaux et agiles.

Il nous semble intéressant de la présenter pour évoquer d'autres systèmes que les systèmes techniques : les systèmes humains que sont les communautés.

Qu'indique cette fameuse loi ?

Son seul énoncé n'est pas évident à comprendre : « *les organisations qui conçoivent des systèmes tendent inévitablement à produire des designs qui sont des copies de la*

---

5 Conway a rendu accessible ce texte sur son site personnel : http://www.melconway.com/Home/Committees_Paper.html

structure de communication de leur organisation ». Cela signifie par exemple que, si une entreprise est constituée de deux équipes A et B qui communiquent mal entre elles, il est probable que son site vitrine aura une section consacrée à l'équipe A et une autre à l'équipe B. On peut aussi citer cette autre formulation d'Eric Raymond, à la fois drôle et véridique : « si vous avez quatre équipes travaillant sur un compilateur, vous aurez un compilateur à quatre étapes ».

La loi de Conway exprime donc habituellement un risque : celui de reproduire dans un projet, sans s'en rendre compte, des silos existant dans son organisation. Or, ce qui doit prévaloir dans sa conception, ce sont les préoccupations des destinataires, pas les problèmes des auteurs. De cette façon, la loi de Conway sera démentie et le projet réussi, ou tout au moins en bonne voie.

Dans le cas des communautés numériques, les auteurs et destinataires du système « communauté » sont les mêmes personnes. Alors, la vérification de la loi de *Conway* sera plutôt une qualité. Le design des plates-formes communautaires doit parfaitement refléter les habitudes de leurs membres : leur vocabulaire, les thèmes usuels de conversation (devenant les catégories du site), des formats plutôt longs ou courts, etc. Par exemple, Courtland Allen explique que les Indie Hackers aiment se définir par ce qu'ils aiment ou pas. Le système d'*upvotes* du site en est la traduction. Ils aiment parler d'argent ? Chaque projet affichera ses revenus mensuels moyens (MRR).

Ces lieux doivent refléter les schémas de pensée de leurs membres. C'est un peu ce que Courtland nous indique en évoquant leur ADN, et c'est ce qu'il a appliqué pour construire Indie Hackers.

Seul mais ensemble

Indie Hackers pousse à l'extrême un paradoxe fondamental propre à certaines communautés : elles relient des personnes désireuses d'isolement. Cela pourrait être le concept du « seul mais ensemble ».

On retrouve typiquement cet isolement choisi chez les solopreneurs et chez les développeurs free-lance par exemple. Afin de compenser cet isolement dû à un souhait d'autonomie, les communautés (qu'elles soient numériques ou non) permettent de recréer du lien à travers des discussions et des rencontres. Celles-ci peuvent se dérouler en ligne ou dans des lieux réels lorsque des événements sont organisés. Ces communautés représentent des espaces où l'on peut recréer le type de relations que l'on peut avoir entre collègues de travail, mais avec le luxe de pouvoir plus librement choisir les individus avec qui l'on veut communiquer.

Dans le cas de la communauté CFO Connect mentionnée précédemment, un certain isolement n'est pas tant la conséquence d'un désir personnel que la répercussion des spécificités des métiers de la finance. Souvent, ce ne sont que quelques employés qui occupent ces rôles dans des structures de taille moyenne. CFO Connect leur amène des interlocuteurs pour échanger sur leurs pratiques, y compris dans les aspects techniques. L'essor du no-code fait apparaître des équipes dédiées aux opérations no-code[6] dans certaines entreprises : leurs membres se trouveront peut-être dans des situations analogues, et les communautés no-code pourront alors leur être des plus utiles.

Il n'y a pas que cela. La productivité personnelle est souvent améliorée lorsqu'on rejoint une communauté. Dans un article posté par Dropbox sur son site[7], Ariana Espiritu y analyse l'effet sur un travailleur de la présence d'autres personnes concentrées autour de lui. Comme quand des personnes baillent en série dans une même pièce, cette concentration productive est contagieuse. Un « effet miroir se produit et nous sommes obligés de faire de même ». Quiconque s'engage dans une communauté y trouvera des ressources et des encouragements pour gagner en productivité. Les communautés génèrent une atmosphère s'apparentant à une ambiance de camaraderie ou à un esprit d'équipe.

L'idéal du modèle startup relativisé

Par ailleurs, Indie Hackers révèle que le modèle typique de start-up levant des fonds et créant une rupture sur un marché[8], inspiré des grands succès de la Silicon Valley, n'a plus la même portée que par le passé. En tout cas, s'il continue d'en faire rêver certains, ce n'est pas le cas des Indie Hackers. Ceux-ci reconnaissent des figures comme Paul Graham ou Marc Andreessen parmi leurs références, tout en admettant que le type de compétition qu'ils ont connu ne les intéresse plus tant que ça. Il est plus important pour eux de trouver leurs propres chemins de succès. Ils partagent avec Y Combinator et Hacker News la croyance fondamentale que les découvertes technologiques peuvent apporter d'immenses bienfaits pour la société ; cependant, ils sont plus soucieux d'apporter ces bienfaits à leurs amis ou dans leurs quartiers, pas à la planète toute entière.

---

6   Nous reviendrons sur les « no-code ops » dans le chapitre 8. Quelquefois, ces équipes en charge d'améliorer la qualité et la productivité de processus internes sont restreintes à une personne. Il peut même s'agir d'une employée ou d'un employé spécialement habile avec les outils numériques et qui n'a pas conscience d'effectuer des tâches de type « ops » ou « opérations ».

7   https://blog.dropbox.com/topics/work-culture/_working--alone---how-togetherness-motivates-focus

8   Ce rêve de bien des start-up est si bien ancré dans l'imaginaire du numérique qu'il a donné lieu à un néologisme : après qu'airbnb a « disrupté » l'hôtellerie et Uber les taxis, qu'allez-vous « disrupter » ?

Dans le fonctionnement d'une communauté, de tels idéaux ont une fonction fondamentale. Ils peuvent être incarnés par des figures héroïques ou encore s'exprimer par la formulation de valeurs. Ils constituent à la fois des fins en soi et des moyens. Des fins en soi, car ces idéaux sont des objectifs inspirants. Et des moyens, tant qu'ils servent à fédérer et consolider les communautés.

La longue traîne des problèmes et opportunités

Enfin, Indie Hackers révèle qu'il est possible de fonder une activité autour d'un usage très précis et particulier, d'une niche économique.

Ces positionnements spécialisés ou locaux traduisent aussi une réalité statistique. C'est avec l'essor de l'e-commerce que la notion de « longue traîne » a été beaucoup encensée. Les boutiques en ligne pouvant proposer une variété considérable de produits, le cumul de ceux qui ne se vendent que rarement peut devenir quantitatif. On parle aussi quelquefois de la règle des 80/20, disant que 80 % du chiffre d'affaires est réalisé avec les 20 % de produits phares. Et inversement, la longue traîne des 80 % de produits moins en vogue représente 20 % du chiffre d'affaires. Ce n'est pas rien et cela vaut donc le coup de s'y intéresser.

De même en est-il pour les problèmes et opportunités auquel le numérique apporte des résolutions. La grande accessibilité des outils no-code (y compris en termes de prix) associée à la forte productivité qu'ils offrent à leurs utilisateurs permet de traiter de telles « niches » avec des modèles d'affaires rentables.

Quelques exemples de communautés no-code

Il nous est difficile de choisir des communautés no-code à présenter, car elles sont nombreuses et toute sélection est en soi un peu injuste. Nous en avons retenu quelques-unes, dont des françaises, surtout dans l'intention de révéler la variété des échanges qu'elles abritent, ainsi que leurs jeux d'influence.

Makerpad, une « communauté apprenante » consacrée au no-code

Notre mission est d'expliquer qu'on n'est pas obligé d'apprendre à coder pour construire une activité sur Internet et automatiser son travail. Que vous construisiez un site personnel, que vous cherchiez à automatiser votre travail ou que vous commenciez à travailler sur une idée d'activité, le no-code est la voie la plus simple pour répondre à tout cela.

Présentation de Makerpad sur sa page https://www.makerpad.co/about

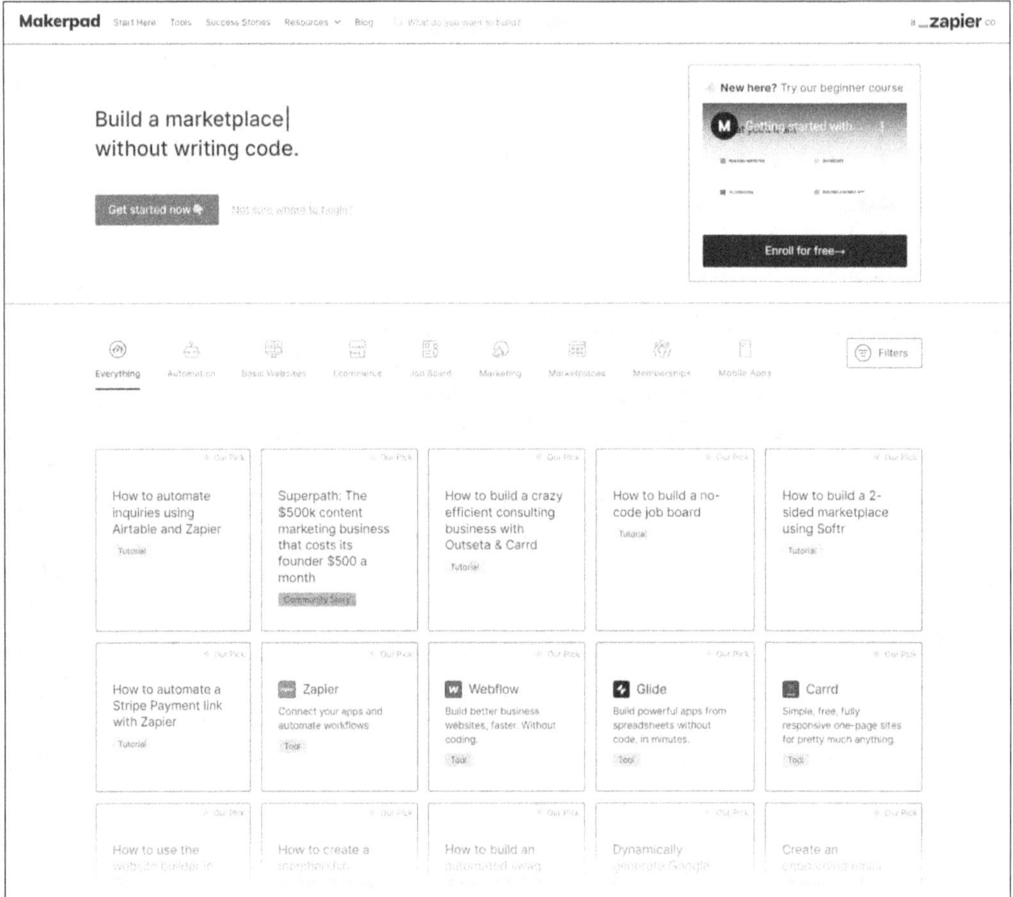

Figure 5–4

Makerpad met en avant sur sa page d'accueil des tutoriels, des présentations d'outils et des témoignages d'utilisateurs.

Ben Tossell a débuté Makerpad en novembre 2018 comme un *side project*. Cette plate-forme mêle des contenus éditoriaux, une activité communautaire et une plate-forme de cours avec des modules gratuits et d'autres payants, le tout autour d'outils no-code. On y trouve principalement des présentations d'outils, de nombreux tutoriels et des témoignages personnels.

Par de nombreux aspects, l'histoire de Makerpad rappelle celle de Indie Hackers. Pour commencer, il y a leurs rachats : par Zapier pour Makerpad, par Stripe pour Indie Hackers.

De même en est-il pour leurs genèses. Tandis que Courtland Allen scrutait les actualités de Hacker News, Ben Tossell a été community manager chez Product

Hunt. Cet autre site communautaire, incontournable pour les passionnés d'outils numériques a été fondé en 2013 par Ryan Hoover pour promouvoir de nouveaux outils (encore une fois, grâce à un système d'*upvotes* hissant chaque jour les meilleurs en tête de liste). Ben a alors découvert d'innombrables outils, dont certains no-code comme Carrd, Bubble ou Webflow. De là lui est venue l'idée de créer Makerpad.

Enfin, les deux fondateurs ont été l'un comme l'autre, depuis leur enfance, animés par un désir d'entrepreneuriat, mais sans être vraiment fascinés par les succès classiquement rabâchés dans l'enseignement de l'économie numérique. Les histoires d'airbnb, de Netflix ou de Uber n'étaient pas pour eux des sources d'inspiration. De cette frustration est progressivement née leur envie de créer leurs propres communautés.

Un aspect intéressant de Makerpad est le modèle retenu pour ses cours payants. Délaissant les formats de l'enseignement universitaire ou des cours en ligne à la demande (MOOCs souvent entamés, mais rarement terminés), Makerpad mise sur l'émulation communautaire au moyen d'un système de cohortes. Ben déteste d'ailleurs le mot « cours » et préfère évoquer une « communauté apprenante » *(learning community)*.

La première année, Makerpad a atteint la barre des 100 000 $ de revenus récurrents. Quand, en mars 2021, il a été racheté par Zapier, les 400 000 $ annuels étaient atteints.

Des communautés rattachées à des outils no-code : les approches Bubble et Webflow

Bubble et Webflow sont deux paquebots no-code. Ils ont été créés respectivement en 2012 et 2013. Bubble est un outil tout-en-un pour créer des plates-formes avancées en gérant tout à la fois leurs aspects, données et automatisations. Quant à Webflow, il mise tout sur le design de sites proposant des animations et des personnalisations très avancées. On peut leur intégrer des fonctionnalités d'e-commerce et de gestion de communautés (éventuellement payantes).

Tous deux disposent de très nombreux utilisateurs, des no-codeurs et des agences quelquefois spécialisés sur l'un ou l'autre de ces outils. Cependant leurs stratégies pour animer leurs communautés n'ont absolument rien à voir.

Côté Bubble, c'est un axe technique qui fédère les développeurs no-code. Dès son origine, l'outil a été conçu avec des possibilités d'extensions techniques. Les plug-ins de Bubble permettent tout à la fois de créer des connexions à d'autres outils (code ou no-code) et de créer ses propres extensions (à condition de savoir coder).

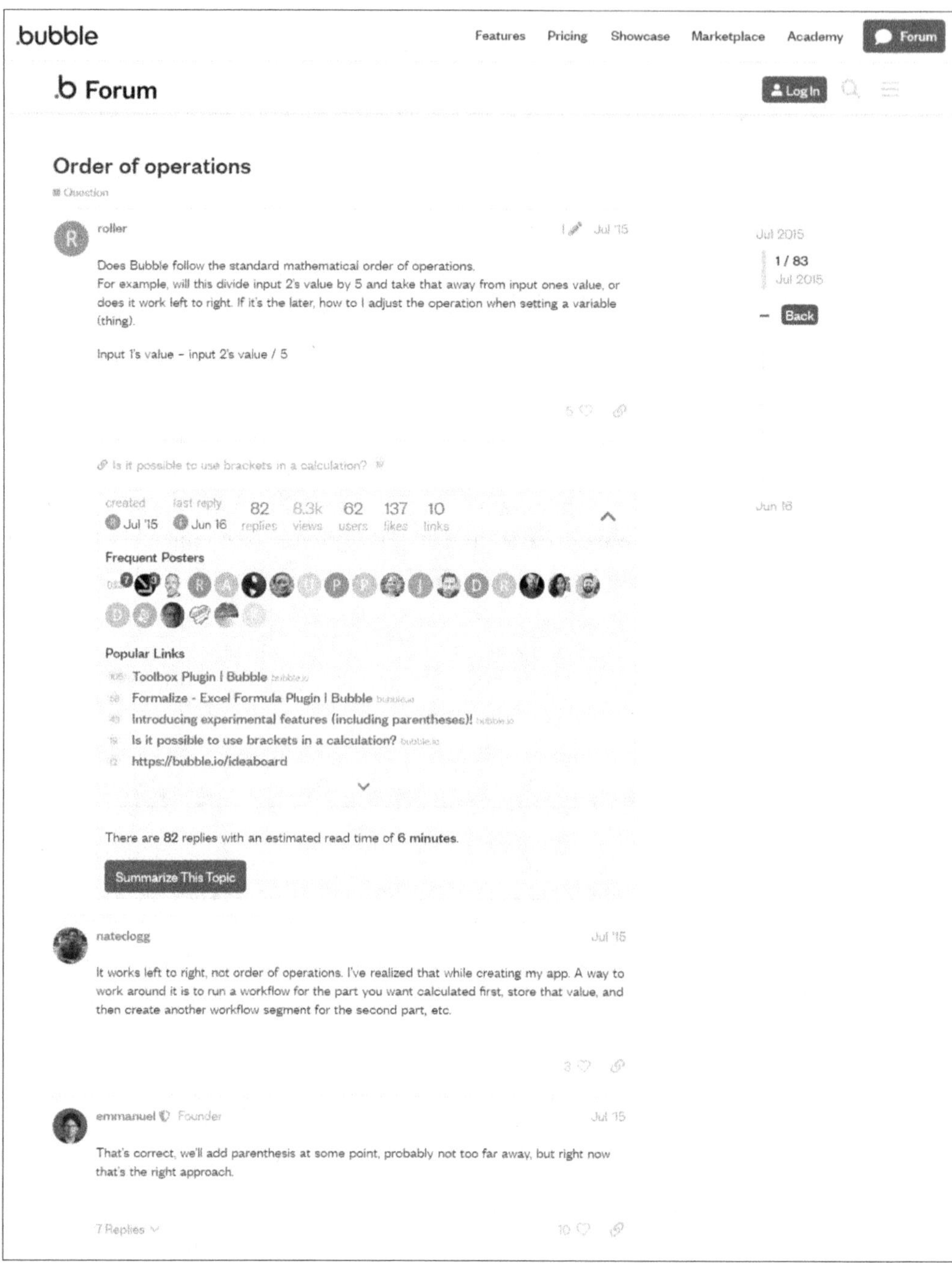

Figure 5–5
Exemple d'une des premières questions publiées sur le forum de Bubble

Durant ses premières années, les premiers clients de Bubble sont restés assez longtemps en nombre restreint et les créateurs de l'outil, Emmanuel Straschnov et Josh Haas, ont travaillé main dans la main avec eux, répondant à leurs questions et écoutant leurs besoins. On parle désormais fréquemment de « co-conception », « co-construction » ou « co-création » quand des services numériques sont élaborés conjointement avec leurs utilisateurs. C'est sous ces auspices presque confidentiels que Bubble a progressé et s'est consolidé à ses débuts.

Le forum de Bubble (figure 5–5) n'a rien d'impressionnant par son apparence ; pourtant, c'est une mine d'informations très précieuses pour tous les *bubbleuses* et *bubblers*, qui y sont très actifs. On y trouve de nombreuses réponses directement postées par Emmanuel Straschnov lui-même. Quitte à être un peu caricatural, on pourrait dire que la communauté Bubble est d'abord une communauté de techniciennes et techniciens se conseillant sur les usages de l'outil avec ses nombreux plugins et possibilités avancées.

Au cours de ses dix premières années d'existence, l'éditeur de l'outil n'a pas fait de la pédagogie un de ses axes prioritaires. Quelques maigres tutoriels, aussi courts qu'efficaces, ont longtemps servi de première prise de contact pour ses nouveaux utilisateurs. Sans doute la vitalité du forum suffisait-elle à la communauté de bubblers.

Côté Webflow, la force fédératrice est, à l'inverse, entièrement incarnée par quelques professeurs de la Webflow Academy : Sara Lundberg, McGuire Brannon et Barrett Johnson principalement. Quiconque a voulu se faire la main sur Webflow est tôt ou tard tombé sur des vidéos de ces présentateurs vedettes. Leurs tutoriels (figure 5–6) allient une pédagogie exemplaire à un ton humoristique décalé et sont regroupés autour de parcours pédagogiques.

La Webflow University et ses cours au ton décalé

La Webflow University propose de nombreuses leçons en accès libre. Elles s'appuient sur des vidéos courtes, classées par thématiques ou difficultés. Certaines sont regroupées au sein de programmes complets, comme le « *21 day design portfolio course* » qui guide les nouveaux utilisateurs dans la création d'un portfolio en 21 jours.

Ce matériel pédagogique, extrêmement bien conçu, est uniquement disponible en anglais et se caractérise également par un humour assumé de bout en bout. Voici comment débute la première leçon du cours sur les portfolios.

Sur fond d'une musique rythmée, héroïque et joyeuse, McGuire, face caméra, nous annonce avec solennité « à présent, que vous soyez avancé ou que vous débutiez dans le design et le développement web, nous sommes là pour vous dispenser les guides… » avant d'être interrompu par sa collègue Sara. La voilà qui s'installe bruyamment à son poste de travail, avec ses yeux clairs, ses longs cheveux blonds, un beau sourire et un café allongé. McGuire garde son calme, mais l'alerte : « On est en train de filmer ! » « Tu veux savoir si c'est un Pumpkin Spice Latte ? Non ! Ce n'est même pas une boisson suédoise… » Puis le cours reprend, jusqu'à une autre interruption de Barrett, un peu plus tard.

Des mises en scène loufoques, une surenchère de jeux de mots et de gags, et la décontraction des présentateurs ne doivent pas induire en erreur. L'accompagnement qu'ils proposent pour accaparer le website builder no-code est exemplaire. Leur humour est une des marques de fabrique de Webflow.

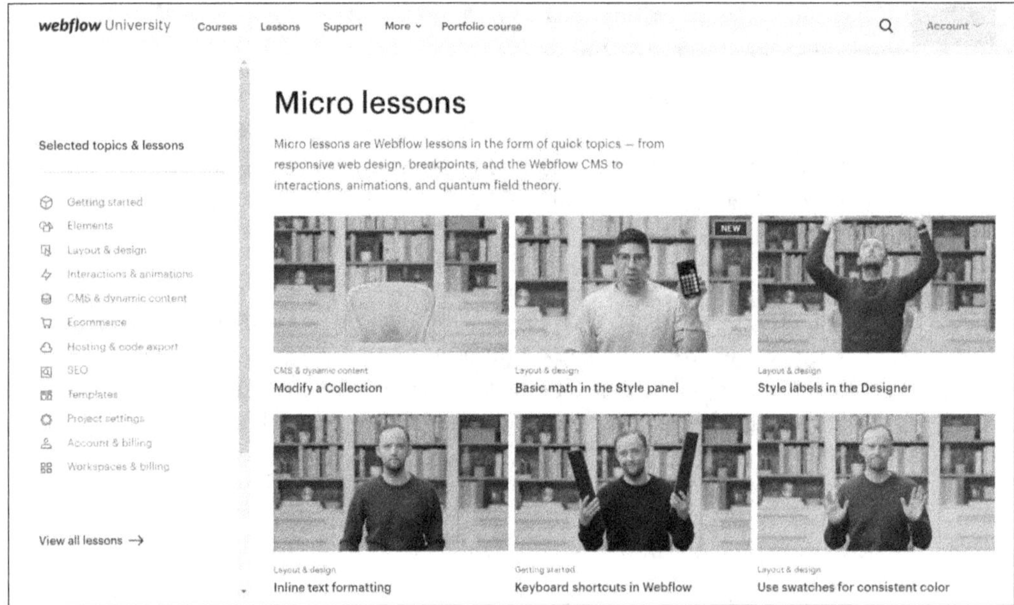

Figure 5–6
Aperçu de quelques leçons de la Webflow University.

Ce que l'on retient de ces deux exemples, c'est, chez Bubble, une communauté fondée sur la technique et animée majoritairement par les utilisateurs, et chez Webflow, une communauté fondée sur la créativité et guidée principalement par le pôle Education de la société.

Des communautés secondaires associées à des outils no-code

Il est intéressant de citer deux communautés secondaires qui se sont constituées autour de Bubble et Webflow. Nous les qualifions de secondaires non pas pour les dévaloriser, mais parce qu'elles se sont constituées dans un second temps, en plus de la première communauté liée à l'outil. Ainsi l'agence new-yorkaise Finsweet s'est-elle spécialisée sur Webflow et l'organisme de formation marseillais Ottho sur Bubble.

Il paraît étrange de mentionner les emplacements géographiques de ces sociétés : ces indications ne disent rien sur ces communautés numériques, dont l'un des principaux atouts est qu'elles ignorent les frontières géographiques. En revanche, il faut noter que les barrières liées aux langues restent réelles : rares sont les outils no-code disposant d'interfaces en français. C'est d'ailleurs l'une des motivations ayant poussé Thibault Marty à développer Ottho, en langue française.

Le plus remarquable, c'est de noter la complémentarité de ces communautés secondaires avec les communautés principales des outils. Le communautaire, chez Bubble, s'appuie sur la technique ; Ottho mise sur la pédagogie. Le communautaire, chez Webflow, s'appuie sur la pédagogie ; Finsweet mise sur la technique.

Finsweet

Cette agence est considérée par beaucoup de développeurs Webflow comme la meilleure agence Webflow au monde. Fondée par Joe Krug, elle est connue pour des sites impressionnants de créativité, sa chaîne YouTube, ainsi que de nombreuses ressources qu'elle partage gratuitement. Mieux encore, Finsweet a développé une méthodologie de programmation spécifique à Webflow. Cette méthodologie se base sur une manière normalisée de hiérarchiser et nommer ses classes CSS, pour améliorer la lisibilité des projets, leur maintenance et la collaboration. Les ressources partagées sont essentiellement des sortes de modules, permettant d'ajouter des composants plus avancés à Webflow (ex. table des matières, système d'onglets, filtres avancés). Ceux-ci s'intègrent au moyen d'une ligne de code JavaScript à recopier dans son projet Webflow.

Ottho

Ottho se fonde essentiellement sur une offre pédagogique composée de nombreux tutoriels et de formations payantes. En juin 2022, l'organisme de formation revendique plus de 5 500 Ottho-didactes, plus de 330 tutoriels (dont l'accès est réservé à des abonnés payants) et plus de 80 heures de formations en vidéo. C'est principalement grâce à son bootcamp de quatre semaines qu'elle a créé un socle communautaire solide. Plus de 1 500 individus font partie de son Discord (solution en ligne pour administrer des espaces de conversations) ; ils représentent l'une des plus grandes communautés Bubble au monde.

Nous pourrions faire une comparaison avec Zeroqode, autre organisme de formation connu pour l'outil Bubble, mais dont les cours ne suivent pas le format d'un bootcamp ; on y a accès à la demande une fois que l'on s'y est abonné. En conséquence, malgré des élèves supérieurs en nombre (cumul de plus de 18 000 en juillet 2022), la vitalité communautaire y est bien moins forte que pour Ottho.

Il faut dire que les bootcamps, même s'ils se déroulent en distanciel, sont des expériences d'apprentissage intenses, qui créent des relations humaines fortes. Le dernier jour, en général, est consacré à un demo day. À cette occasion, les participants présentent à tour de rôle leur travail devant les formateurs, l'ensemble des élèves et d'éventuels invités. Cette épreuve, loin d'être évidente pour tout le monde, peut faire penser à un rituel de passage pour s'approcher du grade d'expert.

Durant ces formations, un véritable esprit d'équipe relie les participants et les formateurs. D'anciens apprenants deviennent parfois à leur tour les professeurs. Ottho dispose d'une culture très forte basée sur la convivialité, l'entraide et un ton assez décalé, le tout étant incarné par son fondateur Thibault Marty.

No-Code France

La communauté No-Code France compte, en septembre 2022, près de 8 000 membres. Ses quartiers généraux sont principalement constitués par un espace conversationnel Slack, auquel on est libre de s'inscrire gratuitement. Lors de leurs premiers pas dans ce lieu virtuel, les nouveaux arrivants sont invités, s'ils le souhaitent, à se présenter. Ils sont accueillis par des messages de bienvenue accompagnés d'explications quant au fonctionnement de l'espace Slack. Ces règles simples aident à fluidifier les échanges, à encourager les plus timides à prendre la parole et à préserver une bienveillance générale. D'entrée de jeu, on se rend compte que les conversations sont animées et portent parfois sur des sujets pointus : on a affaire à un public de passionnés. Ces discussions peuvent concerner des questions sur les outils, des réflexions générales autour du no-code ou encore des présentations de projets variés.

Cet espace comporte de nombreux canaux :

DE PORTÉE GÉNÉRALE

#media-et-veille

#autopromo-nocode

#comment-faire-en-nocode

#domaine-automatisation

#domaine-e-commerce

À DOMINANTE PROFESSIONNELLE

#carrières-recherche-cofondateurs-nocode

#carrières-nocode-jobs

#carrière-nocode-formation

#carrière-entraide-freelances

ASSOCIÉS À DES OUTILS PRÉCIS

#airtable

#bubble

#notion

#webflow

#zapier

#glide

#make-ex-integromat

#adalo

On y trouve aussi les événements no-code, qu'ils soient organisés par des grandes enseignes, ou qu'ils aient lieu en France :

#agenda-events-no-code

#communauté-paris-idf

#communautés-nantes

#communauté-lyon-alpes

Figure 5–7
L'espace conversationnel Slack, au centre de la communauté No-Code France. Sur cette capture, on voit le début d'une veille sur le no-code que Julien Boidrou offre à la communauté chaque semaine.

Cet espace communautaire consacré au no-code n'a pas d'équivalent de cette ampleur dans le monde. La communauté No-Code France fait véritablement figure de pionnière grâce à sa taille, mais aussi par l'importance de ses activités en plus de Slack. On peut mentionner :

- Une **chaîne** Twitch (près de 2 000 abonnés) proposant en moyenne 10 heures de programmes en direct par semaine. Tous les membres de la communauté peuvent proposer de diffuser des contenus.

- Une **association No-Code France**, créée fin 2021 afin d'apporter une structure légale à la communauté. Elle a la particularité d'être administrée selon une gouvernance participative et horizontale. Les sujets sont portés par des guildes dans lesquelles tous les adhérents peuvent s'impliquer.

- Une **veille** est publiée chaque vendredi, qui fait référence dans l'écosystème no-code. Elle est produite de manière complétement bénévole par Julien Boidrou (figure 5–7), à qui nous rendons hommage ici pour son service rendu à la communauté.

- Des **meetups (rencontres) mensuels** dans plusieurs villes de France et un support de communication incontournable pour les événements qui traitent de no-code en France.

No-Code France, un modèle singulier ?

par Alexis Kovalenko

Début 2019, deux projets naissent en parallèle en France autour des outils no-code : celui d'Ottho et le nôtre, Contournement. Nos positionnements étaient assez similaires au départ, mais ils ont rapidement pris des formes différentes. Chez Ottho, l'idée était plutôt de créer une espèce de Makerpad à la française, alors que nous préparions une formation de 9 semaines qui devait voir le jour à la rentrée de la même année.

Dès le début, chaque société a ressenti l'importance de fédérer une communauté à ses côtés. Ce sera un Discord pour Ottho et un Slack pour nous. De par l'approche plus Makerpad, c'est leur communauté qui grossit le plus vite, mais elle reste aussi la plus fermée, étant réservée aux clients (payants) de la plate-forme. De notre côté, nous avons immédiatement eu la volonté d'être ouvert à toutes les personnes qui s'intéressent de près ou de loin aux outils no-code. Je contacte la moindre personne parlant de no-code sur Twitter ou sur LinkedIn, pour l'inviter à rejoindre le Slack, tout comme les personnes assistant aux premiers meetups et ateliers que Contournement organise dès l'été 2019. Thibault Marty, le fondateur d'Ottho, fait d'ailleurs partie de ces tout premiers membres.

Notre Slack connaît une croissance organique, lente, mais formant un embryon de communauté bien établi quand la crise de Covid survient. Passés les premiers jours d'effroi, il devient un hub d'accueil pour les nombreuses personnes qui découvrent les outils no-code et qui s'y forment pendant les longues journées de confinement. En quelques mois, le nombre de participants triple et les discussions deviennent très actives.

Face à cette croissance rapide, il faut s'assurer que la modération et l'animation du Slack permettent de conserver la bienveillance louée par les membres et l'esprit d'entraide qui a rendu cet espace incontournable pour les adeptes du no-code. C'est lors de l'été 2020 que nous décidons de proposer aux membres les plus actifs et les plus influents d'administrer le Slack et de contribuer à son développement. Un changement de nom de la communauté s'impose afin que ses membres puissent vraiment s'en emparer. Après discussions, c'est No-Code France qui est retenu, afin de fédérer et unifier sous un même étendard. En septembre 2020, la machine s'emballe quand les administratrices et administrateurs annoncent autour d'eux la naissance de No-Code France. Thibault Marty invite ainsi les membres de sa communauté à rejoindre cette nouvelle entité. Ces nouvelles délimitations lui permettent au passage de spécialiser un peu plus sa communauté autour de l'outil Bubble. Jérémy Foucray, fondateur de Zetoolbox, écrit un billet LinkedIn qui amène plus de 500 personnes vers le Slack en quelques jours. On compte 1 500 membres dans la communauté fin septembre 2020, alors qu'ils n'étaient que 800 fin août, dans les dernières heures du Slack de Contournement. Deux ans plus tard, quand ce livre est publié, No-Code France compte près de 8 000 membres.

On pourrait nous accuser d'être chauvins, mais nos recherches à ce jour ont montré qu'il n'existait rien de comparable à travers le monde. Il y a bien sûr No-Code Founders qui a été lancé en 2019 également, mais dont la croissance ne s'est pas accompagnée d'une véritable animation et modération des échanges. Malgré la bonne volonté de son fondateur, JT, on constate que créer une communauté internationale peut être plus difficile qu'une communauté localisée et dont au minimum la langue va lier les membres. Dans le cas de la France, il est indéniable que la faible présence de contenu en langue française jusqu'en 2020 a largement contribué à centraliser les échanges autour d'un Slack.

En Europe, il existe deux communautés locales que l'on peut citer également : SharingAway, la communauté espagnole qui organise chaque année le NoCode-Fest à Valence et VisualMakers en Allemagne. Ces projets sont prometteurs, mais ne sont pas aussi fédérateurs que No-Code France car ils sont constitués autour de marques, un peu à la manière de Contournement à ses débuts ou Ottho. C'est un choix raisonnable, mais qui ouvre la porte à une plus grande fragmentation de l'offre communautaire dans un territoire donné. Ainsi, il existe également un projet No-Code Germany porté par l'entrepreneur Chris Strobl par exemple. L'histoire nous dira s'ils finissent par s'allier ou non.

NoCode for Good : des no-codeurs fédérés autour d'une thématique spécialisée

par Erwan Kezzar

NoCode for Good est parti du constat que de très nombreux projets solidaires et environnementaux sont, encore aujourd'hui, mal équipés en outils numériques et qu'ils ne connaissent pas l'existence du no-code. Pourtant, le no-code pourrait les aider à améliorer leur fonctionnement interne, leur communication et, plus globalement, leur impact.

En réaction à ce constat, NoCode for Good mène différentes actions pour aider les projets à impact positif à tirer parti du no-code : ateliers de découverte, hackathons[9], conférences (notamment pour interroger le no-code en tant que phénomène

---

9 Un *hackathon* (ou marathon de programmation) est un événement qui réunit des équipes en vue de réaliser des projets numériques, dans un format court et intensif (entre deux et trois jours) et dans une ambiance conviviale.

social et économique) et animation de la plate-forme www.nocodeforgood.fr mettant en relation des projets à impact et des no-codeurs désireux de les aider. Ce soutien passe par exemple par des tarifs solidaires ou du travail bénévole.

Originellement, NoCode for Good était en effet le canal `#no-code-for-good` du Slack de No-code France. Nous l'avions créé après avoir échangé avec d'autres no-codeuses et no-codeurs qui aidaient (ou avaient la volonté d'aider) des projets solidaires ou environnementaux, à l'instar de ce que nous avions fait chez Contournement pour Banlieues Santé avec l'application En mode Confiné en 2020 (voir chapitre 2).

Ce premier noyau de volontaires a rapidement débouché, dès 2021, sur la création d'une association autonome.

NoCode for Good a d'ailleurs fortement contribué à l'animation de la communauté française, par le biais de l'organisation de plusieurs événements réels. Ces derniers ont permis à de nombreuses personnes de se rencontrer physiquement pour la première fois – le distanciel ayant été omniprésent en 2020 et 2021, lorsque No-code France s'est constituée sur fond de confinements et de contraintes sanitaires.

Mentionnons par exemple le premier d'entre eux : un hackathon de no-code solidaire organisé avec La Cantine Numérique, à Nantes, en juin 2021. Des professionnels et amateurs sont venus de toute la France pour soutenir des projets en produisant, en un week-end, sites, applications ou outils internes.

Les outils no-code ont par essence un pouvoir démocratisant : il y a donc fort à parier que d'autres groupes se fédéreront à travers eux autour de thématiques spécialisées, jusqu'à constituer progressivement, dans certains cas, des communautés à part entière – et NoCode for Good nous paraît exemplaire à ce titre.

Que trouve-t-on dans les communautés digitales ?

Chaque communauté digitale a son ADN, son histoire, son état d'esprit. On peut faire le parallèle avec une recette de cuisine qui donne une saveur particulière, et pourtant il s'agit le plus souvent d'ingrédients assez communs. Nous nous proposons à présent d'en faire un inventaire.

Partage de templates

Des mécanismes de partage des projets (qui deviennent alors des templates) sont souvent intégrés aux outils no-code. Ces mécanismes sont aujourd'hui devenus à la fois attendus et banals pour des outils d'un certain niveau.

On peut analyser cette fonctionnalité sous plusieurs angles :

- D'un point de vue **technique**, la plupart des outils no-code ne permettent pas d'exporter ses codes sources. Contrairement à l'univers du code, un couplage fort associe l'outil et les applications no-codées, ce qui contraint leurs créatrices et créateurs à privilégier d'autre options afin de les partager : configurer des accès ouvrant leurs projets à certaines personnes, les dupliquer soi-même, ou donner à tous la possibilité d'en consulter un modèle générique et de le dupliquer. Ce dernier cas de figure correspond au partage de templates.

- D'un point de vue **marketing**, le partage de templates permet aux no-codeuses et no-codeurs d'exposer et de diffuser leurs réalisations. Sans qu'ils s'en rendent nécessairement compte, ils participent à la promotion de l'outil.

- D'un point de vue **communautaire**, les projets en tant que tels constituent un matériel d'échange d'une importance fondamentale. Les no-codeurs peuvent s'inspirer les uns des autres en les observant et s'appuyer sur les réalisations de leurs homologues en réutilisant leurs templates. Ils apportent chacun leur pierre à l'édifice commun.

- D'un point de vue **commercial** enfin, les templates donnent lieu à de véritables places de marché sur des outils comme Webflow, Bubble ou Glide pour n'en citer que quelques-uns (figure 5–8). Leurs auteurs disposent alors de pages personnelles et peuvent même recourir à des formats payants. Ce sont pour eux de véritables vitrines pour montrer leurs compétences, afficher leurs portfolios et aussi en faire un commerce. D'autres outils ont choisi de n'autoriser que des templates gratuits (Adalo), ou encore que des templates anonymes (sur Zapier ou Make, ils sont alors gratuits).

Ces fonctionnements rappellent ce qui a fait le succès d'un service essentiel pour le code : GitHub. Cet outil historique, extrêmement puissant, sert principalement à héberger des projets, à les partager et à en organiser les contributions. Il est également courant pour les développeurs d'indiquer un lien vers leurs pages GitHub sur leurs CV.

Citons enfin le template de Bubble le plus connu et le plus utilisé : le Canvas Base Template, développé par l'agence Airdev. En l'utilisant, on dispose d'une application Bubble avec des composants intégrés très élaborés. Cette surcouche applicative est notamment adaptée à la création de portails d'administration avec différents accès et niveaux de permissions pour ses utilisateurs finaux. Il correspond à un usage vraiment avancé Bubble et on rappelle des manières de développer typiques du code, en raison de toute l'abstraction qu'il comporte.

On peut aussi percevoir dans cette prouesse la preuve de la robustesse et de la puissance de l'outil no-code.

Figure 5–8
La marketplace des templates Bubble avec en première position le Canvas Base Template.

Des questions posées à la communauté

Les forums de discussion sont une des formes les plus anciennes d'échange d'information sur Internet, mais ils ne sont certainement pas datés. Leur fonctionnement est simple : on y trouve des questions et, pour chacune d'entre elles, des réponses regroupées et présentées selon leur chronologie.

Ces questions sont catégorisées et associées à des thèmes prédéfinis (qui dépendent de la communauté et de ses sujets). Leurs auteurs disposent quelquefois de leur propre page, avec des indicateurs reflétant leur activité : nombre d'interventions, nombre de points, notion de karma (sur Hacker News), hiérarchie de badges.

Le cas le plus typique d'utilisation des forums est celui des demandes d'aide. Les contributions des uns et des autres s'y sont consolidées au fil du temps, comme des dépôts successifs. Leur amoncellement constitue un recueil d'informations dont certaines sont très précieuses. On peut avoir l'impression d'un certain désordre, en tombant sur des redites ou sur des discussions inabouties. Quelquefois, les avis divergent et on ne trouve pas de solution simple à son problème, que des contournements possibles. Dans d'autres cas, on peut soi-même se trouver en désaccord avec les découvertes qu'on y fait ; libre à nous de prendre alors position et de participer !

Celles et ceux qui ont peu l'habitude de la programmation pourront être surpris par cette relative désorganisation. En réalité, elle rappelle surtout que la programmation requiert de la créativité (même pour implémenter les algorithmes les plus techniques). Sans cela, les manuels et guides officiels, qui ont vocation à être structurés et stables, suffiraient. Les forums les complètent en parfait contrepoint, avec leur fouillis de contenus et leur vitalité organique.

Parmi les forums historiques les plus connus, on peut citer Hacker News, Stack Overflow ou encore Reddit. Par ailleurs, certains outils no-code disposent de forums très actifs : Bubble, Thunkable, Webflow, Adalo, Glide… Ils sont aussi le moyen d'interagir avec des pratiquants experts, voire avec des développeurs ou le service d'assistance de l'éditeur. Ces forums peuvent aussi être le lieu d'affichage de leur plan de développement *(roadmap)* ou de leurs *feature requests*. Ces dernières sont des fonctionnalités demandées par les utilisateurs, pouvant être classées par eux grâce à un système de vote.

Dans le cas où ces forums de questions-réponses sont associés à des outils précis, ils restent cependant essentiellement animés par les utilisateurs. Ce ne sont jamais des instruments dévolus au marketing de ces marques, même si des sections *Annonces*, où les éditeurs de l'outil font part de leurs dernières nouveautés, s'y trouvent parfois.

La plupart du temps, les forums sont portés par des pages HTML simples. À l'heure où nous écrivons ces lignes, une solution technique est plébiscitée parmi les éditeurs no-code (et nombre d'autres produits numériques) pour créer et administrer leurs forums : Discourse. Les pages au format simple sont rapides à charger, leur consultation est ouverte aux visiteurs anonymes, parmi lesquels certains sont d'un type particulier : les robots d'indexation des moteurs de recherche. Les contenus des forums sont essentiellement textuels, ce qui les favorise beaucoup pour le référencement.

Dans d'autres cas, ce sont des logiciels de communication collaborative, comme Slack ou Discord, qui servent de support à ces échanges. Alors, il faut intégrer l'espace dédié, en déposant une demande ou en utilisant un lien d'invitation. Ces lieux ne sont donc plus accessibles par les moteurs de recherche : on se situe dans un espace privé. L'échange d'informations, notamment sous la forme de questions posées à la communauté, reste souvent l'un des piliers des dialogues et conversations. Contrairement au forum reposant sur des pages web, des dispositifs comme Slack ou Discord ne privilégient pas intrinsèquement la constitution d'une base documentaire pérenne. En s'y rendant, on compte davantage sur la présence constante d'un certain nombre de membres, capables d'intervenir comme s'il s'agissait de conversations orales, avec le plaisir d'apporter un coup de main aux autres membres. Ce sont des lieux de convivialité.

Il est relativement fréquent pour des acteurs numériques de commencer par créer un Slack ou un Discord. Des plans tarifaires gratuits sont disponibles et permettent une utilisation déjà abondante. En grandissant, ces entreprises privilégient progressivement l'asynchrone, avec des forums basés sur Discourse ou encore Circle.

Des success stories

En plus des échanges de questions-réponses que nous avons décrits, effectués entre pairs selon un schéma principalement horizontal, on trouve aussi des témoignages de réussites au sein des communautés, connues sous le nom de « success stories ».

Pour leurs auteurs, c'est une manière de se faire connaître, eux et leurs projets. Ils y récapitulent les difficultés qu'ils ont rencontrées, leurs façons ingénieuses de les surmonter, les chances ou aides dont ils ont pu bénéficier. C'est donc dans un but publicitaire, mais aussi de coopération qu'ils partagent des enseignements aux autres membres de la communauté. Mais contrairement à des argumentaires purement publicitaires, un visage et une personnalité sont alors associés au fructueux projet.

Pour les lecteurs, plusieurs aspects sont intéressants. Ils enrichissent leur compréhension de certains domaines d'activité. Ils trouvent aussi, plus simplement, des lectures d'histoires agréables et distrayantes, avec leurs lots de surprises et de rebondissements. Dans le cadre d'une veille stratégique ou technique, ils glanent anecdotes, trouvailles et tactiques qui pourront leur être utiles. Ceci prend une signification particulière dans le domaine du no-code : les no-codeurs sont particulièrement friands de petits outils pour compléter leurs stacks (piles d'outils) habituelles et gagner en productivité.

Enfin, pour les éditeurs d'outils, c'est une façon de rayonner et de se promouvoir. Qu'y a-t-il de plus efficace que les témoignages directs des clients satisfaits ? Lorsque ce sont eux qui les publient, ces récits peuvent être plus ou moins arrangés et préparés par des services marketing, des copywriters ou des community managers. C'est une question qu'il faut toujours avoir à l'esprit lorsqu'on en prend connaissance : qui écrit, dans quel contexte, à qui et pourquoi ?

Finalement, ces témoignages sont essentiels pour fédérer les utilisateurs des solutions numériques. Ces histoires contribuent à libérer notre imaginaire et notre inspiration. Il n'est pas rare qu'elles mentionnent des collaborations ou aides de la part de l'éditeur de l'outil. Deux choses sont alors mises en avant : l'autonomie de néophytes qui se sont rapidement familiarisés avec le logiciel, et la rapidité des éditeurs à réagir à des demandes de soutien. Les success stories no-code rappellent toujours que c'est à l'outil de s'adapter à nos besoins et pas l'inverse.

Ces témoignages prennent différentes formes : entretiens écrits, podcasts, vidéos, articles, publications LinkedIn, etc. Dans tous les cas, ils ne sont plus la chasse gardée de magazines spécialisés, journalistes ou services marketing/communication des grandes marques.

Il est intéressant d'observer que leur format a évolué, autour de 2020. Avec la popularisation de nouveaux supports, comme les émissions en direct sur YouTube et Twitch ou à travers les podcasts, on peut consacrer plus de temps aux récits des parcours individuels. Les auditeurs et spectateurs de ces émissions ont aussi adapté leurs façons de les consulter : durant leurs trajets, en faisant du sport, en cuisinant, etc. Leur consommation s'est massivement délinéarisée ; leur public n'est plus tributaire de grilles de programmation : il détermine lui-même ses épisodes et horaires. Certainement, ces choix personnalisés associés à la prédominance de la voix pendant des durées longues favorisent une écoute plus concentrée. On s'approche du ton des secrets partagés et de la confidence. Un podcast ne consiste-t-il pas en une voix qui s'adresse directement à nous, au creux de notre oreille (souvent via des écouteurs et donc de manière privée) ?

Pourquoi insister sur ces aspects, qui pourraient sembler secondaires ? Parce que le format des success stories comporte un biais monumental : celles-ci ne retiennent en effet que les projets qui sont devenues profitables, les succès. Or, avec l'émergence de ces formats d'entretiens plus longs et libres, il devient possible d'aborder également les échecs…

Celles et ceux qui s'intéressent à l'entrepreneuriat digital savent que le régime normal pour une start-up ou pour une nouvelle activité n'est pas le succès, mais l'échec. « Échouez vite, échouez souvent » est une formule familière pour les adeptes des méthodes agiles ou pour celles et ceux qui se sont intéressé(e)s aux succès de la Silicon Valley. Cette célébration des échecs est d'autant plus importante dans l'univers du no-code que la fabrication de prototypes et de produits peut être très rapides. Nous reviendrons longuement, dans le chapitre 7 sur ce thème et sur l'importance des aspects méthodologiques.

Figure 5–9
Le podcast Radio Contournement propose près d'une centaine d'épisodes consacrés au no-code.

Des systèmes d'ambassadeurs

Dans le cas de communautés centrées sur un outil, ses producteurs et ses utilisateurs se retrouvent associés à travers l'animation d'un forum et la diffusion de success stories. La dynamique des échanges est plutôt décentralisée et ascendante pour les forums, car ce sont principalement les utilisateurs qui y postent des messages pour « faire remonter » leurs problématiques. Inversement, la diffusion des témoignages de succès correspond davantage à une gestion centralisée et descendante, car ceux-ci sont souvent éditorialisés.

Ces schémas deviennent toutefois de moins en moins pertinents au fil du temps : les éditeurs d'outils participent de plus en plus aux forums et les membres de leurs communautés ont de plus en plus d'espaces et d'occasions pour raconter leurs histoires et projets. Ce phénomène est général au numérique, mais le no-code incarne fortement cet assouplissement dans la communication, libérée des « codes » d'un autre temps.

Cette proximité entre éditeurs et utilisateurs passe aussi par la présence d'autres intervenants : des ambassadeurs, des experts et des écoles. Ils ne se situent ni « en bas » (du côté des utilisateurs), ni « en haut » (du côté des éditeurs d'outils), mais à un niveau intermédiaire. Ces référents ont acquis une maîtrise d'un outil no-code et sont à même de relayer un enseignement. Ils connaissent souvent bien l'écosystème no-code dans son ensemble (voire également l'univers du code) ainsi que les méthodologies de travail propres au numérique. Ces passeurs ont souvent une expérience professionnelle les impliquant dans la production ou la commercialisation de solutions numériques.

Il est difficile de caractériser de manière générique ce statut et cette fonction. Le no-code n'est pas une discipline scolaire avec ses diplômes et reconnaissances officielles. Nous pouvons en revanche citer des exemples de ces relais, essentiels au dynamisme communautaire du no-code :

- **Des experts certifiés par les éditeurs d'outils**

  Des certifications proposées par certains éditeurs ont vu le jour, comme le programme Notion Certified ou le programme Zapier Expert. Elles valident les compétences techniques des postulants en leur décernant un label.

- **Des entreprises recensées et exposées par les éditeurs d'outils**

  Des places de marché administrées par des outils no-code répertorient des indépendants ou des agences spécialisées, afin de faciliter les prises de contact par des clients potentiels : Glide (avec ses Experts Glide), Webflow (avec ses Professional Partners et Entreprise Partners), Bubble (avec ses agences), Softr (et ses experts), Adalo…

- **Des particuliers ayant suivi des formations**

  Des organismes de formation consacrent des cursus au no-code et peuvent décerner des diplômes à leurs apprenantes et apprenants. Les enseignements sont dispensés en présentiel ou en distanciel, sur un mode synchrone ou à la demande. Souvent, c'est un format resserré de bootcamp qui est privilégié : quelques semaines (pas plus de huit en général) de formation intense pour maximiser l'émulation des élèves et être compatibles avec des pauses dans leurs carrières professionnelles. Il peut s'agir d'organismes dédiés au no-code (Contournement, Ottho, Uncode School, Alegria Academy, Au carré) ou plus généralistes mais consacrant une filière au no-code (Maestro[10]).

Enfin, soulignons l'investissement très fort de Notion pour faire vivre ses communautés et développer des systèmes d'ambassadeurs et de fans de l'outil. Des community managers sont dédiés à certains pays (avec pour commencer la Corée, le Japon, la France). Par ailleurs, c'est aussi parmi les entreprises que l'éditeur trouve ses ambassadeurs, avec son programme de superfans appelés des Champions. Ceux-ci disposent de contacts privilégiés avec l'outil, ainsi que de contenus, templates ou fonctionnalités qui leur sont fournis en avant-première.

Des tutoriels et des guides pratiques accessibles

Quelles autres informations s'échange-t-on au sein des communautés no-code ?

D'une manière générale, toute communauté est spécialisée dans un certain type de contenus qu'elle est apte à recevoir, à évaluer et à traiter. À des congrès de mathématiques, c'est de mathématiques dont il sera question, pas de botanique. Sur le Slack de No-Code France, c'est de pratiques et d'outils no-code qu'on discutera, pas des derniers frameworks JavaScript ou des dernières bibliothèques Swift.

Néanmoins, le no-code se distingue de disciplines scientifiques ou de techniques avec leurs savoirs anciens et leurs traditions, précisément parce qu'il est « no »-code. Cette branche du développement informatique désire se « déchniciser » afin de s'ouvrir au plus grand nombre. Tandis que les disciplines classiques reposent sur des mécaniques d'exclusion[11], le no-code se veut

---

10 Avec ces exemples, nous nous restreignons aux cas français.

11 Le propre d'une « discipline » consiste en sa capacité à exclure des propositions qu'elle n'est pas capable de traiter. Pour reprendre les deux disciplines prises en exemple précédemment, des mathématiciens seraient inaptes à établir des règles de classification pour de nouvelles variétés de plantes, et des botanistes seraient bien embarrassés pour juger de l'importance d'un théorème mathématique qu'on leur soumettrait. Car ces questions se situent en dehors de leurs champs disciplinaires respectifs.

éminemment inclusif. En observant de près la nature des échanges dans les communautés no-code, on retrouve cette intention d'être généraliste et, pourrait-on dire, populaire. Le no-code veut démocratiser la production numérique et il s'offre comme un « sésame pour les non-initiés à la programmation numérique »[12]. Illustrons ce constat de quelques cas concrets.

Il ne faut par exemple pas s'étonner de trouver des émissions de la communauté No-Code France où l'on parle « de plantes et de no-code », ou encore des entretiens menés autour de recettes de cuisine (« no-top chef : l'émission no-code et cuisine »). Le ton y est à la convivialité, au partage et à la bonne humeur.

Ce sens de l'accueil et de l'hospitalité se retrouve aussi dans la nature même des contenus diffusés dans les communautés no-code. La part belle y est faite à des guides, tutoriels et conseils qui ont tous en commun d'être très accessibles. Contrairement à des disciplines classiques ou au développement traditionnel, les prérequis pour le no-code sont réduits à la portion congrue. Bien souvent, ces tutoriels partent d'une page blanche et quelques dizaines de minutes suffisent à expliquer la manœuvre à suivre pour reproduire une fonctionnalité. Le format vidéo est plébiscité car il est particulièrement bien adapté à la programmation visuelle et souvent les marches à suivre parleront même aux néophytes. Bien entendu, il existe aussi des usages avancés sur certains outils : si l'entrée en matière pour le no-code est très accessible, cela ne rend pas tout apprentissage ou entraînement inutiles.

Les outils no-code affirment leur esprit d'ouverture également en mettant en avant la diversité de leurs utilisateurs. Citons par exemple la No-Code Conf, salon organisé par Webflow, qui a réuni en 2021 des participants provenant de 147 pays. Lors de cette édition diffusée en ligne en raison de l'épidémie de Covid, les conférenciers et intervenants étaient aussi de nationalités variées, très jeunes pour certains et les femmes étaient largement représentées. Lors d'un concours de création en direct de sites sur Webflow, le Speed Build Challenge, les huit candidats venaient du Costa Rica, d'Inde (deux candidats), des Pays-Bas, du Canada, d'Italie, des Philippines et de Tanzanie. La seule barrière était celle de la langue, tout étant animé en anglais.

Enfin, à l'image du Speed Build Challenge organisé par Webflow, les pratiques de création en direct sont aussi fréquentes. Pour faire la démonstration d'un outil à des fins commerciales, pédagogiques ou de divertissement, des émissions montrent des no-codeurs à l'œuvre sur Twitch ou sur YouTube. Ce genre de pratique existe également dans le domaine du code et dans le vaste univers des jeux vidéo. Le no-code voit, lui aussi, émerger ses influenceurs.

12 Article du magazine *Usbek & Rika*, publié en novembre 2021 : https://usbeketrica.com/fr/article/le-no-code-nouveau-sesame-pour-les-non-inities-a-la-programmation

Il y aurait encore beaucoup à dire sur les enjeux communautaires et le no-code. Nous allons poursuivre ces réflexions dans le chapitre suivant, en nous demandant s'il existe des valeurs no-code en donnant la parole à Lise, Julien et Naye, trois no-codeurs passionnés. Pour conclure ce chapitre, il nous parait important de mentionner l'implication sociale de certains acteurs majeurs et historiques du no-code. Lorsque les communautés no-code croisent le chemin de communautés présentes dans nos sociétés, on se rend compte que les outils no-code sont, pourrait-on dire, bien plus que des outils.

Amorcée par Bubble, *Immerse* (figure 5–10) se définit comme « un programme de résidence virtuelle pour les entrepreneurs noirs et afro-latinos, où les fondateurs apprendront à construire les apps de leur rêve en seulement 10 semaines. En tant que pionniers du mouvement no-code, nous avons conçu un pré-accélérateur garantissant avant tout que nos Fondateurs en Résidence repartiront avec des produits web de qualité, prêts à être commercialisés, afin qu'ils puissent mettre à l'épreuve leurs ambitions sans limites. »

Vlad Magdalin, cofondateur et CEO de Webflow, affirme quant à lui, que « chez Webflow, nous pensons que nous ne pouvons réaliser notre mission qu'en mettant en première ligne une force de travail issue de la diversité et de l'inclusion, dont chaque employé se sent valorisé et encouragé pour mener un travail épanouissant et impactant ». Certains programmes pour soutenir des groupes affinitaires (figure 5–11) sont ainsi mis en avant : *« Asians @ Webflow »*, *« Blackflow »*, *« Soignants @ Webflow »*, *« Handicap @ Webflow »*, *« Queerflow »*.

Figure 5–10
Le programme Immerse
de Bubble

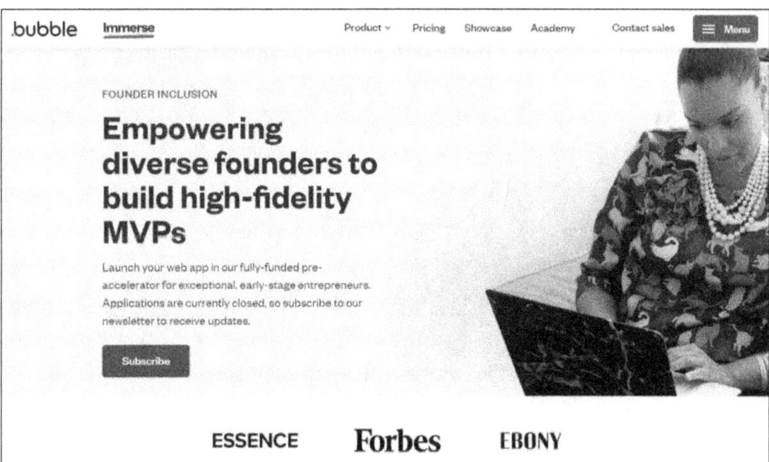

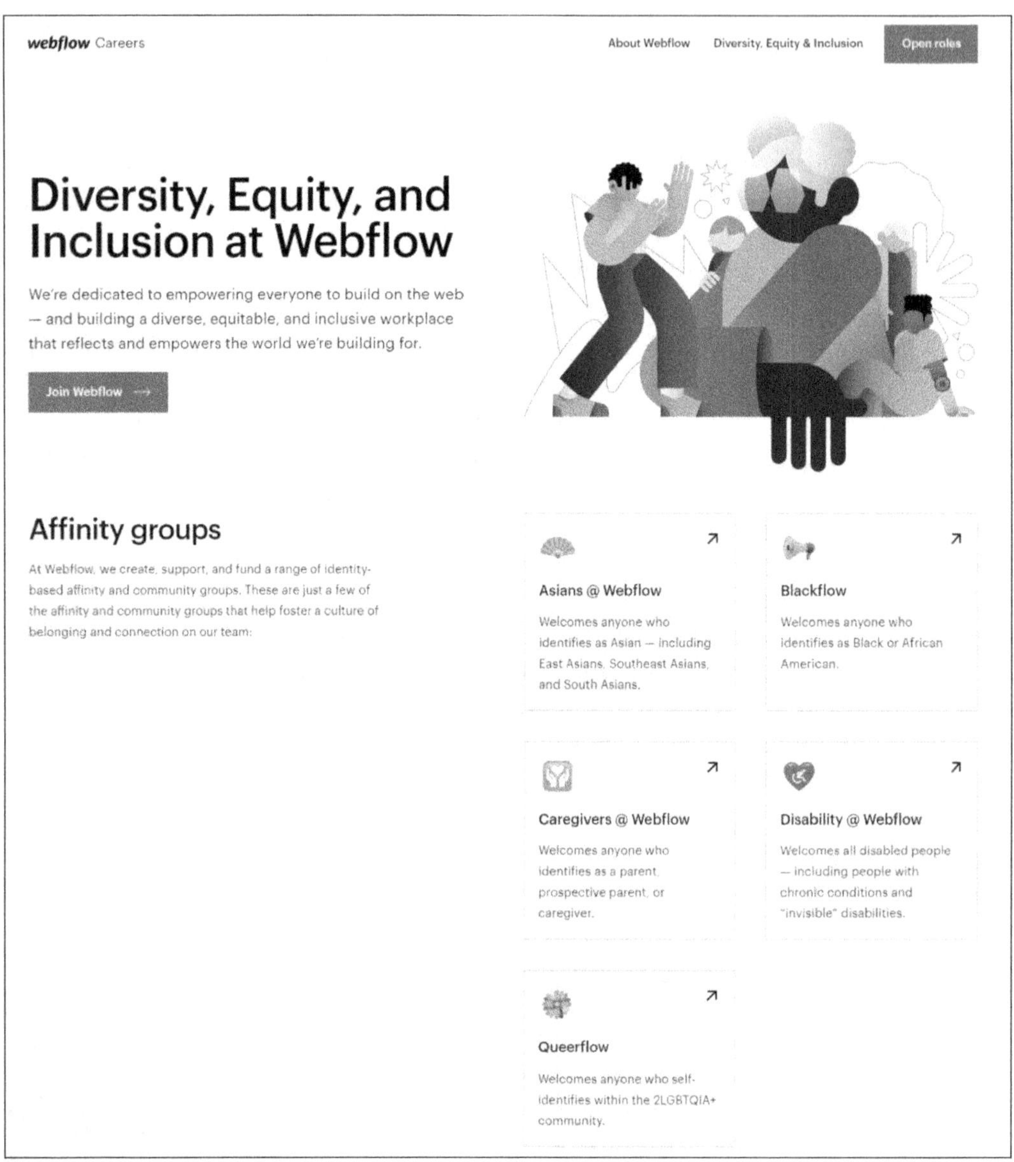

Figure 5–11
Les programmes de groupes affinitaires mis en avant par Webflow

Une variété d'approches et d'attitudes 6

*Je sais que cela pourra paraître étrange,
mais les gens ont besoin de passer plus de temps
avec le monde réel. Parce que, comme Halliday le dit,
la réalité est la seule chose… qui soit réelle.*

Paroles concluant *Ready Player One*,
film de Steven Spielberg (adapté du roman de
science-fiction *Player one* d'Ernest Cline)

Influences culturelles du no-code

Le monde de l'informatique et du développement n'a pas suscité de tout temps la même fascination qu'aujourd'hui. Avec l'omniprésence des ordinateurs dans nos bureaux, des applications mobiles toujours à portée de main, des réseaux sociaux et des services de messagerie, il est devenu véritablement impossible, dans nos sociétés modernes, de s'en échapper.

Désormais, on consulte l'état de ses comptes en banque en temps réel, directement sur son smartphone. Ce n'est pas seulement notre banque qui circule dans notre poche. Grâce à un code de déverrouillage, à l'effleurement d'un doigt (authentification par empreinte digitale) ou même juste avec un sourire (authentification par reconnaissance faciale), nos téléphones modernes nous donnent accès à tout un univers de services que l'on utilise quand bon nous semble et n'importe où (pourvu qu'il y ait du réseau). Il y a quelque chose d'un peu magique dans ce mode de vie, où finalement on dispose d'immenses pouvoirs. D'ailleurs, puisqu'il est ici question du Web, autrement dit de la Toile, pourquoi ne pas citer cet adage de l'oncle Ben de Spiderman : « avec un grand pouvoir vient une grande responsabilité » ? Voilà une excellente remarque ! Elle amène à des questions aussi simples que gigantesques, concernant tant chaque individu que nos sociétés entières : que faire, en effet, de ces pouvoirs que ces outils formidables nous confèrent ?

Certainement, l'année 1995 a été décisive dans l'expansion du numérique. Avec l'entrée en bourse fulgurante du navigateur Netscape, les investisseurs ont compris que le Web ne devait pas être considéré comme un simple canal supplémentaire pour distribuer produits et services. C'était un nouveau monde qui s'ouvrait pour les entrepreneurs et pour les consommateurs, un monde où il serait possible de vivre des expériences qui lui soient propres. Et Netscape Navigator (figure 6–1) allait être l'embarcation permettant à chacun de le parcourir. Ce fameux jour historique du 9 août 1995, la valorisation de la société a atteint 2 milliards de dollars, soit 25 fois son chiffre d'affaires… À l'impression de magie s'ajoute la sensation d'un étrange et puissant vertige.

Figure 6–1
Sorti en 1995, Netscape Navigator permettrait dorénavant d'enjamber le réel et de s'échapper vers l'univers virtuel d'Internet (ainsi que le suggèrent son logo et son nom).

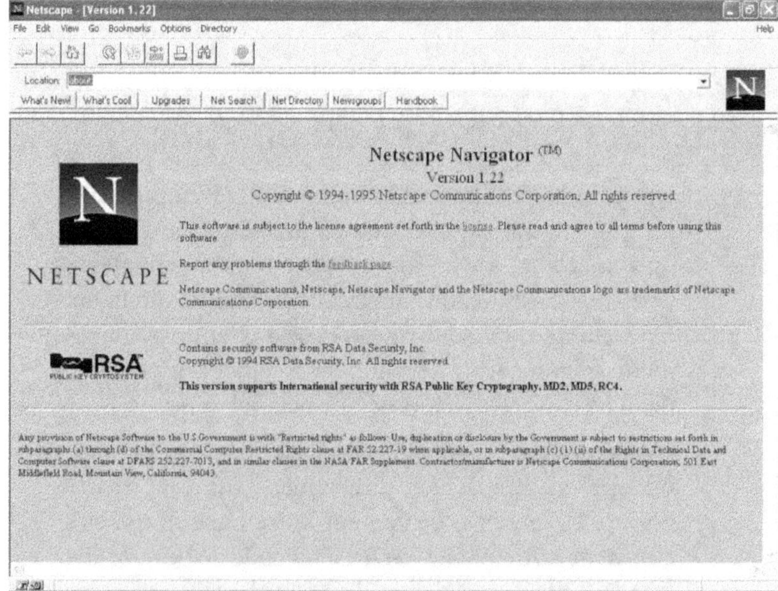

Sans tomber dans des paroles un peu pompeuses ou de vaines leçons, disons tout de même qu'il n'est pas évident de comprendre le monde dans lequel on vit, avec ses événements réels, son économie mondialisée et le numérique qui l'innerve de toute part. Il est difficile de le comprendre, mais également de déterminer, pour chacune et chacun, comment y prendre part.

En quoi ces remarques générales ont-elles à voir avec le no-code ? Comme nous allons le développer, dans bien des discours autour des nouvelles technologies et spécialement autour du no-code, on retrouve certains thèmes fondamentaux : une préoccupation pour l'intérêt général et pour l'amélioration de nos vies, un encouragement à l'action, ainsi qu'une place absolument centrale conférée à l'individu, avec tout son pouvoir de création.

Les communautés numériques, que nous avons évoquées au chapitre précédent, nous aident à trouver des personnes qui nous ressemblent par certains aspects, quand bien même elles habitent à l'autre bout de la planète. Ainsi, curieusement, si le numérique a contribué à intensifier tous les échanges sur notre planète (informations, produits physiques, transactions financières, conversations), si on peut se sentir dépassé par leur rythme débridé au risque de *décrocher*, c'est *aussi* le numérique qui nous permet de reprendre la main, de nous *reconnecter* les uns aux autres en créant de nouveaux liens[1]. Ce souhait de regagner le contrôle de choses qui nous auraient progressivement échappé, c'est peut-être cela qu'exprime l'étrange morale concluant *Ready Player One* (adaptation par Spielberg du roman de science-fiction d'Ernest Cline) : « Je sais que cela pourra paraître étrange, mais les gens ont besoin de passer plus de temps avec le monde réel. Parce que, comme Halliday le dit, la réalité est la seule chose… qui soit réelle. »

Cette reconquête du réel va encore plus loin avec le no-code. Les communautés no-code, en plus de leur jeunesse et de leur dynamisme, disposent d'une force très spéciale : l'accessibilité des outils no-code pouvant servir dans beaucoup de domaines, ces communautés sont particulièrement ouvertes et accueillantes. En propageant le no-code, elle participe à distribuer massivement un pouvoir créatif à beaucoup plus de monde. Le no-code démocratise l'accès à la technique et au numérique et il favorise la créativité. Pour certains, il résout également diverses frustrations : celle de ne pas pouvoir fonder sa propre activité, par manque de moyens ou de connaissances techniques, ou encore celle de se sentir dépassé par des outils devenus trop compliqués ou spécialisés. Quelques-uns y perçoivent même l'occasion d'un défi ou d'une revanche personnelle.

---

1 Bien sûr, la vie ne se restreint pas à ces échanges mesurables. Il y a d'autres domaines que les champs professionnel, économique ou technique, pour participer au vivre-ensemble, pour se lier à d'autres que soi : arts, religion, politique, divertissements et plaisirs ordinaires, amitié et amour.

Cependant, les communautés numériques fédèrent des groupes surtout autour du « comment » (comment fabriquer ceci, comment configurer ou optimiser cela) : elles n'ont pas la prétention de répondre au « quoi » et au « pourquoi ». « Avec un grand pouvoir vient une grande responsabilité », disions-nous. Alors que faire avec les superpouvoirs que les outils no-code démocratisent ? Cette question concerne nos valeurs, comprises à un niveau personnel ou politique.

Afin d'interroger l'existence de valeurs no-code, nous vous proposons dans un premier temps de regarder de plus près comment les éditeurs d'outils no-code abordent ces questions. Dans un second temps, nous présenterons trois profils de no-codeurs : Lise, Julien et Naye, qui en parleront chacun à leur manière.

Futures Day : le futur de l'informatique, selon Xerox, en 1977

Les temps ont changé... L'évocation de l'épisode qui suit nous paraît sembler un repère historique des plus intéressants. On ne saurait le qualifier d'échec ou de réussite. Xerox a annoncé à ses employés de manière spectaculaire le fruit d'années de recherche. Mais « Le mieux étant l'ennemi du bien », leur communication a peut-être été maladroite, car involontairement, ils ont paru imposer « d'en haut » ces progrès aux employés. Leur surprise ne fut pas tant celle d'un cadeau reçu que d'une incompréhension... Cela illustre bien comme le développement informatique, dans tous ses processus, a changé[2].

En novembre 1977, 300 cadres du monde entier ont été invités pour quatre jours en Floride, à l'occasion de la Xerox World Conference. Le dernier jour de ce prestigieux congrès, ils ont été conviés, avec leurs épouses, à une conférence très spéciale. Lors d'une impressionnante démonstration baptisée Futures Day, les travaux dirigés par Bob Taylor (en charge du PARC's[3] *Computer Science Laboratory*) leur ont été exposés. Les ordinateurs Alto, avec leurs interfaces graphiques, leurs souris, leurs communications en réseau, connaissaient déjà un vrai succès chez le fabricant de photocopieurs qui leur a donné naissance, Xerox. L'entreprise en comptait quelques centaines en ses murs.

La présentation commença par un film projetant cette annonce « Voici notre futur, le bureau moderne, notre opportunité », avant de poursuivre en ces termes : « Demain est peut-être en train de prendre forme ici, dès aujourd'hui. Bienvenue au système de bureau entièrement Xerox, que nous appelons Alto ». Des présentateurs ont montré comment éditer des documents et des graphiques tout en basculant entre divers programmes ouverts. De nombreuses prouesses

2 Nous reviendrons longuement, dans les chapitres suivants, sur l'importance capitale de l'implication des utilisateurs finaux dans tout projet numérique.

3 Palo Alto Research Center

technologiques ont été mises en scène : échanges entre des Alto distants, envois et traitements de formulaires, emploi de caractères étrangers, d'e-mails, impression de documents… « Cela vous semble compliqué ? Nous vous assurons que cela ne l'est pas. » ont promis les présentateurs (on pourrait reprendre ce slogan pour le no-code), assurant que quelques jours suffisaient pour s'y initier.

Tous ces progrès étaient absolument révolutionnaires. C'était l'époque du Homebrew Computer Club, qui réunissait des passionnés de l'informatique comme Steve Jobs ou Steve Wozniak. C'était également l'époque de l'Apple II, premier micro-ordinateur qui a connu un vrai succès populaire, notamment avec son logiciel VisiCalc, ancêtre d'Excel souvent cité dans les précurseurs des outils no-code. Toutefois, ses fonctionnalités étaient moins avancées que celles du prodigieux Alto.

On sait désormais, avec le recul de l'histoire, que ces innovations préfiguraient l'informatique moderne. Cependant, les 300 invités ont réagi avec un mélange d'indifférence et d'incompréhension, voire de rejet. Après tout, Xerox était une entreprise qui faisait des bénéfices grâce aux ventes de papier. Si les bureaux du futur devaient se baser sur des écrans, cela ne rendrait-il pas l'avenir du papier incertain ? En revanche, les épouses ont pris plus volontiers place devant ces stations de travail, testant pour la première fois de leurs vies des souris. En ce temps-là, il était habituel que des tâches de dactylographie soient attribuées à des femmes.

Cette absence d'enthousiasme a de quoi surprendre. Peut-être les cadres n'ont-ils tout simplement pas apprécié, malgré le faste du congrès, qu'on leur impose ces étranges stations de travail avec leurs mystérieux logiciels… Allaient-ils devoir s'adapter à elles et revoir leurs habitudes de travail ?

Un demi-siècle plus tard, la communication des vendeurs de technologie a radicalement changé : les solutions modernes et en particulier les outils no-code, n'ont de cesse de nous rappeler qu'ils sont à notre service, pas l'inverse.

Existe-t-il des valeurs no-code ?

Lorsque l'on analyse les discours autour du no-code, on repère des thèmes fréquents, associés à un désir d'autonomie, de contrôle et de liberté.

Nous l'avons déjà dit : le no-code aurait pu s'appeler autrement, mais c'est ce terme qui est utilisé et repris. Ce nom évoque un désir puissant d'émancipation. S'il y a une chose qui doit être placée au centre de toutes les préoccupations, le no-code affirme que c'est l'humain. Vérifions cette interprétation au moyen de citations mises en avant par les éditeurs d'outils no-code[4].

> Bubble est une organisation idéaliste, guidée par une mission. Nous avons lancé cette société parce que nous croyons qu'il est important de rendre la technologie accessible à tous et parce que nous soutenons personnellement les personnes qui ont des idées et souhaitent leur donner vie.
>
> Bubble

> Nous donnons les moyens à tout le monde d'être créateur du Web – et à mener des vies épanouies et des carrières impactantes pendant que nous nous occupons de cela.
>
> Webflow

> Notre mission est de placer la puissance, la beauté et la magie du développement de logiciel entre les mains d'un milliard de créateurs. Nous avons hâte d'être les témoins de vos créations !
>
> Glide

> Airtable a été fondé avec la croyance que les logiciels ne devraient pas vous dicter vos façons de travailler – vous devriez dicter comment eux fonctionnent. Notre mission est de démocratiser la création de logiciels en permettant à quiconque de fabriquer les outils correspondant à ses besoins. Les gens du monde entier utilisent Airtable pour faire des choses aussi variées que le traçage de bétail ou la réalisation de film.
>
> Airtable

> Les gens dotés de grandes idées sont partout. Toutefois, 99,5 % du monde ne sait pas comment écrire du code. Tout le monde devrait pouvoir s'initier à la création numérique sans avoir à acquérir une expertise technique et sans avoir besoin de financement pour se faire aider. Thunkable est fier de combler le fossé numérique en faisant de tous des créateurs actifs dans le domaine technologique.
>
> Thunkable

> La seule limite à produire avec Zapier est votre propre imagination.
>
> Zapier

Certes, toutes ces prises de parole sont, par définition, de nature publicitaire. Il faut les écouter et les percevoir avec un certain recul. Cependant, elles convergent puissamment vers des souhaits d'autonomie, de contrôle et de liberté. Et pour

---

4   Toutes ces citations figurent sur les pages d'accueil ou sur les pages *À propos* des sites officiels des outils cités.

cela, elles se complètent des désirs de créativité, de montée en puissance de chacun[5] et de partage.

On pourrait poursuivre l'analyse et y déceler d'autres valeurs encore : en particulier l'omniprésente quête de productivité que l'on peut trouver dans les discours autour du no-code. Cependant, cet aspect-là n'est absolument pas nouveau : on le retrouve dans toute l'histoire de la technique, de l'informatique et de l'économie. Par exemple, des publicités pour l'ordinateur Lisa (l'un des premiers ordinateurs personnels à posséder une souris et une interface graphique), produit par Apple au début des années 1980, finissent par cette mention « *unlimited expandability, unlimited power* »[6]. Tout simplement…

On pourrait aussi y déceler un goût pour l'action. Cependant, cet enthousiasme se retrouve également, par exemple, dans de vieux slogans de Microsoft : « *Making it easier* », « *Start Something* », « *People ready* », « *Open up your digital life* », « *Your potential, our passion* »[7]. On le comprend bien, Microsoft nous encourage à passer à l'acte, à faire quelque chose, à nous en faciliter le chemin, voire à nous éveiller.

On pourrait encore déceler parfois dans le no-code un désir d'émancipation, poussé à l'extrême, jusqu'à l'anticonformisme. Ce n'est pas nouveau non plus. Citons un des slogans les plus connus d'Apple : « *Think different* »[8]. Celui-ci était un pied-de-nez au « *Think* » d'IBM, slogan qui remonte à… 1911 ! Apple a énormément utilisé le filon de l'anticonformisme dans ses communications publicitaires, notamment avec un clip spectaculaire, massivement diffusé en 1984, faisant explicitement référence au roman dystopique 1984 de Georges Orwell. Dans une autre publicité connue de la marque à la pomme, plus tardive, des images d'archives nous montrent des figures emblématiques du XXᵉ siècle qui ont marqué l'histoire du monde, que ce soit dans la science, la politique, l'art ou le sport. On y retrouve Pablo Picasso, Richard Branson, Mohamed Ali, Jim Henson, Maria Callas, Alfred Hitchcock, Gandhi, Martin Luther King, John Lennon, etc. Ayant éliminé ces valeurs qui ne sont pas réellement nouvelles, ce qui subsiste dans les discours du no-code, c'est peut-être le placement aussi important de l'individu au centre de tout. De quelque manière qu'on les qualifie,

---

5   Le terme *empowerment*, sans équivalent français, désigne à la fois un gain de puissance, d'autonomie et de responsabilité. Il peut aussi suggérer, implicitement, une libération par rapport à d'anciens cadres organisationnels rigides qui limitaient les décisions de certaines équipes ou certains employés.

6   Il est toujours difficile de traduire des slogans sans les dénaturer. Celui-ci donnerait en français : « Une évolutivité illimitée pour un pouvoir illimité. »

7   « Rendre les choses plus simples », « Débutez quelque chose », « Les gens, prêts au départ », « Libérez votre vie numérique », « Votre potentiel, notre passion ».

8   « Pensez différemment. »

ce sont « les personnes », « tous », « tout le monde », « vous », « quiconque », « les gens » qui comptent.

C'est ce geste qui prévaut. Webflow fait part de ce recentrage dans sa communication d'une main de maître sur la page consacrée à sa « vision » : on y voit barrée l'expression « Nos ~~valeurs~~ fondamentales ». Le géant du no-code renonce à nous dicter *ses* valeurs ou à nous citer *des* valeurs, quelles qu'elles puissent être (figure 6–2). Webflow se contente de recommander des « comportements fondamentaux ». De cette manière, la marque exprime que la question de la marche du monde n'est pas la sienne, mais la nôtre. Ce n'est pas à nous de nous adapter à Webflow et aux logiciels no-code, mais à ces outils d'être nos assistants et nos co-équipiers dans nos projets.

Figure 6–2
Les « no-valeurs »
de Webflow

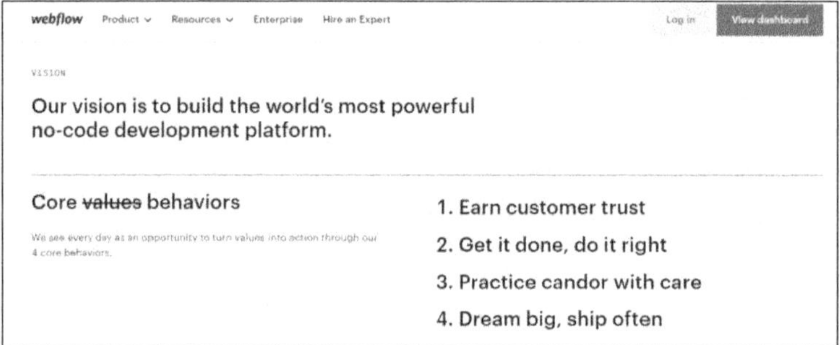

Ces quelques réflexions autour des discours du no-code, nous l'espérons, alimenteront vos réflexions sur ces sujets. N'ayant pas pour vocation de réaliser une étude sociologique, notre analyse s'arrête ici.

La libération technologique du no-code permet l'éclosion ou le renforcement de nombreux combats sociaux, à travers de multiples initiatives. Il serait trop périlleux, dans le cadre de ce livre, de tenter d'en dresser un tableau, car ces mouvements, par définition, ne sont pas statiques ! Entre le début de l'écriture et la date de publication de ce livre, nous avons pu observer des apparitions et disparitions de jeunes pousses associatives et de collectifs. Ce qui est certain, c'est que de nombreuses germinations sont à l'œuvre.

Les valeurs défendues peuvent être le combat contre les discriminations homme/femme dans la technologie, l'accès à l'entrepreneuriat, l'inclusion et la diversité. Celles-ci s'expriment dans des manifestes, des pages consacrées aux valeurs ou à la vision d'agences no-code et d'organismes de formation. Tout cela s'inscrit également dans l'air du temps.

Soulignons d'ailleurs que les géants du code, comme Microsoft et Apple (figure 6–3), mettent également massivement en avant des valeurs analogues et s'engagent dans une démarche de défense[9]. Néanmoins, ce genre de comparaison prête à confusion : cela n'a pas de sens de mettre en compétition ces acteurs historiques du code avec leurs petits frères, ou leurs enfants, du no-code. Il faut uniquement se réjouir de ces mouvements qui vont dans le bon sens. Webflow, Apple, Microsoft et Bubble parlent et agissent en faveur de la diversité et de l'inclusion : tant mieux ! Souhaitons que cela continue.

Figure 6–3
Apple exprime des valeurs similaires à celles que l'on retrouve dans le no-code. Elles sont ici exprimées par des individus aux origines variées (extrait de la page).

Afin d'illustrer ces idéaux, ces inspirations, ces bouillonnements intérieurs qui animent les adeptes du no-code, nous avons choisi d'utiliser la fiction, à travers les témoignages de Lise, Julien et Naye.

Trois profils de no-codeurs

Il y a quantité de façons d'aborder les outils no-code, leur prise en main et la façon de les mettre en action selon ses objectifs.

---

9   Les valeurs de Microsoft sont publiées à l'adresse www.microsoft.com/en-us/about/values, et celles d'Apple à l'adresse www.apple.com/careers/fr/shared-values.html.

Par exemple, une agence de production qui a pour objectif de maximiser son chiffre d'affaires et qui se base sur des méthodes de grandes ESN (Entreprises de services numériques) traditionnelles aura une approche très différente de celle d'un indépendant dont l'objectif est de se spécialiser sur un domaine et d'y exceller (en termes de qualité notamment), afin d'avoir le temps de lancer des projets à côté de cette activité. Ils n'auront ni la même vision, ni la même approche, ni la même philosophie vis-à-vis des outils no-code et de tout ce que ceux-ci leur donnent l'occasion d'accomplir.

Voici, à travers trois profils un peu caricaturaux – mais fortement inspirés de personnes réelles –, des traits caractéristiques des influences culturelles, techniques et philosophiques qui matérialisent ce que les outils no-code proposent de plus pertinent et de plus visionnaire. Ce sont surtout leurs traits de caractère positifs que nous mettons en avant dans ces trois portraits. Non pas pour suggérer que le no-code serait une voie facile vers l'épanouissement dans des situations de rêve (nous savons bien que le quotidien d'un travail comporte son lot de frustrations et difficultés), mais pour positionner délibérément notre « loupe » sur des états d'esprit et attitudes qui nous paraissent en phase avec le no-code. Ne nous en veuillez donc pas si nous idéalisons un peu les choses !

Chacune de ces figures est associée à une succincte *fiche persona*[10] vous permettant de vous la figurer en un aperçu rapide.

Lise, « hackeuse en mode no-code ops »

Figure 6–4
Fiche persona de Lise

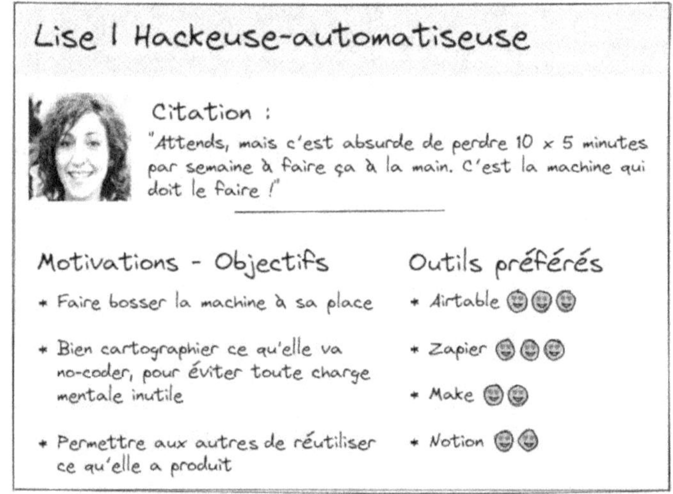

10 Cette notion sera approfondie au chapitre 8.

Il est 8 h 30 quand Lise s'assied à la terrasse du café Neo's, à Saragosse, après avoir trouvé une place idéale : elle au soleil, son ordinateur portable dans l'ombre. Et lorsqu'elle l'ouvre, l'écran affiche son espace de travail sur Notion. Comme tous les matins, elle déroule sa routine de no-codeuse indépendante et nomade spécialisée en no-code ops.

En effet, même au soleil, Lise est bien en situation de travail à distance, quatre matins sur cinq (et parfois en début de soirée, mais pas plus de deux fois par semaine), se réservant le loisir de profiter l'après-midi des lieux qu'elle traverse.

Comme tous les matins donc, elle ouvre Notion pour :

- déplacer les tâches terminées la veille, de la colonne *En cours* vers *Achevé*, dans son tableau Kanban, comme le veut la version simplifiée (mais orthodoxe) des méthodes agiles qu'elle pratique à sa façon ;

- déplacer les tâches qu'elle va faire aujourd'hui de la colonne *À faire* vers *En cours* ;

- relever ses messages, afin de voir si des clients ou d'autres collaborateurs indépendants lui ont adressé des @mentions pour attirer son attention sur des morceaux de texte, des projets, des tâches, ou tout autre élément de collaboration.

Une vingtaine de minutes plus tard, une fois tout ceci achevé, elle continue sa routine avec d'autres outils.

- Elle traite tout ses e-mails entrants comme le veut la méthode Inbox Zero (qu'on pourrait traduire par « apporter zéro énergie cognitive au traitement de ses e-mails »), en arbitrant rapidement et quasiment sans réfléchir, idéalement jusqu'à ne plus avoir un seul message dans sa boîte de réception : archivage, réponse, transformation en tâches, programmation de « boomerangs » qui lui reviendront à un moment plus propice.

- Elle vérifie le Slack No-code France, qu'elle utilise comme outil de discussion collective avec des collaborateurs et collaboratrices, no-codeurs et no-codeuses. Elle contrôle si elle a des messages privés, ou de nouvelles conversations qui la concernent.

- Elle fait un petit tour sur son outil de gestion des clients et des opportunités, qu'elle s'est créé sur Airtable, afin de vérifier que tout est bien à jour et qu'elle n'a pas oublié d'envoyer un devis ou une facture cette semaine – comme elle le fait systématiquement le matin tous les vendredis.

- Elle porte une attention particulière à ses messages d'erreur dans Zapier, afin que ses automatisations roulent en toute allégresse.

Déjà, vous remarquez que les routines matinales de Lise sont bien réglées et qu'elles n'impliquent pas que des outils no-code. En effet, bien que son expertise porte sur le no-code et qu'elle tire au maximum parti de ce qu'ils lui permettent d'optimiser dans son travail quotidien, Lise est animée par la notion clé de productivité – au sens contemporain, anglo-saxon, liée à l'aspect numérique : elle cherche constamment à « trouver les meilleures solutions, optimiser, pour travailler mieux et in fine travailler moins ». À ses yeux, les outils no-code ne sont qu'un moyen pour servir cet objectif de productivité, même s'ils la passionnent en soi (elle réalise d'ailleurs certains petits projets en amateur, en créant de petites solutions techniques les plus élégantes possibles, juste pour se faire plaisir et s'amuser de la puissance de ces outils).

Au-delà des outils no-code, Lise est bien consciente que la recherche d'une productivité bien huilée passe aussi par :

- un usage discipliné et organisé d'autres outils et applications incontournables (ex : e-mail, chat, téléphone, impots.gouv.fr) ;
- la répétition quotidienne de routines bien définies à certains moments de ses journées, afin de pouvoir quantifier sur une base stable le travail réalisé ou à faire et ainsi mieux planifier les nouveaux projets qu'elle accepte. C'est ainsi qu'elle s'évite des montées en charge chaotiques et ingérables.

Toutes ces méthodes et ces principes, elle les a trouvés dans l'une de ses bibles : « La 25e heure : les secrets de productivité de 300 startuppers qui cartonnent » de Guillaume Declair, le cofondateur de Loom dont nous avons parlé au chapitre 2. Elle avait découvert cet ouvrage au début de sa reconversion vers le no-code, dans l'une des premières vidéos de la formation en ligne de Contournement : « Initiez-vous aux no-code ops par la pratique » (figure 6–5), avant de mettre les mains concrètement dans Airtable, Zapier et Notion.

> « Laisser le numérique effectuer les tâches rébarbatives à sa place, pour se concentrer sur les aspects les plus créatifs et intéressants de son travail et de sa vie. »

Oui, c'est exactement ce qu'elle veut faire ! Déléguer à la machine toutes ces tâches répétitives, chronophages et à faible valeur ajoutée, qui nous volent tant de nos précieuses minutes de travail et de vie au quotidien, lorsqu'on se sert des ordinateurs et des smartphones ; se libérer de ce temps de « manutention numérique ». Au-delà de cela, c'est en visionnant cette vidéo qu'elle s'est rendu compte qu'elle brûlait d'envie de partager ses superpouvoirs d'automatisation et d'optimisation des processus numériques.

C'est maintenant qu'il faut en raconter un peu plus sur sa reconversion. À l'origine, Lise avait travaillé dans le marketing, puis dans la restauration. Suite à plusieurs expériences dans ce métier difficile, elle officiait pour un petit traiteur, chez qui elle assurait à la fois des activités de cuisinière et de gestionnaire : préparation des commandes, gestion des prestataires et des emplois du temps, coordination des prestations sur certains événements, un peu de comptabilité, etc.

Figure 6–5
Quelques formations
Contournement sur le
no-code

C'est quand elle a voulu construire un petit site pour ce traiteur qu'elle a découvert les outils no-code. Elle avait testé Weebly dans un premier temps, avant de se rendre compte que Squarespace[11] lui convenait mieux. Son instinct de hackeuse commençait déjà à s'activer en arrière-plan. De fil en aiguille, après quelques recherches sur Squarespace, elle s'est rendu compte que cet outil était parfois désigné comme un outil no-code. Ayant fortement apprécié ce website builder, c'est tout naturellement qu'elle s'est renseignée davantage en recherchant l'expression « no-code » dans Duck Duck Go, ce moteur de recherche qui se positionne en défenseur de la vie privée et qu'elle préfère infiniment à celui de Google.

11 Weebly et Squarespace sont deux website builders populaires et anciens, ayant vu le jour respectivement en 2006 et 2004.

C'est alors qu'elle a compris que sa vie allait changer. Elle a cherché des ressources diverses sur le no-code : webinaires, démonstrations, tutoriels, podcasts, autant de supports qui l'ont guidée en douceur dans cet univers. Elle a ensuite investi son temps libre dans la prise en main des outils no-code qui lui paraissaient les plus pertinents pour elle et ses usages.

Deux vidéos de démonstration l'ont particulièrement accrochée : une sur Airtable et une autre sur Zapier. Elle a créé des comptes sur les deux outils. Le projet qu'elle a fabriqué n'était pas parfait du premier coup, mais en se concentrant à fond pendant 2 h 30, sans se décourager à la moindre incompréhension ou erreur, elle a réussi à créer une base de données et une automatisation qui lui ont immédiatement rendu la vie beaucoup plus facile pour la gestion des menus du restaurant et des commandes liées.

C'était une première victoire à la force du poignet et de sa détermination, mais sans trop souffrir non plus. Pendant ses premiers pas en autodidacte, elle avait en effet estimé la difficulté au bon niveau : suffisamment simple pour avancer et à la fois suffisamment complexe pour éviter l'ennui ou ralentir la progression.

> « Mmmmmh... Alors je peux créer des vues en fonction des dates auxquelles on prépare telle recette, d'accord... Et je peux envoyer ces recettes par e-mail automatiquement à toute l'équipe en cochant juste cette case. Ça, c'est fait, bien. Par contre chaque recette est liée à plusieurs ingrédients, mais un ingrédient peut être lié à plusieurs recettes différentes... Là, j'avoue que je ne vois pas trop comment procéder, mais je sens qu'il y a un moyen intelligent de le réaliser dans Airtable. Les vues c'est trop mécanique, ça va être le bazar. »

C'est à ce moment-là qu'elle a compris que si elle voulait progresser plus rapidement et surtout, si elle voulait apprendre à manipuler ces outils de la bonne manière, elle devait suivre des tutoriels proposés par les différents outils ou toute autre formation qui lui montrerait la voie. Elle a alors trouvé la fameuse formation gratuite d'initiation de Contournement.

De fil en aiguille, un peu moins de deux ans plus tard, Lise travaille à son compte pour aider des structures à optimiser leurs ops, c'est-à-dire leurs opérations numériques, grâce aux outils no-code.

Chez Lise, on trouve donc plusieurs traits de hackeuse avec quelques caractéristiques d'automatiseuse.

L'astuce et la créativité hors des sentiers battus

Avant tout, il faut préciser que le terme « hacker » ne désigne pas un pirate informatique ; cette déformation du sens vient du traitement médiatique qui a été fait du terme dans les années 1980 et 90. Les hackers et hackeuses sont des profils qui aiment user d'astuces et de pratiques non conventionnelles pour résoudre des problèmes – ce qui n'est pas forcément ni le réflexe, ni le penchant naturel de n'importe qui. Lise aurait par exemple pu chercher des solutions toutes faites pour résoudre ses problèmes quotidiens, mais elle a préféré créer son outil, en assemblant astucieusement les briques que lui proposaient les outils no-code.

D'ailleurs, il y a fort à parier que ce qui l'a poussée dans cette approche créative et non conventionnelle, c'est en partie le fait qu'elle soit moins « formatée » que ne le serait un professionnel issu d'une formation académique. Elle bénéficiait en effet d'une maturité professionnelle, acquise au fil de ses expériences précédentes, ce qui l'a certainement aidée à savoir être pragmatique dans ses démarches et à aller droit à l'essentiel. En y réfléchissant, elle se disait bien que sans les contributions de certains de ces experts du code avec leurs carrières impressionnantes, le no-code n'aurait peut-être jamais vu le jour. Simplement, ce type de parcours n'était, pensait-elle, pas fait pour elle et elle se réjouissait de la démocratisation de l'accès aux outils informatiques. Le tout a été catalysé par un mélange d'expérience et de confiance en elle qui l'a aidée à avancer. Elle a spontanément testé, raté, cherché, contourné, à partir du bagage léger, mais efficient, que constituaient ses formations de quelques jours.

En matière de no-code – comme dans le domaine informatique plus généralement – c'est en se trompant qu'on apprend, en lisant attentivement les messages d'erreur, en cherchant sur les forums, en testant plusieurs solutions et ainsi en se confrontant calmement à chaque barrière rencontrée, jusqu'à répéter ce cheminement de manière systématique et indolore. C'est cela, l'esprit hacker.

L'une de ses références – qu'elle ne connaît pourtant pas encore

Il serait trop long de décrire ici in extenso toutes les composantes de cette attitude de hackeur, mais un ouvrage culte en résume très bien les axes essentiels : le manifeste *How to become a hacker*, d'Eric S. Raymond. Même si elle ne l'a pas encore lu, Lise a des attitudes caractéristiques de ce qui y est décrit, qu'elle les ait adoptées spontanément, ou qu'elle les ait pratiquées par mimétisme.

La volonté de résoudre des problèmes

Lise a une forte propension à pousser un cri lorsqu'elle constate que l'automatisation qu'elle vient de construire fonctionne et qu'elle a réduit à néant le problème qui l'irritait tant. De plus, elle aime dire à ses proches : « mais franchement ça m'énerve, ce n'est pas logique que ça se passe comme ça ; passe-moi ton ordinateur, je vais m'en occuper. »

Cela n'est pas sans faire écho à un grand principe édicté par Eric S. Raymond : « le monde est rempli de problèmes fascinants qui ne demandent qu'*à être résolus* ». En effet, le hacker ou la hackeuse ne construit pas sur des fantaisies de l'esprit, mais ancre ses réalisations dans des réalités constatées – en particulier pour réagir à des frictions, des inefficiences, ou à d'autres problèmes plus douloureux constatés dans la vie réelle. Comme l'affirme Raymond, « pour être un hacker, vous devez ressentir une forme de frisson à l'idée de résoudre des problèmes, d'affiner vos compétences et d'exercer votre intelligence » et « si vous avez la bonne attitude, les problèmes intéressants sauront vous trouver ».

Précision

L'univers contemporain du no-code se situe loin du contexte dans lequel *How to become a hacker* a été écrit, qui était celui de communautés d'experts de l'informatique non académiques, au début des années 2000, avec une forte fédération de valeurs autour de l'open source et du logiciel libre. Rappelons en effet que les outils no-code sont pour la grande majorité l'œuvre d'entreprises privées dont la démarche est loin de l'open source. La portée et les enjeux des valeurs énumérées ici ne portent pas du tout sur les mêmes réalités. Il n'en demeure pas moins que ces attitudes et cette culture nous paraissent être des inspirations essentielles dans la bonne façon de pratiquer le no-code (et tout travail informatique ou informatif plus globalement).

À défaut d'être pleinement consciente de ces éléments, Lise les applique au quotidien, que ce soit lorsqu'elle s'obstine pendant plusieurs heures pour résoudre un problème qui lui résiste (même lorsque celui-ci n'est absolument pas prioritaire), ou que ce soit de par son impression de ne jamais réellement maîtriser à 100 % tel ou tel sujet.

C'est d'ailleurs dans cette volonté d'aller au fond de son art que Lise tient à approfondir son apprentissage et sa compréhension de l'informatique, au-delà du no-code. Elle a visionné de nombreuses vidéos et lu de nombreux articles sur la façon dont le Web fonctionne. Même si ce n'était pas vraiment vital pour son activité de freelance, elle a tenu par exemple à comprendre le principe d'abstraction en informatique, le fonctionnement des navigateurs web ou des API, ou encore les fondements des protocoles HTTP, FTP, etc.

La volonté de partager ses solutions

« Jamais un problème ne devrait avoir à être résolu deux fois par deux personnes différentes » : tel est un autre pilier de l'attitude du hacker. Le temps investi par les uns et les autres sur la résolution de problèmes est précieux ; lorsque quelqu'un a trouvé une solution satisfaisante, il la partage, afin que d'autres puissent s'en resservir – et éventuellement l'améliorer.

Dans le contexte du no-code, cette volonté de partager l'information peut se matérialiser non pas dans la publication de sections de code en open source, mais plutôt dans la mise à disposition de :

- modèles pré-construits (les templates) ;
- fonctionnalités additionnelles à ajouter (les plugins) ;
- procédures décrites par écrit ou en vidéo (guides et tutoriels produits par les éditeurs d'outils et quelquefois étiquetés « *how to* », ou alors créés et diffusés par les no-codeurs directement sur des comptes YouTube par exemple) ;
- scripts et formules prêt(e)s à copier-coller.

Lorsque ses clients l'y autorisent, Lise a vraiment cette démarche de partager ce qu'elle produit. Sur son site personnel, par exemple, on trouve différents zaps et scénarios Make très spécifiques à la gestion de certains processus dans les associations, ainsi que des modèles de tables Airtable, éventuels premiers pas pour les TPE-PME dans la gestion de leur recrutement. Cette attitude touche même sa vie personnelle : elle a par exemple participé à un festival espagnol très inspiré du célèbre Burning Man, qui requiert énormément de préparation en amont. Elle a extrait de nombreuses informations actionnables à partir du Guide de survie qui était fourni sur leur site, les a transformées en un modèle Notion, duplicable par n'importe qui pour ses propres besoins, avec toutes les listes d'actions à réaliser, bien formatées et bien qualifiées.

Comme elle le dit souvent, « c'est souvent en aidant les autres, en leur apprenant quelque chose, que tu progresseras le plus efficacement ». Elle se souvient par exemple du coup de main donné à ses débuts à l'une de ses amies, qui gérait et organisait à la main toutes les factures de ses travaux. Elle l'a aidée à créer un processus où elle n'avait qu'à photographier les factures directement grâce à l'application mobile Airtable, ou à transmettre les factures numériques à une adresse e-mail dédiée sur Zapier, puis à compléter quelques informations. Co-créer cette solution avec son amie, qui était débutante, lui a appris beaucoup, tant sur les fonctionnalités utilisées que sur la pédagogie no-code.

En revanche, Lise ne se fait pas une priorité d'utiliser des outils no-code open source, ni de contribuer à des projets qui les fassent avancer. En effet, à ce jour, dans un souci éthique, elle préférerait bien sûr que ces outils de prédilection le soient, mais sa priorité est clairement d'utiliser les solutions les plus efficaces – et les plus accessibles à la prise en main par ses clients.

La fainéantise, l'impatience et la démesure

> Nous t'encourageons à développer les trois grandes vertus d'un programmeur : la fainéantise, l'impatience et la démesure.

C'est en ces termes que Larry Wall, créateur du langage de programmation Perl, nous inspire également pour établir le profil de notre « no-codeuse à dominante hacker, ascendant automatiseuse ». En effet, dans le domaine de la programmation, voici pourquoi ces vices deviennent des qualités cardinales :

- La **fainéantise** vous poussera à déléguer autant que possible à la machine les tâches qui vous auraient coûté des efforts et de l'énergie. Par ailleurs, votre souci de documenter ce que vous aurez produit vous évitera d'avoir à répondre aux nombreuses questions qu'on pourrait vous poser.

- L'**impatience**, c'est ce qui vous permettra d'optimiser ce que vous allez créer, en concevant des programmes qui ne se contenteront pas de réagir en fonction de vos besoins, mais les anticiperont (car l'ordinateur est lui-même fainéant, donc il faut anticiper pour lui).

- L'**hubris**, autrement dit la démesure qui confine à l'orgueil, dans la tragédie grecque, est la qualité qui vous amènera à créer des programmes impeccables, sur lesquels les gens n'auront rien de négatif à dire.

Lise présente ces trois traits de caractère – surtout la fainéantise, car son objectif est clairement d'automatiser un maximum de tâches à faible valeur ajoutée, notamment pour se concentrer sur le travail le plus stimulant intellectuellement, le plus rémunérateur, et pour faire ce qu'elle veut du temps que ça lui libère.

Avant de découvrir cette citation de Larry Wall, une poésie lui avait d'ailleurs confirmé son sentiment que cette « fainéantise légitime » était la bonne attitude à avoir. Il s'agissait de « La cigale et la fourmi », façon *Fable des ops*[12] :

> La cigale ayant automatisé tout l'été
> Se trouve fort déchargée
> Quand tout le monde croule sous les projets

Le « RTFM »

Une autre composante importante de l'attitude de Lise est son aptitude à se débrouiller toute seule pour chercher des solutions. Dans la culture hacker – et

---

12 Les *Fables des ops* sont un détournement des fables d'Ésope de l'antiquité. Vous pouvez les consulter sur le site de Contournement : https://www.contournement.io/details/les-fables-des-ops

plus généralement dans l'informatique – c'est ce qu'on appelle le RTFM, ce qui signifie *Read The F***ing Manual* (« lis le fichu manuel »). En quelques mots, il s'agit de la réponse qu'il convient d'apporter à quelqu'un qui vous demande un renseignement (ou la solution à un problème) qu'il pourrait trouver lui-même en lisant la documentation d'une technologie, en menant quelques recherches sur Internet, ou en demandant de l'aide sur un forum. Même si cette attitude paraît un peu abrupte, elle est nécessaire pour forger un bon hacker et donc, selon notre vision, un bon no-codeur. En effet, c'est en appliquant systématiquement en autonomie cette démarche de « je ne sais pas, donc je cherche, puis je teste, puis je me trompe, puis j'essaie autre chose » que l'on progresse et que l'on transmet cette attitude à d'autres personnes qui débutent.

Certains profils ont tout de suite cette attitude, d'autres ont beaucoup de mal à l'adopter. Lise avait déjà eu ce genre de réflexe dès le début de ses explorations en no-code et les conseils prodigués dans ses différentes formations ont vraiment fini d'ancrer cette façon de procéder.

« Kif et coolitude »

Un dernier élément est essentiel pour une « no-codeuse hackeuse et automatiseuse » : aimer ce que l'on fait et le faire dans une bonne ambiance. « La joie, l'humour et le fait de s'amuser sont des atouts essentiels » affirme Eric S. Raymond dans un autre de ses ouvrages cultes, *Le bazar et la cathédrale*. En effet, l'imaginaire collectif associe souvent le travail de programmation à un labeur intellectuel, scientifique, méthodologique très sérieux, voire trop sérieux – et clairement rébarbatif à de nombreux égards. Pourtant, créer des programmes, que ce soit en code ou en no-code, cela doit avoir un côté ludique, stimulant et, idéalement, se pratiquer dans un environnement où les gens aiment ce qu'ils font. En tout cas, c'est comme ça que Eric S. Raymond le conçoit (concernant le code) et c'est dans cet esprit et ce type d'ambiances que Lise veut vivre le no-code. La culture hacker regorge d'ailleurs de ressources humoristiques, dans lesquelles Internet a puisé une grande partie de ses racines lorsqu'il s'est démocratisé dans les années 2000.

En conclusion, Lise représente à de nombreux titres des traits de caractère, une approche, une culture de travail et une philosophie qui nous paraissent essentiels dans la prise en main et la mise en application du no-code. Bien sûr, ce profil-type n'est pas exclusif et certaines caractéristiques concernent aussi les deux no-codeurs que nous allons présenter maintenant. Toutefois, Lise est clairement représentative d'une personnalité de no-codeuse empreinte d'influences cohérentes et très bénéfique à une certaine mise en action des outils no-code.

Julien, « craftsman, artisan du no-code »

Figure 6–7
Fiche persona de Julien

À l'origine, Julien était designer spécialisé en graphisme print. À partir de 2016, il a officié pendant deux ans dans une agence de création de sites web, où ses activités se composaient à 50 % de design web, 50 % de gestion de projet et… un troisième 50 % de tâches diverses (et surtout à très faible valeur ajoutée) : résolution de problèmes à la main pour les clients – des heures durant, alors qu'un simple script aurait fait l'affaire si le projet avait été mieux conçu –, rédaction d'e-mails de justification des défaillances auprès des clients (en binôme avec le responsable juridique, car ces échanges visaient à protéger l'agence sur ce qui ne correspondait pas au cahier des charges), saisie dans Trello de tâches et spécifications dispersées dans divers documents Word et Google Sheets au fur et à mesure du projet, etc. Tout ceci menait fréquemment l'équipe à des marathons de travail hors horaires réglementaires, en particulier soirs et week-ends.

Ses études autant que cette première expérience professionnelle l'avaient amené à un avis très partagé sur le travail :

- Il sentait qu'on lui avait mis entre les mains les outils et méthodes de travail sans réelle méthodologie ni fondamentaux, comme s'il manquait une dimension. D'ailleurs, un simple tutoriel sur la conception de site web et l'UX lui avait appris quelques conventions et bonnes pratiques dont professeurs et collègues ne lui avaient jamais parlé.

- Concernant les méthodes de collaboration sur les projets avec ses camarades puis ses collègues, il lui paraissait inimaginable qu'il n'y ait pas de meilleure manière de travailler. Tous ces échanges de fichiers de code par Google Drive (voire par e-mail), les échanges dispersés entre WhatsApp, les e-mails, les appels téléphoniques et un éventuel outil de gestion de projet… Julien se désolait de voir autant d'énergie perdue à répéter certaines informations, à les rechercher, à recopier des libellés, sans compter toutes les erreurs et pertes d'information que cela occasionnait chaque jour.

- Concernant les processus de travail en général, ainsi que l'outillage pour gérer les ops des équipes (au-delà du travail de production : administration, comptabilité, communication), il avait déjà entrevu des façons de s'organiser et des méthodes de productivité qu'il avait vraiment très envie d'essayer.

- Par-dessus tout, il ressentait une énorme frustration en constatant que l'équipe n'avait pas livré le meilleur niveau de qualité sur un projet, notamment parce que les étapes de conception n'avait pas correctement pris en compte les besoins réels des utilisateurs. À l'origine, c'est pourtant pour cela qu'il exerce ce métier : pour produire des livrables de qualité, qui ont du sens et plus d'authenticité que des objets industriels. En fait, il conçoit la production web comme un métier d'artisan.

C'est d'ailleurs ce mot « artisan » qui lui a fait voir la lumière. Un développeur prestataire de l'agence lui a révélé un jour l'existence de tout un mouvement appelé le *software craftsmanship*, l'artisanat logiciel. Il s'agit de méthodes très inspirées des méthodes agiles notamment.

Par ailleurs, Julien se sentait frustré de ne pas maîtriser le code grâce auquel il pourrait fabriquer lui-même ses projets, sans multiplier les intermédiaires et devoir passer par des étapes qu'il trouvait trop peu productives. Son collègue prestataire lui a alors parlé de Bubble. C'était en mai 2016.

Un mois plus tard, Julien avait dévoré plusieurs contenus de référence, qui lui ont permis d'orienter la suite de sa pratique et d'établir les fondations de l'excellence qu'il atteindrait bientôt dans la production d'applis en no-code.

En septembre, Julien quittait l'agence pour se lancer en tant que concepteur et chef de projet web en freelance, déterminé à appliquer les pratiques et méthodes qu'il avait étudiées à travers ces ouvrages :

- Le Manifeste agile, avant tout, lui a permis d'enfin trouver comment organiser le développement des projets clients, comment fluidifier et stimuler le travail en équipe et comment vraiment impliquer le client pour que le projet réponde à ses besoins.

- *Don't make me think*, de Steve Krug, qui lui a enfin apporté des réponses méthodologiques de fond sur de bonnes pratiques, très pragmatiques, pour concevoir les interfaces des sites web et applications.

- Le *playbook* de Thoughtbot, une agence américaine de conception et développement. Même s'il concerne une agence qui n'utilise pas du no-code, ce document lui a clairement montré qu'il était possible (et, pour certaines sociétés, quasi-impératif) d'uniformiser le travail de production informatique, par des processus simples et pragmatiques (et parfois non conventionnels), afin que chaque membre de l'équipe connaisse son rôle, que l'excellence opérationnelle et la chasse aux tâches inutiles règnent. Un des objectifs est de dissiper au maximum ces zones de flous qui étaient omniprésentes dans l'agence où Julien travaillait (modes de collaboration, zones de responsabilités, travail réellement achevé par les différentes parties). Ce document et la démarche qui allait avec plaisaient d'autant plus à Julien qu'ils étaient disponibles directement sur le site de Thoughtbot, en toute transparence pour les personnes de l'extérieur qui voudraient rejoindre l'équipe (ou s'en inspirer pour leur propre projet).

- *Rework*, le livre de Jason Fried et David Heinemeier Hansson, a vraiment orienté la culture du travail dans laquelle il voulait vivre, à travers quelques principes forts : « le *dès que possible* est un poison », « les réunions sont toxiques », « planifier, c'est deviner », « les accros au travail ne sont pas des héros », « rester petit c'est magnifique », « se limiter à des journées de 8 heures maximum », « être interrompu est l'ennemi de la productivité » et « il vaut mieux proposer un produit limité, mais excellent plutôt qu'un produit plus complet mais qui a globalement moins de valeur ».

- *Remote*, des mêmes auteurs, l'a aidé à bien aborder les pratiques de travail à distance.

En juin 2017, après avoir éprouvé ces méthodes qui l'attiraient, après avoir réalisé une dizaine de projets pour des clients satisfaits (malgré un incident au début, riche d'enseignements), après avoir parfait sa maîtrise de Bubble et, surtout, après en avoir discuté avec deux autres développeuses Bubble avec qui il avait eu l'occasion de travailler sur certains projets, il a décidé de co-fonder une agence avec elles : 3J Crafts(wo)men (car leurs trois prénoms commencent par la lettre J).

Ses deux associées viennent de la technique (l'une des deux maîtrise d'ailleurs le code et c'est elle qui permet de dépasser les limites du no-code quand il y en a besoin sur des projets avancés). Julien venant du design, il a clairement apporté une démarche très portée sur l'approche UX, sur le souci constant de bien servir son client aussi, notamment via des méthodes de co-conception et d'approche centrée utilisateur (ateliers de design thinking, souvent organisés en présence des clients et de leurs clients).

Pour Julien, en effet, l'une des grandes forces du no-code est de permettre de délivrer plus vite des fonctionnalités à valeur ajoutée. Il cherche avant tout à éviter la course à la création de nouvelles fonctionnalités sans être sûr qu'elles apportent vraiment au projet. C'est selon lui le meilleur moyen de commettre l'erreur de créer des projets tentaculaires sans se focaliser sur l'essentiel, au risque de perdre ou de saturer la promesse du projet – ainsi que l'attention et l'expérience de l'utilisateur.

Il tient aussi à éviter l'effet « supermarché de la production d'applis » : ce qui l'intéresse, ce n'est pas de réaliser exactement ce que le client lui demande, mais bien de poser les questions qui feront émerger les réelles priorités du produit, au regard de ce dont les utilisateurs auront réellement besoin. De plus, les cahiers des charges sont souvent à compléter de wireframes (des schémas fonctionnels représentant les interfaces), car un besoin uniquement spécifié par des mots est facteur de malentendus susceptibles de conduire le projet à l'échec.

Quand Julien et ses cofondatrices commencent un nouveau projet, ils utilisent leur propre méthode, très inspirée des influences listées précédemment, ainsi que de l'agilité. Ils savent que, même si les outils no-code sont très puissants et rapides, ils ne dispensent pas d'une structure méthodologique exigeante.

D'ailleurs, Julien a vite réalisé que Bubble n'était pas du tout idéal pour le travail collaboratif. Depuis 2016, il a eu le temps de réfléchir au moyen d'optimiser ses pratiques pour travailler à plusieurs sur un projet avec cet outil.

Il avait été très marqué par une démonstration de GitHub, cette plate-forme de collaboration que les développeurs plébiscitent. Il a donc conçu des moyens de bien travailler :

- Il a adopté des conventions qui se rapprochent de celles des développeurs traditionnels (bien nommer ses éléments, commenter et documenter le projet). Il avait par exemple adoré ce que la start-up Prello décrivait dans un entretien, à savoir qu'ils documentent tous les flux de travail de leur produit dans Notion.

- Par ailleurs, Julien et ses deux cofondatrices ont créé leur propre framework de développement, s'inspirant notamment de la démarche de l'agence Tinkso. Cette dernière a publié son modèle Bubble OpenBase, partageant ainsi – moyennant un abonnement – tous les éléments et les bonnes pratiques qu'elle a structurés au fur et à mesure des années.

Par ailleurs, Julien tient également à appliquer de bonnes pratiques qui permettent aussi d'améliorer :

- la performance de l'équipe – notamment à travers des réunions de « rétrospectives agiles », qui visent à discuter non pas de ce qu'on a produit, mais bien de comment on l'a produit, afin d'identifier les points satisfaisants et les sujets d'amélioration (collaboration entre les personnes, outils et processus) ;

- la sécurité et les autres dimensions du projet qui sont moins visibles pour le client, mais qui sont essentielles pour tout professionnel qui se respecte. En tant que *craftsman*, il est très sensible à ce point, car il veut que le client reparte avec une réalisation de qualité à tous égards, sans vices cachés. Seuls l'expérience et un soin précis apporté aux bonnes pratiques peuvent le garantir.

En conclusion, on pourrait dire que Julien est exemplaire pour toute personne qui veut se lancer dans la prestation de production en no-code, ne serait-ce que parce qu'il sait que plus on travaille **avant**, plus on évite les problèmes **après**. Ce qui l'anime aussi, c'est le plaisir de surmonter toutes ces difficultés et enjeux pour finalement créer quelque chose qui tourne parfaitement, qui soit bien conçu, agréable à fabriquer et à utiliser. Pour cela, il planifie, il cadre, de telle sorte que le tout soit aussi digeste et léger que possible, pour l'équipe comme pour le client.

Pour avoir connu de nombreux bourbiers du temps où il travaillait en agence, Julien se rend compte du plaisir qu'il a désormais à ne presque plus avoir de nouvelles du client après livraison. Il a d'ailleurs créé un indicateur de performance qui lui tient tout particulièrement à cœur : le nombre de bugs relevés après la livraison.

Naye, « makeuse lanceuse de projets »

Figure 6–6
Fiche persona de Naye

> Sérieusement, tu as fait trois brainstormings de plusieurs heures avec tes amis pour réfléchir à ton logo, tu as dépensé 2 000 € pour le faire créer par un designer, alors que tu n'as pas encore un seul client ni généré un seul euro avec ton idée ? Je suis désolée de te le dire, mais tu as tout fait à l'envers ! Ton idée, tu l'as eue il y a six mois, c'est ça ? Ce que tu aurais dû faire, c'est chercher sur Internet comment concevoir simplement ton site. Tu aurais certainement trouvé des outils comme Squarespace ou Dorik. En moins de deux jours, tu aurais pu sortir une première version où tu présentais ton offre et où les gens auraient pu pré-commander des services (ou tu aurais proposé des ateliers gratuits pour tester). À partir de là, pendant six mois, tu aurais trouvé des clients, fait évoluer ton concept en fonction de tes tests et des retours obtenus. Et je peux te garantir que, à l'heure actuelle, tu saurais si les gens veulent vraiment ce que tu proposes et que ton logo, c'est vraiment le dernier aspect dont tu dois te préoccuper. Il faut vraiment faire attention à ne pas se poser des problèmes de riches et à ne pas dépenser de l'argent et du temps pour des détails vraiment pas essentiels au projet, alors qu'on n'a pas encore validé que son activité était viable.

C'est en ces termes que Naye donne son retour brutal, mais bienveillant à un porteur de projet qui participe à un programme d'amorçage entrepreneurial. Oui, bienveillant, car c'est souvent en disant les choses de manière factuelle et avec une vivacité proportionnée à l'absurdité des options choisies que l'on évite de graves erreurs aux porteurs de projets.

Le bon sens et l'expérience nous ont prouvé par A+D (c'est-à-dire par Airtable+Dorik) que, depuis que tout un chacun a la possibilité de créer lui-même ou elle-même des supports nécessaires au lancement d'une aventure entrepreneuriale, l'approche « maker lanceur de projet » doit constituer tout ou partie de l'attitude indispensable pour faire les choses de manière raisonnée.

L'histoire et l'approche de Naye sont intéressantes à plusieurs titres :

- C'est à proprement parler une « makeuse » : elle a l'art et la passion de mettre en place des projets, numériques ou autres.

- C'est également une « serial lanceuse », « une amorceuse à répétition » : sa force (et ce qui la fait vibrer), ce n'est pas tant de structurer des projets sur le long terme, que de savoir les démarrer et rapidement évaluer, par des tests concrets, s'ils sont voués au succès ou à l'échec.

- Elle incarne clairement ce que peut donner la méthodologie lean start-up[13] à l'ère du no-code. Toute idée ou intuition doit être considérée comme une hypothèse de travail, et seul le contact avec les utilisateurs finaux peut forger des certitudes ; donc, autant chercher le plus vite possible ce contact, sans

---

13 Nous reviendrons sur cette méthode d'importance capitale pour tout projet numérique, au chapitre 8.

investir de l'argent et des efforts dans des intermédiaires et des « passages obligés » superflus.

Naye a été une makeuse avant d'être une lanceuse de projet. C'est d'ailleurs ce qui en fait un profil intéressant, à la croisée entre une certaine pratique du no-code, une approche appliquée des méthodologies lean start-up et la culture « Do it yourself »[14] très présente dans les fab labs et le mouvement des makers. Les premières fois où elle s'est rendu compte qu'elle adorait fabriquer des choses avec des outils contemporains, en autodidacte qui se débrouille, c'était lorsqu'elle a découvert l'impression 3D en 2015 et le mouvement des makers.

La première fois qu'on lui a montré comment utiliser une imprimante 3D, comment trouver des modèles disponibles en open source en ligne et, surtout, quand elle a compris qu'avec des recherches sur Internet elle pouvait accéder à toute l'information dont elle avait besoin, c'était parti. Au bout de deux jours, elle avait déjà imprimé une clé à molette alors qu'il s'agit d'un objet assez complexe à fabriquer. De fil en aiguille, elle a découvert les possibilités ouvertes par les Raspberry Pi, les Arduino et tous les capteurs disponibles à peu de frais, pour fabriquer des objets connectés.

Qu'elle soit à l'origine des idées, qu'elle vienne en support de porteurs de projets, ou pour former de jeunes profils, elle a inventé ou développé de nombreux dispositifs originaux : un foulard connecté mesurant la qualité de l'air, un compteur de pompes pour les sportifs, un ancien minitel connecté à Internet, ou encore un panneau lumineux défilant affichant en temps réel le nombre d'offres d'emploi sur les différents langages de programmation pour chaque département français.

Mettre un peu les mains dans le code en programmant ces objets connectés lui a fait réaliser qu'elle pourrait certainement aussi créer des projets 100 % numériques.

C'est à partir de là, en 2019, que Naye a commencé à se documenter plus en profondeur sur le lancement de projets digitaux en mode lean start-up. Déjà, la lecture des *Essais* de Paul Graham[15] (considérés par certains comme la meilleure référence sur le lancement de projets de type start-up) lui avait ouvert des horizons : il était donc possible de lancer des projets web avec trois fois rien, contrairement à ce que les livres d'entrepreneuriat classique prétendent (« on ne

---

14 Le « Do it yourself » ou DIY, que l'on peut traduire par « Fais-le par toi-même » est une philosophie, une culture et un courant de fond qui parcourt aujourd'hui de nombreux domaines : musique, décoration, bricolage, beauté, cuisine… et le développement d'applications. Les fab labs, ou ateliers collaboratifs, sont ses lieux consacrés. Bien qu'ils soient nés dans les milieux technologiques et scientifiques, ils ressemblent plus à l'atelier de votre grand-père qu'à des open spaces remplis d'ordinateurs.

15 Fondateur de Y Combinator.

peut pas commencer sans budget prévisionnel à trois ans ni capital de départ »). Elle a commencé à expérimenter son savoir-faire sur de petits projets de sites et d'apps. Toutefois, Naye se disait que, sans maîtriser le code, elle ne pourrait pas lancer un projet de service digital sans trouver un binôme compétent.

Puis un jour, elle est tombée sur un entretien avec Dear Muesli, une jeune start-up française, partie de zéro, et dont voici l'histoire.

Cette marque de céréales avait été créée par trois amis qui avaient identifié l'existence d'une communauté de passionnés de muesli, alors qu'aucun vrai service ne proposait de recettes variées, diététiques, haut de gamme ou prenant en compte allergies et intolérances alimentaires. Ils ont donc lancé un site où ils proposaient leurs recettes. Ils l'ont construit rapidement avec WordPress (on est alors en 2013 et il n'y a pas encore toute la panoplie d'outils no-code disponibles aujourd'hui), puis ont un peu communiqué auprès de leur cercle proche et d'amateurs identifiables en ligne. En moins d'une semaine, une quarantaine de commandes ont été passées sur le formulaire du site, qui simulait à la perfection un module de paiement[16].

Les cofondateurs ont alors créé une auto-entreprise « Vente de biens marchands ». Et au lieu de commencer à négocier avec les fournisseurs d'ingrédients, ils sont tout simplement allés s'approvisionner dans les magasins bio des environs. Pas encore sûrs que leur concept serait viable, ils préféraient faire peu de bénéfices et avancer le plus vite possible. Au moment où ils auraient suffisamment de commandes, ils pourraient pérenniser leur projet et la structure de la société.

En observant attentivement les retours des utilisateurs, livrés à domicile, et d'autres indicateurs sur leurs clients, ils ont pu :

- proposer des dégustations et préparations en direct, lors d'événements ;
- construire une stratégie de communication exemplaire et singulière sur Instagram, qui a largement influencé Naye ;
- commencer à distribuer leurs recettes au sein de grandes enseignes haut de gamme en France ;
- lever 500 000 € en 2018 auprès de plusieurs fonds d'investissement ;
- décider finalement, pour diverses raisons, d'arrêter l'aventure en 2019 et de se consacrer à d'autres projets.

Parfois, dans les aventures de type start-up, un concept validé et un modèle d'activité rentable (et même des fonds levés) ne signifient pas automatiquement

---

16 Nous réaborderons au chapitre 8 cette technique, appelée « *smoke test* », pour tester des hypothèses le plus tôt possible, sans engager de frais importants.

qu'un passage à l'échelle supérieure sera facile. Naye savait bien que l'interruption d'une aventure n'est pas nécessairement un échec. Même si la débrouillardise et l'agilité de l'équipe de Dear Muesli l'avaient inspirée, elle s'est aussi dit qu'elle aimerait, pour sa part, trouver un projet qui lui plaît. Elle pourrait alors transformer une de ses aventures d'entrepreneuse pour en faire une start-up ou une PME, au modèle plus traditionnel, qu'elle développerait dans la durée.

Forte de cette inspiration, en cherchant semaine après semaine comment réaliser le plus efficacement possible l'aspect numérique de ses projets, Naye a découvert les outils no-code contemporains. Au tout début, elle arrivait à créer de petits prototypes en copiant-collant des bouts de code trouvés sur le Web et, même si elle ne comprenait pas toujours leur rôle exact, elle arrivait généralement à ses fins. Puis elle a découvert des outils comme Dorik, Softr et Glide ; elle a alors vraiment pu démultiplier sa capacité d'action.

Dès qu'elle a une idée, elle la met au clair le plus rapidement possible et via un format synthétique et parlant de son concept : le *business model canvas* (que l'on peut traduire par « canevas de modèle économique »). Elle note tout ce qu'elle a en tête sur des Post-it (les problèmes qu'elle résout, les points-clés qui manquent), jusqu'à définir le MVP (produit minimum viable) de son projet[17].

Ensuite, elle ouvre Dorik et réalise une page d'accueil simple avec ce qui ressort de son canevas (problème résolu, public cible, fonctionnalités clés, modèle de tarification). Cette page doit aller droit au but et se focaliser sur un seul sujet : le problème que l'on résout pour les utilisateurs finaux. Elle doit exprimer efficacement la solution proposée, en exploitant toute la richesse de l'interface web. Grâce à ce website builder no-code, Naye peut elle-même mettre cette page en ligne et observer si son projet soulève de l'intérêt. Il lui suffira de relever les pré-inscriptions, pré-commandes ou ventes générées.

Quand la page est en ligne, la priorité pour chacun de ces projets est d'identifier des utilisateurs et utilisatrices intéressé(e)s par ce qu'elle propose, puis d'aller à leur contact – notamment pour apprendre à les connaître.

> Franchement, merci le no-code. Là où, au tout début, j'essayais de créer mes pages avec WordPress sans vraiment connaître le code et où ça me prenait minimum deux ou trois jours, je peux désormais les lancer avec Dorik ou Softr en quelques heures et rapidement concentrer mon effort sur l'essentiel de mon travail : démarcher des clients potentiels pour valider si mon projet a une chance réelle de réussir.

Lorsque certaines actions des premiers utilisateurs nécessitent un traitement, Naye s'en occupe à la main dans un premier temps, pour comprendre

---

17 Nous reviendrons sur ces outils pour la gestion de projet de type start-up au chapitre 7.

comment traiter le flux efficacement, puis elle met rapidement en place un peu de no-code ops, avec l'objectif de faire le minimum vital, c'est-à-dire les 20 % d'automatisations qui fluidifient 80 % des tâches. Comme Naye a pour habitude de se former « sur le tas », les outils et automatisations qu'elle crée ne sont pas toujours parfaits, mais elle s'en contente. Peut-être gagnerait-elle en temps et en efficacité si elle consacrait quelques demi-journées à de la formation, afin de perfectionner ses pratiques.

Si son projet ne trouve pas son public, Naye conclut qu'il s'agissait peut-être d'une bonne idée sur le papier, mais sans besoin réel ou suffisamment fort pour en faire un vrai projet. Pour elle, ce n'est pas un échec : au contraire, elle a l'impression de progresser et d'apprendre dans sa démarche de « no-codeuse makeuse et lanceuse de projets ».

Si, à l'inverse, ses premières hypothèses sont validées, il s'agit alors de passer à l'étape suivante selon Eric Ries (l'auteur du best seller *The Lean Startup*) : trouver de nouveaux clients. Cela passe par des méthodes somme toute assez traditionnelles de marketing, notamment la publicité sur Facebook ou sur Google, ou par des expérimentations plus créatives et non conventionnelles. Dans ce deuxième cas, Naye utilise les outils no-code pour automatiser des séries d'actions : par exemple, récupérer automatiquement des informations sur des clients potentiels via certains supports en ligne, contacter les prospects. Ces méthodes de *scraping* et de *marketing automation* sont typiques du *growth hacking*. À vrai dire, ce n'est pas cette partie-là qui nous intéresse le plus dans le profil de Naye. Des outils comme Zapier ont été utilisés à cette fin, bien avant la montée en puissance du no-code, et ces usages ne constituent pas la partie que notre makeuse aime le plus.

En effet, lorsque le projet semble rencontrer son public, c'est par-dessus tout la phase de construction du MVP, puis des versions suivantes, qui plaît énormément à Naye. Qu'elle crée une application web avec Softr, une application mobile avec Glide ou Adalo, ou un site e-commerce avec Squarespace ou Dorik+Stripe, Naye aime créer des interfaces, des fonctionnalités et des services qui aident véritablement les gens. Elle aime ce moment où elle reçoit les premiers retours la remerciant de proposer son nouveau concept, où les utilisateurs lui expliquent ce que pourrait être l'étape d'après et où elle réalise concrètement les nouvelles fonctionnalités, après les avoir hiérarchisées.

Comme l'affirme Paul Graham, « si vous travaillez sur quelque chose que vous pouvez achever en une ou deux journée(s), vous pouvez vous attendre à avoir un sentiment d'accomplissement en peu de temps. Si la récompense se situe loin et dans un futur indéterminé, tout de suite ça semble moins réel ». C'est clairement ce sentiment d'accomplissement, d'aboutissement, que Naye recherche, aussi bien dans le lancement et le test de nouveaux projets tangibles que dans la construction et l'amélioration d'un service bien réel, que des gens bien réels vont utiliser en réponse à un manque bien réel.

Même si, vu de l'extérieur, son fonctionnement semble parfois un peu anarchique, Naye est très disciplinée sur certains processus et rituels simples et pragmatiques. Elle va à l'essentiel et elle n'avance pas en fonçant tête baissée dans le brouillard.

Chaque semaine, elle fait en effet un point d'avancement sur chacun de ses projets et planifie ses tâches dans son Notion. Par ailleurs, elle mesure les avancées de ses projets et leur performance à partir d'une matrice de référence chez les start-up, pour agencer des indicateurs simples, le framework AARRR : *Acquisition, Activation, Retention, Referral* et *Revenue.* Tout ceci est orienté par l'approche « sors rapidement des choses et sors-en fréquemment » (plus connue sous l'acronyme anglais RERO : « *Release Often, Release Early* ») – souvent complétée de « si tu dois échouer, échoue vite » (« *Fail fast* »).

Il est important de préciser que, dans la plupart des cas, Naye cherche essentiellement à générer un revenu récurrent et stable, sans forcément actionner davantage les leviers de croissance – d'ailleurs certains projets lui rapportent entre 700 et 900 € par mois, à raison de deux ou trois heures de maintenance mensuelle. Lorsqu'un projet commence à croître et à exiger de la structuration, elle préfère le vendre ou en confier la responsabilité à quelqu'un d'autre.

Elle a notamment vendu l'un de ses projets en huit mois. Il s'agissait d'une plate-forme de niche mettant en relation deux métiers très précis, qui avait tout intérêt à collaborer, mais beaucoup de mal à se trouver sur le marché. Elle avait vraiment aimé créer le produit et le pousser jusqu'à un stade de développement assez avancé. Pour ce faire, elle s'était servie de Softr afin de fabriquer une application web où les utilisateurs pouvaient s'inscrire, se connecter, entrer en contact, créer leurs profils et leurs annonces, puis les éditer a posteriori. Naye s'était même mise à Bubble pour en créer la deuxième version et dépasser les limites de Softr. Même si elle a réussi à faire ce qu'elle voulait avec Bubble, elle s'est rendu compte que ce projet lui prenait quasiment les trois quarts de son temps (notamment sur les ops, le développement technique et la gestion des demandes des utilisateurs), au détriment des autres concepts qu'elle avait envie de tester. C'est pourquoi elle a vendu le concept et l'existant à des repreneurs motivés, ce qui lui a permis de se passer des petites prestations qu'elle proposait parfois à des clients.

Aujourd'hui, Naye a plusieurs projets qui génèrent un revenu mensuel honnête. Elle se focalise sur l'un d'eux en particulier, mais elle garde un tiers de son temps en moyenne pour partager ses expériences auprès d'apprentis-entrepreneurs et sur des plates-formes fréquentées par ses homologues solopreneurs, comme indiehackers.com.

Naye aime livrer des choses concrètes rapidement grâce au no-code, puis tester ses productions auprès d'utilisateurs pour évaluer leur pertinence. Elle s'investit proportionnellement à ce qu'elle entreprend : pour des besoins simples, elle utilisera des outils simples dans un premier temps.

Grand merci à Lise, Julien et Naye de nous avoir fait part de leur expérience du no-code. En leur donnant la parole, nous avons surtout relevé une absence : celle de blocages techniques, qui auraient pu les amener à perdre leur belle motivation et à renoncer à leurs projets. L'essentiel de leur préoccupation se situent désormais ailleurs. Auraient-ils appris le code pour mener leurs projets, s'ils étaient nés dix ou vingt ans plus tôt ? Nous n'en savons rien… En tout cas, chacun d'entre eux ne manquent ni d'enthousiasme ni de créativité. Le no-code leur donnent, semble-t-il, à la fois des ailes et un ancrage concret dans le réel. Grâce à lui, ils s'expriment pleinement et nous avons affaire, avec eux, à des passionnés.

Ceci peut évoquer une image qui a traversé les siècles et les disciplines : celle de nains juchés sur les épaules de géants. Elle a été utilisée par des Pascal et Newton et, plus récemment, on en trouve d'innombrables références, comme par exemple dans la série *The Big Bang Theory*, dans les discours autour du logiciel libre, ou encore sur la page d'accueil de Google Scholar (service consacré à la recherche de publications scientifiques).

Elle nous dit qu'en s'appuyant sur les progrès des savoirs cumulés au fil du temps, on peut gagner en hauteur de vue et que la portée de notre regard devient presque sans limite. Cela rappelle également le concept d'abstraction mentionné au chapitre 4 : gagner en abstraction, c'est s'élever et surmonter les difficultés qui pouvaient entraver l'avancement de chacun. C'est la promesse du no-code.

Dans les derniers chapitres, consacrés aux aspects pratiques, nous vous proposons justement de partager avec vous des leçons : celles que nous avons nous-mêmes apprises lors de nos pérégrinations dans le numérique. Par ce partage, nous souhaitons contribuer à poursuivre ce mouvement d'ascension et à nous élever ensemble de quelques centimètres supplémentaires.

Comment bien pratiquer le no-code ?

La pratique du no-code appelle une veille assidue et un apprentissage sans fin. Car le no-code évolue vite et touche à des domaines variés (ex. web design, UX, modélisation des données, processus, automatisations). Rassurez-vous, nous ne couvrirons pas tout ce qu'il faut absolument savoir pour mener des projets en no-code. Cela aurait-il d'ailleurs un sens ? Quels conseils donner à la fois à un designer Webflow indépendant et à 

une responsable des ressources humaines automatisant ses routines sur Make ? Le no-code est par nature pluriel. Il ne bénéficie ni de standards, ni d'un unique logiciel référent, ni de méthodes spécifiques, et il ne peut pas non plus se prévaloir d'une liste d'auteurs privilégiés ou même d'avoir été inventé.

Dans cette troisième partie, nous vous aidons à mettre le pied à l'étrier du no-code grâce à des conseils pratiques et à des éléments méthodologiques nous paraissant incontournables : le lean start-up, l'approche MVP, ou encore les no-code ops. Ces sujets nous ont entraînés dans des discussions passionnantes (avec des divergences parfois, mais jamais de désaccord de fond). Nous vous transmettons à présent le fruit de ces échanges.

Lancer des projets numériques sans coder 7

Ce chapitre s'accompagne d'une page web (réalisée sans code, évidemment !) sur laquelle vous trouverez de nombreuses ressources. Ce sont des documents et des templates qui trouvent difficilement leur place dans ce livre. Nous vous invitons à vous rendre sur le site compagnon du livre afin de les découvrir : https://livre.contournement.io/

Nous nous intéressons ici aux lancements de projets numériques ou comportant un volet numérique. Il s'agit là d'un très vaste domaine : de nos jours, il est difficile de trouver des exemples de projets dénués de toute présence en ligne.

Si votre intérêt ne porte pas directement sur le démarrage d'un projet (par exemple, s'il concerne l'optimisation du fonctionnement interne de votre entreprise, ou l'automatisation de vos tâches du quotidien), ne sautez pas pour autant ces pages. Nous y présentons des concepts fondamentaux de notre méthodologie. Nous vous assurons qu'ils vous serviront tôt ou tard, pour tout ce que vous voudrez réaliser avec des outils no-code.

Ce chapitre, comme les suivants, est aussi l'occasion de vous rappeler ou de vous présenter des concepts et des termes typiques de la gestion de produits numériques. Nous ne sommes pas des experts du *product management* et notre intention n'est pas d'en proposer un panorama exhaustif. Néanmoins, c'est un domaine que nous avons fréquemment mis en pratique et nous restituons ici les principales leçons que nous en avons retenues. De très nombreuses ressources existent sur le sujet. En disséminant des éléments de vocabulaire « pointant » vers telle ou telle notion, nous souhaitons faciliter vos recherches et les approfondissements que vos projets pourraient appeler.

Bien démarrer en no-code

Ce qui ne sera pas abordé ici

- **Nous n'exposerons pas de modes d'emploi d'outils no-code spécifiques.**

  Cela n'aurait pas de sens car cela nécessiterait un ouvrage complet pour chaque outil, avec le risque assuré que son contenu devienne obsolète en moins de six mois. Les outils no-code mettent chacun en œuvre des accompagnements pour leurs utilisateurs : guides, tutoriels, conseils pratiques, exemples expliqués, cours quelquefois centralisés au sein d'« académies », forums de questions-réponses, etc. En plus de cela, de nombreux adeptes du no-code partagent leur savoir-faire gratuitement au sein des communautés ou sur des réseaux sociaux comme YouTube.

- **Nous ne partagerons (malheureusement) pas de recette miracle pour assurer le succès de vos projets.**

  Même si elles existent, rares sont les histoires d'entrepreneurs qui ont fait fortune sur le Web en un claquement de doigts. Si certains cherchent à vous faire croire à cela, méfiez-vous de ces beaux parleurs ou marchands de rêves… Rappelez-vous que la technique ne représente qu'une partie d'un projet. C'est surtout avec une bonne approche et un bon état d'esprit que vous maximiserez vos chances de réussir… ou alors d'échouer vite (adage sur lequel nous reviendrons), afin d'économiser temps, argent et énergie, de glaner de précieux apprentissages et de rebondir dans une autre direction.

- **Nous ne pourrons pas vous fournir une assurance tout risque, vous garantissant une réussite en tout contexte.**

  Chaque situation est singulière et mérite une évaluation en termes de compétences, de motivation, de budgets, de délais impartis, des caractères propres aux parties prenantes et à la façon dont les décisions sont prises. Les marchés où vos projets se positionnent peuvent également être plus ou moins vastes, plus ou moins concurrentiels. Néanmoins, notre expérience nous a montré que certaines règles se vérifient souvent. Après tout, votre objectif reste toujours de faire découvrir et d'accroître l'utilisation d'un service par des individus utilisant des ordinateurs et des smartphones. Ils sont souvent habitués à des standards d'usage (ex. Google, YouTube, Facebook). Il vous appartient de faire la synthèse entre la connaissance de vos cibles d'utilisateurs et nos recommandations. Nous ne cesserons de vous encourager à faire preuve de discernement et d'appliquer votre filtre personnel à tout ce que nous vous transmettons.

- **Nous n'entamerons pas un guide sur l'entrepreneuriat.**

  Il existe de très nombreuses ressources sur le sujet : livres, témoignages, interviews, podcasts, revues d'actualités économiques, etc. Notre propos concerne le bon usage d'outils no-code, en association avec des méthodologies que nous avons éprouvées. L'entrepreneuriat est un contexte que l'on retrouvera fréquemment, mais nous essayons de formuler nos recommandations en nous affranchissant de ce cadre. Un projet peut tout à fait être initié au sein d'une structure existante ou dans un cadre associatif. Nos conseils ne valent pas que pour des projets de type start-up.

- **Nous n'approfondirons pas le thème de l'UX (expérience utilisateur), indispensable à la bonne conception de projets.**

  L'UX est un sujet qui nous passionne mais nous n'en sommes pas des experts. Nous nous en sommes suffisamment imprégnés pour en maîtriser les grands principes et savoir les appliquer au no-code. Nous pensons que l'UX correspond également à une disposition d'esprit, fondée sur une écoute et une observation méthodiques. Il faut, pour l'UX comme pour le reste, savoir faire preuve d'humilité et de curiosité. Car, dans ce domaine en particulier, un écueil guette de nombreux débutants en numérique (et quelquefois parmi les dirigeants d'entreprises également) : tout le monde se croit naturellement être designer ! Ce n'est qu'en approfondissant le sujet qu'on saisit les enjeux de ce vaste domaine et les efforts à faire sur soi qu'il appelle.

- **Nous n'aborderons pas les domaines du growth hacking et de l'acquisition.**

  Les growth hackers adorent les outils d'automatisation et nous aussi. Nous partageons aussi avec eux un certain goût pour une pensée allant à contre-courant, en quête d'originalité et d'invention. Toutefois, il existe d'excellentes formations sur le sujet. Nous avons d'ailleurs collaboré avec certaines (comme Rocket School), pour leur apporter nos compétences en no-code.

- **Nous ne pourrons raisonnablement pas proposer une formation complète.**

  Les domaines que nous y abordons sont tous extrêmement documentés et il vous faut savoir naviguer en autonomie parmi tous ces courants… Notre objectif est de vous mettre dans la bonne direction, pour que vous soyez en mesure d'effectuer vos propres recherches : formuler vos questions avec précision, penser aux bons mots-clés et concepts, vous doter progressivement d'un avis critique. Dans le numérique, comme dans bien d'autres disciplines, on n'a jamais fini de se former ; votre apprentissage sera sans fin et c'est à vous de le piloter. Alors, à vos marques… prêts ? No-codez !

Quelques conseils généraux

Il devient de plus en plus courant de voir figurer des outils no-code dans des parcours de formation comportant un versant numérique. Ces formations peuvent être dédiées au no-code, consacrées à un outil en particulier, ou alors axées sur un domaine de compétences (ex. Growth hacking, Marketing, Sales). Nous avons observé certains programmes pédagogiques évoluer vers le no-code sans démarche délibérée : « De toute façon, tu sais, on n'utilise plus que des outils no-code à présent pour former nos growth hackers » nous confiait un responsable pédagogique que nous connaissons depuis plusieurs années. Lui-même était surpris de ce tournant pris ; il ne s'en rendait compte qu'a posteriori.

Ce mouvement de fond, pourtant, a quelque chose de surprenant. En effet, même pour les profanes en la matière, il est évident qu'apprendre un langage de programmation est difficile. Un code a ses mots-clés, ses règles de syntaxe, ses formes ou structures à respecter, ses exceptions, etc. Il faut, comme lorsqu'on apprend une langue étrangère, s'y exercer longuement pour se l'approprier. À l'inverse, les outils no-code revendiquent une utilisation intuitive, notamment grâce à la programmation visuelle. N'y a-t-il donc pas une contradiction à les voir enseignés ?

Répondons simplement : non. L'usage des outils no-code ne coule pas de source. L'intermédiaire du code s'est certes retiré, mais il existe des outils no-code plus ou moins avancés. Et rappelons que le code n'est jamais bien loin : les outils se chargent de l'écrire à notre place (même si ce code produit automatiquement ne nous est, le plus souvent, plus visible). Apprendre le no-code résulte d'un équilibre à trouver entre la théorie (relative à ce code caché notamment) et la pratique.

Figure 7–1
Beaucoup de questions peuvent se poser avant de lancer un projet en no-code. Ce guide est là pour vous aider à y répondre.

À chacun son parcours de progression

Par où commencer son apprentissage du no-code ?

Cette question aurait des réponses simples si le no-code se présentait comme une discipline traditionnelle et ancienne. Vous savez, ces domaines bien identifiés grâce à leurs experts reconnus, leurs lieux et parcours d'apprentissage, leurs diplômes, etc. Comme les mathématiques, la médecine vétérinaire ou la boxe thaïlandaise. C'est un peu le cas avec le no-code : on y trouve de tels repères, mais en regardant de plus près les formations existantes en no-code, on observera qu'elles sont toujours centrées sur un ou quelques outils no-code, jamais sur « tout » le no-code.

Ainsi, la première leçon à retenir est que la question « par où commencer mon apprentissage du no-code ? » est certainement mal posée, reflétant peut-être une part d'inquiétude[1]. Soyez donc soulagé(e) : il ne sera jamais question pour vous d'apprendre « tout » le no-code…

Pourquoi disons-nous que le no-code n'est peut-être pas vraiment une discipline ? Tout simplement parce que l'éventail de ses outils est vraiment très étendu et touche à des domaines extrêmement variés. Nous vous invitons à voir ces outils comme de géniaux facilitateurs pour vous aider à faire avancer vos projets numériques. Avec de tels co-équipiers, le no-code agira comme un révélateur mettant en lumière les besoins essentiels à la réussite de vos travaux.

---

1   Nous reviendrons, plus loin, sur la notion du FOMO *(Fear Of Missing Out)*, cette anxiété de rater une actualité ou un événement très important…

En d'autres termes, plutôt qu'une discipline autonome, le no-code se situerait à la confluence de nombreuses disciplines existantes et connues[2] : web design, copywriting, marketing, growth hacking, product management, UX, management d'équipes, organisation de projets, etc.

Dans ce chapitre et les suivants, nous avons rassemblé des conseils très pragmatiques que vous pourrez mettre en œuvre dans vos projets. Nous balisons d'une manière simple et générique l'ensemble de la gestion d'un projet numérique, en lien avec des méthodologies connues. Ainsi, nos recommandations viendront compléter les compétences dont vous disposez déjà, ainsi que l'expérience que vous avez au quotidien en utilisant des sites et des applications. Nous souhaitons vous éviter un maximum d'écueils en partageant notre expérience et en l'illustrant de cas concrets de projets que nous connaissons. Nous voulons tout simplement vous faire gagner du temps.

Ainsi, la première étape pour vous consistera à évaluer les compétences dont vous aurez besoin pour mener à bien vos projets. Ce questionnement est essentiel et n'est pas toujours évident, mais il ne faut pas l'esquiver. De lui découleront vos choix d'outils et d'apprentissages. Vous pourrez en effet développer de nouveaux savoir-faire, vous faire accompagner par des experts ou déléguer une partie du travail à des prestataires. Les prochains chapitres vous aideront, nous l'espérons, à effectuer ce diagnostic pour préparer au mieux tous vos projets.

Et c'est aussi pour cette raison que nous avons conçu notre offre pédagogique, chez Contournement, sous la forme de plusieurs parcours, pas trop longs (une dizaine d'heures chacun). Ils sont thématisés autour d'un outil ou d'un concept précis, afin qu'ils puissent être piochés par chacune et chacun, selon ses propres besoins et à son propre rythme (figure 7–2).

Idéalement, pour répondre à la question posée, il faudrait proposer des réponses personnalisées pour chaque lectrice et chaque lecteur. Ce côté libre, non codé, des itinéraires possibles pour apprendre le no-code (en y mêlant éventuellement un peu de code) participe à la vivacité du domaine. C'est aussi parce que cette matière est encore en formation qu'elle en devient un thème si passionnant pour les pédagogues comme nous sommes. Nous espérons que nos indications vous seront utiles pour trouver le chemin qui convienne à votre profil.

---

2 Cette remarque vaut au moment où nous écrivons ce livre et elle peut être sujette à débat. Les « no-code ops » (chapitre 8) pourraient constituer un contre-exemple, car on pourrait y voir, du fait de leur étiquette, une discipline nouvelle. Mais cette proposition est elle-même questionnable : existe-t-il des études pour être « directeur des opérations » ? Pas vraiment. Pour être « DevOps » ? Oui. Pour d'autres disciplines, mêmes récentes comme le design web, le growth hacking ou le product management, on trouve de nombreux cursus.

Figure 7–2
L'offre de formation au no-code de Contournement s'est progressivement étoffée depuis les premiers ateliers, organisés en 2019. Le site a été no-codé sur Webflow par Peppermint agency.

Une approche holistique de vos projets

Au cours de ce chapitre, nous élargirons notre champ de vision afin d'échapper à des questionnements circulaires : comparaison d'outils plus ou moins abordables, avec des fonctionnalités plus ou moins puissantes, des configurations plus ou moins évolutives, etc. Nous vous indiquerons en effet pourquoi la part de la technique (qu'elle donne lieu à des implémentations en no-code ou non) n'est pas l'alpha et l'oméga d'un projet numérique.

Un projet numérique doit toujours être considéré globalement, sans se focaliser uniquement sur un fonctionnement parfait des rouages du système. Quelquefois, vous pourrez voir des termes plus savants pour exprimer cet enjeu primordial, du type : le design de services recommande une approche holistique[3]. Cela signifie que ce qui doit vous obséder, c'est la valeur que vous apportez aux utilisateurs (ou futurs utilisateurs) de votre service, et pas vos soucis techniques. Dans la majorité des projets, ainsi que nous le développerons avec la notion de MVP, ces sujets peuvent attendre. Le no-code prend en charge une grande partie des aspects techniques, c'est pourquoi nous insistons fortement sur cet état d'esprit, qui est primordial et qui ne va pas de soi.

Nous avons en effet très souvent vu nos élèves se raccrocher à des problématiques et enjeux techniques pour exprimer l'avancement de leur projet :

- « Je suis bloqué par telle fonctionnalité. »
- « Quel outil de formulaire en ligne me conseilles-tu ? »
- « As-tu entendu parler de cette bibliothèque pour intégrer des animations visuelles ? »
- etc.

Ces questions sont absolument normales dans un processus d'apprentissage. Cependant, n'oubliez pas que la technique n'est qu'un moyen pour mener vos projets. Si ces interrogations persistent dans le temps, elles peuvent chez certains s'apparenter à des mécanismes de défense : on se réfugie derrière ces problématiques pour éviter d'affronter les vrais enjeux de son projet, c'est-à-dire ceux qui nous exposent au monde extérieur, à nos futurs clients, partenaires ou investisseurs. Montrer son travail n'est en effet pas toujours évident et certains font tout pour retarder ces étapes. C'est humain…

Nous sommes catégoriques : dans la majorité des cas, des solutions sont trouvées pour remédier à ces difficultés techniques ou pour les contourner. En revanche, en prenant le devant de la scène, ces préoccupations risquent de vous faire négliger des aspects éminemment plus stratégiques pour la réussite de votre projet.

---

3   « Le design de services est une démarche de conception qui a pour fonction d'aider les organisations – entreprises, collectivités locales, etc. – à concevoir leurs services du point de vue des besoins des utilisateurs. » peut-on lire sur http://www.designdeservices.org/edito/1/

L'importance de la pratique

Songez un instant à d'autres domaines que l'informatique. Imaginez les réponses suivantes qu'un bien piètre professeur pourrait vous apporter. Comment joue-t-on au tennis ? C'est facile : il vous suffit de renvoyer la balle avec votre raquette. Et comment apprendre à conduire ? Rien n'est plus simple : il vous suffit de tourner le volant à gauche pour aller à gauche et à droite pour aller à droite. Ces exemples sont absurdes, mais vous aurez compris l'ineptie de ces fausses leçons. Rien n'est possible sans un minimum de pratique.

L'évocation du tennis ou de la conduite, facile à comprendre d'un point de vue extérieur, illustre que l'accessibilité ne va pas de pair avec la simplicité. La simplification des outils no-code relativement à leurs prédécesseurs ne fait pas disparaître le besoin de déployer des efforts. Elle ne dispense certainement pas de s'entraîner[4].

Ainsi, rien ne remplace la pratique pour le no-code. Vous avez peut-être fait l'expérience suivante. Vous avez regardé des tutoriels montrant la facilité d'utilisation de certains outils. Vous avez consciencieusement observé le déroulement des étapes réalisées sur Airtable, Zapier ou Glide (voire sur les trois interconnectés). Et tout cela vous aura semblé limpide. Cependant, une fois que vous êtes prêt à attaquer votre projet, vous aurez vite fait de vous retrouver pris de court face à votre écran. « Je ne comprends pas, cela avait l'air évident tout à l'heure… Où faut-il cliquer, déjà ? »

Tous les outils no-code disposent de documentations, guides et tutoriels, provenant de leurs éditeurs ou publiés par des utilisateurs experts. Toutefois, si, pour chaque outil, on assemblait tous ces documents dans un recueil et si on constituait une bibliothèque rassemblant tous ces ouvrages, cela ne suffirait pas à totaliser un savoir complet sur le no-code. Il y a deux raisons à cela. D'une part, un no-codeur débutant ne saurait quels livres (et donc outils) y piocher… D'autre part, même en ayant sélectionné deux ou trois guides d'outils, où trouverait-il les bonnes méthodes pour régler les interconnexions entre ces derniers ? Là encore, on devine que seule la pratique permet de tester, en conditions réelles, les combinaisons entre les très nombreux outils et leurs extensions. Il s'agit avant tout de cultiver un état d'esprit, une curiosité, un goût pour « tenter des trucs » et de rendre concrètes, chacune et chacun à sa façon, ses intuitions et ses idées.

---

4   Remarquons qu'il ne faut pas mélanger une accessibilité accrue (comme celle des outils no-code par rapport aux langages de programmation) avec une accessibilité donnée à tous. Des personnes en situation de handicap ne sont pas en mesure de jouer au tennis, d'apprendre à conduire ou d'utiliser un ordinateur. Elles peuvent alors être secondées au moyen d'interfaces ou d'accompagnements pédagogiques personnalisés.

La question des prérequis théoriques

Nous pourrions réfléchir autrement à la question d'un enseignement général du no-code. Il serait envisageable de rassembler les bases techniques sur lesquelles ces outils s'appuient. Les domaines concernés se compteraient alors en nombre restreint : le HTML/CSS, le JavaScript, les bases de données relationnelles, la gestion responsive des navigateurs web, les API.

Cependant, ces enseignements sont-ils réellement indispensables pour débuter le no-code ? S'attarder sur des concepts théoriques a-t-il pour effet d'améliorer votre utilisation des outils ? Ou ce temps est-il, au contraire, pris sur votre pratique, avec le risque de retarder vos projet, ou même de vous décourager ?

Nous avons enseigné tous ces sujets et nous connaissons bien ces thématiques. Incontestablement, une connaissance de ces thématiques aide à mieux comprendre les outils no-code et à mieux les utiliser. Cependant, notre expérience nous indique qu'on peut tout à fait s'en passer pour démarrer.

- Si vous faites vos premiers pas dans le numérique avec le no-code, il serait dommage que vous vous ajoutiez d'inutiles inquiétudes en vous croyant obligés de passer par de soi-disant prérequis. On peut découvrir progressivement le HTML et le CSS à travers des constructeurs de sites et le JavaScript à travers des outils de *scraping* ou d'automatisation. Ne vous préoccupez pas de prime abord de ces problématiques. Au contraire, faites confiance aux outils no-code et à l'appareil pédagogique qu'ils incorporent. Certains no-codeurs, s'ils le désirent, approfondiront leurs bagages théoriques plus tard ; d'autres n'éprouveront pas ce besoin.

- Dans le cas d'usages plus avancés et de produits complexes, nous sommes convaincus que certains points théoriques constituent une condition nécessaire pour bien comprendre ce qu'on fait en tant que no-codeur. Vous découvrirez par vous-mêmes, dans votre progression naturelle, que certains approfondissements vous ouvriront la voie vers de vraies compétences consolidées.

L'artisan et l'ingénieur

La question d'une primauté de la pratique sur la théorie (ou vice-versa) dans le cadre de la transmission de savoirs, n'a rien de nouveau. Cette dualité théorie/pratique reflète les deux modes d'enseignement d'une discipline : celui de l'artisan et celui de l'ingénieur.

Le premier consiste à acquérir un savoir-faire par la pratique, par des gestes qu'on répète en les affinant au fil du temps. On acquiert un tour de main en manipulant divers instruments. En comprenant leurs subtiles différences, en distinguant les cas appropriés pour utiliser chacun d'entre eux, on incorpore un savoir-faire profond que l'on s'approprie durablement. L'apprentissage passe aussi par une observation concentrée de compagnons et de maîtres, qui nous servent de modèles, nous corrigent et nous conseillent. On a coutume de dire, pour les domaines d'artisanats traditionnels, qu'il faut près de 10 000 heures d'entraînement pour devenir expert ; cela revient à une durée d'environ 7 ans. (heureusement, les ordres de grandeur sont drastiquement réduits, pour l'artisanat no-code.) Il faut surtout souligner que les artisans ne sont pas nécessairement des théoriciens incollables dans leurs domaines : un horloger n'a pas besoin d'être agrégé en mathématiques ou expert en génie mécanique, un luthier n'a pas besoin d'être un virtuose du violon. De même en est-il, d'après nous, pour le no-code et ses fondamentaux théoriques. Ces fondamentaux existent ; leur maîtrise théorique n'est pas indispensable.

Quant au second mode de transmission, celui de l'ingénieur, il passe d'abord par la théorie. Des lois générales, théorèmes et principes sont employés pour s'accaparer de manière abstraite le domaine d'étude et des simulations et modèles précèdent la production concrète des objets que l'on veut créer. Cette aisance pour penser des concepts abstraits se trouvera plus naturellement comblée avec l'apprentissage du code, mais elle pourra également être des plus utiles pour mener des projets en no-code et être rigoureux quant à l'application de méthodologies.

FOMO, FOBO et procrastination

Parmi nos élèves, nous avons perçu diverses attitudes pour aborder l'étendue des outils no-code. Souvent, certaines questions reviennent. « Comment faire ma veille ? » « Quel est le meilleur outil pour faire ceci ? » « N'est-il pas plus opportun de sélectionner cet autre, plus connu, pour faire cela ? »

Certains souhaitent se perfectionner sur un outil spécifique (ex. Webflow, Bubble) pour en devenir des experts. D'autres se contenteront d'être initiés à chacun d'entre eux, car ils désirent avant tout en découvrir le plus grand nombre possible. Ainsi pourront-ils constituer leurs stacks le plus judicieusement et le plus librement possible.

Nous souhaitons, sur le thème de votre stratégie d'apprentissage, simplement vous indiquer que des hésitations sont absolument normales. Toutefois, si elles prennent le dessus sur vos prises de décisions, il vous faut en prendre conscience. On pourrait passer un temps infini à préparer son apprentissage, préparer ses projets, voire préparer ses préparations. Des termes sont apparus pour évoquer certaines attitudes : FOMO (*Fear Of Missing Out* : peur de manquer la dernière nouveauté), FOBO (*Fear Of Better Option* : peur de s'engager sur un choix et d'en manquer d'autres potentiellement meilleurs). Ne tombez pas dans ces pièges qui peuvent déclencher une procrastination sans fin, voire paralyser vos avancées (figure 7–3) !

Figure 7–3
Attention au FOMO et au FOBO !

Nous avons également relevé, notamment chez des personnes en milieu de carrière, quelquefois en reconversion professionnelle, une crainte d'être dépassées par la technologie ou par l'idée de programmer. Il y a là un phénomène de génération qui opère : la « génération Z » (population née entre 1995 et 2012) a vu le jour avec un Internet existant et son florilège de services en ligne matures ;

ces individus, disposant souvent de smartphones dès leur adolescence, ont pris l'habitude d'ouvrir simultanément 5, 10 ou 50 onglets dans leurs navigateurs web… Ils sont certainement plus familiers avec les outils numériques que la génération qui les a précédés, plus habitués à installer, désinstaller, tester des apps, à personnaliser leurs interfaces, à entamer simultanément de nombreux cours ou tutoriels en ligne brassant des domaines disparates.

Nous souhaitons vous débarrasser de cette appréhension possible devant l'utilisation d'outils innovants. Elle est normale, mais elle n'est vraiment d'aucune utilité. Rassurez-vous, il n'est pas possible de « casser Internet » en cliquant sur l'interface d'un outil no-code !

Bien débuter votre projet no-code

Qu'entend-on par projet ?

Lorsque nous employons le terme « projet », il faut l'entendre au sens le plus large. Il peut aussi bien s'agir d'un projet entrepreneurial que de la numérisation d'un processus interne au sein d'une organisation existante. Dans le premier cas, il s'adressera à des destinataires situés à l'extérieur de votre entreprise : des prospects ou des clients. Dans le second cas, les utilisateurs visés seront une partie de vos collaborateurs et vous-même éventuellement.

Il existe plusieurs termes connexes à celui de « projet » : « produit », « valeur », « proposition de valeur », « proposition unique de valeur », par exemple. Attardons-nous sur ces notions, afin notamment de clarifier les deux familles de questions que vous devrez aborder : **l'espace des problèmes** (rencontrés par vos destinataires) et **celui des solutions** (que vous construirez pour eux).

Nous avons souvent rencontré de jeunes entrepreneurs désirant sortir leur produit (leur « solution ») au plus vite. Ils s'inquiètent de délais trop longs, de risques de retard… C'est compréhensible ; si on peut gagner quelques jours ou semaines, faisons-le ! Toutefois, si au final le public n'est pas convaincu par votre projet qui aura duré 3 mois au lieu de 6 grâce à des outils no-code, vous aurez surtout perdu 3 mois…

Il est crucial d'apporter une bonne solution à un bon problème. Si ces deux critères sont validés, votre produit apportera réellement de la valeur à vos cibles. Sa proposition de valeur sera réelle. Lorsque l'on parle de valeur, c'est le plus souvent un raccourci pour désigner la valeur client *(customer value)*, la satisfaction que votre produit apportera à vos cibles. Ce sont toujours les clients qui sont les évaluateurs de cette valeur et non pas vous-mêmes, votre bon sens ou votre ressenti.

Parlons donc de **l'espace des problèmes**. Les méthodes que nous développerons ici vous aideront à mieux connaître votre marché-cible et les problèmes que vos prospects rencontrent. Il vous faudra peut-être aussi choisir au(x)quel(s) de ces problèmes vous souhaitez répondre.

Quant à **l'espace des solutions**, il s'agit davantage de répondre au « comment », d'optimiser la fabrication de votre produit et sa diffusion. Avec les outils no-code, c'est surtout cette partie qui sera accélérée.

L'exploration de l'espace des problèmes vous amènera à vous poser un certain nombre de questions :

- À qui vous adressez-vous ?
- Quel(s) problème(s) allez-vous résoudre pour ces personnes et dans quel ordre ?
- En quoi votre proposition est-elle plus valable que d'autres solutions déjà disponibles ?
- De quelle manière rendre convaincants, palpables, les résultats concrets que vous promettez ?

Le cas de Gojob

Gojob est une agence d'intérim mettant en relation des sociétés avec des candidats, pour mener à bien des missions souvent de courte durée. Nous avons participé à l'amélioration de ses processus internes. Un problème était identifié : des intérimaires engagés ne se présentaient pas lors du démarrage de leur mission. Cela n'était pas forcément délibéré de leur part : il pouvait s'agir d'oublis de la part de personnes trop peu organisées et à l'emploi du temps chargé.

Pour y remédier, nous avons mis en place, grâce à des outils no-code (Make principalement) un système de rappel par SMS : les intérimaires recevaient automatiquement des rappels quelques jours avant et la veille du début de leur intervention. Cette solution n'impliquait aucune tâche supplémentaire de la part des employés de Gojob. Le taux d'absentéisme à l'embauche a été automatiquement réduit.

Que retenir de ce cas ?

- Cette intervention ajoute-t-elle une fonctionnalité pour optimiser un projet existant ou bien constitue-t-elle un nouveau projet à part entière ? Cette question ne nous paraît pas essentielle, car tout peut être perçu comme un projet. En l'occurrence, la stack technique de Gojob ne permettait pas d'intégrer cette fonctionnalité dans la feuille de route existante. On peut donc tout à fait considérer qu'il s'agit d'un mini-projet, d'un microservice autonome.

- Le no-code a permis d'améliorer rapidement et facilement une situation problématique.

- La valeur apportée par cette fonctionnalité est plurielle : elle se répartit entre l'intérimaire (en comblant son manque d'organisation), les clients (qui auparavant attendaient inutilement les intérimaires sur site), les employés de Gojob (car, sans alourdissement de leurs processus, ils ont eu moins de plaintes à gérer) et l'entreprise dans son ensemble (car cela représente un chiffre d'affaires sauvé considérable).

Le cas d'une crèche américaine

Nous avons accompagné un service de crèche américaine qui développait une plate-forme en ligne pour faciliter les prises de contact des parents avec les éducateurs et responsables s'occupant de leurs enfants. Via des applications, il était possible pour les familles de suivre leurs activités en temps réel, de consulter des comptes-rendus de leurs activités. Ces applications, riches de fonctionnalités, étaient complexes à faire évoluer et beaucoup d'attention était portée sur la clarté et la simplicité des interfaces. C'était grâce à elles qu'un lien solide était constitué avec les clients du service de crèche et c'était un avantage concurrentiel dans ce domaine qui comporte de nombreux acteurs.

Un beau jour, l'entreprise américaine a voulu mettre un terme à notre collaboration. Réfléchissant aux arguments de la négociation qui s'annonçait, nous avons découvert, presque par hasard, un sondage qu'avait mené la crèche six mois auparavant. Les réponses (plusieurs centaines) n'avaient jamais été analysées ; nous nous en sommes alors chargés. Elles révélaient les raisons du départ de certains clients de la crèche. La principale plainte des parents ne concernait absolument pas les interfaces numériques que nous élaborions, mais un roulement important des encadrants de leurs enfants : ces derniers étaient déstabilisés par des éducateurs souvent jeunes qui ne restaient que quelques mois chacun.

Que retenir de ce cas ?

- Cet exemple ne concerne pas un projet réalisé en no-code, mais la stack d'outils utilisée est ici sans importance. Le développement visait à fabriquer une bonne solution (des applications soignées, dont nous étions très fiers) pour un problème posé qui n'était pas le bon.

- Nous avons certainement été trop influencés par les demandes de notre client (la crèche). Son marché rassemblait des concurrents qui surenchérissaient avec

> leurs fonctionnalités numériques, à tel point que nos préoccupations concernaient uniquement l'espace des solutions, c'est-à-dire l'amélioration des applications existantes. Ce genre de pression de la part d'un client n'est pas rare. N'oubliez donc jamais de toujours questionner les demandes elles-mêmes, avant de chercher à y répondre au plus vite.

Le principe du fail fast

Ainsi que nous souhaitons vous en convaincre, créer un site agréable ou une belle application ne représente que la partie émergée de l'iceberg.

Les outils no-code font souvent la publicité de leur grande facilité d'utilisation pour fabriquer des solutions. Ils mettent en avant votre créativité et votre inventivité, avec un abord parfois ludique. Gardez à l'esprit qu'il y a plusieurs pièges dans ce type de message. Premièrement, en n'éclairant que la phase de fabrication d'une solution, toute la partie préalable de compréhension des problèmes de votre cible est éclipsée. Deuxièmement, ce n'est pas ce que vous voulez qui importe le plus, mais ce que veulent vos prospects et clients. Votre créativité doit être au service de leurs besoins.

Pour illustrer ce problème, disons qu'il nous est très souvent arrivé de rencontrer des élèves ayant pour projet de créer un énième site de rencontres, une nouvelle place de marché (*marketplace*), ou encore une application de plus pour l'emploi (*job board*)… Ce sont là d'excellents exercices pour apprendre à utiliser les outils, mais admettez qu'on peut mettre en doute la viabilité économique de ces projets. Le Web est déjà saturé de telles réalisations, dont certaines remplissent d'ailleurs très bien leurs promesses. Une exception importante à signaler est le cas où ces différents produits se placent sur un secteur d'activité en particulier, un marché de niche ; alors une vraie proposition de valeur peut éclore relativement à ce secteur restreint. Dans ce cas, les outils no-code constituent la voie royale pour accélérer votre entrée sur ce marché, ou bien, comme le disent les spécialistes du produit, votre stratégie *go-to-market*. Ils vous aideront à tester vos hypothèses sur ce secteur spécifique et à entamer votre projet sans avoir recours à des développeurs ou à des investisseurs.

L'adage du *fail fast* (« échouer vite ») concerne ces sujets. Comment, en effet, s'assurer que votre projet va apporter de la valeur à vos cibles ? Vous partirez souvent d'une situation personnelle, d'un pari ou d'une intuition. Cependant, il vous faudra remplacer vos incertitudes ou votre prescience par des preuves tangibles : une vraie connaissance de votre marché-cible et de vos prospects. Et le plus tôt sera le mieux !

Le principe de *fail fast* (« échouer vite ») ou *fail often* (« échouer souvent »), célébration de l'échec[5], rappelle que celui-ci est courant pour des projets numériques. Il est normal d'échouer et d'ailleurs, il est possible que vous fassiez fausse route, vous aussi, et que vous deviez essayer à plusieurs reprises. Toutefois, quitte à échouer, alors autant échouer le mieux possible. Pour cela, il faut minimiser les ressources investies dans votre projet, notamment le temps, et maximiser vos apprentissages. Vous pouvez penser votre projet comme un test, une série d'expérimentations grâce auxquelles vous récolterez des informations sur votre marché et vos prospects, peut-être inattendues.

Le cas de QuizFlip

QuizFlip, c'est l'histoire d'un objet connecté. Ce petit boîtier devait nous seconder dans nos révisions : ses deux écrans sur ses deux faces opposées affichaient respectivement une question et sa réponse. Par un mouvement de bascule selon un sens de rotation ou l'autre, l'utilisateur indiquait s'il avait trouvé la bonne réponse. La fréquence de réapparition de chaque question s'ajustait alors automatiquement à ses taux de réussite et d'échec.

Il est difficile d'estimer le marché adressable[6] par un tel dispositif, intégrant des aspects utiles et ludiques. C'est pour cette raison que ses concepteurs ont commencé par organiser de nombreuses campagnes d'acquisition de prospects :

- Plusieurs pages d'accueil sur lesquelles des campagnes publicitaires amenaient leur trafic. Ces pages visant à mesurer l'appétence pour le produit comportaient le début d'un parcours d'achat plus vrai que nature. Cependant, celui-ci s'interrompait après le clic de l'utilisateur intéressé : on lui indiquant alors poliment qu'il figurait sur une liste d'attente et qu'il serait recontacté. On appelle cela des *smoke tests*.

- Une campagne de financement participatif réalisée sur la plate-forme indiegogo.com.

De prime abord, cette campagne a laissé penser à un vif succès : plus de 1 000 préréservations ont rapidement formé un volume potentiel d'achat de près de 100 k€.

---

5   Il existe plusieurs conférences dédiées à ce sujet : les FailCon (pour *fail conference*) ou le mouvement des Fuckup nights, par exemple. On peut également citer l'ouvrage de Sylvain Tillon et Thomas Pons *100 conseils pratiques pour couler sa boîte,* aux éditions Eyrolles (2016).

6   La notion de « marché adressable » ou de « marché total adressable » a été conceptualisée. Il existe des méthodes plus ou moins avancées pour l'évaluer, comme par exemple la technique du *market sizing*.

Or, le projet s'est arrêté là. Pourtant, il ne faut pas y voir un échec. Bien au contraire ! En se concentrant à 100 % sur l'estimation du marché total adressable par ce produit novateur, ses concepteurs ont certes relevé des chiffres prometteurs. Néanmoins, leurs connaissances en growth hacking leur ont indiqué qu'ils avaient atteint là l'essentiel de leur marché potentiel. Or, l'estimation de leurs coûts de R&D et de fabrication les a amenés à conclure que le projet ne serait finalement pas rentable dans sa globalité.

Que retenir de ce cas ?

- C'est un excellent exemple d'échec rapide. L'échec a été anticipé de manière extrêmement précoce, à l'aide d'une campagne de marketing bien menée, en amont du développement du produit.
- De nombreux échecs de projets numériques s'expliquent par un manque de focus de la part de leurs encadrants. Cette dispersion des efforts a alors vite fait de les épuiser sans générer l'efficacité pourtant voulue. Pour QuizFlip, le focus a été consacré à une étape précise du développement du produit. L'abandon a pu être décidé très précocement, évitant un projet qui n'aurait pas porté les fruits espérés.

L'objectif d'une adoption durable

Heureusement, il arrive aussi, de temps en temps, que des projets réussissent. Avant d'en venir aux méthodes pour optimiser vos chances de succès, voyons comment établir les critères de réussite d'un projet.

On pourrait répondre de bien des manières : un bon fonctionnement technique, une économie de moyens pour le réaliser, un rendu esthétique qui vous plaît, un faible taux de plaintes, etc. Toutefois, le critère principal, celui qui doit vous obséder, c'est un usage effectif et durable de votre produit par les destinataires que vous ciblez. Ces derniers doivent prendre connaissance de votre proposition de valeur et la comprendre, s'approprier la solution que vous leur proposez (adoption, conversion) et continuer de l'employer même passée la période de découverte (rétention)[7]. Pour des produits commercialisés, on dira alors que le marché visé est atteint *(Product Market Fit*[8] *– PMF)*.

---

7 Vous pouvez vous intéresser aux *pirate metrics*, AARRR *(acquisition, activation, retention, referral, revenue)*, qui approfondissent ces enjeux. Nous ne les développons pas dans ce chapitre, car elles dépassent le cadre d'un démarrage de projet.

8 La traduction littérale est « adéquation produit / marché ».

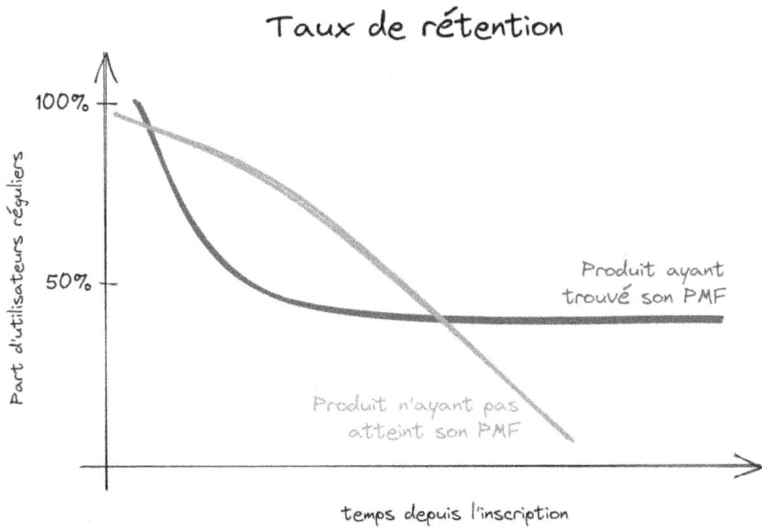

Figure 7–4
Courbe de rétention des utilisateurs pour deux produits : l'un ayant atteint son PMF, l'autre non[9].

Pour des outils et processus internes, on souhaiterait aussi voir leur usage par les collaborateurs épouser une courbe similaire (figure 7–4), mais il n'y a pas à proprement parler de marché. Quelquefois, il ne s'agira que d'une personne : vous-même ou un collègue. On ne parlera donc pas de PMF et on ne peut pas mesurer le succès de vos démarches uniquement sur des bases statistiques. Pour des processus internes, les risques sont davantage de disposer de procédures moyennement adaptées, un peu fastidieuses, vaguement documentées, plus ou moins à jour, pas toujours parfaitement respectées… On ne peut donc pas calculer clairement de taux de rétention. Cependant, même en l'absence d'un tel indicateur mesurable, une chose est sûre : s'ils sont trop imparfaits, vos nouveaux outils seront abandonnés, ou alors ils donneront lieu à de possibles erreurs, pertes d'informations ou ralentissements.

Le cas de l'Afev

Nous avons participé à de nombreux projets menés par des associations, en les secondant dans la conception de leurs sites, en construisant avec elles certaines applications ou fonctionnalités. Souvent, le numérique ne représente pas le cœur de leur savoir-faire et elles sont particulièrement demandeuses de ce type d'accompagnement.

---

9   Seule l'allure des courbes compte ici. L'échelle de temps peut considérablement varier selon la nature du produit.

L'Afev (Association de la fondation étudiante pour la ville), qui a été créée en 1991, mobilise chaque année des milliers d'étudiants pour accompagner des jeunes en difficulté scolaire et créer du lien dans les quartiers populaires. Afin de soulager sa fonction support (c'est-à-dire, concrètement, de nombreux appels téléphoniques leur arrivant de la part de leurs bénévoles), une base documentaire a été conçue. Aux questions les plus courantes sont apportées des réponses pratiques (ex. comment un étudiant bénévole doit-il réagir s'il arrive dans une famille dont les parents ne sont pas francophones). Cependant, l'analyse des comportements réels des étudiants bénévoles nous a fait revoir notre copie quant à l'interface que nous souhaitions proposer. Plutôt qu'une classique section de FAQ *(Frequently Asked Questions)* avec ses catégories et ses menus dépliants, les ateliers de conception nous ont aiguillés vers l'élaboration d'un robot conversationnel *(chatbot)*. En effet, cette solution semblait bien plus adaptée aux situations d'urgence dans lesquelles les demandes arrivaient le plus souvent à l'association. Il suffirait donc aux bénévoles de saisir leurs questions sur leurs téléphones mobiles pour accéder au plus vite à l'information recherchée.

Que retenir de ce cas ?

- Si l'on s'était contenté d'une section FAQ, le taux d'adoption de la base documentaire aurait été moindre. Beaucoup de bénévoles l'aurait consultée une fois ou deux, avant de l'abandonner, l'accès à leurs réponses urgentes étant trop compliqué.

- La valeur de cette fonctionnalité se répartit entre plusieurs destinataires : les gérants de l'association (moins d'appels téléphoniques), les étudiants bénévoles et les familles les recevant.

Le lean start-up comme pierre angulaire

Que ce soit dans des conférences sur l'entrepreneuriat, dans les discours des directeurs innovation de grandes entreprises, dans la bouche d'entrepreneurs autodidactes, ou encore dans les recommandations jargonnantes d'étudiants en commerce ou en ingénierie, on entend très souvent parler de lean start-up.

Ce terme est souvent galvaudé. Il charrie avec lui, dans l'imaginaire collectif, des représentations approximatives, des fantasmes réducteurs, voire des leçons erronées : le lean start-up « c'est aller vite », « c'est lever des millions d'euros, juste sur une idée », « c'est une équipe jeune de petits génies de l'informatique et du commerce qui travaillent jour et nuit ». Ils continuent à être véhiculés en dépit des nombreuses ressources et des cursus qui reviennent sur ces notions, en les définissant de manière pragmatique, en les expliquant et en rappelant quelques-uns de leurs exemples les plus connus.

C'est peut-être là la rançon de son succès : la méthodologie lean start-up serait devenue si évidente, dès que l'on traite de projets numériques, qu'il suffirait de l'invoquer, comme une formule magique, pour qu'elle opère… De nombreux chantres de la méthode, sincèrement convaincus de son efficacité, ont beaucoup de mal à la formuler par des mots simples. Pourtant, le lean start-up rassemble des éléments de définition et de méthode très précis.

Une méthodologie venant de l'industrie

À l'origine, cette approche venait du système de production Toyota (TPS, pour « *Toyota Production System* » en anglais) et visait à améliorer les performances d'une chaîne de production, en termes de productivité, mais aussi en termes de délai, de coûts et de qualité. En particulier, toutes les sources de gaspillage étaient dans la ligne de mire des industriels japonais. Ces gaspillages entravent la productivité en alourdissant inutilement les processus : rappelons que lean signifie « maigre », « sans gras », « allégé ».

Cette quête d'efficacité au sein d'une organisation se réfère plus précisément au *lean management*, qui a d'abord été une théorie pour des processus très concrets de production matérielle. Le lean start-up en est un héritier moderne : il en reprend les grands principes mais les adapte et transpose à d'autres contextes. C'est le livre d'Eric Ries *Lean Startup*, publié en 2011, qui a grandement participé à répandre ces méthodes dans le domaine du numérique.

L'approche lean start-up

Cette méthodologie consiste à valider votre idée rapidement, de façon agile, en la soumettant au marché, tout en minimisant l'investissement initial.

Concrètement, il vous sera souvent difficile de savoir par où débuter votre projet. Devez-vous passer du temps à bâtir un modèle économique théorique, afin d'évaluer vos coûts et vos profits ? Devez-vous passer du temps à effectuer une veille ou un benchmark concurrentiel, afin de comprendre votre marché ? Devez-vous passer du temps à interroger des utilisateurs potentiels, dans quel but… ? Etc.

C'est là la vocation de toute méthodologie : délimiter et nommer des étapes, les ordonner dans le temps, tout en comprenant les objectifs et livrables de chacune d'entre elles.

Beaucoup d'entrepreneurs veulent aller vite. Nous allons plus vite de Paris à Marseille en voiture qu'à vélo et encore plus vite en TGV… à condition que ce TGV fasse bien route vers Marseille. Cet exemple peut sembler absurde, pourtant il nous rappelle de nombreux souvenirs de projets mal pilotés. Peut-être éveillera-t-il également pour vous certains souvenirs de projets passés ?

Au cœur de l'approche lean start-up, il y a la notion d'apprentissage. Elle stipule que tout développement doit être testable et que tout test doit, par son interprétation, pouvoir influencer la feuille de route de votre produit. Ce que l'on a coutume d'appeler le positionnement marketing devient alors mobile : cette approche implique de fréquemment actualiser votre carte et votre boussole.

Il existe de nombreuses formules insistant sur l'importance de ces apprentissages[10]. Ainsi faut-il d'abord « faire la bonne chose » *(do the right thing)* avant de « bien faire cette chose » *(do the thing right)*. On peut aussi penser à un article fréquemment cité de Paul Graham, intitulé « *Do things that don't scale* » (« faites des choses, même si elles ne permettent aucune évolution »). Cette formule rappelle que toute optimisation est par nature, une question secondaire : il faut avant tout valider la pertinence de votre produit.

Citons encore Henrik Kniberg, célèbre coach agile, qui a notamment travaillé chez Lego et Spotify :

> La connaissance, c'est le contraire du risque. Ainsi, quand vous faites face à beaucoup d'incertitude, votre focus doit être porté sur l'acquisition de connaissances. Vous vous concentrerez sur des choses comme des prototypes d'interfaces, des points de faisabilité technique ou des expérimentations. Ce n'est pas très excitant pour les utilisateurs, mais cela constitue néanmoins de la valeur, car vous réduisez le risque [de vous égarer]. (…) Tandis que l'incertitude décroît, vous vous concentrerez de plus en plus sur la valeur apportée à l'utilisateur. Vous saurez ce que vous construisez et comment le construire. Alors : allez-y, foncez[11] !

Nous développons dans les deux sections qui suivent deux notions au cœur de cette approche : le produit minimum viable (MVP) et les cycles d'apprentissage.

---

10 Les citations que nous faisons dans ces paragraphes dépassent le cadre du lean.

11 Extrait d'une présentation intitulée *Agile Product Ownership in a nutshell* (Le Product management agile en quelques mots) accessible à l'adresse https://blog.crisp.se/2012/10/25/henrikkniberg/agile-product-ownership-in-a-nutshell

La notion de produit minimum viable (MVP)

Le produit minimum viable *(Minimum Viable Product – MVP)* désigne la version minimale de votre produit pour qu'il puisse être utilisé[12]. Par définition, un MVP est minimal, donc frustrant pour vous qui êtes son producteur. Son objectif n'est pas d'être parfait, mais d'exposer au plus vite à vos utilisateurs une solution fonctionnelle leur apportant une valeur minimale du service ou de l'hypothèse que vous voulez tester. En voici un exemple : « je fais l'hypothèse que les gens sont intéressés par le fait d'acheter des maisons de vacances avec des co-acquéreurs qu'ils ne connaissent pas encore ».

Un MVP doit se concentrer sur une seule fonctionnalité principale que vous aurez retenue. Ayez à l'esprit que vos utilisateurs n'ont pas connaissance de tous les perfectionnements que vous prévoyez et tentez de garder votre MVP réellement minimal. On rapporte souvent cette citation de Reid Hoffman, le fondateur de LinkedIn : « si vous ne vous sentez pas mal à l'aise avec la première version de votre produit, c'est que vous l'avez lancée trop tard ».

Si vous travaillez dans un environnement peu familier de ces types de méthodologies (lean start-up, méthodes agiles), il est possible que vous rencontriez des obstacles pour mettre en œuvre une approche MVP. Après tout, il est bien normal, quand on dirige une entreprise, de veiller à son image de marque. Il y a quelque chose d'assez désagréable à exposer au grand public un produit non finalisé, comportant potentiellement encore quelques bugs. Cette fébrilité peut également vous concerner, même si vous faites partie d'une petite structure ou si vous êtes installé à votre compte. Ces hésitations sont même tellement fréquentes que de nombreuses notions dérivées ont été imaginées pour retarder un accès ouvert à la première version du produit : *earliest testable product, minimum lovable product, minimum awesome product, minimum marketable feature, minimum viable experience,* etc. (voir figure 7–5)

Retenez que :

- Un MVP doit se concentrer sur une seule fonctionnalité. Si vous le chargez d'options dont il pourrait se dispenser, c'est qu'il n'est plus minimal.
- Il est difficile de publier une première version de son produit. Vous pouvez l'exposer graduellement à un public de plus en plus élargi (amis, bêta-testeurs). En fervents défenseurs du *fail fast*, nous vous encourageons cependant à oser sauter le pas au plus tôt.

---

12 Selon les cas de figure, on pourrait dire « la version minimale de votre produit pour qu'il puisse être commercialisé ». Ce point est sujet à débat et nous ne faisons que le citer ; cela dépend beaucoup de votre contexte.

- La fonction du MVP est de récolter des retours de la part des utilisateurs afin d'itérer rapidement.

Figure 7–5
La notion de MVP a inspiré de nombreuses variantes.

L'approche MVP

Le MVP, c'est la première brique qui va permettre de tester rapidement votre idée auprès des personnes intéressées. Ce produit va-t-il les intéresser ? Comment vont-elles s'en servir ? Comment le faire évoluer ?

La figure 7–6 illustre l'approche MVP, incrémentale et itérative.

Imaginons la mise en situation suivante : vous avez toujours été fasciné par l'aviation et vous souhaitez construire un véhicule pour voyager dans les airs.

Vous allez commencer par créer un produit minimal et véritablement réalisé à peu de frais. Quelques modèles d'avions en papier vous suffisent pour effectuer des tests très rudimentaires, éveiller l'imaginaire de vos amis à qui vous pouvez faire part de votre projet : vous recevez leurs premières impressions. La récolte précoce de leurs avis vous encourage alors à construire un deltaplane monoplace. Ce qui n'est déjà pas une mince affaire : résistance des matériaux, aérodynamisme, sécurité… Heureusement que vous ne vous êtes pas directement lancé dans un prototype d'avion ! Vous apprenez donc beaucoup et, au bout de quelques semaines, des modèles sortent de fabrication. De nouveaux retours utilisateurs (*feedbacks*) vous révèlent leur souhait de pouvoir voler à plusieurs, et à des altitudes plus élevées. Vous renoncez alors aux cours de mécanique auxquels vous pensiez participer. Un planeur est plus adapté et plus rapide à concrétiser.

Ainsi, l'approche MVP vous confronte sans cesse à des apprentissages venant d'une part de votre marché cible (informations provenant directement de vos clients et prospects), d'autre part des compétences que vous acquérez progressivement. Vous évitez un « tunnel » de plusieurs mois ou années de conception/fabrication, et minimisez les risques d'échec.

Figure 7–6
La notion de MVP appliquée au domaine de l'aéronautique.

Deux cas de projets personnels d'étudiants

Voici deux projets réalisés lors du premier *bootcamp* d'Uncode School. Son fondateur, Milan Boisgard (à qui l'on doit également la plate-forme www.product builder.fr et la newsletter No Code Station), a fait un choix ambitieux en intégrant à son programme une initiation à l'UX, des bases de code ainsi que les outils Webflow, Bubble et Make. Dans leurs projets personnels, les « *product builders* » fraîchement formés ont associé une page d'accueil sur Webflow à une gestion applicative sur Bubble (combinaison assez efficace, que l'on retrouve par exemple chez Prello).

• Amandine était persuadée que sa plate-forme consacrée au troc de graines entre particuliers n'était pas présentable, car elle n'avait pas encore ajusté l'affichage responsive. « Que se passera-t-il si quelqu'un essaie de se connecter depuis son téléphone mobile ? Ce n'est pas possible de diffuser en l'état ! »

• Adam avait développé une plate-forme de réservation de salles de sport, mais tardait à en faire la présentation à des gestionnaires de complexes (ce qu'il a fait

> plusieurs mois plus tard seulement). Il n'était pas satisfait de la présentation trop rudimentaire du calendrier et tenait à boucler ce « dernier » point.
>
> Leurs produits étaient fonctionnels et bien conçus. Les parcours d'utilisateurs étaient rodés, les choix de visuels et le texte soigné. Les bases de données comportaient des données réelles et cohérentes. Pourtant, il y avait toujours un « mais »… et cette réserve concernait toujours un aspect technique.
>
> Nous pouvons répondre une nouvelle fois aux inquiétudes d'Amandine et Adam. Que se passerait en cas de connexion depuis un smartphone ou de recours au calendrier simple ? Réponse : rien. Que perdent-ils, en revanche, à retarder la publication de leur MVP ? Beaucoup ! Il y a fort à parier que leurs premiers visiteurs se seraient concentrés sur d'autres choses, des aspects n'ayant pas de dimensions techniques. « Sera-t-il possible d'ajouter de nouvelles catégories de graines si je m'inscris au site ? » « Pourrais-je synchroniser le calendrier Google Calendar de mes deux terrains de basket avec votre plate-forme ? » « Pourrais-je valider les réservations manuellement ? » Et n'oublions pas le fameux « Combien cela va-t-il coûter ? ».

Les cycles d'apprentissage lean

À partir du moment où votre MVP sera en ligne, vous pourrez vous engager sur des **boucles d'amélioration** ou **cycles d'apprentissage** relatifs à votre produit. Nous employons volontairement ces deux expressions, afin d'exprimer que la valeur que vous diffuserez provient tout à la fois de votre produit et de votre connaissance du marché et des utilisateurs. Il s'agit des deux versants d'une même stratégie.

Les trois étapes conceptualisées par le lean start-up sont les suivantes :

1. **Construction.** Toutes les extensions et toutes les améliorations des fonctionnalités donnent lieu à une récolte de retours utilisateurs.

2. **Mesure.** Ces données doivent alors être interprétées pour affiner votre compréhension des frustrations et souhaits des utilisateurs.

3. **Apprentissage.** Retenez les idées à développer en priorité pour engager la boucle de la figure 7–7.

Figure 7–7
Illustration d'une boucle
d'apprentissage en lean
start-up.

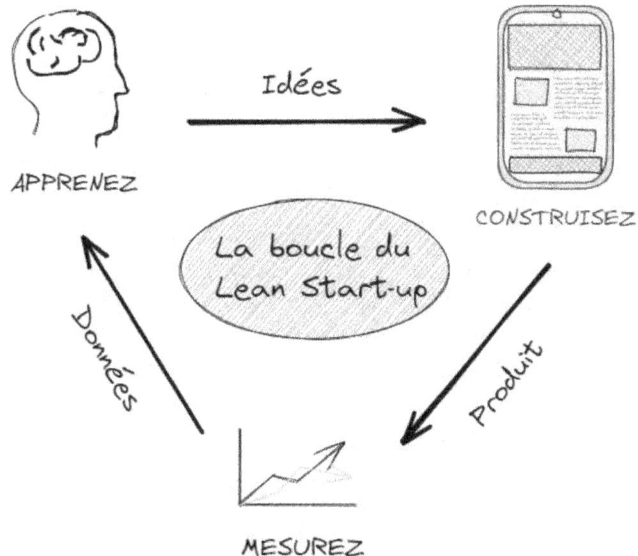

Notons que ces boucles ne sont pas les mêmes que les *sprints*, venant de l'agilité, qui peuvent rythmer le travail de votre équipe de développement. Ces sprints durent typiquement entre une et trois semaines, durée au bout de laquelle il faut obligatoirement livrer quelque chose ; les cycles lean peuvent être plus vastes et flexibles.

La méthodologie lean start-up établit à l'avance l'idée de *pivots*. Cela arrive lorsque vos apprentissages vous décident à bifurquer quant à la définition de votre cible, de vos principales fonctionnalités ou canaux de distribution, etc. Vous trouverez de très nombreux exemples de pivots concernant les produits-phares du Web. Par exemple, Twitter était à la base Odeo, un réseau social permettant aux utilisateurs de s'abonner à des podcasts et de partager leurs réactions. La sortie d'iTunes par Apple a rendu Odeo obsolète et ce dernier n'a conservé que la partie de commentaires, devenant la fameuse plate-forme de microblogging.

Le cas de Mascotto

Lors du premier confinement dû à l'épidémie de Covid, en 2020, un artisan menuisier, bénévole à la Société nationale de sauvetage en mer de Pornichet, en Loire-Atlantique, a conçu une protection adaptée aux véhicules professionnels. Le Mascotto, ainsi qu'il l'a baptisée, est une bâche constitué d'un matériau spécial éprouvé dans le domaine maritime : le Cristal. Parfaitement adapté pour créer une cloison entre le conducteur et un passager, cet équipement résistant a été rapidement mis au point et breveté, afin d'aider à une reprise du travail en temps d'épidémie.

Nous avons aidé cet artisan à promouvoir son projet au moyen d'un formulaire de précommande (réalisé sur Airtable) et d'un petit site d'e-commerce (réalisé sur Weebly). Ceci a engendré de l'ordre d'une centaine d'achats, provenant surtout de professionnels installés dans les environs. Ceux-ci ont largement exprimé leur satisfaction quant à cette invention. Ainsi peut-on penser que le marché potentiel de ce produit était bien plus vaste.

Que retenir de ce cas ?

- Réaliser soi-même ses supports et outils n'a pas de prix, mais la technique ne fait pas tout ; d'autres compétences entrent en jeu. Des actions marketing ou de growth hacking auraient pu seconder le bouche-à-oreille local et décupler les ventes de Mascotto.

- En raison de l'urgence du projet, le site no-code a pu voir le jour en quelques heures, mais il n'avait pas été conçu avec une approche MVP. Il visait à l'efficacité, pas à accroître une compréhension des besoins de ses visiteurs. Avec un trafic trop faible et qui n'a pas pu être observé/analysé, des cycles d'apprentissage n'ont donc pas pu être mis en place.

La solution n'est jamais que technique

Avec les outils no-code, créer votre MVP peut ne nécessiter que quelques heures. Dans certains cas, quelques minutes suffisent à déployer une première base parfaitement fonctionnelle, grâce aux modèles *(templates)* mis à disposition. Le risque est alors grand pour un no-codeur de foncer tête baissée vers une telle première réalisation et de s'engager dans de multiples personnalisations, perfectionnements et retouches.

Pourtant, il faut savoir relever le regard du guidon. Afin de vous aider à relativiser l'importance de la technique à cette étape, voici trois exemples de MVP qui ne misaient pas tout sur un fonctionnement technique irréprochable :

- Le **MVP de Dropbox**, solution de transfert et de collaboration autour de documents partagés, était une vidéo de trois minutes qui présentait de manière convaincante les fonctionnalités de l'outil. Plusieurs dizaines de milliers d'inscriptions ont été enregistrées sur la liste d'attente en une journée ; la viabilité économique du projet était confirmée.

- Le **MVP de Zappos** était véritablement minimal. Les spécialistes parlent de MVP « concierge » car il s'apparente au fonctionnement de la conciergerie d'un hôtel. Il illustrait parfaitement un adage connu dans le numérique : « commence par simuler ton produit, jusqu'à ce que tu l'aies bâti ». Cette histoire a débuté en 1999, lorsque Nick Swinmurn s'est senti frustré de ne pouvoir trouver la paire de baskets qu'il désirait dans son magasin de quartier ; l'idée lui est alors venue de créer une boutique en ligne. Néanmoins, Nick ne voulait pas acheter à l'avance un stock conséquent de chaussures ; cela aurait représenté un coût important, en raison de l'étendue des pointures possibles, et du fait qu'il était impossible de prévoir à l'avance quelles seraient ses produits-phares. À cela, il fallait ajouter la gestion des invendus. Il a décidé de procéder autrement et de commencer par valider la viabilité économique de son projet. Il s'est rendu directement dans les magasins proches de chez lui, pour prendre des photos des chaussures disponibles à la vente, et les a publiées sur un site web. Lorsqu'un achat était réalisé par un client en ligne, il se rendait au magasin correspondant pour acheter lui-même la paire en question, afin de pouvoir l'expédier au client. Ce mode de fonctionnement n'était pas profitable et était impossible à faire grandir en l'état, mais Nick a validé l'appétence pour sa boutique en ligne en n'investissant presque rien.

- Le **MVP de Contournement**, créé en 2019, consistait en des ateliers d'initiation au no-code, qui duraient deux heures et ne rassemblaient qu'une dizaine de personnes. Cependant, en commençant par des rencontres et des échanges avec ces curieux de la première heure, nous avons observé que l'intérêt pour les outils no-code était réel. Nous avons découvert certains besoins, des cas d'usage exprimés par eux que nous n'aurions pas soupçonnés. Et surtout, ce premier public nous a confirmé sa disposition à payer pour une journée de formation. Puis ils achetaient leur place… Notre hypothèse de base était un *bootcamp* de neuf semaines. Nous l'avons invalidée grâce aux ateliers, mais nous avons validé des formats courts.

Le cas d'une banque

Voici le cas d'une banque que nous avons accompagnée dans sa transformation numérique. Nous avons rencontré une de ses employées, prompte à l'action et persévérante. La situation qu'elle rencontrait dans son quotidien, pour proposer des contrats d'assurance à ses clients, était pour le moins insatisfaisante : la lourdeur des documents à remplir, mis bout à bout avec des attentes imposées par la procédure, avait pour effet de décourager les clients comme les salariés, à tel point que, lorsqu'une demande en cours de traitement était abandonnée par un client, les employés de la banque éprouvaient un vif soulagement.

Afin de remédier à cette situation ubuesque, l'employée a réalisé un modèle sur Word, comportant des menus déroulants pour sélectionner dynamiquement les options. Sans qu'elle le sache, elle avait conçu son MVP ! Des dizaines de collègues l'avaient testé et adopté officieusement.

Word faisait partie des outils autorisés par la banque. Pourtant, malgré l'immédiat engouement des employés pour ce prototype fonctionnel, le projet a été classé sans suite pour des raisons de politique interne à l'organisme.

Que retenir de ce cas ?

- Que ce projet se soit conclu par une fin de non-recevoir n'est pas ce qui importe ici : malgré un sentiment d'injustice, cela fait partie du jeu. On ne maîtrise pas tous les paramètres dans le cadre d'une entreprise, qui va avec son lot de libertés et de contraintes. Voilà un autre exemple de fail fast, cette fois-ci dû à des raisons internes assez typiques d'un contexte d'intrapreneuriat.

- Cet exemple illustre qu'il est possible de sortir rapidement de petites briques pour répondre à des besoins prioritaires. Cette approche par petits pas est plus réaliste que l'élaboration de vastes projets avec des dates de lancement très éloignées dans le temps. On résout parfois de grands problèmes en appliquant de petites solutions.

Cadrer un projet

Nous avons agrégé au fil du temps une méthodologie « à la Contournement ». Elle vous aidera à démarrer sur de bonnes bases avec les outils no-code, à économiser du temps et de l'énergie en évitant les fausses pistes. C'est un socle méthodologique pour équiper tout projet numérique, que nous avons consolidé progressivement en nous basant sur notre expérience, mais également sur une bonne connaissance des méthodologies de gestion de projets numériques (méthodes agiles, UX design, design thinking). Il s'agit toujours de recommandations concrètes sur la manière de faire, mais généralement basées sur des partis pris assumés.

Pourquoi cadrer ?

Cadrer un projet, c'est lui apporter des contraintes utiles à son bon déroulement. On pourrait, de prime abord, rechigner à créer ses propres limites[13], surtout avec la promesse des outils no-code de libérer notre créativité et de démultiplier notre productivité. Cependant, une trop grande liberté peut aussi désorienter,

---

13 Étymologiquement, c'est la définition du terme « autonomie » : on est autonome quand on crée soi-même les lois que l'on suit.

que l'on soit seul ou en équipe pour mener son projet, ou que celui-ci soit une initiative d'innovation au sein d'une grande structure. De plus, qu'on le veuille ou non, il faut bien avancer une étape après l'autre ; alors, autant s'appuyer sur des séquences et des jalons déjà éprouvés par d'autres !

Un cadre ne doit pas être perçu uniquement comme une source de limitations ou d'empêchements, mais aussi comme un appui : c'est en faisant confiance à ce cadre qu'on peut se décharger mentalement d'un certain nombre de questions méthodologiques et se concentrer sur l'essentiel. Il facilite la collaboration lorsque plusieurs individus ou plusieurs équipes travaillent sur le même projet et il rend plus fluide la communication quant à l'avancement du projet, auprès de sa hiérarchie par exemple.

Quelquefois, placer des dates-butoirs à certaines étapes ou se donner des délais incompressibles (*time-boxer* des tâches, entend-on parfois) pour produire les livrables est même indispensable à certain(e)s pour se mettre au travail.

Surtout, le principal risque en faisant l'économie de cette préparation de votre projet, c'est de s'enliser, notamment avec de nouvelles idées qui vous arriveraient en cours de route. Une remarque lue sur un forum, un débat non tranché avec un collègue, une trouvaille relevée sur un produit similaire… et voilà votre plan de développement qui s'effondre sur lui-même. L'enfer n'est-il pas pavé des meilleures intentions ?

Le cas d'une app pour les amateurs de vin

Arlo a été l'un de nos élèves. Il avait opté, en 2020, pour un cours que nous proposions alors, consacré aux projets parallèles réalisables en no-code. Habile techniquement et doté d'un bon sens entrepreneurial, Arlo avait également une passion pour l'œnologie ; il avait décidé de consacrer une application permettant à des connaisseurs de faciliter l'organisation de dégustations de vin. Grâce à des dispositions relatives à ce domaine, il bénéficiait d'aides pour mener ce projet. Il a réalisé un MVP fonctionnel (une application mobile) sur Adalo et il a récolté des échos très favorables de la part de plusieurs de ses acolytes. L'application, baptisée Amarelo, leur était utile.

Cependant, alors que tous les voyants semblaient au vert, c'est par manque de temps qu'Arlo n'a pas réussi à donner suite à son projet. Il avait en effet une activité professionnelle dans le conseil.

Que retenir de ce cas ?

Il est fréquent d'aborder de nouveaux projets avec optimisme et tant mieux ! Avec Amarelo, nous attirons votre attention sur le fait que la gestion de projets numériques pèche, dans la grande majorité des cas, par un excès d'optimisme. Ménagez-vous du temps à toutes les échelles (durant vos journées, vos semaines et spécialement dans les périodes que vous estimez correspondre à la fin de votre projet) : vous verrez que des tâches imprévues vont toujours apparaître pour les combler et vous nous remercierez pour ce conseil.

Simplicité et efficacité

Notre méthodologie n'a rien de radicalement innovant, heureusement ! Cela fait en effet quelques décennies à présent que les méthodes de développement informatique et de conception de produits numériques sont rodées. Elles connaissent de nombreuses variantes, mais leurs fondamentaux (comme le lean start-up) restent stables. Le no-code ne les a pas révolutionnées.

Nous avons établi notre méthodologie sur la base de notre expérience en agence web, que nous avons tenté de généraliser. Nous nous sommes également inspirés d'ateliers et méthodes connus (*design thinking*, co-conception) que nous avons pratiqués dans différents rôles (chef de projet technique, responsable produit, développeur). Nous avons affiné cette méthodologie en réalisant plusieurs dizaines de projets numériques en mode agile et, bien sûr, avec des outils no-code.

Notre méthodologie représente le minimum du minimum, afin de vous éviter de vous embourber dans un projet. Elle ne remplace pas le travail avec des designers UX, des chefs de projets et autres spécialistes.

Volontairement, nous n'entrons pas dans des questions de durée ou de calendrier : les projets que nous avons pu accompagner sont trop divers par bien des aspects. De même, les expériences et compétences des uns et des autres varient énormément. Il nous serait difficile, en conséquence, d'indiquer des durées types pour les ateliers que nous présentons.

Notre méthodologie de cadrage se déroule en deux temps :

1. **Une conception centrée utilisateur** qui nous est inspirée par les méthodes d'UX que nous avons beaucoup simplifiées. Nous sommes convaincus que la meilleure façon de développer votre produit est la co-conception : il faut que les utilisateurs ciblés soient impliqués le plus possible et le plus tôt possible afin de minimiser les risques de dérive.

2. **Un cadrage fonctionnel puis technique** du projet pour en faciliter l'implémentation.

Tout cela ne s'improvise pas. Ces deux étapes correspondent, d'une manière classique, à deux versants de la conception et de l'amélioration continue en numérique :

- une phase de Product Discovery (centrée sur l'utilisateur), accompagnée d'une fourniture du produit/service ;
- une phase de Product Delivery (centré sur la production efficiente du produit).

Ces deux aspects ne concernent pas que le lancement d'un projet. Ils se structurent de plus en plus lorsque les projets gagnent en maturité et impliquent des effectifs plus importants[14].

Les ateliers de conception

Nous rassemblons ici la série d'exercices et d'ateliers absolument indispensables afin d'aborder sereinement votre projet no-code. Pour chacun d'entre eux, nous en donnons une définition concise, ainsi que d'éventuels exemples et commentaires. Vous trouverez tous ces éléments sur le site compagnon dédié à ce guide.

L'Elevator pitch

Préparée à l'avance, cette formulation efficace de votre proposition de valeur *(elevator pitch)* doit aller droit au but. En la travaillant, vous trouverez les bons mots pour gagner en assurance et convaincre des investisseurs, partenaires ou clients potentiels.

> EXEMPLE
>
> Pour tout non-développeur qui souhaiterait créer des produits numériques en partant d'une page blanche ou automatiser des processus dans son entreprise, nous proposons des formations en ligne aux meilleurs outils no-code selon un format modulaire adaptable à vos attentes. À la différence de cursus plus rigides, vous pourrez personnaliser votre apprentissage en le séquençant selon vos besoins et vos disponibilités.

Il est très difficile de parler de ses projets. Sans un minimum de préparation, vous vous trouverez rapidement pris au dépourvu. Le cadre très contraint de ce résumé (le temps de monter deux étages en ascenseur) vous y entraîne. Bien

---

14 On peut simplement mentionner des concepts et méthodes plus élaborés pour que ces deux espaces (et quelquefois deux équipes) communiquent, comme la méthode du double-diamant ou le *dual track* agile, conceptualisé par Marty Cagan.

souvent, de nouveaux entrepreneurs pèchent par excès de confiance, convaincus de pouvoir improviser. Nous vous invitons fortement à vous confronter à cet exercice et à éprouver par vous-même si vous êtes prêt à le mener.

Vous pouvez également décliner cet entraînement sur d'autres supports comme un tweet de 140 caractères (Twitter ancienne version). Un autre exercice, qui mérite lui aussi une préparation, est d'effectuer en cinq à dix minutes une démonstration complète de votre produit, en présentant le plan du site et en expliquant et utilisant ses principales fonctionnalités.

Le Lean Canvas

Figure 7–8
Le Lean Canvas

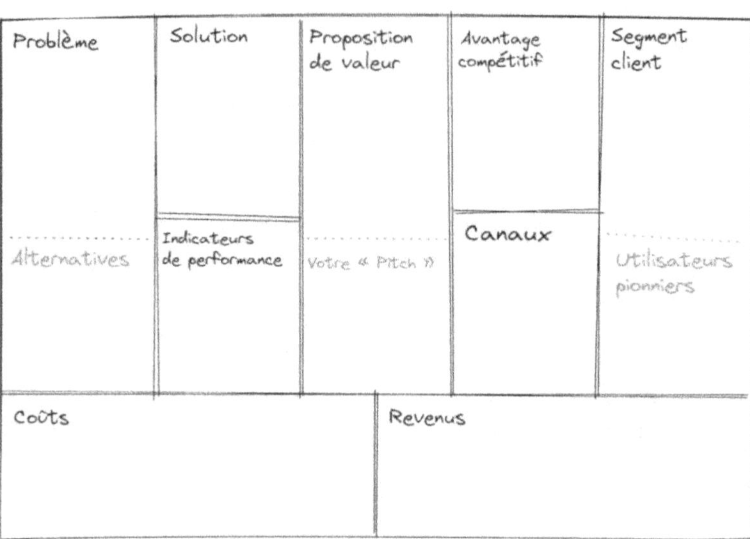

Créé par Ash Maurya, cet outil sert à représenter sur une seule page les principales caractéristiques de votre vision produit. Il ne faut pas confondre cette grille de lecture avec le Business Model Canvas, qui s'en approche dans les grandes lignes.

Il se compose de deux grandes parties : la partie de gauche est centrée sur le produit, celle de droite sur le marché. Les blocs, au nombre de neuf, doivent être remplis selon un certain ordre : les segments clients, les problèmes qu'ils rencontrent (coûts, craintes, inconvénients), votre proposition de valeur, les solutions qui la concrétisent, les canaux de communication et de distribution utiles pour atteindre vos cibles, vos sources de revenus, vos sources de coûts, les indicateurs clés de performance et enfin l'avantage concurrentiel (ce qui vous distingue de vos concurrents). Au centre de cette trame décrivant votre projet, sans surprise, on trouve ce qui est au cœur de votre produit : la proposition de valeur.

Cet outil peut, de prime abord, paraître épouvantablement scolaire et fastidieux. Néanmoins, ayez bien conscience qu'il ne s'agit pas d'un « exercice » susceptible d'être sanctionné par une note finale. Bien souvent, des interrogations et des questions surgissent lorsqu'on découvre le canevas pour la première fois. Pour cette raison, un guide de documentation l'accompagne. Le plus important pour qu'un Lean Canvas soit utile, c'est de s'y confronter à plusieurs, de manière soit synchrone (une réunion où on le remplit ensemble), soit asynchrone (plusieurs propositions que l'on compare dans un second temps, ou alors des relectures croisées que l'on organise). Vous verrez s'exprimer des divergences dans la perception de votre produit et de son modèle économique et peut-être certaines incompréhensions ou certains doutes. Cela sera l'occasion d'échanger concrètement sur votre vision du produit, de l'enrichir, ou de préciser votre positionnement, votre implémentation, la nature de vos concurrents, de vos utilisateurs… Vous verrez éclore bien des sujets de discussion. Pensez à bien fixer des durées maximales à ces réunions.

Les personas

Un persona est un personnage imaginaire, représentatif d'un groupe d'utilisateurs ou de clients. Il vise à guider vos décisions pour votre produit, en accroissant, pour vous et vos équipes, l'empathie avec vos cibles.

Vous trouverez de nombreux modèles de personas sur le Web. Chaque fiche doit tenir sur une seule page. Vos personas doivent rester en nombre limité (deux à quatre), sans quoi ils deviendraient vite contre-productifs. Ils doivent avoir un nom, un prénom, un métier, des informations démographiques et une photographie. C'est grâce à ces données, même fictives, que vous et vos collègues pourrez les considérer comme des personnes familières, avec qui on imagine un dialogue lorsque des décisions sont à prendre. Ces portraits disposent de champs descriptifs typiques pour comprendre le fonctionnement psychique de ces individus :

- leurs motivations et leurs objectifs (éléments qui vont les inciter à utiliser votre service plutôt qu'un autre) ;
- leurs difficultés (éléments qui pourraient les motiver à trouver des solutions) ;
- leurs freins (éléments qui pourraient les empêcher d'utiliser votre produit) ;
- leurs usages numériques généraux (sites, outils, réseaux sociaux).

Afin de créer vos personas, vous vous baserez sur plusieurs sources d'information : des interviews avec vos prospects ou clients, des réponses à des questionnaires et sondages, ou encore des données comportementales venant de vos outils Analytics.

Il est important de consacrer du temps à créer vos personas. Vous verrez, ils constitueront des alliés quand il faudra trancher des désaccords concernant le développement ou des questions ergonomiques. Vous les solliciterez en vous demandant, par exemple, « Que ferait Jacques avec cette fonctionnalité ? » ou « Cette formulation est-elle compréhensible pour Julie ? »

De plus, la fabrication de vos personas implique des apprentissages très utiles pour vous et vos collègues. C'est une excellente façon d'amorcer votre recherche utilisateur.

Vous pouvez personnaliser ces fiches afin qu'elles vous correspondent : ajoutez-y des citations, des passe-temps ou des informations utiles à votre commerce. Attention toutefois, ne les surchargez pas ! Les personas ont vocation à simplifier des prises de décision, pas à les prolonger en des débats sans fin. Enfin, n'oubliez pas de les mettre à jour régulièrement.

La maquette wireframe

Un *wireframe* (fil de fer) est un croquis de ce à quoi ressemblera votre site web ou votre application. Page par page, ou écran par écran, vous positionnez vos éléments (images, textes, champs de formulaires, boutons…) afin de constituer une vue d'ensemble. Celle-ci vise à anticiper des problèmes, à contrôler la clarté et la cohérence des parcours.

Papier et crayon suffisent amplement pour réaliser ces wireframes ! Il ne faut pas se tromper d'objectif : le but est de vérifier que toutes les pièces du puzzle soient en place et que leur agencement soit compréhensible pour vos personas. Les textes et images définitives, qui habilleront ce squelette, ce sera pour plus tard. De même en est-il pour les transitions dynamiques, les clics faisant passer d'une page à une autre…

C'est aussi un support parfait pour communiquer, si vous êtes plusieurs no-codeurs sur le projet : vous décèlerez au plus tôt des représentations qui divergent sur la structure de votre site ou app, les fixerez et les harmoniserez.

Même si elles vous semblent fades avec leurs emplacements griffonnés en noir et blanc, ces maquettes peuvent également donner lieu à des tests utilisateurs : soumettez-les à des testeurs ! Il est crucial que ces premiers traits de votre interface ne présentent aucune ambiguïté.

Combien de fois avons-nous observé des novices du numérique foncer, tête baissée, sur leur outil favori ? Dans leur élan créatif, les voilà qui, en quelques clics, déplacent des blocs ici, ajoutent un menu là, transposent une modification faite sur la page courante à d'autres pages, corrigent un bug, augmentent une taille de police, avant de nous poser avec enthousiasme une question pressante sur la couleur de leur Call to action[15]. Avec les outils no-code, la création de pages peut devenir si rapide qu'ils ne voient vraiment pas l'intérêt d'étapes intermédiaires de conception, comme les wireframes.

Or, il ne faut pas confondre vitesse et précipitation. Sauter l'étape des maquettes ne vous fera pas gagner de temps. Au contraire, les wireframes vous aideront à éliminer au plus tôt des sources d'hésitation, à lever des confusions et à éviter de futurs allers et retours. Nous vous conseillons de ne pas les considérer comme des éléments jetables et de les archiver (par exemple en les prenant en photo) ; vous verrez, vous serez contents de vous remémorer vos anciennes maquettes.

Quant à des maquettes plus avancées que les wireframes (*mockup* ou prototypes avancés), il est vrai que la question de leur utilité se pose avec le no-code. Là-dessus, nous n'aurons pas de réponse unanime à vous apporter ; il est possible de s'en passer, pourvu que vous procédiez à des tests utilisateurs. De nombreux paramètres sont à considérer, dont vos compétences en UX et en UI, votre positionnement marketing et votre stack d'outils no-code.

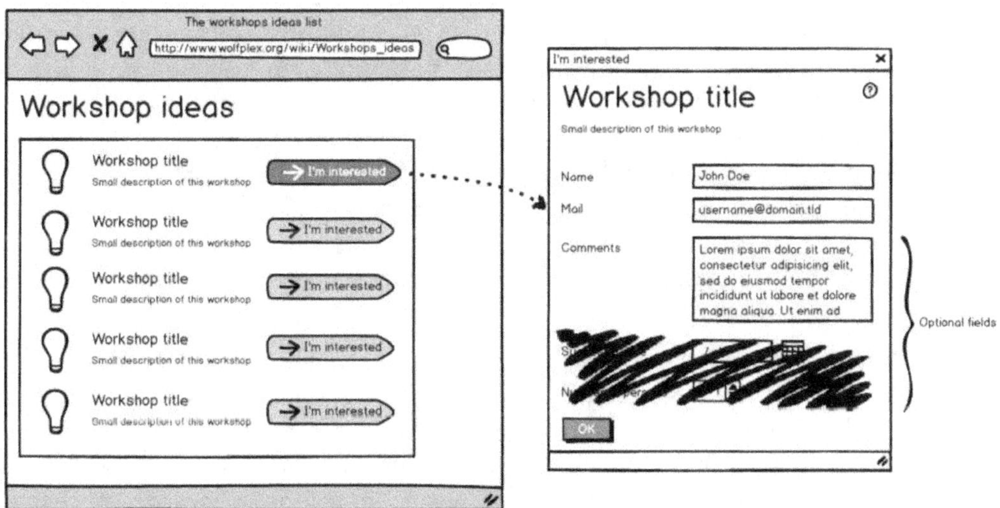

Figure 7–9
Exemple de maquettes wireframes où l'on distingue un bouton call to action.
Source : Dereckson, Wikimedia Commons

15 Un appel à l'action *(call to action)* est le plus souvent un bouton ou une icône cliquable, correspondant à une action précise souhaitée de la part de l'utilisateur.

Les tests-utilisateurs

Les tests utilisateurs sont des expérimentations confrontant des personnes réelles à des maquettes de votre site ou application. Ils visent à tester une interface, un parcours ou à récolter des informations générales sur votre cible.

Les tests utilisateurs peuvent se décliner de bien des façons, raison pour laquelle notre définition garde une formulation générale. Tout comme les expériences d'un physicien pour valider ou invalider les conclusions de ses équations théoriques, les tests utilisateurs doivent constituer pour vous la source de vérité par excellence. Ils vous permettent aussi d'aligner vos équipes, car ils révèlent vos futurs sujets de travail.

Vous pouvez construire un produit vous semblant parfait ; s'il n'est parfait qu'à vos yeux et si vous n'arrivez pas à en convaincre vos cibles, cela signifiera que votre proposition de valeur est faible. Il ne faut pas nécessairement raisonner en termes de culpabilité et rechercher des erreurs commises ; il peut très bien s'agir de produits en avance sur leur temps.[16]

Vous pouvez mener des tests utilisateurs à tout moment dans la vie de votre produit, même dans des phases de conception très précoces (en vous appuyant sur des wireframes par exemple). Il faut prévoir une maquette à présenter à des individus proches de vos personas, à qui vous proposerez des objectifs à réaliser : « trouver tous les aliments vegans disponibles sur la boutique en ligne » ou « réserver un terrain de badminton pour le 13 mars dans la soirée ». Afin de ne pas fausser le test, il vous faudra être un peu cruel. Il est capital de laisser votre utilisateur s'embourber, hésiter, chercher par lui-même à s'en sortir. Ne l'aidez pas trop rapidement et invitez-le à exprimer oralement ses interrogations. Et surtout, si cela vous est possible, enregistrez ces tests et prenez un maximum de notes, y compris sur ses attitudes corporelles (ex. surprise, hésitation, agacement).

Nous vous recommandons de mettre en place des tests utilisateurs au plus tôt dans votre projet. Souvent, ils sont (à tort) remis à plus tard. Pourtant, bon nombre des excuses que nous avons entendues sont de mauvaises excuses, faciles à déconstruire. Ainsi, un test utilisateur peut durer 30 minutes seulement (en-deçà, ce sera un peu trop court). Quelques tests utilisateurs effectués chaque mois suffisent pour démarrer. S'il vous est difficile de trouver des candidats proches de vos personas, commencez par des gens de votre entourage (on parle de tests « *friends & family* »). Enfin, si vous n'avez « rien à tester », nous vous

---

16 Citons par exemple le Dynabook créé par le PARC de Xerox en 1972. Cet ancêtre de l'iPad, créé avec presque quatre décennies d'avance, n'était pas en phase avec la réalité des usages informatiques dans les années 1960 et 70.

recommandons d'organiser ce test très simple : soumettez votre page d'accueil à un individu sans lui donner d'instruction autre que de prendre connaissance du produit présenté. Puis, une fois l'écran éteint, demandez-lui de vous expliquer ce qu'il ou elle en a compris. Vous pourrez délimiter, dans vos prises de notes, les éléments de votre page qui semblent clairs, confus, manquants.

La feuille de route produit

Il y aurait beaucoup à dire sur l'art de mener votre feuille de route *(roadmap)* produit. C'est la fonction du Product Owner[17]; ce rôle garantit le bon avancement de votre produit, notamment en rédigeant et en priorisant les développements en attente (les user stories recensées dans le backlog). Nous entrons là dans le fonctionnement quotidien de votre fabrication de produit, au-delà de son simple amorçage. Vous trouverez d'abondantes ressources sur ces sujets.

Les deux outils que nous présentons, les user stories (scénarios utilisateurs) et le *backlog* (inventaires des développements à réaliser) sont des incontournables. Ils ne se suffisent pas à eux seuls et s'accompagnent de rituels, ainsi qu'on les appelle dans les méthodes agiles. Les rituels sont des réunions disposant de cadres précis : leurs participants, leurs objectifs, leurs durées et fréquences. Vous pouvez par exemple organiser des réunions en début de semaine (ou de sprint) pour répartir le développement des user stories dans l'équipe et en fin de semaine (ou de sprint) pour dresser le bilan et réfléchir aux difficultés rencontrées.

Les users stories

Une user story (ou « scénario utilisateur » en français) correspond à la description d'un développement unitaire, que vous intégrerez à la feuille de route de votre produit. Elles sont regroupées au sein d'une liste centralisée qu'on appelle le backlog.

Il devient rapidement utile, voire indispensable, d'appliquer un formalisme pour remplacer vos bonnes vieilles *to do lists* et autres pense-bêtes. Ce formalisme peut être assez léger pour commencer : un titre clair et une description succincte suffisent pour définir une user story. Souvent, on préconise une formulation du type « en tant que… je souhaite… afin de… ». Cela n'a rien d'obligatoire, mais

---

17 On peut facilement se perdre entre les différents intitulés de postes *Product Owner*, *Product Manager*, *Scrum Master* et leurs équivalents français. Retenez que le *Product Owner* a une définition de référence dans la méthodologie SCRUM (qui fait partie des méthodes agiles). C'est à ce rôle qu'incombe la gestion de la feuille de route produit. Pour plus d'information, le Guide Scrum est disponible sur le site https://scrumguides.org.

cette structure a le mérite de toujours rappeler le persona concerné ainsi que l'objectif final qu'il vise, ce qui leur apportera de la valeur.

Exemples de user stories

« En tant qu'utilisateur abonné, je souhaite mettre à jour mes informations de paiement pour continuer à profiter du service. »

« En tant que visiteur du site, je souhaite utiliser la fonctionnalité *Facebook Connect* pour m'inscrire et me connecter. »

N'hésitez pas à compléter ces descriptifs avec des remarques pertinentes, des schémas ou des citations de vos utilisateurs. Tout l'intérêt de ces scénarios est de définir une priorité et une complexité associées à chacun.

On peut par exemple utiliser des tailles de T-shirt (de XS à XL) pour représenter simplement la complexité des scénarios.

Là encore, l'efficacité des outils no-code risque de vous inciter à court-circuiter cette étape et à directement implémenter des fonctionnalités. Or, cette étape de spécifications est légère et utile à plus d'un titre :

- centraliser toutes vos idées d'évolution, même pour un futur lointain ;
- vous assurer, par une formulation claire, que la fonctionnalité souhaitée ne présente pas d'ambiguïtés ;
- estimer votre vitesse de développement ou celle de votre équipe, en dénombrant par exemple le nombre (ou la complexité cumulée) des user stories traitées en une semaine ;
- optimiser la stratégie de développement de votre produit.

La gestion de votre backlog

Le backlog (figure 7–10) désigne la liste des tâches restant à effectuer pour poursuivre la fabrication de votre produit. Il comporte essentiellement des user stories, mais on peut aussi y faire figurer d'autres tâches : résolution de bugs, opérations ponctuelles spéciales, *spikes* (des explorations à mener en temps limité sur un point précis, afin de préparer des user stories complexes).

Figure 7–10
Airtable diffuse gratuitement un modèle de backlog dans son « Agile Workflow Template ».

Bien gérer son backlog est essentiel dès lors que vous êtes plusieurs à participer à la production de votre produit. Même si vous êtes seul ou en petit nombre, c'est aussi une manière de visualiser efficacement votre reste-à-faire. Vous constaterez le travail effectué sur chaque période, mesurerez votre vitesse de développement, ou regarderez de plus près la part de temps consacrée par exemple à la résolution de bugs et à l'implémentation de nouvelles fonctionnalités.

Il y a un ordre pragmatique à trouver dans l'organisation de votre backlog et le traitement des user stories :

1. certaines fonctionnalités techniques sont des pré-requis pour d'autres ;

2. il faut prioriser ce qu'on veut faire tester en premier ;

3. il faut que chaque incrément fonctionne et qu'il soit testable techniquement.

Le backlog doit constituer pour vous un outil central de communication. N'employez pas de filtre pour ne pas y inscrire certaines idées… Rien ne vous empêche de créer une catégorie de user stories à envisager plus tard.

Il vous est également possible d'associer à certaines user stories des expérimentations ou tests utilisateurs à mener préalablement à leur implémentation. Vous pouvez d'ailleurs créer un autre backlog relatif cette fois à vos tests utilisateurs, sondages, enquêtes et expérimentations à mener. Cela constitue une très bonne pratique de recherche UX. Dans ce cas, il importera de faire communiquer ces deux listes, afin d'éviter absolument des fonctionnements en silo. N'oubliez pas que le but du jeu est de construire les bonnes solutions pour les bons problèmes.

Si vous vous documentez sur ces sujets, vous trouverez des méthodes extrêmement complexes pour piloter des feuilles de route dans de grandes organisations (comme la méthodologie SAFe avec son *Agile Release Train* et ses *Program Implement Planning*). Laissez cela de côté lors de vos débuts. Une base de données (sur Airtable ou Notion) fera l'affaire pour constituer un premier backlog efficace. N'oubliez pas que c'est à l'outil de s'adapter à vos besoins, pas l'inverse !

L'agilité

« On a avancé la deadline du projet à dimanche soir. Ça ne doit pas vous poser de problèmes, si ? Vous êtes agiles. ». Voilà ce que nous nous sommes entendu dire de la part de responsables formations d'un grand groupe, alors qu'une échéance était avancée de deux semaines.

Cette agilité-là n'est qu'une interprétation approximative et dévoyée d'un mouvement démarré dans le milieu du développement informatique à la fin des années 1990. Constatant que les projets de production logicielle étaient rarement livrés dans les temps et ne correspondaient que tout aussi rarement aux attentes des parties prenantes, des développeurs ont décidé de réfléchir à des nouvelles manières de travailler.

Remettant en cause le sacro-saint « cycle en V », méthodologie de pilotage projet jusque-là omniprésente, ils espéraient ainsi casser « l'effet tunnel » qui cause généralement l'issue négative du projet. En effet, il était alors admis qu'un développement démarre par une longue phase de rédaction d'un cahier des charges destiné à une équipe technique, avec l'espoir que plusieurs mois (voire années) plus tard, un logiciel parfaitement conforme serait livré… Ce n'était que rarement le cas, généralement au détriment des utilisateurs finaux – ou des développeurs qui devaient encore passer de longs mois à corriger ce qui avait été mal anticipé dans le cahier des charges. Sans compter qu'avec de si longs délais, le contexte de départ du projet avait très probablement changé, ce qui aurait dû être impacté dans le logiciel. Mais cela était impossible dans le « cycle en V ».

De cet état de fait est né un groupe de travail qui a proposé, en 2001, le Manifeste agile. Plutôt que de proposer une méthodologie stricte, les dix-sept experts ont décidé de publier 4 valeurs et 12 principes servant à améliorer le déroulement d'un projet de développement logiciel (tant sur l'organisation du projet, que sur un plan plus humain et relationnel). En le lisant, vous vous rendrez compte que ces principes empreints de bon sens peuvent s'adapter à de nombreux contextes – et nous vous invitons à faire vôtres les valeurs et principes que vous trouverez intéressants.

Il existe plusieurs méthodologies plus structurées qui implémentent ces grands principes, tels que Scrum ou Kanban pour ne citer que les plus connus. Et vous sentirez probablement cette influence dans la méthodologie que nous vous proposons en guide pratique de cet ouvrage. En tant qu'agilistes convaincus, nous avons mis en œuvre ce manifeste dans nos équipes et formé de nombreuses autres à les maîtriser.

Rendez-vous sur http://agilemanifesto.org pour en prendre connaissance et pensez à faire preuve de discernement et de bon sens dans sa mise en pratique !

Organiser, collaborer et automatiser en mode no-code ops 8

Nous allons parler de vos processus de travail et de leurs automatisations. Il suffit que vous ayez à effectuer une tâche plus d'une fois (quelle que soit la fréquence) pour y réfléchir en termes de processus : envoyer une newsletter, faire passer des entretiens d'embauche, mettre à jour votre site, déclarer vos revenus, etc.

Réfléchir en termes de processus, c'est constater le côté répétitif de vos tâches, afin d'organiser leur attribution, à des collègues… ou à des automatisations. Dans un contexte global où les marchés évoluent de plus en plus rapidement et font participer de plus en plus d'acteurs en concurrence, la vitesse et la mobilité constituent des avantages compétitifs indiscutables. En optimisant vos processus grâce à vos outillages internes, vous accroîtrez votre productivité, garantirez la qualité de votre travail et vous vous déchargerez de tâches portant peu de valeur ajoutée. Tous vos efforts serviront à porter votre projet plus loin, en concentrant votre attention sur ses enjeux essentiels.

Avec ce thème, on aborde également le vaste sujet de la transformation numérique des entreprises. Le no-code peut être d'une grande aide pour introduire du numérique dans leurs processus, de manière à les dépoussiérer et à épauler celles et ceux qui y participent ou en sont les responsables.

Des opérations aux no-code ops

Nous avons constaté, dans le cadre de nos formations, que le terme « opérations » n'était pas toujours parlant pour nos élèves. Certains d'entre eux l'associent à l'idée de grandes entreprises, ou bien se le représentent comme quelque chose de technique, complexe et inaccessible. Ces intuitions sont justifiées en partie seulement. Le no-code contribue à changer la donne. La grande popularité d'un outil comme Zapier prouve qu'il est désormais devenu accessible d'automatiser certaines tâches : cet outil mise sur « les automatisations pour tous »[1].

Nous entamons ce chapitre par un éclairage sur la notion d'« opérations ». Vous comprendrez que, même si ces dernières constituent un sujet vital pour les grandes structures, elles sont également de première importance si vous travaillez seul, ou si vous débutez. Puis nous donnerons quelques conseils pratiques pour mener à bien vos opérations.

Figure 8–1
Sur sa page d'accueil, Zapier ne se présente pas tant comme un outil puissant que comme un super-assistant : le parfait allié pour vous aider à implémenter vos no-code ops.

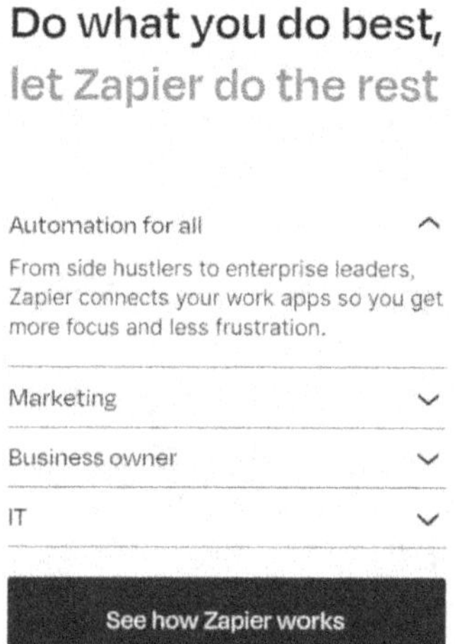

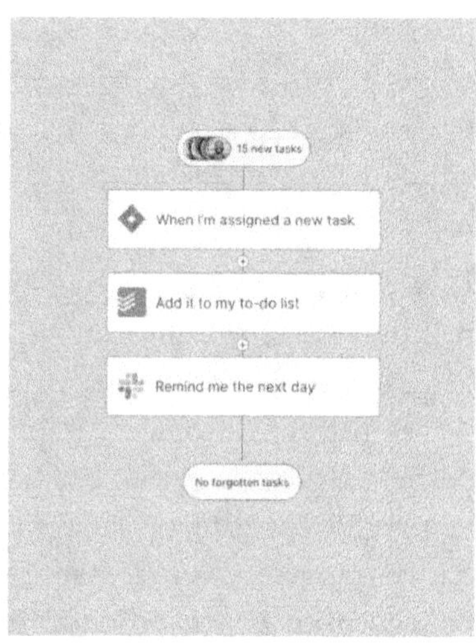

---

1   « Que vous soyez *side hustlers* ou dirigeant d'entreprise, Zapier s'occupera de brancher vos apps ensemble, afin que vous puissiez gagner en concentration et perdre en frustration » peut-on lire sur la page d'accueil de cet outil grand public. L'expression *side hustler* n'a pas de bonne traduction française : elle désigne des personnes industrieuses lançant de nombreux projets en guise de passe-temps. Les outils d'automatisation leur sont des précieux alliés.

Qu'appelle-t-on « opérations » ?

Ce qu'on appelle « opérations » concerne tous les types de structures entrepreneuriales. Même dans votre vie privée, dresser une liste de courses est un exemple d'« opération » que vous avez très certainement déjà pratiquée. Illustrons rapidement ce que ce terme recouvre.

- Un solopreneur, un free-lance ou une petite entreprise doivent, par exemple, préparer des tâches pour leur comptabilité (regrouper des factures, des bons de commandes, des devis, etc.), suivre l'avancement de leurs projets avec leurs clients (établir des étapes successives, leur affecter des responsables, leur attribuer des statuts), s'occuper de l'envoi de colis dans le cas de petites boutiques en ligne, etc. Avez-vous déjà songé à chronométrer le temps passé à toutes ces « petites opérations » ?

- Une start-up avec quelques individus se répartissant les fonctions à assurer, une entreprise moyenne ou une association doivent prêter beaucoup de vigilance aux enjeux de coordination. Par exemple, les réunions ne regroupent pas forcément tout le monde ; il faut donc rédiger des comptes-rendus efficaces et veiller à ce qu'aucune information ne se perde. Des contrôles doivent être faits, non pas pour surveiller les collaborateurs, mais parce que les flux de tâches s'intensifient et occasionnent inévitablement des retards et des oublis. Est-ce que quelqu'un a pensé à rappeler X ? Qui s'occupe de répondre aux mails de Y pendant ses congés ? Quels logiciels utiliser pour organiser nos réunions en distanciel ? Et ainsi de suite.

- Pour les plus grandes entreprises, le sujet devient stratégique. Avec leur croissance, leur hiérarchie peut s'étoffer de responsables intermédiaires *(middle management)* entre des équipes multiples et la direction. Il faut éviter que des petites difficultés se consolident en obstacles durables, générant de l'inefficacité pour la structure et de la démotivation pour les employés. Par exemple, les équipes agiles ont chacune besoin d'autonomie pour fonctionner, mais elles doivent toutes être alignées vers les mêmes objectifs globaux[2].

Citons quelques exemples concrets d'opérations mal réglées : deux équipes effectuant des tâches similaires sur des logiciels différents, une mauvaise communication entre la production et le marketing, un manque de méthodes, des budgets gérés approximativement, des rôles flottants pour accueillir un nouvel

---

2 C'est à cette fin que, par exemple, les OKR *(Objectives and Key Results*, c'est-à-dire les « objectifs et résultats clés »)* ont été inventés. Cette méthodologie provenant d'Intel et de Google peut vous intéresser si vous observez des grandes divergences apparaître parmi vos équipes. Elles risquent de perdre de vue qu'elles sont sur la même embarcation et il faut alors leur rappeler la destination visée.

employé, des réunions trop longues ou trop fréquentes, une inadéquation des outils avec les besoins réels, etc.

Des postes de responsables ou directeurs des opérations peuvent être ouverts pour seconder les managers et toute la structure. Leur rôle est de garder un œil rivé sur les évolutions du marché et ses opportunités et l'autre sur l'organisation du travail au quotidien.

En un mot, les opérations ont pour but de garantir la qualité et l'efficacité du travail interne de la société. Qu'il y ait ou non des équipes et postes dédiés, l'art de bien mener les opérations implique de disposer d'une excellente perception des processus de travail, pour chaque collaborateur et dans leurs échanges. Des ops bien organisées appellent à s'équiper d'outils, de méthodes et de documentation.

Les automatisations

Les automatisations dans les processus de travail constituent l'un des grands leviers pour tous ces enjeux, pour tous les types de structures. Elles font gagner du temps, standardisent le traitement de tâches répétitives, évitent des erreurs humaines et alignent les équipes autour de mêmes pratiques. Les automatisations constituent donc un moyen pour répondre aux enjeux d'efficacité et de qualité du travail, pour mener au mieux vos opérations. Nous insisterons sur le fait qu'elles n'ont de sens que si elles répondent à un vrai besoin, si elles sont correctement documentées et régulièrement actualisées[3].

L'ère des ops, dans la lignée des DevOps

Aujourd'hui, on retrouve des ops un peu partout : DevOps, SalesOps, MarketingOps, BizOps, DesignOps… Les méthodes pour améliorer la qualité du travail et son efficacité sont « descendues » d'un cran, passant de l'entreprise globale à ses pôles de compétences. Cette transmission s'explique par une spécialisation croissante de ces métiers. Le marketing, le design, les ventes ont vu se multiplier les tâches, les livrables et les échanges. Ceci est allé de pair avec une sophistication des outils et des méthodes qui leur sont propres. Il est donc naturel que la thématique des ops ait fait son incursion dans tous ces domaines.

---

3   Ces soucis de standardisation et d'efficacité n'ont rien de récent. Même si, il y a quelques siècles, on ne parlait pas encore d'opérations, de processus et d'automatisations, cette rationalisation du travail a été centrale dans la rédaction de l'Encyclopédie ou Dictionnaire raisonné des sciences, des arts et des métiers de Diderot et d'Alembert, parue au milieu du XVIIIᵉ siècle, dans les travaux de l'économiste écossais Adam Smith sur la division du travail comme source de productivité ou, plus récemment, dans les préconisations de Taylor pour augmenter le rendement d'usines.

Par no-code ops, on désigne des opérations qui s'appuient sur l'emploi d'outils no-code. Ceux-ci permettent véritablement d'implémenter des processus sur mesure et de personnaliser ses outils. Nous employons ici deux fois le terme « outil » et il faut bien comprendre pourquoi : avec les outils no-code, vous créez, sur mesure, vos outils opérationnels internes. Ils sont en quelque sorte des méta-outils ! Les no-code ops prendront à bras le corps des opérations transverses, impliquant plusieurs équipes ou compétences, par exemple l'arrivée d'un nouveau collaborateur.

Dans un épisode du podcast Contournement, Bruno Soulez, responsable des opérations de l'agence Cosa Vostra, explique sa création d'un processus pour accueillir de nouveaux collègues. Cette automatisation garantit un traitement équivalent pour tout le monde, qu'il s'agisse d'un poste élevé dans la hiérarchie ou d'un stage. Ce processus comporte une centaine d'étapes : alerte aux responsables quelques jours avant l'arrivée du collaborateur, préparation de ses contrats, création de ses accès internes aux différents logiciels, accompagnement dans ses différentes équipes, préparation de son ordinateur, etc.

Ainsi, grâce aux outils no-code et à leur grande accessibilité, les problématiques des ops sont encore « descendues » d'un cran supplémentaire : chacun peut s'en saisir, à travers notamment les outils d'automatisation. Avant d'approfondir cela, il nous faut mentionner une autre raison à cette floraison d'ops dans tous les secteurs. Tous font implicitement référence à un domaine précurseur : le domaine du développement, avec les DevOps.

Qu'est-ce que les DevOps ?

On appelle DevOps un ensemble de pratiques et d'outils, visant à fluidifier les processus entre les équipes de développement et les équipes informatiques administrant les systèmes. Dans le fonctionnement traditionnel des grandes entreprises, les administrateurs système sont en charge de déployer le code que les développeurs leur livrent et d'en assurer le support en cas de problèmes. Les deux équipes travaillent donc « en silos ». On pourrait ajouter, de manière un peu caricaturale, qu'elles œuvrent à des objectifs opposés. On espère des développeurs qu'ils implémentent beaucoup de nouvelles fonctionnalités pour enrichir l'expérience utilisateur. Les administrateurs système doivent, quant à eux, sécuriser les services que ce même code fait naître. Ainsi, les premiers doivent faire évoluer le code, tandis que les seconds voudraient le stabiliser à tout prix, afin de minimiser les risques de défaillance.

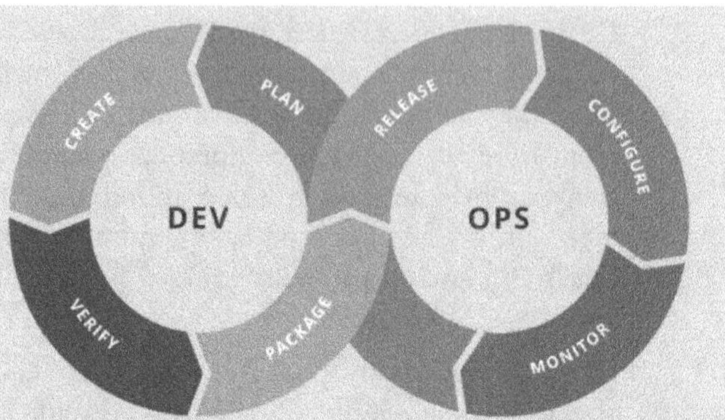

Figure 8–2
Cette « boucle infinie », représentation classique des DevOps, suggère des rouages bien huilés permettant une amélioration sans fin.
Source : Kharnagy, Wikimedia Commons

Les DevOps sont plus que cela. C'est aussi un mouvement, qui a débuté vers 2007, associé à un état d'esprit très novateur. Grâce à des processus automatisés, il vise à augmenter l'autonomie des équipes, améliorer leur communication, les décharger de tâches répétitives et encourager des collaborations. Le mot DevOps enchâsse les termes « développement » et « opérations », exprimant le processus d'intégration de ces disciplines en un dispositif continu et vertueux. Un grand nombre d'outils experts équipe les DevOps pour diverses tâches : création d'environnements, intégration continue, implémentation de tests, déploiement automatisé, surveillance des performances des applications et des serveurs, gestion centralisée des problèmes, etc.

C'est grâce à ces perfectionnements à la fois techniques et méthodologiques que les équipes techniques de Spotify ou de Twitter ont pu se mettre à pousser quotidiennement en production de nouvelles fonctionnalités ou des résolutions de bugs. Auparavant, il n'était pas rare d'avoir une seule mise en production par mois avec un lot important de fonctionnalités (et un risque accru de tomber sur des bugs difficiles à identifier et corriger).

Il nous paraît très important de comprendre le phénomène DevOps pour aborder le no-code. D'une part, les outils no-code ont assurément bénéficié, dans leurs développements propres, de tous les bienfaits de ces progrès ; tout l'hébergement cloud organisé pour vous par ces outils a, d'une manière ou d'une autre, utilisé les technologies et les méthodologies DevOps. D'autre part, c'est surtout la fonction de *support* qui a été remise en cause. Les DevOps veulent donner plus de liberté à ceux qu'on appelle les producteurs, développeurs ou makers. Leur idée maîtresse est qu'un développeur directement capable de mettre lui-même en production une fonctionnalité (et de garantir le support associé) sera plus attentif à la qualité du code qu'il produit[4].

---

4 Cela tient en une formule, que l'on doit à Werner Vogels, à la tête de la technique et de l'innovation chez Amazon : « *you build it, you run it* » (« vous le concevez, vous en êtes responsable »).

La question ne se pose plus avec les outils no-code, grâce auxquels vous adaptez tous vos outils à vos besoins. Ils ont intégré ce principe !

Quelques cas de no-code ops

Afin d'illustrer concrètement des exemples d'ops, nous synthétisons ici quelques témoignages de personnes invitées au podcast Contournement[5] consacré au no-code.

Le cas de l'école Akimbo

En charge des opérations chez Akimbo, école spécialisée dans la formation en vente et développement commercial, Pauline Réant s'appuie sur une stack mixte incluant des outils no-code (Zapier, Notion, Airtable), des outils spécialisés (Zoom, Aircall, lemlist) et des outils intégrés traditionnels (Hubspot). Organiser un bootcamp en présentiel nécessite une préparation conséquente et un suivi méthodique. Il faut sélectionner des candidats, engager des formateurs et intervenants externes, réserver des salles, s'occuper de la réception des paiements, etc. Pauline a formalisé toutes ces étapes dans un document référent, afin d'éviter tout éventuel oubli et aussi de se libérer d'une charge mentale importante. Ainsi, elle peut se concentrer sur les points d'optimisation pour accélérer sa gestion quotidienne et enrichir l'offre pédagogique.

À cette fin, elle a créé un document Airtable qui lui sert de modèle ; il comporte 200 tâches et sous-tâches à compléter de dates de démarrage, de délais, d'explications textuelles ou en vidéo. En stockant toutes ses connaissances de manière structurée sur ce document réutilisable, elle a pu facilement déléguer cette gestion à de nouveaux collaborateurs dans son école, ou faciliter leur prise de fonction. Cette méthode de supervision opérationnelle l'aide également à mieux repérer les étapes délicates ou sujettes à erreurs. Cependant, insistons sur le fait qu'il ne faut pas y voir un outil de surveillance. Ce processus documenté se veut au contraire flexible : il centralise les informations utiles et les échanges (questions, suggestions d'améliorations) et il s'adapte aux besoins des collaborateurs.

Le cas de la société Tiller

Tiller est une start-up française commercialisant un système de caisse de paiement qui fonctionne sur iPad, complété d'une gamme d'outils complète pour les restaurateurs et commerçants. Début 2021, la société, réunissant une centaine

---

5   Près d'une centaine d'épisodes (septembre 2022) donnent la parole à divers profils ayant mis à profit les outils no-code dans des contextes très variés.

de collaborateurs, comptait une vingtaine de développeurs et une petite dizaine de personnes en charge des données et des opérations. Une grande place a été accordée au no-code pour améliorer ses processus internes. Ainsi, Matthieu Thiroux, VP Business Operations, et Alex Petit-Chouraqui, alors Business Process Owner (et qui a poursuivi sa carrière, après Tiller, en intégrant les équipes de Make), ont par exemple pu procéder à une refonte de la gestion de nouveaux prospects pour leur produit.

Des clients potentiels, en répondant à un questionnaire produit sur Typeform, sont automatiquement qualifiés, puis aiguillés vers le bon service et affectés à la bonne personne du service commercial. Ils peuvent alors fixer un rendez-vous selon leurs disponibilités et un événement calendaire est créé automatiquement, auquel chacun est invité. Avant la formalisation de ce processus, les commerciaux utilisaient leurs propres recettes et effectuaient toutes ces tâches à la main. Grâce à la grande flexibilité des outils no-code, c'est l'ensemble du processus menant de client potentiel à client effectif qui a été standardisé, étape après étape. Cette transformation a pris un certain temps, mais elle a suivi son cours, alors même que ce tunnel de conversion à plusieurs étapes a été modifié au cours de ces travaux.

C'est un bel exemple de montée en puissance du no-code dans un environnement où le code régnait en maître dans les habitudes. Alex et Matthieu ont passé beaucoup de temps à déployer ces nouveaux outils internes, fabriqués sur mesure. Concrètement, cela passe par de la présence auprès des collègues concernés afin de prendre connaissance de leurs méthodes habituelles et de leurs difficultés ou insatisfactions, par des présentations diffusées en interne ou encore par l'actualisation d'une documentation sur un wiki interne et sur l'outil Notion. De cette manière, en impliquant immédiatement les personnes concernées et en agissant avec une grande transparence, ils n'ont rencontré aucune friction, ni aucune défiance avec l'équipe des développeurs traditionnels. Ils leur ont d'ailleurs emprunté certaines bonnes pratiques, comme la création d'un environnement complet de test et d'un autre de production. Et ils ont aussi gagné leur confiance : « Inutile de coder ce processus. Ça tourne parfaitement sur Make et ça ira beaucoup plus vite que si nous nous en chargions. »

Focus sur les DesignOps

Notre troisième exemple concerne les DesignOps. C'est Benoît Drouillat, fondateur de l'association Designers Interactifs[6] qu'il préside depuis 2006, qui en parle. Fin 2021, il travaillait chez Oodrive, société qui commercialise une suite

---

6   Voir le site de l'association : https://www.designersinteractifs.org.

de logiciels de collaboration sécurisée, basée sur des infrastructures et systèmes techniques implantés en Europe.

Comme les autres ops, les DesignOps visent à harmoniser le travail entre plusieurs équipes. Or, le domaine du design a parfois du mal à se fondre dans la cadence de production des équipes agiles (typiquement en cycles de une à trois semaines). En particulier, la recherche utilisateur prend plus de temps (enquête, observation, compréhension). Les DesignOps ne résultent donc pas d'une transposition en l'état des méthodes DevOps. Toutefois, beaucoup de bonnes pratiques venant des DevOps et de l'agilité en général lui ont servi de sources d'inspiration : bien documenter tous les processus, notamment au moyen de modèles *(templates)*, sélectionner les outils les plus efficaces, suivre les livrables jusqu'à leur implémentation, industrialiser la conception en créant un *design system*, construire une base documentaire associée à la recherche utilisateur et la rendre facilement accessible.

Dans des organisations où le rythme de production s'accélère, il est crucial de faciliter les opérations de recherche utilisateur, de capitaliser et de faire fructifier les enseignements qui en découlent. Cela passe par une formalisation des comptes-rendus d'expérimentation, pour ne perdre aucune information mais aussi pour faciliter l'accès à leurs enseignements. Des méthodologies avancées comme l'Atomic Research visent à cela. On peut aussi citer les ResearchOps qui ont pour but de standardiser les aspects logistiques des tests utilisateurs (prises de rendez-vous, réservations de salles, prises de notes, enregistrements, transcriptions). Soulignons une leçon cruciale que Benoît nous transmet sur le rôle central, fédérateur et inspirant des démarches de design.

> Le design est un moyen privilégié pour créer un contact entre tous les employés de la société et les clients finaux. Une difficulté fréquente pour les développeurs est de comprendre le sens du travail qui est attendu d'eux lorsqu'ils implémentent la feuille de route d'un produit. Les priorités peuvent fréquemment changer. Cette compréhension à la fois du marché, des besoins et des attentes des clients est très attendue par eux ; c'est vraiment une chance que les designers peuvent leur donner. Il est très important d'associer des profils différents dans l'équipe à toutes les étapes.

Pourquoi automatiser ?

Les arguments en faveur de la création de processus et de leurs automatisations sont nombreux. Prenons le temps d'en expliquer les principaux.

Gagner du temps

Tout d'abord, cela fait gagner du temps. L'optimisation de processus, leur documentation et automatisation sont trois façons de les accélérer. Pourquoi expliquer dix fois une méthode à dix collègues si une explication peut suffire ? Et de quelle manière les outils no-code aident-ils à les rendre automatiques, partiellement ou dans leur intégralité ? Ce temps économisé permettra de se concentrer davantage sur la manière de travailler et la qualité de ce travail ; ce n'est certainement pas un détail !

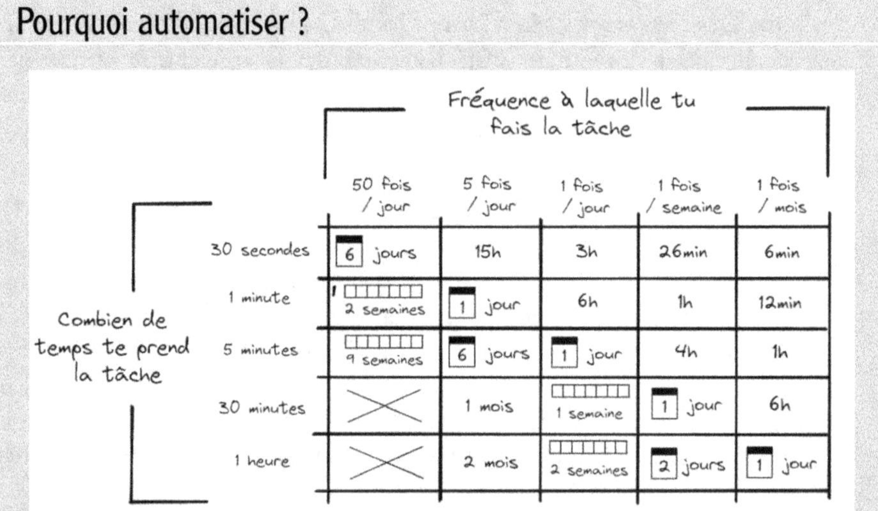

Figure 8–3
Économie occasionnée par une automatisation (durée cumulée à l'horizon d'une année).

Être productif, cela ne veut pas dire travailler plus pour faire plus, mais travailler moins pour faire plus. La figure 8–3 permet de vous projeter : elle illustre le temps que vous économiserez si vous automatisez une tâche donnée. Par exemple, si vous avez l'habitude de télécharger à la main les pièces jointes de vos e-mails pour les archiver dans un dossier en ligne, cela doit bien vous prendre une minute, cinq fois par jour. Sur une année, cela constituera un total d'une journée complète, alors que vous auriez pu confier cette tâche à un outil d'automatisation comme Zapier. Ne préféreriez-vous pas passer cette journée à apprendre de nouvelles choses, à faire des randonnées ou à profiter de votre famille ?

Améliorer l'efficience des processus

Il convient de bien distinguer les notions d'efficacité et d'efficience.

- L'efficacité a pour objectif d'optimiser la production d'un objectif. Elle ignore les ressources impliquées et leurs coûts (temps, argent).

- L'efficience vise à optimiser la production d'un objectif, tout en minimisant les moyens employés. Il s'agit autant de contourner les obstacles financiers que techniques.

Une analogie avec les moteurs électriques nous indiquerait que l'efficacité correspondrait à la puissance et l'efficience au rendement.

Cette distinction est utile lorsqu'on veut intervenir sur certains processus. On peut décider de les améliorer sans modifier la stack technique ; c'est alors une question d'efficience. Comment optimiser la configuration des outils actuels ?

On peut aussi y réfléchir en s'autorisant à enrichir ou modifier cet ensemble de logiciels, afin par exemple de le moderniser. Cette deuxième voie est plus vaste et peut engager dans des transformations complexes et longues. En particulier, la question de la cohabitation de l'ancien système avec le nouveau, ou celle de la migration des processus de l'ancien système vers le nouveau, risquent de donner du fil à retordre aux responsables des opérations. C'est précisément ce type de défis qui les passionnera : ils auront plaisir à confronter leur état d'esprit astucieux de hacker à une contrainte de frugalité dans les moyens.

Sécuriser le bon fonctionnement de votre entreprise

En cartographiant et en automatisant vos processus, vous gagnerez en sérénité puisque vous sécurisez le fonctionnement global de votre entreprise de deux façons :

- Une automatisation, correctement construite, ne se trompe pas et ne souffre pas de lassitude. Il est bien évidemment indispensable de bien la concevoir, notamment en réfléchissant à tous les cas d'erreurs susceptibles de se produire. C'est là une posture propre au développement en code : il faut juger a priori que toute étape peut rencontrer une défaillance. En conséquence il faut gérer les cas de « sorties de route ». En l'occurrence, l'outil no-code Make permet une configuration très avancée de cette gestion d'exceptions.

- Une documentation des processus et de leurs automatisations aide à contenir les risques qu'occasionnerait une absence imprévue de certains collaborateurs. Cela n'est évidemment pas un scénario souhaitable, mais penser à l'avance à ce type d'imprévus fait partie des responsabilités d'un entrepreneur.

Motiver les équipes

Toutes celles et ceux qui travaillent dans le numérique aiment le changement. Cela devient même une source de problèmes lorsque certains dirigeants veulent avancer trop vite ; rappelons à ce propos que les méthodologies et cadres les concernent tout autant que chacune et chacun des employés. Cependant, l'automatisation est un vecteur pour répondre à cette envie de renouveau. D'une part, c'est un sujet excitant en tant que tel, qui apporte des résultats très rapides avec le no-code. D'autre part, le temps libéré par ces automatisations servira à l'exploration de nouvelles problématiques (recherche utilisateur, gain de croissance, etc.).

Comment bien no-coder vos opérations ?

Les exemples précédents sont certainement plus parlants que des explications théoriques. Ils contextualisent et illustrent des cas concrets d'approche de type ops.

On pourrait croire que le rouleau-compresseur des ops transforme les entreprises en des sortes d'usines à automatisations, où la recherche de productivité se mue en un productivisme effréné. Toutes les compétences, savoirs et responsabilités seraient confiés à de nouveaux « collègues » que sont ces automatisations. Ces impressions sont en réalité fausses.

Revenons sur cela et exprimons-le sous forme de petites leçons :

- Ce sont toujours les processus et automatisations que vous no-codez qui sont au service des employés, pas l'inverse.

- Comme dans le cas du développement d'un produit, il vous faut passer du temps à comprendre les préoccupations des personnes concernées, leurs habitudes de travail. Vos collègues sont vos personas. Si les processus que vous créez ne sont pas adoptés, il faudra comprendre pourquoi. Sont-ils trop complexes ? Ont-ils été mal expliqués ? Devez-vous prévoir un accompagnement ou une formation pour vos collaborateurs ?

- Évitez absolument de reproduire les défauts du fonctionnement ancien, « en silo ». Si une personne devient un interlocuteur indispensable pour que des processus fonctionnent, c'est qu'il y a un problème. Imaginez toujours que les destinataires des processus devront à terme pouvoir opérer leurs outils. C'est l'une des principales promesses du no-code.

Rappelons que le premier des principes du manifeste agile dit qu'il faut s'intéresser davantage aux individus et à leurs interactions qu'aux processus et outils.

Cartographier ses processus

La création de processus et leur cartographie constituent une première étape, avant toute éventuelle automatisation ou recours à des outils no-code. Cette automatisation viendra dans un second temps et sera menée progressivement, une étape après l'autre. C'est pourquoi il est important de décorréler ces deux notions.

Un processus est un ensemble d'actions coordonnées, destiné à apporter de la valeur tant à vos clients qu'à vos collaborateurs. Afin de l'améliorer et éventuellement de l'automatiser, il faut commencer par en coucher sur papier une représentation. À partir de cette cartographie, on décidera ou non de l'automatiser, partiellement ou progressivement. Différents standards, comme les diagrammes BPMN *(Business Process Model and Notation)*, servent à cartographier des processus[7]. Résumé simplement, il faut :

- à l'échelle du processus, définir son nom, ses objectifs, ses entrées/sorties, ainsi que ses utilisateurs ;
- à l'échelle de chacune de ses étapes, bien comprendre ses entrées/sorties. Des flèches indiquent leurs séquencements logique et chronologique. Certaines de ces étapes peuvent dépendre d'une décision prise par un humain : un aiguillage en découlera.

L'enjeu principal, avec cet exercice, est d'objectiver des savoir-faire, des réflexions, des alertes ou vérifications que détiennent leurs exécutants, mais qui n'ont pas été jusqu'alors formalisés. En les dessinant sur une page blanche, vous consolidez ces opérations, relevez d'éventuelles variantes et réfléchissez à des améliorations. La première vertu de ces schémas est d'employer un langage visuel facilement compréhensible. D'une certaine manière, cela pourrait correspondre au pendant des maquettes wireframes pour un site ou une application.

Exemple de processus et d'automatisation

> ### Conseil
>
> Même si vous travaillez seul, pour mettre en place une automatisation, imaginez toujours que vous deviez l'expliquer à l'oral. Une formulation claire, en français, est un point de départ non négociable. Si vous vous rendez compte que vous vous

---

7 Si vous souhaitez approfondir ce sujet, nous vous invitons à consulter la formation Contournement dédiée à ce thème.

embrouillez dans vos formulations, essayez d'améliorer la subdivision des étapes, aidez-vous de schémas et réfléchissez surtout aux verbes employés pour chacune des actions.

Voici un exemple de processus et son automatisation associée : lorsque vous recevez un e-mail de fournisseur, vous récupérez la pièce jointe et la déposez dans un dossier partagé, puis vous prévenez votre comptable.

Figure 8–4
Exemple de cartographie d'un processus simple

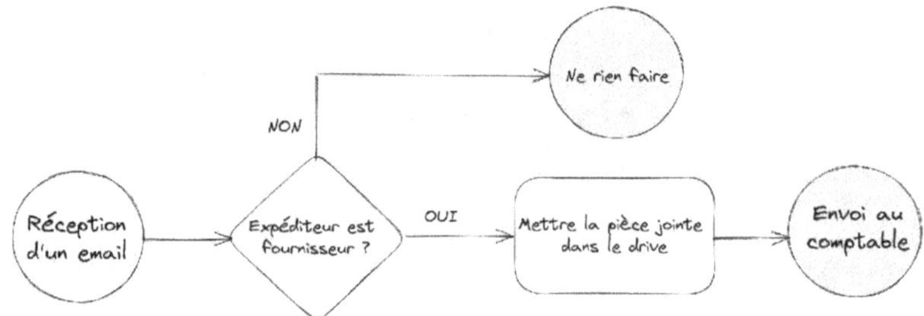

Grâce à Zapier, par exemple, il est possible d'automatiser ce processus. Il y aura trois étapes élémentaires :

1. **Déclencheur** : réception d'un e-mail avec le sujet « facture ».

2. **Action 1 :** stocker dans le dossier partagé (par exemple, un stockage Dropbox).

3. **Action 2 :** envoyer un e-mail à comptable@contournement.io.

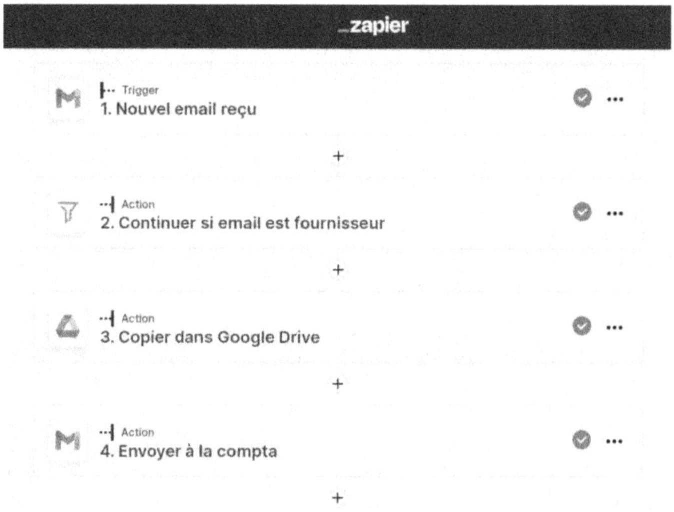

Figure 8–5
Récapitulatif du Zap (automatisation Zapier) implémentant le processus de la figure 8–4

Bravo, vous avez défini votre première automatisation !

La gestion de vos données

Les processus décrivent des successions d'actions. Ces séquences s'accompagnent le plus souvent d'un flux d'informations, informations qu'il faut souvent conserver. Cette gestion des données implique de procéder au préalable à leur modélisation. C'est cette étape qui définira l'architecture de votre base de données, que vous implémenterez par exemple dans Airtable ou Bubble.

Il nous serait difficile de présenter en quelques lignes les règles générales et les bonnes pratiques pour construire une base de données fiable et pérenne. Contentons-nous de dire que cette étape ne doit pas être prise à la légère et qu'on peut s'y former. Même si les outils no-code vous offrent beaucoup de flexibilité, les modifications de structure d'une base de données, une fois que celle-ci est utilisée en production, sont généralement complexes à opérer. Dans les grands projets informatiques, architecte de bases de données constitue un métier à part entière.

Une mauvaise conception de cette structure peut donner lieu à des dysfonctionnements variés : erreurs (enregistrements incomplets ou en doublon, par exemple), problèmes de performance ou de sécurité. Ce sujet est tellement stratégique que, dans notre formation Airtable, nous commençons par des explications théoriques des concepts fondamentaux des bases de données relationnelles. Ce sont là les mêmes concepts que les développeurs appliquent dans des bases de type SQL (il s'agit du type le plus classique et répandu de bases de données). Contrairement à des implémentations en code, des outils comme Airtable permettent de les mettre en œuvre bien plus facilement et rapidement.

Rappelez-vous les exemples de Loom et de l'Intendance que nous avons exposés au chapitre 2. Pour ces deux boutiques en ligne, les commandes impliquent d'entrer en relation avec des préparateurs ou des prestataires de livraison. Plutôt que de surveiller régulièrement l'arrivée de nouveaux achats et de consolider à la main les informations sur les produits ou les adresses des clients, cette logistique a été confiée à des processus automatisés en no-code.

Si nous ne pouvons développer le détail de ces automatisations dans le livre, mentionnons toutefois une règle d'or pour la gestion de vos données. Il faut toujours définir une « source de vérité » unique pour vos données. Plusieurs outils feront communiquer et stockeront ces informations. Si vous avez affaire, à un moment donné, à plusieurs versions de vos informations, incompatibles entre elles, vous devez toujours savoir laquelle doit être prise en compte.

Voici deux brefs exemples :

- Si vous avez une boutique en ligne sur Shopify, déversant automatiquement ses données de commandes dans une base de données Airtable, c'est Shopify qui sera, a priori, votre source de vérité. Si vous trouvez, pour un client donné, deux commandes sur Shopify et une seule sur Airtable, c'est Shopify qu'il faudra croire et vous devrez débugger l'origine de la perte d'information.

- Imaginez que vous vous servez d'Airtable pour centraliser des inscriptions provenant de plusieurs sources (ex. formulaire Typeform, saisies via des interfaces créées pour vos employés sur Stacker, chatbot intégré à votre page d'aide). Dans ce cas, c'est Airtable qui sera votre source de vérité. Il se peut qu'un collaborateur y modifie des enregistrements et crée des données qui ne seront plus synchronisées. Ce sera volontaire et vous savez que c'est Airtable que vous devez croire.

À titre d'illustration, voici une modélisation de base de données simple et de son implémentation réelle sur Airtable ; il s'agit de classes regroupant des élèves. Plusieurs matières sont enseignées et chaque classe est dirigée par un(e) enseignant(e). Enfin, chaque élève a, pour chaque matière, des notes qui donnent lieu à des moyennes. Le schéma théorique et la table des élèves sont présentés respectivement aux figures 8–6 et 8–7. Les cinq onglets en haut de la figure 8–7 correspondent aux cinq tables de la modélisation.

Figure 8–6
Modélisation d'une base de données représentant une école

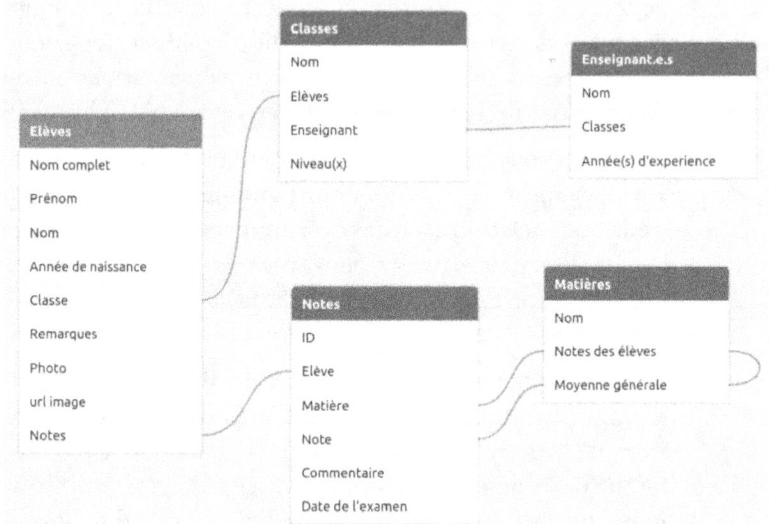

	Nom complet	Prénom	Nom	Année de naissance	Classe	Remarques	Photo
1	Tim Sollam	Tim	Sollam	1994	CE1 A		
2	Leta Bothram	Leta	Bothram	2011	CE1 A		
3	Berget Stilldale	Berget	Stilldale	1996	CE1 A		
4	Riobard Hospital	Riobard	Hospital	2004	CE1 A		
5	Drucy Heaphy	Drucy	Heaphy	1991	CE1 B		
6	Hyacinth Feilden	Hyacinth	Feilden	2009	CE1 B		
7	Shepherd Udey	Shepherd	Udey	1996	CE1 B		
8	Austin Dalling	Austin	Dalling	1987	CE1 B		
9	Carny Gabby	Carny	Gabby	1989	CE2		
10	Audra Puddifer	Audra	Puddifer	2010	CE2		
11	Mayor Cornuau	Mayor	Cornuau	2006	CE2		
12	Clerissa Domelow	Clerissa	Domelow	2007	Cours moyen 1 et 2		
13	Elyse Sandwich	Elyse	Sandwich	2007	Cours moyen 1 et 2		
14	Bobbi Orae	Bobbi	Orae	2010	Cours moyen 1 et 2		
15	Gerta Ruben	Gerta	Ruben	2007	Cours moyen 1 et 2		
16	Jeniffer Bank	Jeniffer	Bank	1986	Cours moyen 1 et 2		
17	Karil Canaan	Karil	Canaan	1997	Cours moyen 1 et 2		
18	Minna Shakelady	Minna	Shakelady	1998	Cours moyen 1 et 2		
19	Brid Ardron	Brid	Ardron	1986	CP		
20	Jennifer Putnam	Jennifer	Putnam	2012	CP		
21	Tiffanie Tenant	Tiffanie	Tenant	2006	CP		
22	Des Chinge	Des	Chinge	1988	CP		

Figure 8–7
Implémentation sur Airtable de cette même base de données

Documenter ses processus et automatisations

Nous avons déjà insisté sur l'importance d'objectiver des processus au moyen de leur cartographie et de leurs automatisations. On peut voir ces deux types de livrables comme des éléments de documentation. Cependant, nous vous recommandons de les étoffer avec des explications complémentaires pour les rendre compréhensibles par un plus grand nombre de collaborateurs. Les formats que vous employez pour produire cette documentation doivent avant tout convenir à leurs destinataires : enregistrement vidéo, description textuelle, capture d'écran commentée. Vous pouvez également vous appuyer sur des espaces intégrés à chaque outil no-code et destinés à associer des commentaires explicatifs à différents endroits de votre projet.

Un outil comme Notion est parfait pour centraliser et organiser ces explications.

Nous devons également insister sur la documentation que portent vos automatisations elles-mêmes dans leur implémentation. Il peut être fastidieux de repasser sur ces remplissages dans un second temps, donc nous vous recommandons de vous contraindre à ces règles dès vos premières implémentations.

- Ne négligez pas la **nomenclature** utilisée pour les étapes de vos automatisations. Il est important de les renommer pour expliciter les actions qu'elles ont chacune en charge. Des irrégularités dans la manière dont vous écrivez leurs noms risquent d'être source de confusion pour vos collègues. Par exemple, ils se demanderaient pourquoi une dénomination comporte un verbe écrit en majuscules, contrairement aux autres. Même si son auteur l'a ainsi nommé par inadvertance, l'interprétation s'en trouve troublée.

- Certains logiciels comme Bubble permettent d'associer un **code-couleur** à des étapes dans vos automatisations. Il est également possible de les ranger dans des dossiers pour les regrouper. Utilisez ces fonctionnalités avec les règles qui vous conviennent. Vous verrez que, à l'usage, cette rigueur dans leur catégorisation vous fera gagner beaucoup de temps.

- Gardez à l'esprit le **principe KISS** *(Keep It Stupid Simple)* venu du monde du code : il indique que la lisibilité d'un algorithme (ou d'un processus) ne doit jamais être négligée. Mieux vaut quelquefois créer quelques étapes limpides plutôt que d'employer une astuce ou un raccourci les condensant en une seule étape difficile à comprendre.

- Gardez également à l'esprit le **principe DRY** *(Dont Repeat Yourself)*, lui aussi venu du code. Qu'il s'agisse de Zapier, de Make ou de Bubble, il est possible d'isoler des sous-tâches automatisées appelées par des automatisations de plus haut niveau. Là encore, ces « factorisations[8] » améliorent leur lisibilité.

Le plus important est certainement de **veiller à ce que la documentation que vous déployez soit maintenue à jour et qu'elle soit effectivement utilisée**. Il est capital de **désigner des responsables** pour réaliser le travail d'actualisation et de les accompagner dans ce travail. Il est tout aussi important d'organiser des points d'étape, régulièrement, afin de s'assurer que vos collègues s'approprient réellement ces processus, qui sont faits pour les aider.

---

8 On parle de factorisation de code (mais cela fonctionne aussi en no-code) lorsqu'on supprime des parties dupliquées d'un programme. À la place, une seule nouvelle écriture sera utilisée.

Implémenter 9

Dans ce chapitre, nous récapitulons, dans un format le plus actionnable possible, nos conseils pour implémenter vos projets. Nous reprenons les leçons des précédents chapitres et abordons quelques sujets complémentaires, comme le passage à l'échelle, la sécurité, la cohabitation du code avec le no-code, ou le RGPD. Il est possible que vous trouviez ces résumés un peu frustrants, car nous ne pouvons pas les développer entièrement ici ; rappelons que notre objectif, avec ce guide, est de vous ouvrir des portes et d'éclairer votre découverte du no-code. Vous trouverez de très nombreuses ressources en ligne sur tous ces sujets.

Pour entamer ce dernier chapitre, il nous faut réinsister sur l'importance capitale du cadrage et sur l'utilité des méthodologies. Argumentons d'une autre façon sur ce point.

Celles et ceux qui mènent des projets digitaux rencontrent aujourd'hui des difficultés d'une autre nature qu'au début des années 2000. Désormais, les barrières à l'entrée ne sont plus techniques. Ceci a pour conséquence de multiplier les candidats à l'entrepreneuriat, désireux de tenter leur chance. On pourrait penser que de nombreuses offres viennent saturer les marchés, compliquant l'atteinte des *PMF (Product Market Fit) pour les nouveaux projets.* Alors comment procéder pour sortir son épingle du jeu ?

Cette question est capitale. Si on regarde de près des sites comme Indie Hackers ou Hacker News, les actualités qu'ils diffusent viennent largement démentir cette impression de marchés saturés. Il reste toujours beaucoup de place pour des marchés de niches, des projets associatifs, ou des démarches visant à atteindre des objectifs locaux. Assurément, les grands paquebots du numérique ont pris leurs marques et ouvert la voie, par des innovations d'usage, à de nouvelles façons de réserver un logement, de faire des achats en ligne, ou de regarder des films en streaming. Toutefois, seront-ils là pour nous permettre de réserver des logements selon des modalités très particulières, de faire des achats respectant des critères très spéciaux, ou de visionner des vidéos correspondant à des partis pris très assumés ? Nous restons vagues quant à ces possibilités, car ces questionnements relèvent de votre mission. Si les grands boulevards ont été percés, il reste d'infinies possibilités pour imaginer votre propre chemin ; un chemin qui, par définition, est toujours étroit…

C'est pour tracer efficacement ce chemin qu'il vous faut aussi effectuer une veille sur les aspects méthodologiques. Nous vous en avons donné quelques bases dans les chapitres précédents. En vous intéressant aux méthodologies et en leur faisant confiance, vous diminuerez votre charge mentale et gagnerez en assurance. Elles seront, en quelque sorte, vos co-pilotes pour que vous vous concentriez toujours sur la bonne question au bon moment.

Rappelons que le manque de focus est l'une des principales sources d'épuisement et d'échecs de projets. À présent, venons-en à nos conseils pratiques ! Nous espérons qu'ils vous permettront d'aborder, grâce au no-code, vos aventures entrepreneuriales avec le bon état d'esprit, d'une manière lucide et enthousiaste.

Faire soi-même

Il y a schématiquement trois voies pour mener un projet numérique : **faire faire**, **faire avec** ou **faire soi-même**. Par exemple, pour réaliser une page d'accueil ou un site vitrine, on peut missionner une agence (faire faire), engager un indépendant ou un expert pour nous conseiller (faire avec), ou alors se lancer seul (faire soi-même).

Dans les trois cas, vous resterez le responsable final de la gestion du projet et devrez faire des choix stratégiques :

- **Faire faire**. Quel type d'agence retenir (une agence de design, de marketing, d'UX) ? Comment la choisir ? Quel budget et quelle durée prévoir ?

- **Faire avec**. Comment et où trouver le meilleur accompagnement ? Quel budget y consacrer ? Comment bien collaborer ? Jusqu'où lui déléguer les prises de décisions ?
- **Faire soi-même**. Quels outils utiliser ? Comment s'y former ? Quel temps consacrer à de la veille technique ou marketing ?

Il faut vous poser ces questions et les aborder jusqu'au bout (figure 9–1). Il n'y a pas de choix idéal dans l'absolu ; cet arbitrage dépendra de vos compétences, de la complexité du projet et de votre ambition, mais aussi de vos motivations et de vos envies, de votre caractère enfin.

Nous avons cheminé selon chacune de ces trois voies et notre préférence va naturellement au « faire soi-même ». C'est peut-être le chemin le moins rassurant, raison pour laquelle nous allons le débroussailler dans les prochaines sections.

Faire soi-même est l'occasion de réaliser des économies, de développer vos compétences, de bâtir votre carrière professionnelle (en complétant votre profil LinkedIn de nouvelles mentions) et également de vous amuser. N'oubliez pas que vous ne serez jamais véritablement seul sur le Web : de nombreuses communautés permettent de retrouver des entrepreneurs qui vous ressemblent et de découvrir des domaines spécifiques (ex. design, growth hacking, no-code).

Ainsi, en faisant soi-même, on acquiert toujours des compétences que l'on mettra à profit dans ses projets à venir. Dans un contexte d'ops, cartographier ses processus et les automatiser soi-même apporte une satisfaction sans commune mesure avec certaines missions d'optimisation externalisées auprès de spécialistes. Et cette satisfaction est contagieuse. Vous pourrez (devrez) la transmettre à vos collègues, qui verront des tâches rébarbatives disparaître comme par magie de leur quotidien. Souvent, ils découvrent par la même occasion que ces optimisations étaient possibles et en redemandent. Cherchez ensemble, faites preuve de pédagogie et de créativité !

Faire avec consiste à être secondé par un tiers, dans le rôle soit d'entraîneur, soit d'expert qui implémentera vos instructions en travaillant près de vous. En vous adjoignant les services d'un tel compagnon de route au démarrage de votre projet, vous partez sur de bonnes bases. Il vous débloquera ou vous encouragera dans les moments difficiles. Vous bénéficierez de ses retours d'expérience et accélérerez ainsi les étapes.

Figure 9–1
Les trois voies pour réaliser un projet en no-code, leurs pièges et bonnes pratiques

Lorsqu'on lance un projet, il y a de multiples actions à mener (marketing, comptabilité, administration). Dans certains cas, notamment si le temps vous manque, il est judicieux d'opter pour cette solution.

Enfin, quelle que soit la voie retenue, la collaboration sera d'autant plus efficace que vous maîtriserez les technologies ou les méthodologies employées. Il est donc important, dans tous les cas, de vous soucier de votre apprentissage et de votre progression personnelle. Il est tout à fait courant, dans des missions confiées à une agence ou à un free-lance d'inclure des étapes de « passation » ou de « formation » à un outil. C'est même un excellent signe si ce sujet est spontanément abordé par votre interlocuteur !

Choisir des outils adaptés

Il est bien plus rapide de se faire la main sur des outils no-code avec leurs interfaces de programmation visuelle que d'apprendre des langages de programmation. Plus vous aurez manié d'outils différents, plus il vous sera facile d'en découvrir d'autres. Votre regard critique va également se développer avec votre pratique. Cependant, cette aisance technique (qui vaut aussi pour le code) ne doit pas vous faire sous-estimer l'importance stratégique du choix de vos outils. Même si les courbes d'apprentissage s'accélèrent, votre objectif ne doit pas être de les renouveler tous les six mois. L'adoption d'un nouvel outil a toujours un coût, d'autant plus élevé que les effectifs de votre entreprise sont importants.

Afin de vous guider dans le choix de vos outils, nous vous proposons six critères d'évaluation :

- **Puissance et fonctionnalités**

  Assurez-vous que les fonctionnalités importantes pour votre projet sont réalisables avec les outils que vous retiendrez. Le diable est dans les détails et il vaut mieux le débusquer au plus tôt.

- **Facilité d'utilisation**

  Vérifiez que la prise en main de l'outil correspond à votre niveau technique et à celui de vos collaborateurs ou futures recrues. Plus un outil est puissant, plus il sera complexe à utiliser. Il serait par exemple disproportionné de s'aventurer sur des outils avancés comme Bubble, Webflow ou Make pour réaliser un MVP visant à valider l'appétence pour votre produit.

- **Solidité de la société**

  N'optez pas pour des outils édités par des sociétés qui vous soient tout à fait inconnues. Afin de sécuriser votre projet, documentez-vous sur la bonne santé des éditeurs. Ont-ils réalisé des levées de fonds ? Qui sont leurs clients ? Quelles sont leurs réputations ? Publient-ils régulièrement des informations relatives à leurs actualités et à leurs projets futurs ?

- **Taille et budget de la communauté**

  Vous devez trouver facilement un espace où les utilisateurs de l'outil peuvent échanger entre eux et adresser leurs questions et requêtes à l'éditeur d'outils. Le plus souvent, cela prendra la forme d'un forum, où vous observerez directement la teneur et la vivacité des échanges.

- **Budget et tarification**

  Un bon outil doit diffuser des formules d'abonnement claires et lisibles. Dans le cas où les tarifs sont étagés, les différents paliers ont été conçus par l'éditeur de l'outil pour correspondre à des stades adaptés aux utilisateurs. Ainsi, un projet naissant devrait pouvoir se contenter du premier niveau de tarification. Si vous prévoyez un usage intensif d'une fonctionnalité en particulier (formulaires pour des sondages, envois de notifications par SMS, automatisations impliquant des traitements de fichiers nombreux, etc.), à vous de sortir vos calculatrices et de faire vos estimations ! Si un grand nombre de personnes doit à terme bénéficier d'un accès à l'outil, regardez bien le prix « par utilisateur et par mois » afin d'éviter toute mauvaise surprise.

- **Qualité des apps et modèles *(templates)* mis en avant**

  Ces mises en avant servent de vitrine aux éditeurs d'outils. Prenez le temps de les parcourir, afin de vous assurer que le niveau de personnalisation permis par l'outil vous convient, de nourrir votre inspiration en termes de design, ou de faire des comparaisons entre plusieurs outils.

Ces recommandations sont générales ; elles sont valables pour les outils no-code comme pour des outils traditionnels, des briques spécialisées ou encore des plug ins. Ces critères doivent toujours être évalués à l'aune de votre contexte. On peut expliciter certains aspects de ce dernier :

- **Durée de vie du projet à réaliser**

  S'agit-il d'une expérimentation isolée sans impact direct sur votre modèle d'affaires ? S'agit-il d'un MVP qui, même s'il n'a pas vocation à être pérennisé, doit être simple mais soigné ? S'agit-il d'un jalon pour consolider votre proposition de valeur sur les prochaines années ? S'agit-il d'automatisations d'ops qui pourraient s'étendre à de nombreux cas d'usage et concerner à terme plusieurs services de votre société ? L'erreur la plus courante est de surdimensionner l'outil par rapport au besoin réel ; attention, cela peut être contre-productif !

- **Profil des collaborateurs amenés à intervenir sur votre projet**

  Ayez en tête que d'autres que vous pourront progressivement prendre la main et poursuivre votre projet du moment (tandis que vous en entamerez de nouveaux). Réfléchissez à l'organisation future que vous prévoyez pour votre structure. Il est judicieux d'identifier des personnes volontaires et astucieuses à qui vous déléguerez progressivement l'évolution d'un projet. Dans des entreprises d'une certaine taille, une équipe dédiée aux opérations peut faire sens et vite devenir économiquement rentable ; dans ce cas, vous pouvez opter pour des outils avancés. Si, à l'inverse, les outils doivent rester accessibles pour une majorité, dans une structure à taille humaine, évitez les outils qui présentent des courbes d'apprentissage trop importantes.

- **Part du numérique dans votre projet**

  Si l'essentiel de votre proposition de valeur est portée par la spécificité de vos contenus ou des articles que vous commercialisez, il n'est pas nécessairement justifié de s'orienter vers des outils avancés. Des outils clé-en-main comme Shopify pour créer une boutique en ligne, Sharetribe pour lancer une place de marché ou Podia pour mettre en place une plate-forme de formation vous conviendront probablement.

Enfin, complétons ces recommandations de quelques conseils de bon sens :

- Pour la plupart, les outils no-code vous offrent la **possibilité de les tester**, soit à travers des périodes d'essai, soit via un premier niveau d'abonnement gratuit. Nous vous recommandons d'y avoir recours pour guider vos choix.

- Effectuer une **veille régulière** est obligatoire dans un domaine à l'évolution aussi rapide que celle du no-code. Choisissez les comptes YouTube, profils LinkedIn, podcasts et communautés qui vous conviennent le mieux, sans vous limiter nécessairement à vos sujets d'intérêt les plus immédiats ou les plus urgents.

- Si un outil ne vous convient finalement pas, il n'est **pas grave de se tromper**. De tout échec, il faut savoir tirer des leçons. Plus tôt vous constaterez qu'un choix technologique vous conduit dans une impasse, plus tôt vous rebrousserez chemin pour retrouver votre route.

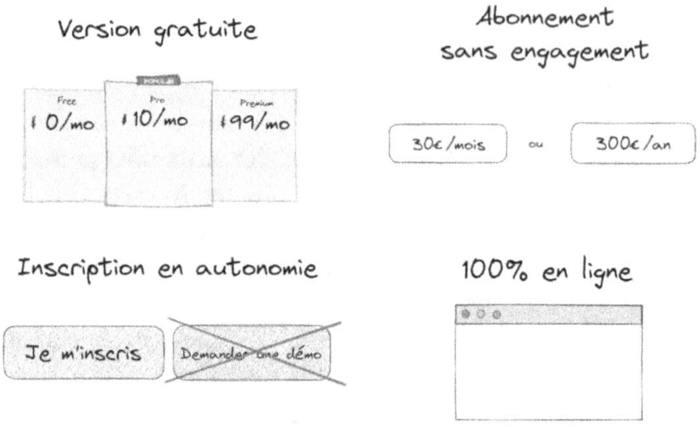

Figure 9–2
Rappel de quelques
critères à vérifier pour
retenir un outil no-code.

Ne pas se précipiter sur les outils

De nombreux outils no-code ont une dimension ludique, tant leur utilisation est agréable et facile. À la satisfaction de difficultés surpassées se mêle l'envie de montrer ses nouvelles compétences et de les partager.

Néanmoins, nous vous mettons en garde sur ce point : sachez résister à l'appel des outils no-code. Il ne faut pas vous jeter à corps perdu dans l'implémentation et en oublier tout le reste. L'existence de méthodologies, l'abondance de commentaires et de débats dont elles font l'objet, sont des révélateurs de leur importance stratégique. Redisons l'importance qu'il y a à vous fixer un cadre méthodologique auquel il faut vous tenir. Une telle discipline n'est pas simple à acquérir, que l'on pilote son projet seul ou au sein d'une équipe. Dans des projets d'envergure, divers postes peuvent être dédiés au maintien de ce cap.

Il ne faut jamais oublier que tout projet numérique est avant tout un moyen pour apporter de la valeur à des destinataires. La dynamique entre les utilisateurs et les producteurs est fondamentale pour apporter de la cohésion et de la motivation. Ainsi :

- **Rappelez à vos collègues aussi souvent que nécessaire les raisons d'être de votre cadre méthodologique.** Ce n'est jamais du temps perdu, ne vous découragez pas. Et appuyez-vous sur des ressources existantes que vous pourrez diffuser.

- Il est primordial **de diffuser à une « culture client » ou une « culture UX »** dans votre quotidien professionnel. Quand avez-vous été en contact avec un de vos utilisateurs pour la dernière fois ? Et vos collègues ? Avez-vous songé à faire appel aux compétences de designers UX ? Les tests utilisateurs et les démarches de recherche UX sont la voie royale pour faire entrer (au propre comme au figuré) vos destinataires dans votre bureau et les faire intervenir dans vos décisions.

- Il est essentiel **d'obtenir au plus tôt des retours sur vos idées d'innovation.** Ne gardez pas vos projets secrets ! Vous pouvez ouvrir des boîtes à idées auprès de vos collaborateurs ou de vos clients (forum, adresse e-mail de support). Grâce aux outils no-code d'automatisation, ainsi qu'à des outils plus traditionnels dédiés au support, vous centraliserez tous les retours réels de vos clients provenant de sources variées et serez en mesure de les exposer à vos collaborateurs, développeurs et investisseurs.

- **Méfiez-vous du biais qui donne envie d'implémenter des fonctionnalités non nécessaires,** uniquement car on peut le faire facilement grâce à l'outil. C'est un écueil très fréquent des no-codeurs débutants.

- **Ajustez votre approche** pour éviter que votre projet s'embourbe. C'est à cette fin que le lean et les méthodes agiles s'appuient sur des cycles au cours desquels doivent être produits des livrables. Tenir ce rythme et être capable de terminer des livraisons, même si elles ne sont pas gigantesques, est très important pour entretenir la motivation de tous. Dans certaines entreprises, des *démonstrations* sont même organisées régulièrement pour partager, montrer et valoriser le travail effectué par chacun.

Se former

Du point de vue économique, le morcellement d'un marché entre de nombreux acteurs concurrents (en l'occurrence, le marché des outils no-code) crée des rivalités qui se résolvent de diverses façons : tel outil perpétuera son activité dans le temps grâce à sa communauté d'utilisateurs fidèles et engagés, de petits outils seront potentiellement rachetés par des voisins plus gros, d'autres garderont des périmètres fonctionnels et des cibles d'utilisateurs restreints, mais maîtrisés. Néanmoins, cette concurrence aura aussi pour effet de pousser les outils à étendre leurs fonctionnalités et donc à gagner en complexité.

Il convient également de rappeler que le no-code rassemble plusieurs domaines associés à des expertises distinctes : entrepreneuriat, UX, UI, rédaction Web, architecture de bases de données, gestion des processus et de leurs automatisations, gestion de projet, marketing, growth hacking, développement commercial, etc. Tous ces maillons sont reliés les uns aux autres et ils ne revêtent un sens que dans un bon équilibrage. Ainsi, une complexité naît du fait de la multiplicité de ces facettes d'une stratégie numérique.

Les outils no-code misent beaucoup, dans leur communication, sur leur grande accessibilité, notamment grâce à la programmation visuelle. Néanmoins, la surenchère publicitaire sur ce thème véhicule une certaine confusion. Or, accessibilité n'est en aucun cas synonyme de simplicité. Par ailleurs, il est difficile de faire marche arrière lorsqu'on a adopté de mauvais réflexes. Dans certains cas, notamment lorsqu'il est question de performances ou de sécurité, il sera trop tard lorsque vous découvrirez, a posteriori, les mauvaises voies sur lesquelles vous vous êtes malencontreusement engagé.

En conséquence, il est primordial de se former aux outils. Des formations existent dans la plupart des domaines, sous différents formats. Elles évitent de mal utiliser un outil, grâce à des conseils personnalisés d'experts, font découvrir de nombreuses astuces et gagner du temps.

Afin de sélectionner avec discernement la formation qui vous convient, voici quelques **critères** qui nous paraissent essentiels :

- Les **objectifs de la formation** doivent être formulés clairement. Quels outils seront abordés ? Quel niveau d'expertise compte-t-on vous donner ?

- Le **détail du programme** proposé doit être compréhensible, même si vous ne maîtrisez pas la thématique. De plus, la charge de ce programme doit vous sembler cohérente avec la durée globale de la formation et le format proposé (journées entières, soirées, devoirs).

- Une bonne formation consacrée à des sujets numériques doit trouver un équilibre **entre plusieurs abords pédagogiques : exercices pratiques, projets personnels, aspects théoriques, retours d'expérience** de la part d'intervenants en poste en entreprise.

- Certains préféreront une **pédagogie active**, où vous serez moins guidés et où vous devrez trouver par vous-mêmes des solutions à des problèmes ouverts. Dans des formats en présentiel, la **pédagogie par l'enseignement** est également une excellente façon de consolider ses propres connaissances : transmettre ses acquis à d'autres que soi.

- L'explicitation de **critères d'évalution** est importante. Ces évaluations peuvent être effectuées sur des livrables (techniques, méthodologiques), éventuellement réutilisables professionnellement.

Tous les éléments de communication autour d'une formation doivent vous éclairer pour vérifier que cette dernière convient à vos attentes. Consultez les contenus gratuits, échangez avec les responsables pédagogiques et posez-leur vos éventuelles questions, découvrez la formatrice ou le formateur qui a le bon ton et la meilleure approche pédagogique pour vous, relevez les avis et prenez contact avec d'anciens élèves.

Documenter

Nous avons déjà insisté, dans le chapitre 8 consacré aux no-code ops, sur l'importance d'une bonne documentation. Ce sujet est souvent négligé par des petites structures ou des no-codeurs débutants, il est pourtant d'autant plus important qu'une société et ses effectifs sont en pleine croissance. Prenez de bonnes habitudes sans attendre.

Documenter un projet sert à partager la connaissance avec plusieurs personnes : vos collaborateurs bien sûr, mais aussi votre « vous du futur » qui vous en remerciera.

L'étape de documentation est indispensable pour mettre en place des automatisations : cela commence toujours par des processus à cartographier. Du côté des website builders, on peut également citer la méthodologie *client-first* (développée par l'agence Finsweet) pour bien utiliser Webflow ; elle peut être considérée comme un premier stade de documentation contenue dans le projet.

De façon plus générale, vos processus vont inclure non seulement des outils no-code et/ou traditionnels, mais aussi des rituels, des réunions ou des communications pour arbitrer certains choix. Comment produire une bonne documentation sur votre organisation interne et vos processus ? Il existe de nombreuses écoles et avis sur le sujet. Nous allons encore une fois nous référer à la méthodologie lean start-up : une bonne documentation est une documentation que vos collègues utilisent réellement. Il est donc important de la faire vivre, en l'actualisant et en vérifiant son bon emploi par vos collègues. Que ce soit autour d'un café ou lors d'un point régulier, questionnez ces derniers sur leurs tâches. Mieux encore : laissez les vous apporter eux-mêmes leur ordre du jour dans le cadre par exemple de réunions individuelles régulières.

Globalement, nous vous recommandons de disposer a minima des documents suivants :

- outil de type wiki centralisant vos fiches de documentation (par exemple Notion) ;
- documents de cadrage ;
- schémas pour vos bases de données ;

- workflows/automatisations respectant des règles de nomenclatures, de rangement dans des dossiers et de codes-couleurs. Ces différents critères doivent correspondre à la réalité de votre activité.

Par ailleurs, les outils no-code incluent pour la plupart la possibilité de placer des commentaires à différents niveaux (figure 9–3).

Dans tous les cas, il sera important d'actualiser votre documentation régulièrement. C'est très dur et souvent rébarbatif et c'est précisément pour ces raisons qu'il faut essayer de s'y astreindre le plus possible. N'hésitez pas, par ailleurs, à faire participer tous vos collègues dans ces mises à jour, afin d'éviter tout goulot d'étranglement dans cette tâche de fond.

Figure 9–3
Sur Airtable, on peut incorporer des descriptions à n'importe quel endroit de son projet (bases de données, tables, champs, automatisations, interfaces).

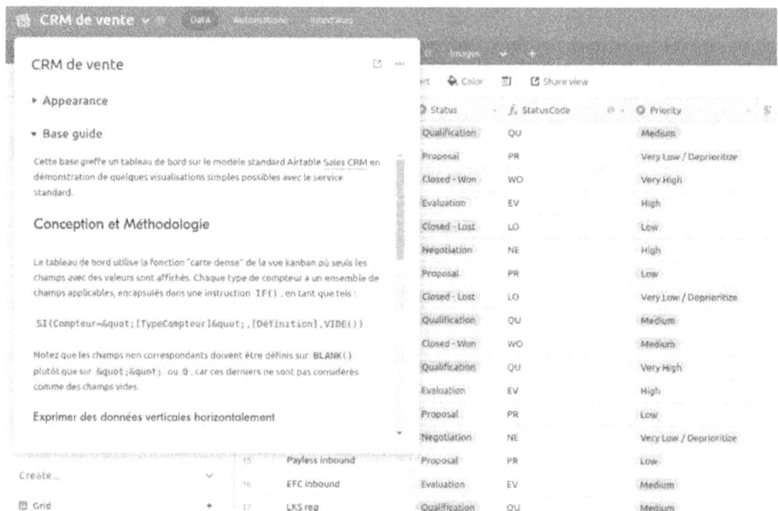

Collaborer

Dans le domaine du code, des décennies de pratique ont apporté des réponses concrètes à la problématique de la collaboration. Les outils de gestion de versions comme GitHub révèlent toute la complexité de cette question, ainsi que l'intelligence (humaine et technique) que requiert sa résolution. Lorsqu'on parle de « collaboration », cela se passe à plusieurs niveaux :

- **pour chaque outil :** la gestion des rôles, permissions et droits d'accès ;

- **pour chaque produit ou processus :** la documentation de leurs implémentations, ainsi que leurs modes d'emploi ;

- **pour l'ensemble du projet :** tout ce qui concerne sa gestion et le suivi de son avancement.

Il est difficile d'entrer dans le détail, au vu de l'étendue et de la variété de ces sujets. Donnons simplement quelques conseils généraux :

- Dans votre choix d'outils, observez bien la **granularité de leurs droits d'accès**. C'est ce qu'on trouve en général sous l'appellation **« rôles et permissions »**. Il est courant, pour les outils avancés, de trouver différents grades d'intervention, comme propriétaire/créateur, éditeur, commentateur ou lecture seule. Tous ces niveaux sont, en général, vraiment utiles. Consultez la documentation des outils pour vous en servir correctement.

- Regardez si vos outils intègrent des **« gestions de versions »**, des « points de sauvegarde » (backups), ou des possibilités d'export. Ces fonctions sont présentes pour les grands outils comme Bubble, Make ou Webflow.

- Aujourd'hui, il est facile **d'archiver les résultats d'un atelier ou d'une réunion** (enregistrements, photographies) ; or, on se rend compte souvent trop tard qu'on aurait dû conserver les conclusions d'un travail effectué plusieurs mois auparavant. Ne vous posez pas la question : lorsque cela est possible, enregistrez votre travail.

- Trouvez **l'équilibre qui vous convient concernant les réunions et rituels.** Veillez à ce qu'ils n'occupent pas trop de temps, que leur placement dans l'emploi du temps soit fixe, que leurs objectifs soient clairs, que leurs durées soient respectées. Vous pouvez consacrer des réunions occasionnelles à de la formation interne, pour présenter le fruit de votre travail d'ops en no-code par exemple, et sonder vos collègues sur de nouveaux cas d'usage automatisables.

Passage à l'échelle et sécurité

Ces deux questions correspondent aux craintes habituelles, et bien compréhensibles, de tout dirigeant d'entreprise. Le navire que vous construisez sera-t-il capable d'être propulsé à grande vitesse et de décupler ses capacités, le jour où votre marché explosera ? Et résistera-t-il aux attaques de pirates, à une panne de moteur, ou à l'affleurement de récifs ?

Ces deux questions sont présentées quelquefois de manière très générale et théorique, comme des preuves à faire pour les outils no-code, notamment du fait de leur jeunesse (ce point mérite d'ailleurs d'être relativisé). Quand bien même ces débats, de par leur trop grande généralité, semblent quelquefois un peu vains, il ne faut pas les négliger et les évacuer d'un revers de main. Toutefois, il est impossible d'y répondre de manière globale, tant les outils sont nombreux et divers. Certains, comme Bubble ou Ksaar, abordent ces questions de manière particulièrement approfondie.

Voici quelques conseils généraux :

- Rappelons d'abord que les outils no-code ne sortent pas de nulle part et qu'ils reposent sur des technologies éprouvées, elles-mêmes capables de passer à l'échelle et équipées de mécanismes de sécurité. Ces enjeux sont aussi importants pour les éditeurs d'outils que pour vous. Ainsi, rien n'assure a priori qu'une implémentation en code soit plus fiable qu'une implémentation en no-code.

- Si ces questions sont véritablement stratégiques pour votre projet, observez en détail la documentation des outils no-code, en particulier certains standards ISO (notamment le ISO/IEC 27001 pour la sécurité et le ISO 27001 HDS pour l'hébergement des données de santé).

- Privilégiez des approches frugales dans l'implémentation de vos fonctionnalités : plus vous ajouterez de briques et d'intermédiaires, plus vous favoriserez l'apparition de failles et de ralentissements.

- Enfin, soyez tout de même rassuré : nous avons très souvent entendu ces questions lors de webinaires ou de cours, mais il ne nous est jamais arrivé d'entendre des cas réels de projets entravés par ces problématiques… Vous pouvez donc dormir sur vos deux oreilles !

- À l'inverse, nous avons souvent rencontré des cas où les no-codeurs ont trop appréhendé ces évolutions pour un futur éloigné et ont mal calibré leur choix d'outils. N'oubliez pas que choisir des outils inutilement complexes risque de vous ralentir.

- Enfin, soulignons que les failles de sécurité et problèmes de performance, lorsqu'ils se produisent, sont souvent dus à de mauvaises implémentations. N'oubliez pas que la principale cause de fuite de données dans les PME provient d'échanges de fichiers Excel par e-mail, de mots de passe trop faibles ou de stockages mal sécurisés…

Et le code dans tout ça ?

Il est probable, si vous vous posez la question du recours au code, que vous soyez dans des cas d'usage déjà complexes. Les outils no-code avancés vous permettent, en général, d'injecter des portions de code et vous ne vous trouverez vraisemblablement pas coincés le jour où vous aurez des besoins vraiment spécifiques nécessitant des développements en code.

De manière plus globale, les outils no-code, même moins avancés, donnent la possibilité d'intégrer de petites sections de code, par exemple des bibliothèques permettant des effets d'animation visuelle, ou pour intégrer des modules d'Analytics à l'ensemble de votre site ou app.

Pour les architectures de système avancées, il existe deux approches afin de collaborer avec les développeurs-codeurs :

- **Intégration de code dans des outils no-code.** C'est possible avec des outils comme Airtable, Webflow, Bubble, Adalo ou Zapier. C'est en général du code JavaScript. À l'heure où nous écrivons ces lignes, il n'y a pas d'intégration native de code dans les scénarios Make, mais des contournements (avancés) sont possibles, en passant par des services comme Amazon Lambda, Google Cloud ou Cloudflare.

  Il est important que les développeurs-codeurs aient une connaissance de la stack no-code. La documentation des outils no-code sera de première importance pour eux. Les outils avec des bonnes équipes techniques produisent également de bonnes documentations. On commence d'ailleurs à voir apparaître des agences spécialisées dans ce type de développements. En associant au mieux les possibilités du no-code et du code, elles tentent d'en repousser les limites et de maximiser leur efficacité.

- **Une structure répartissant les comportements** de votre service entre un noyau central en no-code et des fonctionnalités appelées via des API. L'idée est alors de maximiser l'utilisation de ces fonctionnalités, qui seront structurellement bien délimitées. Elles seront utilisées par vos sites et applications principales et par d'autres (concernant par exemple d'autres équipes). Avec une telle séparation des rôles entre les no-codeurs et les codeurs, tant que le schéma de l'API est respecté, rien ne cassera. Dans certains cas, ce type de collaboration facilite le passage à l'échelle, tout en laissant chacun se concentrer sur son cœur de compétences.

Les API

L'histoire de l'informatique a été marquée par les avancées parallèles de nombreuses technologies. À tous les niveaux, la compétition commerciale a mené à de nombreuses alternatives : Intel ou AMD pour les processeurs, macOS, Windows ou Linux pour les systèmes d'exploitation, Android et iOS sur le marché des mobiles ou encore, pour les navigateurs, Chrome qui devance Firefox et

Edge en part de marché. Ne parlons même pas des langages de programmation dont les tendances évoluent encore plus vite.

Avec une telle disparité de technologies matérielles ou logicielles qui coexistent dans un réseau globalisé tel qu'Internet, comment faire communiquer les différentes parties prenantes des échanges numériques ?

Vous constatez chaque jour que les services que vous utilisez au quotidien communiquent entre eux en permanence. Lorsque vous écoutez de la musique dans Spotify, la liste de vos amis Facebook apparaît aussitôt. Votre compte Google vous permet de vous connecter à votre outil no-code préféré, celui-ci récupérant tout seul, votre nom et votre prénom. Et LinkedIn peut lui aussi accéder à votre compte Google pour importer en toute sécurité les contacts de votre carnet d'adresses.

Tout cela, et bien plus encore, repose sur un ensemble de standards et de pratiques que l'on regroupe sous le terme d'« API », qui signifie en français « Interface de programmation applicative ». Derrière cet intitulé complexe, il s'agit simplement de proposer une méthode de communication commune à des entités dont les technologies sous-jacentes sont disparates. Les développeurs de LinkedIn n'auront par exemple pas besoin de connaître les langages de programmation utilisés par Google. Ils fournissent des API permettant des échanges simples et sécurisés d'informations qu'on leur demande.

De la même manière, des outils no-code d'automatisation comme Make ou Zapier vous permettent de faire communiquer différents outils et applications grâce aux API qu'ils mettent à disposition. Pour vous, pas besoin de connaissances techniques avancées : vous tirez parti des API en utilisant les interfaces visuelles, plus accessibles et intuitives que l'écriture de requêtes en code.

Nous aimons proposer cette analogie avec un restaurant, où vous ne vous déplacerez pas en cuisine pour passer votre commande. Un serveur est là pour être l'interface entre la cuisine et vous. Qui sait, d'ailleurs, si les cuisiniers parlent votre langue et comprennent la formulation de votre commande ? Le serveur vous évite de vous poser cette question. Finalement les API, c'est un peu la même chose…

RGPD

Les sujets légaux sont importants et vous devez vous y intéresser dès le début de vos projets. Attention, nous vous donnons ici des indications générales, notamment sur le RGPD (Règlement général sur la protection des données), mais nous ne sommes pas juristes.

Les questions légales ne se résument pas à la CNIL (Commission nationale de l'informatique et des libertés) et au RGPD. Selon votre contexte d'activité, renseignez-vous pour savoir si certains autres cadres de législation vous concernent. Nous préférons ne pas les résumer en une liste clé-en-main, rassurante mais susceptible d'induire en erreur. D'une part, ces sujets sont mouvants et cet aide-mémoire serait vite obsolète. D'autre part, le diable se cache dans les détails : nous vous recommandons vraiment de prendre quelques heures de votre temps pour découvrir ces sujets et glaner les informations qui soient utiles à votre projet.

Établir la confiance avec vos clients est d'une importance stratégique, tout en continuant à collecter des données les concernant. Vous devez communiquer clairement sur les données collectées. Pourquoi les récupérez-vous ? Comment seront-elles utilisées ?

Voici quelques ressources pour bien démarrer :

- La CNIL a réalisé un formidable travail pédagogique sur le sujet :

  https://www.cnil.fr/fr/rgpd-par-ou-commencer

- Lancez des recherches autour de mots-clés comme « données personnelles », « *privacy first* » ou « *privacy design* » :

  https://gdpr-info.eu/issues/privacy-by-design/

- Nous vous invitons à regarder deux webinaires dont nous sommes auteurs, disponibles sur YouTube, sur les comptes No-Code France et Contournement. Vous les trouverez facilement en recherchant « no-code RGPD » :

  — https://www.youtube.com/watch?v=STvaRRkeaQ0

  — https://www.youtube.com/watch?v=Oyf6Q3Liwkw

Il vous faut stocker le moins possible d'informations relatives à vos prospects et clients. Pensez d'ailleurs à votre expérience personnelle du Web : vous conviendrez que les sites qui réclament beaucoup de données, sans que vous sachiez toujours pourquoi, vous donneront spontanément une mauvaise image.

Ne considérez pas la CNIL comme un adversaire ou une source potentielle de problèmes. Son objectif est de vous aider à garantir une expérience sécurisée pour vos cibles, tant que vous faites preuve de bonne volonté et de bonne foi.

Voici enfin un aperçu des principes du RGPD :

- **Consentement éclairé.** Il faut bien formuler la demande d'acceptation des cookies par exemple et ne pas cocher de case par défaut.

- **Information claire aux utilisateurs.** Il faut rédiger des conditions d'utilisation lisibles, sans charabia juridique.

- **Registre.** C'est un document obligatoire qui reflète « la réalité de vos traitements des données personnelles et vous permet d'identifier précisément : les parties prenantes, les catégories de données traitées, à quoi servent ces données, qui accède aux données et à qui elles sont communiquées, combien de temps vous les conservez, comment elles sont sécurisées. Au-delà de la réponse à l'obligation prévue par l'article 30 du RGPD, le registre est un outil de pilotage et de démonstration de votre conformité au RGPD[9]. »

Un outil comme Leto peut vous aider sur ces aspects : https://www.leto.legal/.

- **Droit à l'oubli et à la modification**, ainsi qu'à la portabilité des données.

Concernant les outils no-code et leur hébergement aux États-Unis, c'est une question qui nous est souvent posée, avec de nombreuses confusions. Il est vrai que ces sujets sont très mouvants, surtout depuis l'abrogation du Privacy Shield par la Cour de justice de l'Union européenne en 2020. Sachez que RGPD ne veut pas dire « interdiction d'un hébergement aux États-Unis ». Il existe des dispositions réglementaires que des outils no-code expliquent sur leurs pages de documentation. D'ailleurs, si un outil (no-code ou non) ne les évoque nulle part sur son site, c'est plutôt mauvais signe !

9   Extrait du site de la CNIL : https://www.cnil.fr/fr/RGDP-le-registre-des-activites-de-traitement

Conclusion
Au-delà du no-code

*La meilleure façon de prédire le futur,
c'est de l'inventer.*

Alan Kay

Pour parler du futur, il nous paraît indispensable d'évoquer le thème de l'éducation. Le no-code se caractérise par son pouvoir démocratisant. Or, ce sont les enfants d'aujourd'hui qui seront demain les citoyens et acteurs économiques de nos démocraties. Quelle vision avait-on par le passé du rôle de l'informatique dans l'enseignement ? Inversement, quelle importance donnerait-on à l'enseignement de l'informatique[1] ?

Au fil des cinq dernières décennies

Il y a très exactement 50 ans[2], Alan Kay a publié un essai intitulé *A Personal Computer for Children of All Ages* (« Un ordinateur personnel pour les enfants de tout âge »). L'informaticien américain qui a participé à l'invention de l'ARPAnet

---

1 Il y aurait beaucoup à dire sur l'enjeu des politiques publiques et l'influence des lobbys de l'informatique sur les programmes scolaires. Ces questions nous paraissent essentielles. N'étant pas experts de ces sujets, nous préférons nous concentrer sur quelques événements anciens, avec le recul historique qu'ils offrent.
2 Nous écrivons ces lignes en août 2022, tandis que l'essai de Kay est paru en août 1972.
   http://www.mprove.de/diplom/gui/kay72.html

(le futur Internet), de la programmation orientée objet (avec le langage Smalltalk) et d'autres innovations du PARC[3] de Xerox y formule des réflexions futuristes sur l'apparition prochaine d'un ordinateur personnel portable. À cette époque, l'ordinateur était perçu comme un objet compliqué réservé aux ingénieurs et économistes. Kay projetait de le rendre utilisable par tous, à commencer par les enfants.

Il a ainsi expérimenté l'initiation à la programmation dans des écoles de Palo Alto, porté par le souhait d'aider les enfants à créer et réfléchir par eux-mêmes.

> Aucun de nous ne connaissait quoi que ce soit au travail avec des enfants (…) On a constaté de vraies réussites, mais pas de la manière généralisée qu'on avait espérée. (…) Les succès nous enthousiasmaient bien davantage que les difficultés rencontrées. Ce que nous avons observé reflétaient en partie le « phénomène hacker » disant que, quelle que soit la finalité à satisfaire, une part spéciale de 5 % de la population trouvera naturellement une voie pour y parvenir, tandis que pour environ 80% s'en sortant tout de même avec des explications, cela ne semblera pas du tout aller de soi.
>
> *The Early History of Smalltalk,* Alan Kay, 1993

Avec l'essor de l'informatique, deux enjeux de taille ont ainsi très tôt occupé les esprits de quelques visionnaires :

- Son accessibilité pour toutes et tous – quelles que soient leurs dispositions naturelles, tempéraments et manières de réfléchir. Parler d'une approche UX serait anachronique, pourtant, les expérimentations et la recherche de Kay allaient déjà dans ce sens. C'est l'*expérience* et le *design* de Smalltalk qui ont passionné Kay : il ne s'est pas uniquement intéressé à sa mécanique interne, mais aussi à son appropriation par le plus grand nombre, afin de lui trouver des usages personnalisés et utiles.

- La question toute démocratique d'un égal accès au progrès technologique – quelles que soient les origines sociales. Kay a longtemps rêvé de donner vie au Dynabook, un projet révolutionnaire pour l'époque. De la taille de cahiers, légers et portables, ces tablettes (sortes d'iPad avant l'heure) devaient stocker quelques mégaoctets de texte, s'interconnecter et intégrer des outils pour que les enfants conçoivent et programment eux-mêmes leurs propres outils. Leurs prix devaient rester raisonnables afin que grâce à eux, tous les écoliers puissent éveiller leur sagacité, leur autonomie et leur inventivité.

Nous devons nous arrêter sur ce terme que nous employons depuis le début de ce livre : « outil ». Un outil est un objet intermédiaire (un moyen) prenant place

---

3   Palo Alto Research Center

entre un individu et la réalité, augmentant son pouvoir de la transformer. Une telle définition paraît cependant bien pauvre, car les outils, qui évoluent petit à petit ou par sauts de générations, témoignent aussi de toute notre histoire passée et du futur que l'on désire bâtir grâce à eux[4]. Kay ne voulait pas uniquement nous doter de superpouvoirs, d'une sorte d'efficacité pure, avec son « Dynabook » (« livre dynamique »). L'être humain, rappelle-t-il, est souvent défini comme un animal constructeur d'outils et l'ordinateur est habituellement considéré comme un outil. « Toutefois, ajoute-t-il, un livre est plus qu'un outil et l'Homme est bien plus qu'un constructeur d'outils… Il invente des univers. » Plus loin dans son article, il formule son souhait d'aider à bâtir de tels univers pour le meilleur, à travers une citation de son collègue Seymour Papert[5] : « Est-ce aux ordinateurs de programmer les enfants ou aux enfants de programmer les ordinateurs ? »

Figure C1
Dessin d'Alan Kay du Dynabook, provenant de son article de 1972.

Il y a à peu près 40 ans, en 1979, Steve Jobs était invité par Alan Kay à visiter le centre de recherche de Xerox, sans se douter que cinq années plus tard, ils inventeraient ensemble l'ordinateur individuel. Le Macintosh, lancé en 1984,

---

4   En 1939, Saint-Exupéry, que nous citions au chapitre 4, débute *Terre des hommes* en écrivant que « la terre nous en apprend plus long sur nous que les livres. Parce qu'elle nous résiste. L'homme se découvre quand il se mesure avec l'obstacle. Mais, pour l'atteindre, il lui faut un outil. […] l'avion, l'outil des lignes aériennes, mêle l'homme à tous les vieux problèmes. » Curieusement, un demi-siècle plus tard, Alan Kay entame son long témoignage sur les débuts de Smalltalk *(The Early History of Smalltalk)* avec ces mots : « J'écris cette introduction d'un avion à 10 000 km d'altitude. »

5   Mathématicien, informaticien et éducateur au MIT, il est connu pour ses travaux sur l'impact des nouvelles technologies dans l'apprentissage. Il a également été l'un des principaux acteurs du projet « Un ordinateur portable par enfant » *(One Laptop per Child)*, lancé en 2005, et dont le but était de fabriquer et distribuer la « Machine des Enfants » *(The Children's Machine)* dans les pays en voie de développement.

reprenait la souris et les interfaces graphiques que Jobs avaient vues sur le Xerox Alto. Des campagnes publicitaires massives ont été lancées cette même année par Apple, notamment avec une diffusion historique du clip « 1984 » au Super Bowl XVIII, devant 77 millions de téléspectateurs. La démocratisation de l'informatique était en marche.

Il y a bientôt 30 ans, en 1994, Netscape a offert à chacun un accès libre et gratuit au Web. Son entrée en bourse spectaculaire, l'année suivante, a déclenché des investissements massifs dans le développement des réseaux, des technologies cloud et de nombreuses start-up. Les nouveaux services en ligne allaient devenir toujours plus puissants, plus simples à utiliser et moins chers.

Il y a presque 20 ans, Squarespace et Wix ont vu le jour (respectivement en 2004 et 2006), dépassant de loin les possibilités de Geocities et des blogs personnels. Chacune et chacun pourrait créer des sites avancés et des boutiques en ligne au design soigné, même sans savoir coder, grâce à des interfaces visuelles. En 2007, c'était la naissance de Google Docs et Google Sheets. Les outils professionnels 100 % en ligne avaient entamé leur course pour décupler la productivité des entreprises de toute taille.

Il y a 15 ans, Scratch a été inventé pour enseigner le développement aux plus jeunes[6]. Ce langage de programmation visuelle, alors développé en Smalltalk, est toujours utilisé aujourd'hui. Il s'appuie sur la manipulation de blocs graphiques et cible les enfants de 8 à 16 ans. Sa philosophie incite au partage, réemploi et mélange de ces éléments. Son slogan promeut ces belles valeurs : *Imagine, Program, Share* (« Imaginez, Programmez, Partagez »). Traduit en 70 langues, le logiciel compte plus de 50 millions d'utilisateurs et près de 75 millions de projets partagés, disposant tous de la licence Creative Commons. Il intègre les programmes d'établissements comme Harvard (et son célèbre programme d'initiation à l'informatique CS50) ou Berkeley.

Il y a 10 ans, fin 2010, deux années après la sortie du système d'exploitation Android, App Inventor for Android a été lancé, avec des objectifs et un fonctionnement comparables à ceux de Scratch. Dans la préface du manuel *App Inventor, Create your own Android Apps*, Hal Abelson, un des inventeurs du logiciel, rêve avec ses coauteurs que leur outil fasse apparaître ce futur :

> Imaginez à présent un monde différent, où vous pourriez créer des apps sans avoir étudié la programmation pendant des années, où artistes, scientifiques, acteurs humanitaires, soignants, avocats, pompiers, marathoniens, entraîneurs de football et personnes de tous les horizons pourraient créer des apps. Imaginez un monde

6   Scratch 1.0 est sorti en 2007. Le langage de programmation s'accompagne d'un environnement de développement et d'un moteur d'exécution.

où vous pourriez transformer vos idées en prototypes sans faire appel à des programmeurs, où vous pourriez fabriquer des apps spécialement dédiées à vous servir, où vous pourriez adapter la puissance des appareils mobiles à vos besoins personnels.

Quelques apps créées sur App Inventor

En juillet 2010, un article du *New York Times* titré « Le logiciel *Do It Yourself* de création d'*apps* de Google » commençait par cette annonce prodigieuse : « Google met le développement d'applications Android à la portée de tous. »

Parmi les millions d'apps créées, mentionnons-en deux datées de 2010 :

- « No Text While Driving » (Pas de SMS au volant) a été conçue par Daniel Finnegan, étudiant à l'université de San Francisco spécialisé en création littéraire. L'idée de l'app est simple : répondre automatiquement à des appels téléphoniques par l'envoi de SMS lorsque le propriétaire du téléphone est au volant. À cette époque, près d'un quart des accidents étaient imputables aux téléphones mobiles : rien d'étonnant à ce qu'une société d'assurance (la State Farm Insurance) reprenne le concept quelques jours plus tard…

- Jon C. Hodgson a lui aussi été inspiré par les possibilités d'App Inventor : l'ingénieur système a développé un quiz autour de Harry Potter pour sa petite amie qui était passionnée par ses aventures. Celle-ci s'est prise au jeu : après des écrans d'ouverture exposant des conditions générales d'utilisation, elle a répondu à quelques questions avant de tomber sur… une demande en mariage ! Si vous souhaitez connaître sa réponse, rendez-vous à cette adresse : http://www.jonq.com/jq/proposal/.

Ces apps ingénieuses montrent à quel point App Inventor a amorcé un tournant dans la démocratisation du développement d'applications. Dans le manuel *App Inventor, Create your own Android Apps*, on peut lire que « le jour où un étudiant en art est venu frapper à la porte du bureau de Wolber, à un horaire où les cours étaient depuis longtemps terminés, afin de lui demander comment on écrivait une boucle *while*, Wolber a su qu'App Inventor avait changé en profondeur la manière dont la science informatique serait enseignée ».

Le terme no-code apparaîtra dix années plus tard seulement. « L'existence précède l'essence », ainsi qu'un célèbre philosophe français l'a proposé !

Il y a environ 5 ans, en 2016, Arun Saigal, un ingénieur ayant participé au développement d'App Inventor, a lancé un outil très populaire, Thunkable, pour créer des apps. Or, il lui a fallu quelques années avant de se définir no-code.

L'évolution de ses taglines est intéressante car elle révèle comment l'absence de quelque chose (« **without** code ») s'est graduellement transformée en une présence de quelque chose d'autre (« **with** no-code »). On peut analyser trois temps dans cette évolution :

1. **L'évacuation du « code » :** « Simple à coder » devient « programmation en code non requise ». Puis « … sans avoir à coder » laisse place à « des blocs en remplacement du code » ;

2. **La formation du terme « no-code » :** « without coding » laisse place à « no coding », puis « no code » et enfin « with No Code » ;

3. **La banalisation de « no-code » :** le terme devient un adjectif allant de soi : « No Code Mobile App ».

Quelques taglines de Thunkable

- En 2016 : Drag and drop to create native, fast, reliable apps. Anyone can build powerful native apps with Thunkable. Simple to design. **Simple to code.**

- En 2017 : Thunkable is a drag and drop platform for building native, mobile apps. **No coding needed.**

- Fin 2017 : Build your own apps. Coding is hard. So we designed a platform where anyone can build apps, **without having to code.**

- En 2018 : Build your own apps. Thunkable enables anyone to create beautiful and powerful mobile apps, avec une mention plus bas sur la page **Blocks instead of code.**

- Début 2020 : The fastest way from idea to mobile app **without coding**

- Fin 2020 : Fast apps, **no coding.**

- Début 2021 : Realize Your App Idea. **No Code.**

- Mi-2021 : Create Your Own Native Apps **With No-Code**

- Fin 2022 : **No Code** Mobile App Development Made Easy

Figure C2
En 2021, l'app builder de Thunkable ne parle plus de développement « without code », mais tout simplement d'« apps no-code ».

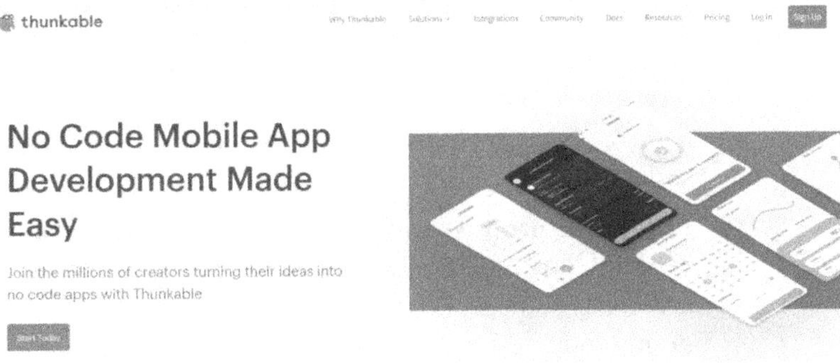

Le futur du no-code

Dans 10 ans, il est possible que le terme no-code aura disparu. Ou alors, sera-t-il peut-être absolument banalisé et fera-t-il surtout référence à un mouvement émergé dans les années 2020…

Par le passé, les progrès fulgurants des systèmes logiciels nous ont épargné diverses tâches techniques et nous avons pu porter notre attention vers de nouveaux sujets. Il en a été ainsi avec l'émergence des « méthodes agiles » pour collaborer plus efficacement, ou du bond de l'« UX » pour se soucier davantage des utilisateurs finaux. Ces termes sont toujours utilisés aujourd'hui.

Le terme « bureautique[7] », plus ancien, a quant à lui presque disparu de notre vocabulaire. Pourtant, cela ne signifie pas que l'usage de ces outils soit devenu naturel pour tous… Au contraire même, la répartition entre une minorité d'utilisateurs qui maîtrisent Excel et une grande proportion d'entre eux sous-exploitant sa puissance rappelle ce que Kay appelait le « phénomène hacker ».

Le no-code ambitionne de renouveler ces pratiques, en intégrant les grands enseignements de l'UX afin de gommer ces disparités : une « bureautique contemporaine » naîtra-t-elle d'une adoption généralisée de Notion, Zapier, Airtable, complétés des website builders et app builders convenant à chaque structure ? Ce qui nous impressionne dans l'évolution des outils no-code, c'est véritablement leur intelligence d'abord dans l'UX. Au cours des derniers mois, nous les observons s'étoffer de nouvelles fonctionnalités, sans pour autant se transformer en usines à gaz.

---

7   On doit la métaphore du « bureau », symbolisant un usage visuel des ordinateurs, à Alan Kay, qui l'a employée dès 1970.

Plusieurs hypothèses peuvent être avancées sur **le futur des outils no-code** :

- **Une segmentation selon leur complexité.** Des outils très simples cohabiteront avec d'autres s'approchant (voire s'entremêlant avec) la logique du code. Chaque profil trouvera chaussure à son pied en fonction de son niveau technique.

- **Des outils proposant chacun plusieurs modes d'utilisation,** de basique à expert. Cette équation complexe devra continuer de se compléter de divers accompagnements (tutoriels, cours, communautés) pour seconder les adeptes du no-code désireux de progresser à leur rythme ;

- **Le renforcement d'outils autour de communautés,** avec leurs états d'esprit spécifiques, comme c'est déjà la tendance pour des outils avancés comme Bubble ou Webflow[8].

Il est difficile d'établir des pronostics sur l'avenir d'un marché mondial aux évolutions si rapides. Cependant, il ne peut être pensé sans celui du code traditionnel, code qui sert à construire les outils no-code eux-mêmes, ainsi que les innombrables services tiers intégrant ses stacks techniques via des connecteurs no-code ou des API. Le métier de développeur en code a encore de beaux jours devant lui !

Nous n'observons pas de protestation massive de leur part envers le no-code. Au contraire, grâce à leurs collaborateurs d'un nouveau genre (bubblers, webflowers, no-code ops, …), nombre d'entre eux voient leurs roadmaps surchargées s'écourter ; ils peuvent ainsi se concentrer sur des sujets vraiment intéressants pour eux. Ils sont donc majoritairement curieux du no-code et il faut se réjouir de cela pour une autre raison encore : l'émergence de technologies open source ne peut se faire sans des codeurs motivés et enthousiastes pour les porter. Les initiatives no-code open source existent, mais elles sont encore trop marginales et nous souhaitons les encourager.

Favoriser les projets locaux, efficaces et responsables

Afin de parler du futur, nous avons orienté le panorama rapide (et subjectif) des cinquante dernières années autour de l'enjeu de l'éducation. Pas uniquement l'enjeu de l'enseignement technique, mais celui de la formation de nos

---

8   Au moment où nous écrivons ces lignes, la No-Code Conf organisée par Webflow se repositionne d'ailleurs en Webflow Conf.

enfants. L'environnement scolaire capte deux forces. D'une part, il résulte d'une puissance publique chargée d'accompagner les enfants dans leur développement d'individus et de citoyens, capables de penser par eux-mêmes et dotés d'un sens critique. D'autre part, il doit les préparer à des activités professionnelles gouvernées par une économie mondiale libéralisée.

Si la notion de « productivité » et de « créativité » apparaissent constamment dans la publicité des outils no-code, on peut se poser cette question de l'efficacité[9] à nouveau frais.

L'efficacité doit-elle nécessairement s'agripper à un objectif extérieur, annoncée à l'avance de manière à permettre un affrontement héroïque (comme la conquête d'un marché) ? Ou alors peut-elle se dégager naturellement d'une situation locale ? Il s'agit alors de l'accueillir et de la cultiver, de percevoir les tendances et potentialités d'un contexte donné pour en saisir les leviers et en organiser la transformation. C'est peut-être cette seconde voie qu'Arun Saigan, fondateur de Thunkable, suggère et énonce au sujet de son logiciel et du no-code en général :

> Dans la Silicon Valley, on tente de résoudre beaucoup des problèmes du monde grâce à la technologie, mais il y a tant de problèmes qui nous restent absolument inconnus. Avec Thunkable, nous permettons aux personnes détenant la connaissance la plus intime de leurs problèmes locaux majeurs de les résoudre.

En guise de conclusion, voici le récit d'un projet Thunkable datant de quelques années et illustrant parfaitement cette réflexion.

Une app démocratisant l'accès à l'énergie solaire au Yémen

En dépit de sa bonne volonté et de ses efforts, Anwar Al-Haddad a renoncé à s'initier aux arcanes du code informatique. « J'ai beau faire de mon mieux pour apprendre à coder, je n'aime pas ça. » déclare-t-il franchement à un journaliste de *Fast Company* en 2017. Il est interviewé en raison du succès d'une application mobile qu'il a fabriquée seul, de ses propres mains, grâce à Thunkable.

L'ingénieur yéménite y a centralisé ses connaissances sur l'installation d'équipements photovoltaïques. Auparavant, ses amis venaient directement le consulter pour recevoir ses conseils. Avec cette app, ses recommandations ont bénéficié à des centaines de milliers d'individus, leur épargnant bien des contrariétés, découragements et inutiles colères dans leur face-à-face avec ces dispositifs.

9 L'efficacité d'un groupe de travail peut être perçue comme sa productivité, et l'efficacité dans ses propres raisonnements comme sa créativité.

« De quelle puissance ai-je besoin pour les appareils électriques de mon foyer ?
À quelle surface de panneaux solaires cela correspond-il ? Comment les orienter ? Comment les relier entre eux, ainsi qu'aux batteries et contrôleurs ? » Des
schémas explicatifs et des simulations interactives apportent les réponses. Parmi
ses utilisateurs, on trouve beaucoup de concitoyens yéménites d'Al-Haddad,
mais aussi une multitude éparse de bricoleurs curieux venant des quatre coins
du monde.

Depuis 2015, le Yémen est en proie à une guerre civile opposant le gouvernement à une milice rebelle restée fidèle au président sortant. La capitale, Sanaa, a
subi des bombardements qui ont durablement endommagé le réseau électrique.
Le courant n'est plus disponible que par intermittence, parfois quelques heures
par semaine seulement. La population s'est d'abord équipée de générateurs électriques d'appoint fonctionnant à l'essence ou au diesel. Mais la guerre a fait s'en-
voler les prix et la précarité des Yéménites s'est aggravée. Beaucoup moins cher,
le solaire s'est alors vite répandu : Al-Haddad estime qu'au cours de l'année 2016,
sa proportion est passée d'environ 5 % à plus de 50 % dans la capitale.

Fait inattendu : cette transition vers une énergie renouvelable a en grande partie
réglé des problèmes de pollutions atmosphérique et sonore : les nuits sont bien
plus silencieuses qu'auparavant, dans la grande ville.

Qu'importe qu'on les appelle encore no-code ou non dans le futur, les années
nous diront si cette nouvelle génération d'outils numériques aura changé en
profondeur nos façons de travailler, refaçonnant nos entreprises et peut-être nos
sociétés. Les outils no-code vont poursuivre leurs évolutions et leurs itinéraires
propres. Quant au mouvement no-code, il est déjà pluriel et il est difficile de
savoir quand et comment il s'interrompra : en se diffractant en d'autres tendances à ce jour impossibles à prévoir, ou alors en se fondant dans des usages
normalisés, les futures réalités numériques de tout un chacun.

La meilleure façon de prédire l'avenir, n'est-elle pas, ainsi que Kay le suggère, de
l'inventer ?

Présentation des auteurs

Alexis Kovalenko

En 1996, Alexis découvre le Web dans le premier cybercafé de Paris, au Forum des Halles. Déjà passionné d'informatique, il accède alors à une mine inépuisable de ressources qui lui permettraient de s'initier à la programmation, à la sécurité et aux réseaux.

Après une dizaine d'années d'expérience en start-up comme développeur, lead dev puis CTO, il rejoint Simplon.co afin de cofonder SimplonProd, l'agence web solidaire de Simplon. Cette expérience lui fait prendre conscience de la nécessité de donner accès aux technologies du Web au plus grand nombre.

Sur les conseils d'Erwan, il explore Airtable et Webflow en 2018. Il est rapidement convaincu que de tels outils permettront cette démocratisation de concepts techniques avancés, tels que les bases de donnes relationnelles ou le développement front-end. S'ensuit une plongée en profondeur dans tous les outils no-code déjà disponibles à l'époque. C'est ainsi que démarre Contournement, début 2019, tout comme les prémices de la communauté No-Code France, et le premier podcast dédié au no-code qu'il anime.

Passionné de voyages, il parcourt le monde à la rencontre des no-codeuses et no-codeurs des différents pays pour documenter ce mouvement en plein essor.

Erwan Kezzar

En 2010, dès la création de sa première agence web, Erwan découvre des outils 100 % cloud et 100 % visuels comme Squarespace et IFTTT, à une époque où on était encore loin d'appeler ce type de services en ligne des « outils no-code. »

En 2013, il co-fonde la start-up solidaire Simplon.co, qui est devenue par la suite le plus grand réseau au monde d'écoles de code informatique gratuites – et qui matérialise la vision de démocratisation des moyens de production numériques qui anime Erwan.

C'est d'ailleurs en 2015, chez Simplon, qu'Erwan rencontre Alexis, avec qui il mène de premières expérimentations pédagogiques sur Bubble, un outil no-code qu'il vient de découvrir sur Product Hunt.

En 2017, après avoir décidé de quitter *Simplon.co* et après 10 ans d'observation de la consolidation et maturation progressives des outils no-code, Erwan constate un point d'inflexion dans leur adoption. Il cofonde *Contournement* en 2019, puis l'association *NoCode for Good* en 2021.

Il est également conférencier, speaker à *TEDx Paris* et contributeur dans plusieurs projets sociaux et environnementaux.

Florian Reins

Lorsqu'il rejoint medici.tv en 2009, Florian s'embarque dans une longue aventure (responsable technique, product manager, opérations) où il mettra à profit son aisance avec les technologies du Web et sa passion pour la culture. La plate-forme VOD se renforcera progressivement pour devenir une référence mondiale dans le domaine de la musique classique.

Son parcours d'études est multiple : Centrale Paris (ingénieur généraliste), Sciences-Po Paris (master de management culturel), École des Arts et Métiers (data science), bootcamp no-code Ottho (Bubble). C'est cependant surtout dans des contextes professionnels ouverts à l'innovation qu'il exprime son ingéniosité créative : en startup (medici.tv), en agence (WeDigitalGarden) ou auprès de grands comptes menant leurs transformations numériques. Il est également formateur no-code (Rocket School, Uncode School) et il n'y a rien d'étonnant à ce qu'il croise sur son chemin Alexis et Erwan en 2021 !

C'est en autodidacte que, tout au long de sa carrière, Florian a forgé ses armes sur des outils disparates (d'Excel à WordPress en passant par MySQL ou Photoshop). Alors, lorsque le no-code entre en scène à la fin des années 2010, il y était déjà préparé.

Contournement

Alexis et Erwan ont cofondé *Contournement* en 2019.

Acteur fédérateur et précurseur en France sur le sujet du no-code, Contournement a pour activité principale la formation aux outils no-code les plus accessibles techniquement (dont Airtable, Zapier, Notion, Make et Softr). L'objectif de ces formations est principalement d'autonomiser des équipes et des individus (qui ont des profils non-techniques notamment) dans la création de leurs outils internes, dans l'automatisation de tâches chronophages et répétitives, et plus globalement dans l'optimisation de leur organisation et de leur productivité grâce aux outils no-code (« no-code ops »).

Au-delà de ses formations e-learning et présentielles, Contournement a historiquement initié plusieurs démarches et projets qui en font un acteur de référence et un observateur panoramique du mouvement no-code :

- Création de la communauté Contournement en 2019, qui est par la suite devenue l'entité indépendante No-code France (avec son espace Slack, sa chaîne Twitch, et ses autres instances qui sont très actives).

- Depuis 2020, des actions et un effort conséquent de sensibilisation, d'évangélisation et de découverte du no-code – à travers des webinaires, conférences, interviews dans les médias, modules de formation en ligne gratuits, etc.

- Un gros travail de production et de documentation de concepts clés (notamment la notion d'approche modulaire et d'approche intégrée) et la publication de nombreux contenus de fond dans des formats adaptés à différents canaux (vidéos YouTube, nombreuses interviews dans un podcast, rédaction d'articles et de newsletters, etc.).

- Création, co-fondation ou contribution à plusieurs side projects au service des écosystèmes du no-code – notamment No-code Jobs (www.nocodejobs.fr), Discernement (discernement.io) et NoCode for Good (www.nocodeforgood.fr).

L'approche de Contournement, qui a toujours tâché d'analyser et de commenter les phénomènes liés au no-code au-delà de simples observations et constats, ainsi aussi que ses différentes casquettes et activités, décrites ci-dessus, sont ce qui a légitimé, nourri et enrichi l'ouvrage.

Ce sont également ces éléments qui ont déterminé certains partis pris et points de vue, exposés dans l'avant-propos.

Merci d'avoir choisi ce livre Eyrolles. Nous espérons que votre lecture vous a plu et éclairé(e).

Nous serions ravis de rester en contact avec vous et de pouvoir vous proposer d'autres idées de livres à découvrir, des événements avec nos auteurs, des jeux-concours ou des lectures en avant-première.

Intéressé(e) ? Inscrivez-vous à notre lettre d'information.

Pour cela, rendez-vous à l'adresse go.eyrolles.com/newsletter ou flashez ce QR code (votre adresse électronique sera à l'usage unique des éditions Eyrolles pour vous envoyer les informations demandées) :

Vous êtes présent(e) sur les réseaux sociaux ? Rejoignez-nous pour suivre d'encore plus près nos actualités :

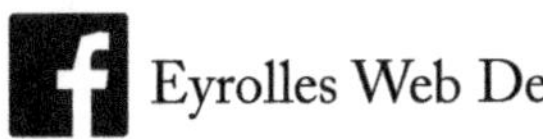 Eyrolles Web Dev et Web Design

Merci pour votre confiance. L'équipe Eyrolles

Achevé d'imprimer en Allemagne par BoD
Dépôt légal : décembre 2022